武穴长江公路大桥
设计与施工

蔡明征 / 主　编

孙蓬茁　旷新辉　王　华 / 副主编

DESIGN
AND
CONSTRUCTION
OF WUXUE YANGTZE RIVER BRIDGE

人民交通出版社股份有限公司

北　京

内容提要

本书系统全面地介绍了武穴长江公路大桥的设计与施工。全书分为五篇:第1篇为总论,介绍了斜拉桥的发展和武穴长江公路大桥的项目概况;第2篇为设计篇,介绍了主桥的结构设计;第3篇为施工篇,介绍了大桥的施工总体部署、施工方案和构件施工方法;第4篇为施工测量与控制篇,介绍了主桥控制网、施工测量、施工监控等内容;第5篇为总结篇,介绍了双壁钢围堰、钻孔灌注桩、大体积混凝土温控、超高塔施工、钢箱梁施工总结等内容。本书为桥梁设计施工类著作,可供行业内相关设计、施工技术人员参考使用,也可作为高等院校高年级本科生及研究生的参考资料。

图书在版编目(CIP)数据

武穴长江公路大桥设计与施工 / 蔡明征主编. — 北京:人民交通出版社股份有限公司,2023.9
ISBN 978-7-114-18658-5

Ⅰ.①武… Ⅱ.①蔡… Ⅲ.①长江—公路桥—桥梁设计—武穴②长江—公路桥—桥梁施工—武穴 Ⅳ.①U448.14

中国国家版本馆 CIP 数据核字(2023)第 040283 号

Wuxue Chang Jiang Gonglu Daqiao Sheji yu Shigong

书　　名:	武穴长江公路大桥设计与施工
著 作 者:	蔡明征
责任编辑:	李　瑞　陈虹宇
责任校对:	孙国靖　卢　弦
责任印制:	张　凯
出版发行:	人民交通出版社股份有限公司
地　　址:	(100011)北京市朝阳区安定门外外馆斜街3号
网　　址:	http://www.ccpcl.com.cn
销售电话:	(010)59757973
总 经 销:	人民交通出版社股份有限公司发行部
经　　销:	各地新华书店
印　　刷:	北京建宏印刷有限公司
开　　本:	787×1092　1/16
印　　张:	24.75
字　　数:	608 千
版　　次:	2023 年 9 月　第 1 版
印　　次:	2023 年 9 月　第 1 次印刷
书　　号:	ISBN 978-7-114-18658-5
定　　价:	125.00 元

(有印刷、装订质量问题的图书,由本公司负责调换)

策划委员会

总策划：潘新平　刘占兵
成　员：蔡明征　周望虎　朱红明　王运红　徐世雄　王华瑞
　　　　　　余国中　马伦权

编写编委会

主　编：蔡明征
副主编：孙蓬茁　旷新辉　王　华
参　编：（按拼音首字母排序）
　　　　　　丁　盼　胡阿祥　雷　力　林　康　刘晓波　彭　凯
　　　　　　尚宏艳　万成华　汪　欢　肖作凯　谢东升　徐其波
　　　　　　杨学祥　张泽毅　邹　娜

主　审：王祥寿　黄　宁　汪西华　殷　源

前言

PREFACE

武穴长江公路大桥是《国家公路网规划(2013年—2030年)》中国道G220东营至深圳公路跨越长江的控制性工程,也是湖北省规划的"七纵五横三环"高速公路网中的"纵一线"麻城至阳新高速公路的组成部分。麻城至阳新高速公路是湖北、河南、安徽等省共同规划的、纵贯大别山的濮阳至阳新省际高速公路通道的湖北境段,也是武汉城市圈"两型"社会综合配套改革试验区的重要交通基础设施项目。武穴长江公路大桥距上游西北方向的棋盘洲长江公路大桥约40km,距下游东南方向的九江长江二桥约45km;大桥项目北起武穴南互通,跨长江水道,南至黄石阳新互通;线路全长30993m,其中跨江主桥全长1403m。

武穴长江公路大桥于2016年1月27日动工兴建;于2020年10月27日完成主桥合龙工程,大桥全线贯通;于2020年12月25日通过交工验收;于2021年9月25日零时通车试运营。

本书分五篇对大桥进行介绍。其中第1篇为总论,介绍了斜拉桥的发展和武穴长江公路大桥项目概况;第2篇为设计篇,介绍了桥型和主桥的结构设计;第3篇为施工篇,介绍了大桥的施工总体布置、施工方案和构件施工方法;第4篇为施工测量与控制篇,介绍了主桥控制网、施工测量、施工监控等内容;第5篇为总结篇,介绍了双壁钢围堰、钻孔灌注桩、大体积混凝土温控、超高塔施工、钢箱梁施工总结等内容。

本书主编为蔡明征,副主编为孙蓬茁、旷新辉、王华,主审为王祥寿、黄宁、汪西华。此外,参与本书编写的还有丁盼、胡阿祥、雷力、林康、刘晓波、彭凯、尚宏艳、万成华、汪欢、肖作凯、谢东升、徐其波、杨学祥、张泽毅、邹娜。本书在编写过程中,参考了国内外桥梁方面的专著、教材、报告及武穴长江公路大桥设计与施工方案等资料。在此,谨向这些资料的作者们表达敬意和谢意。

本书得到湖北武穴长江公路大桥有限公司、湖北省交通规划设计院、中交第一公路勘察设计研究院、湖北省交通运输厅工程事务中心、武汉桥梁建筑工程监理有限公司、中国铁建大桥工程局集团有限公司、中铁山桥集团有限公司、江苏法尔胜股份有限公司、湖北交投智能检测股份有限公司、中铁大桥科学研究院有限公司等单位的大力支持,同时,湖北省公路学会参与本书的编制工作,在此一并深表谢意。

由于编者水平有限,本书中错谬之处在所难免,敬请批评指出,以便修订时更正。

编　者

2022 年 7 月

目录

第1篇 总 论

1 斜拉桥概述

1.1 斜拉桥的分类 ·· 3

1.2 斜拉桥的基本组成 ·· 3

1.3 斜拉桥的受力特点 ·· 4

1.4 斜拉桥的发展历程 ·· 5

2 武穴长江公路大桥项目概况

第2篇 设 计 篇

3 桥型设计

4 主桥设计

4.1 主梁设计 ··· 21

4.2 主塔设计 ··· 27

4.3 主塔基础设计 ··· 30

第3篇 施 工 篇

5 项目施工总体部署
- 5.1 施工总体布置 ··· 37
- 5.2 主要施工机械 ··· 39
- 5.3 主要施工进度 ··· 41
- 5.4 主要施工方案 ··· 42

6 主塔墩基础施工
- 6.1 北岸15号主塔墩基础施工 ··· 44
- 6.2 双壁钢围堰施工 ··· 47
- 6.3 钻孔灌注桩施工 ··· 69
- 6.4 主塔承台施工 ··· 89

7 主塔施工
- 7.1 主塔施工概述 ··· 106
- 7.2 塔座及塔柱第1节施工 ··· 109
- 7.3 下塔柱施工 ··· 122
- 7.4 下横梁施工 ··· 130
- 7.5 中塔柱施工 ··· 139
- 7.6 上横梁施工 ··· 143
- 7.7 上塔柱施工 ··· 147
- 7.8 小结 ··· 157

8 钢箱梁及钢锚梁加工制造
- 8.1 钢箱梁及钢锚梁基本情况 ··· 159
- 8.2 钢箱梁制造 ··· 160
- 8.3 钢牛腿与钢锚梁制造 ··· 176
- 8.4 焊接工艺评定 ··· 178
- 8.5 钢箱梁涂装 ··· 183

9 钢箱梁安装

9.1 钢箱梁概况 194
9.2 项目自然条件 196
9.3 塔区梁段安装 198
9.4 桥面起重机安装及试运行 209
9.5 标准梁段安装 215
9.6 临时墩梁段安装 219
9.7 墩顶梁段安装 221
9.8 中跨合龙段施工 227

10 斜拉索安装

10.1 施工概述 236
10.2 斜拉索安装主要设备 240
10.3 斜拉索安装流程 248

11 南边跨及钢混结合段施工

11.1 南边跨混凝土梁段施工 262
11.2 钢混结合段施工 267

12 钢桥面铺装施工

12.1 钢桥面铺装结构类型 269
12.2 钢桥面铺装施工流程 271
12.3 环氧树脂防水黏结层/黏层涂装施工 273
12.4 环氧沥青混凝土施工 275
12.5 高弹性改性沥青 SMA-13 施工 287

第4篇 施工测量与控制篇

13 施工测量

13.1 主桥控制网 297
13.2 测量措施 300

	13.3 15号墩双壁钢围堰施工测量	300
	13.4 主桥下部结构施工测量	302

14 施工监控

	14.1 施工监控总述	317
	14.2 施工期控制	318
	14.3 主塔控制	323

第5篇 总 结 篇

15 双壁钢围堰施工总结

	15.1 双壁钢围堰下水、浮运、定位	343
	15.2 钢护筒打设及钢围堰提升与下放	344
	15.3 双壁钢围堰加工制造验评标准	345
	15.4 双壁钢围堰主要工期	351

16 钻孔灌注桩

	16.1 钻机选型总结	352
	16.2 钻进施工总结	353
	16.3 钻孔桩施工工期	355

17 大体积混凝土温控

	17.1 大体积混凝土温控计算总结	358
	17.2 大体积混凝土施工总结	361

18 超高塔施工

	18.1 下塔柱施工	364
	18.2 标准塔柱施工	365
	18.3 上塔柱施工	369
	18.4 塔柱施工工期	370

19 钢箱梁施工

19.1 塔区梁段安装 ………………………………………………………… 373
19.2 标准梁段安装 ………………………………………………………… 375
19.3 墩顶梁段安装 ………………………………………………………… 376
19.4 钢箱梁安装施工工期 ………………………………………………… 378

参考文献

第1篇

总论

1 斜拉桥概述

斜拉桥是一种桥面体系以主梁受压(密索)或受弯(稀索)为主、支承体系以斜拉索受拉及主塔受压为主的桥梁。斜拉索作为主梁的弹性支承,代替了中间支墩,从而减小了主梁的截面弯矩,减轻了自重,极大地增强了桥梁跨越能力,因此斜拉桥是大跨径桥梁中非常具有竞争力的桥型。

1.1 斜拉桥的分类

斜拉桥结构体系是功能、外形和受力的统一。斜拉桥根据功能主要分为公路斜拉桥、铁路斜拉桥和公铁两用斜拉桥,根据结构布置主要分为单塔有背索斜拉桥、单塔无背索斜拉桥、多塔斜拉桥,根据受力主要分为自锚式斜拉桥和部分地锚式斜拉桥。

1.2 斜拉桥的基本组成

典型的斜拉桥主要由斜拉索、主梁、主塔、墩台和基础五部分组成,如图 1-1 所示。斜拉桥可以只有一个塔柱,即独塔斜拉桥;也可以设多个塔柱成为多塔斜拉桥;最常见的是双塔斜拉桥,如图 1-2 所示的南京八卦洲长江大桥。

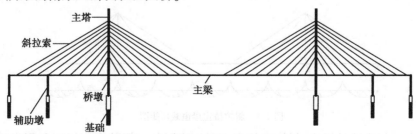

图 1-1 斜拉桥基本组成

图 1-2　南京八卦洲长江大桥

1.3 斜拉桥的受力特点

斜拉桥的传力路径一般为荷载→主梁→斜拉索→主塔→墩台→基础,斜拉索与主塔、主梁之间构成了三角形结构来承受荷载,如图 1-3 所示。无论是在施工阶段还是在成桥运营阶段,通过斜拉索的索力调整均可改变结构的受力状态。

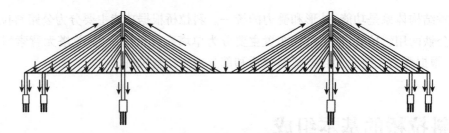

图 1-3　斜拉桥传力路径

作为斜拉桥的主要承重构件之一,主梁与桥面系直接承受活载作用,其具有以下特点:

①跨越能力强。受斜拉索支承的主梁像弹性支承连续梁那样工作。斜拉索因具有可调性、柔软性和单向性,对主梁的支承作用在恒载下最有效,在车辆荷载下次之,在风荷载下最差。受斜拉索作用,主梁恒载弯矩很小(图 1-4),因此主跨可以做得更长,即跨越能力更强。

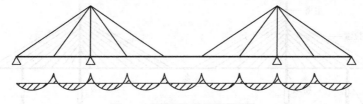

图 1-4　斜拉桥主梁恒载弯矩图

②梁高小。与连续梁相比,斜拉索的多点弹性支承使主梁的弯矩峰值急剧降低,主梁无须

像连续梁那样通过加大梁高来抵抗外力。斜拉桥的主梁梁高常由横向受力、斜拉索间距和轴向受压稳定性决定。

③斜拉索的水平分力由主梁的轴力平衡。受斜拉索水平分力作用,越靠近主塔,主梁轴力越大,即斜拉索为主梁提供了预压力,如图 1-5 所示。但随着跨径的增大,梁体内强大的轴向压力将成为设计的控制因素。

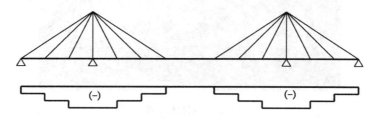

图 1-5　斜拉桥主梁的轴力分布特征

④斜拉索的索力可以根据需要进行调整,使结构受力合理。

斜拉桥的跨越能力不是无限的,以下几个因素限制了斜拉桥跨径的进一步增大:

①斜拉索自重引起的垂度效应。随着跨径的增大,斜拉索水平投影长度增加,自重增大,垂度效应逐渐明显,导致斜拉索等效刚度快速降低,从而引起主梁挠度和应力的增大。

②主梁轴向压力。随着跨径的增大,斜拉索水平分力对主梁形成的轴向压力逐渐积累,在靠近主塔处轴向压力达到最大,可能导致梁体屈曲或强度问题。

③结构非线性问题。随着斜拉桥跨径的增大,长索的垂度效应和强大的轴力将软化结构刚度,非线性对梁、塔的弯矩增大效应越来越明显。

④结构抗风稳定性问题。斜拉桥跨径超千米后,非线性导致结构刚度下降,从而使其抗风稳定性下降。

⑤经济性能。随着跨径的增加,斜拉桥的塔、梁用材指标快速上升。当双塔斜拉桥的主跨超过 1200m 后,其单位桥面造价与有地锚的其他缆索桥梁相比,已无竞争优势。

1.4　斜拉桥的发展历程

1.4.1　斜拉桥雏形

古代人们习惯在桥梁下部增加斜撑或通过设置圆拱来扩大桥梁单跨跨径,很少有采用上部斜拉索支承主梁的例子。主要原因是当时很难找到具有良好抗拉性能的材料,而抗压性能出众的材料比比皆是。但在东南亚的一些地区,发现了用树干、藤条和竹子架设的人行桥,如图 1-6 所示,其巧妙之处在于以自然界的粗大树干为"主塔"、韧性良好的藤条为"斜拉索"。这种外形的人行桥可被视为斜拉桥的雏形。

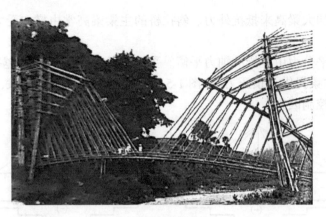

图 1-6　斜拉桥雏形

1.4.2　近代斜拉桥

近代斜拉桥的构思可以追溯到 17 世纪,意大利人 Verantius(费尔安蒂翁斯)提出了一种由斜拉铁链悬吊木桥面的桥梁,但没有得到进一步发展。后来,欧美国家尝试修建以木、铸铁或铁丝等材料为斜拉索的斜拉桥。18 世纪,德国人 Immanuel(以马利)采用木塔架和木斜杆建成了跨径 32m 的斜拉桥;1817 年,英国建成了一座跨径 34m 的人行木制斜拉桥,斜拉索采用铁丝制成。

以 Navier(纳维)、Roebling(罗博林)为代表的工程师对斜拉桥进行了研究,在肯定缆索受拉承重桥梁比以压弯受力为特征的梁式桥更具明显优势、斜拉桥刚度比悬索桥更高的同时,还是更倾向于采用传统的悬索桥或者以斜拉索加劲提高结构刚度的悬索桥,如 1883 年建成的纽约 Brooklyn(布鲁克林)桥,如图 1-7 所示。

图 1-7　纽约 Brooklyn 桥

1938 年,德国工程师 Dischinger(迪辛格)在设计汉堡易北河铁路桥时,认为悬索桥过柔,难以适应铁路荷载,又重新回到了斜拉桥上,明确指出斜拉索应采用高强钢材,且必须将索力调整到指定值。1949 年,Dischinger 首次完整地阐述了这种以斜拉为主的桥梁的优越性及斜拉索的力学特征,提出了仅主跨中部由悬索系统支承、主跨两侧由从塔柱顶辐射散开的斜拉索支承的新构思,即Dischinger体系,如图1-8所示。该体系虽未被当时的实际桥梁工程采纳,却为现代斜拉桥的发展奠定了基础。

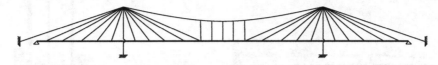

图1-8 Dischinger体系

17世纪至20世纪上半叶为斜拉桥的探索时期,其发展缓慢的客观原因主要有以下几点:

①斜拉索强度低。斜拉索的材料以木材、圆铁、各种铁链条为主,材料强度较低。

②理论上对斜拉桥结构认识不足。一方面缺乏对斜拉桥成桥索力重要性的认识,另一方面也不具备对斜拉桥进行受力分析的能力。

③构造不合理。构造处置欠妥当,易出现由局部破坏引起的重大事故。

在此期间,工程界开始注重对斜拉索的材料以及构造、布置形式的研究,并对斜拉桥进行了理论上的分析总结,为现代斜拉桥的出现及发展奠定了坚实的基础。

1.4.3 现代斜拉桥

20世纪50年代后,欧洲(如德国、法国)纷纷兴起了斜拉桥的建设热潮。60年代后,斜拉桥在世界范围内(如日本、美国、中国等)迅速推广,并涌现出不同的艺术或技术上的革新,"斜拉桥的复兴""预应力技术"以及"各向异性钢桥面"被称为"战后桥梁发展中的三项最伟大成就"。现代斜拉桥的发展可以分成四个阶段。

(1)稀索体系斜拉桥的发展(1955—1966年)

1955年,由Dischinger设计的主跨183m的瑞典Strömsund桥(图1-9)建成,拉开了现代斜拉桥发展的序幕。该桥为双塔三跨,采用门式塔,两对高强钢丝斜拉索完全按纯扇形从塔柱顶辐射散开布置,梁上索距35m左右,斜拉索锚具隐藏在主梁内。主梁为钢板梁,中间用横梁连接。主梁高3.25m,塔高28m。在Strömsund桥架设中首次系统地进行了与施工有关的计算,索力计算贯穿整个架设过程,以保证全部斜拉索在该桥运营阶段能充分发挥作用。Dischinger关于斜拉索力学性能的论述和Strömsund桥的建成被视为现代斜拉桥分析理论和实践的开端。通过斜拉索预调来主动承担荷载而不是被动受力,是现代斜拉桥区别于近代斜拉桥力学行为的根本特征。

1957年建成的德国Theodor-Heuss桥(图1-10)在斜拉索和主塔的设计中引进了新的元素。平行斜拉索在不同高度与主塔连接形成竖琴式外形,独柱状主塔与主梁和横梁固结。

1959年建成的主跨跨径302m的德国科隆Severin桥(图1-11),首次采用A形塔结合斜索面和主梁飘浮体系,也是首座非对称的独塔双跨斜拉桥。

1962年建成的委内瑞拉Maracaibo Lake桥(图1-12)是世界上第一座现代预应力混凝土斜拉桥,由意大利结构专家Riccardo Morandi(里查德·莫兰迪)设计。全桥长8687m,宽17.4m,5个通航孔的跨径均为235m,是早期斜拉桥的典型代表。

图1-9 瑞典 Strömsund 桥

图1-10 德国 Theodor-Heuss 桥

图1-11 德国科隆 Severin 桥

图1-12 委内瑞拉 Maracaibo Lake 桥

1960年前后是稀索体系斜拉桥的发展阶段，Strömsund 桥、Theodor-Heuss 桥和 Maracaibo Lake 桥等是稀索体系斜拉桥的代表。这些桥的特点是：多数为钢主梁，仅少数几座为预应力混凝土梁；斜拉索索距较大，在钢主梁上一般为30～65m，在预应力混凝土梁上一般为15～30m；稀索体系要求有较大的主梁刚度和额外的施工架设辅助设备；斜拉索数量少，导致主梁无索区长、梁体高，受力仍以抗弯为主；单根索的索力大，梁上锚固区的应力集中问题突出，构造复杂；此外还会带来换索困难等问题。采用稀索体系，一方面反映当时对斜拉桥的认识和设计意图仅是用少量的斜拉索来代替梁桥的中间支墩，另一方面则是受到所能求解的超静定结构多余约束的限制。

（2）密索体系斜拉桥的兴起（1967—1979年）

20世纪60年代末以后，几乎所有斜拉桥均开始采用密索体系。密索体系斜拉桥可降低梁高，减少上部结构和基础工程量，减小锚固点的集中力，避免主梁结构在锚固区的局部加强，使应力分布更均匀、结构更轻巧，且由于索距小，易于主梁的悬臂施工，方便成桥后换索。

1967年，Homberg（洪堡）首先在工程上采用较小索距的概念，在德国波恩建成了 Friedrich Ebert 桥。该桥主跨280m，桥宽36m，双塔单索面，塔的两侧各设置了20根斜拉索，开了密索体系的先河。但该桥是单索面结构，为了保证足够的抗扭刚度，采用了梁高较大的钢箱梁，密索体系通过对梁的连续支承来减小主梁尺寸的这一优点并未凸显。

Finsterwalder（芬斯特瓦尔德）在1972年建成的法兰克福 Höchst Main 河二桥（图1-13）上

首次将密索体系与混凝土梁相结合。该桥为独塔结构,主跨148m,桥宽31m,梁上索距6.3m,梁高2.6m。此后密索体系混凝土斜拉桥逐渐得到发展,类似Maracaibo Lake桥的稀索体系刚性混凝土桥逐渐被淘汰。

斜拉索材料和构造的进步也是斜拉桥得以进一步发展的重要条件。在欧洲,早期斜拉桥上使用的斜拉索多是钢丝互扣绞成的缆绳,抗疲劳性能及抗腐蚀能力较差。1972年德国建成的跨越莱茵河的Mannheim-Ludwigshafen桥首次使用平行钢丝索股。由于使用方便、抗疲劳性能及抗腐蚀能力强等优点,平行钢丝索和平行钢绞线索成为斜拉桥日后发展中的两大主流斜拉索类型。此外,该桥主梁中跨采用钢材,边跨则采用混凝土材料,梁体重量的不同解决了边中跨比不合理的矛盾,避免边墩产生支座负反力。主梁由钢和混凝土在顺桥向混合使用的思路在日后的斜拉桥建设中亦被大量采用。

1974年,法国工程师Muller(穆勒)设计的Brolonne桥(图1-14)建成,其为密索体系单索面混凝土斜拉桥,主梁采用箱形截面以保证抗扭需要。该桥为塔梁固结体系,塔墩分离,塔身纤细。

图1-13　Höchst Main河二桥

图1-14　Brolonne桥

1978年建成的主跨299m的美国Pasco Kennewick桥(图1-15)首创了双三角边箱主梁及预制节段悬臂拼装施工工艺,采用辐射式斜拉索。该桥由德国LAP公司设计,是美国第一座使用直径为7mm的ASTM A421预应力钢丝和Leonhardt(莱恩哈特)首创的HiAm锚具的斜拉桥。组成斜拉索的钢丝束包在HDPE(高密度聚乙烯)管中,并注入水泥浆防腐。

图1-15　美国Pasco Kennewick桥

(3)形式多样的斜拉桥结构体系的发展(1980—2000年)

建于1980年的瑞士Ganter桥(图1-16),其混凝土箱形梁由预应力混凝土斜拉板"悬挂"在非常矮的塔上。斜拉板可以看成一种刚性的斜拉索,这种桥也称板拉桥。

1984年建成的西班牙Luna桥采用了混凝土主梁和部分地锚的形式,以440m的主跨刷新了当时的斜拉桥跨径纪录。部分地锚斜拉桥适用于地质条件较好的建桥环境。

1985年建成的主跨274.3m的美国East Huntington桥首创了斜拉-连续梁组合体系及梁板式主梁形式,而梁板式主梁亦在后来的双索面斜拉桥中广泛使用。

此后,还陆续演变出斜拉-连续刚构、斜拉-T构等组合体系。

1986年建成的主跨465m的加拿大Annacis桥,其主跨跨径为当时世界之最。该桥主梁由两个I形钢梁及钢筋混凝土桥面板组成,是组合梁斜拉桥建造技术走向成熟的标志。

1992年西班牙建成了Alamillo桥(图1-17),长200m的钢梁由竖琴式斜拉索支承,斜拉索单侧锚固在混凝土斜索塔上,形成无背索斜拉桥。

图1-16 瑞士Ganter桥

图1-17 西班牙Alamillo桥

1993年建成的中国上海杨浦大桥主跨602m,两侧边跨243m,为当时世界上最大跨径组合梁斜拉桥,边跨设置辅助墩,主桥桥面总宽30.35m。该桥索、塔、墩固结,上部结构为纵向飘浮体系,横向设置限位和抗震装置。

1994年法国建成了主跨856m的混合梁斜拉桥——Normandie桥,该桥大幅度刷新了斜拉桥的跨径纪录。

1998年中国香港建成了汀九桥(图1-18),为全球最长的三塔式斜拉桥。为提高主塔刚度,该桥采用高强钢索和混凝土塔柱的组合形式,不仅节约材料,而且自重较轻,基础工程量较小。主塔采用单支柱形式,而不是典型的A形或H形,因单支柱主塔稳定性较差,所以设计师在主塔上多加了一对横梁,再用斜拉索把主塔顶部与下面部分连起来,以加强其稳定性。

2000年建成的中国芜湖长江大桥(图1-19)为双层桥面的部分斜拉桥。该桥主跨312m,为双层桥面公铁两用桥,钢桁梁梁高14m,连续梁自身不

图1-18 中国香港汀九桥

能满足结构受力和竖向刚度要求,通过低塔、斜拉索对梁体的加劲,使其在公路和铁路同时加载的情况下,中跨挠跨比控制在1/550以内。

(4)多跨斜拉桥和超千米跨径斜拉桥的发展(2000年以后)

2004年底,法国Millau桥(204m+6×342m+204m,全长2460m)建成,采用了主梁与主塔拼装后一起顶推的施工工艺。

2008年,主跨1088m的中国苏通长江公路大桥(图1-20)建成通车,使得斜拉桥的跨径突破了千米级大关。

图1-19 中国芜湖长江大桥　　　　　图1-20 中国苏通长江公路大桥

2009年,主跨1018m的中国香港昂船洲大桥建成,首次采用了钢和混凝土混合形式的主塔。

2012年,当时世界上最大跨径的斜拉桥——主跨1104m的俄罗斯Russky Island桥(图1-21)建成。

土耳其博斯普鲁斯海峡三桥(图1-22)横跨亚欧大陆,全长2164m,主跨1408m,主塔高达322m,设计为八车道公路加两条轨道交通,于2016年建成通车,是世界上跨径最大的公铁两用大桥,同时是世界上第一座超大跨径斜拉-悬索协作体系桥。

图1-21 俄罗斯Russky Island桥　　　　　图1-22 土耳其博斯普鲁斯海峡三桥

2020年建成通车的中国沪苏通长江大桥(图1-23)为主跨1092m的公铁两用斜拉桥,是中国自主设计建造的、世界上首座跨径超千米的公铁两用斜拉桥。该桥的设计建造技术实现了5个"世界首创":实现千米级公铁两用斜拉桥设计建造技术;实现2000MPa级强度斜拉索制造技术;实现1800t钢梁架设成套装备技术;实现1.5万吨巨型沉井精准定位施工技术;实现基于实船-实桥原位撞击试验的桥墩防撞技术。

2020年12月通车运营的中国南京长江第五大桥(图1-24),又称南京江心洲长江大桥,桥跨布置为80m+218m+600m+600m+218m+80m,主桥为纵向钻石形主塔、中央双索面、三塔双跨组合梁斜拉桥,桥面为双向六车道,是世界上首座轻型钢混结构斜拉桥。主塔采用钢-混凝土组合结构,斜拉索采用钢绞线制成,主梁采用流线型扁平整体钢箱组合梁,桥面板采用超高性能混凝土(UHPC)。

图1-23 中国沪苏通长江大桥

图1-24 中国南京长江第五大桥

2021年建成通车的中国赤壁长江大桥(图1-25),起于湖北省洪湖市,止于湖北省赤壁市。主桥桥跨布置为90m+240m+720m+240m+90m,主塔采用H形设计,北塔高217.33m,南塔高223m。主跨采用"钢主梁与混凝土桥面板+湿接缝"钢混结合梁方案,打破了钢混结合及钢混叠合梁斜拉桥主桥最大跨径600m的世界纪录。

图1-25 中国赤壁长江大桥

中国在建的常泰长江大桥为主跨1176m的公铁两用斜拉桥,刷新5项世界纪录:最大主跨跨径斜拉桥(1176m),最大规模多功能荷载非对称布置桥梁,最大连续长度钢桁梁(4266m),最大长度碳纤维复合材料斜拉索(560m),最高强度桥用平行钢丝斜拉索(上游侧2100MPa,下游侧2000MPa)。

中国在建的马鞍山公铁两用长江大桥主跨布置为2×1120m,为世界最大跨径三塔式斜拉桥;中塔高345m,为世界最高的斜拉桥主塔;中塔基础采用60根直径4m的钻孔桩,为世界最大规模桥梁桩基础;钢梁全长3248m,为世界最长钢桁梁。

中国在建的西堠门公铁两用大桥为公铁平层布置,中间通行两线铁路,两边通行六车道高速公路;采用斜拉-悬索协作体系,主跨1488m,是目前世界上跨径最大的公铁合建桥梁。

近几十年来,斜拉桥的发展得益于三个方面:①硬件方面,高强度材料和连接构造的研发、改进和生产;②软件方面,有限单元法和计算机技术的发展,使得分析高次超静定结构的整体和局部受力成为可能;③设计、施工技术的创新发展,是斜拉桥发展的源动力。

斜拉桥的发展过程还呈现出三个趋势:

①梁的高跨比呈减小的趋势并向轻型化发展。随着密索体系的采用和跨径的增大,主梁已由稀索时以受弯为主的压弯构件,演变为密索时以受压为主的压弯构件。结构的整体刚度主要由体系刚度提供,主梁或主塔的构件刚度对整体刚度的贡献不大。早期主梁高跨比一般为 1/70~1/50,现在主梁高跨比则一般为 1/300~1/100,甚至更低。

②跨径超大化。现代斜拉桥诞生初期,工程界普遍认为 250~500m 是该桥型的适用跨径。随着社会要求的不断提高和计算理论、施工方法、工程材料等的日益进步,斜拉桥跨径已超出了上述范围。从斜拉桥的发展历程中不难发现,从 1955 年主跨 183m 的瑞典 Strömsund 桥问世,到中国在建的主跨 1176m 的常泰长江大桥,只用了短短几十年的时间。现在,斜拉桥已跨入了千米级桥梁的行列,成为悬索桥强有力的竞争对手。近 30 年来,围绕一些越江跨海工程,工程师们通过大量理论研究与工程实践,提出了很多关于特大跨径斜拉桥的建设设想,以解决深水基础施工的难题。如德国专家 Leonhardt 曾提出 1800m 跨径的设想等。

③结构形式多样化。近代斜拉桥经历了从稀索体系到密索体系的发展过程,独塔、双塔和多塔斜拉桥相继出现。塔、梁、墩之间的连接方式呈现多样化。除了传统斜拉桥,还出现了全地锚斜拉桥、部分地锚斜拉桥、斜拉桥和其他桥型协作的组合体系、部分斜拉桥等创新体系。

2 武穴长江公路大桥项目概况

武穴长江公路大桥是《国家公路网规划(2013年—2030年)》中国道 G220 东营至深圳公路跨越长江的控制性工程,也是湖北省规划的"七纵五横三环"高速公路网中的"纵一线"麻城至阳新高速公路的组成部分。麻城至阳新高速公路是湖北、河南、安徽等省共同规划的、纵贯大别山的濮阳至阳新省际高速公路通道的湖北境段,也是武汉城市圈"两型"社会综合配套改革试验区的重要交通基础设施项目。

武穴长江公路大桥桥位北岸位于湖北武穴市余祥村上游,下距武穴市市区约4.5km,南岸位于湖北省阳新县富池镇蔡家湾附近,大桥线路全长30993m,其中跨江主桥全长1403m,两岸接线全长29590m;主桥桥型方案为主跨808m的双塔斜拉桥,双塔双索面半飘浮体系,钻石形塔,空间扇形斜拉索。桥跨(主桥、滩桥)组合为$(56+100+56)$m连续箱梁$+(6\times30)$m预应力混凝土连续T梁$+(56+100+56)$m连续箱梁$+(80+290+808+75+75+75)$m钢箱混合梁$+40$m简支组合梁,桥梁全长2051.5m。

武穴长江公路大桥宽33.5m,设双向六车道,设计速度100km/h。其设计方案主要技术指标如表2-1所示。

设计方案主要技术指标表　　　　　　　　　　　　　表2-1

项　　目	指　　标
公路等级	高速公路
设计速度	100km/h
路基宽度	33.5m
车道宽度	3.75m
桥面净宽	2×15.75m
桥涵汽车荷载等级	公路-Ⅰ级
设计洪水频率	1/300
航道等级	Ⅰ-(2)
通航尺度	单孔单向通航净宽不小于290m,单孔双向通航净宽不小于550m,通航净空高度不小于24m

第2篇

设计篇

第2篇

設計篇

3 桥型设计

武穴长江公路大桥在初步设计阶段主要对比了主跨768m的钢混组合梁设计方案、主跨808m的钢箱混合梁设计方案和主跨768m的钢箱组合梁设计方案。

(1) 钢混组合梁方案

本方案跨径布置为(80+290+768+70+70+70+60)m,为双塔双索面半飘浮体系、双边箱组合梁加混凝土梁(中跨及北边跨为双边箱组合梁、南边跨为混凝土梁)斜拉桥,北边跨设置1个辅助墩和1个过渡墩,南边跨设置3个辅助墩和1个桥台,主桥长1408m。边中跨比:北塔侧为370/768=0.482,南塔侧为270/768=0.352。该方案桥型布置如图3-1所示。

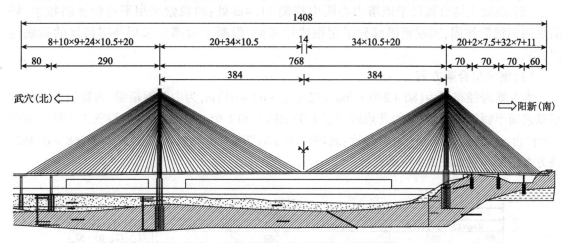

图3-1 钢混组合梁桥型布置图(尺寸单位:m)

主桥采用半飘浮结构体系,主塔下横梁设置纵向黏滞阻尼器;主塔为钻石形混凝土塔,钻孔灌注桩基础;主梁为梁高3.8m的双边箱组合梁,钢-混凝土结合面设于主跨距南塔中心11.0m处;斜拉索采用平行钢丝斜拉索,塔端采用钢锚梁锚固,梁端钢梁部分采用钢锚箱锚固,混凝土梁部分采用外露齿坎的梁底锚固方式。

由于当时世界上已建和在建的同类型桥梁中跨度最大的为安徽望东长江大桥(主跨638m,已于2016年12月建成通车),本方案主跨增大130m,结构和施工安全风险较大,需要针对主梁结构形式做进一步的研究,对结构受力情况、材料强度、施工工艺做更深入的研究和对比。

(2) 钢箱混合梁方案

本方案跨径布置为(80+290+808+75+75+75)m,为双塔双索面半飘浮体系、PK 钢箱梁加混凝土梁(中跨及北边跨为 PK 钢箱梁、南边跨为混凝土梁)斜拉桥,北边跨设置 1 个辅助墩和 1 个过渡墩,南边跨设置 3 个辅助墩,主桥长 1403m。边中跨比:北塔侧为 370/808 = 0.458,南塔侧为 225/808 = 0.278。该方案桥型布置如图 3-2 所示。

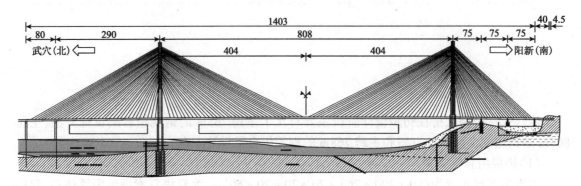

图 3-2 钢箱混合梁桥型布置图(尺寸单位:m)

主桥采用半飘浮结构体系,主塔下横梁设置纵向黏滞阻尼器;北塔为钻石形混凝土塔,南塔为 A 形塔,钻孔灌注桩基础;主跨和北边跨为 3.8m 高的钢箱梁,南边跨为预应力混凝土梁,钢-混凝土结合面设于南塔中心距中跨侧 11.4m 处;斜拉索采用平行钢丝斜拉索,塔端采用钢锚梁锚固,梁端钢梁部分采用钢锚箱锚固,混凝土梁部分采用外露齿坎的梁底锚固方式。

(3) 钢箱组合梁方案

本方案跨径布置为(80+290+768+72+72+63+63)m,为中跨钢箱梁、边跨组合梁的双塔双索面半飘浮体系斜拉桥,北边跨设置 1 个辅助墩和 1 个过渡墩,南边跨设置 3 个辅助墩和 1 个桥台,主桥长 1408m。边中跨比:北塔侧为 370/768 = 0.482,南塔侧为 270/768 = 0.352。该方案桥型布置如图 3-3 所示。

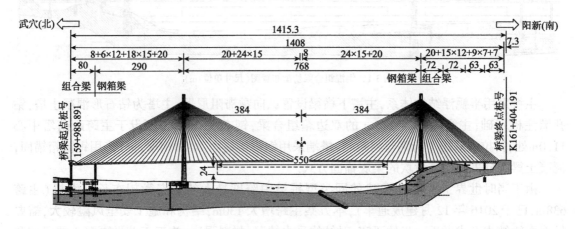

图 3-3 钢箱组合梁桥型布置图(尺寸单位:m)

桥型比较表

表 3-1

比较内容	方案一	方案二	方案三
主桥桥型	主跨 768m 钢混组合梁斜拉桥	主跨 808m 钢箱混合梁斜拉桥	主跨 768m 钢箱组合梁斜拉桥
主桥跨径布置	(80+290+768+70+70+60) m	(80+290+808+75+75+75) m	(80+290+768+72+63+63) m
主桥长	1415.3m(含桥台)	1410.3m(含桥台)	1415.3m(含桥台)
约束体系	"阻尼+有限位"半飘浮体系(主塔与主梁之间设纵向阻尼限位装置)		
主塔结构形式	钻石形塔,钢筋混凝土框架结构(横梁为预应力混凝土构件)		
主梁结构形式	南边跨为双边混凝土梁,中跨及北边跨为双边矩形箱组合梁	中跨及北边跨为双边PK钢箱梁,南边跨为预应力混凝土箱梁	中跨及北边跨为双边箱钢梁,南边跨及北边跨辅助跨为PK箱组合梁
基础规模	较大	最小	较小
施工工期	48 个月	42 个月	42 个月
主桥建安费	12.91 亿元	12.60 亿元	13.20 亿元
桥面铺装	为减轻铺装重量(即减小厚度),采用浇筑式沥青混凝土,管理、维护较简单	混凝土桥面铺装成熟可靠,耐久性差,有一定风险	混凝土桥面铺装成熟可靠,钢桥面铺装易损坏,耐久性差,有一定风险
结构受力特性及耐久性	混凝土桥面受混凝土材料性能离散性大的影响,其收缩、徐变参数的变异性较大,加之受到剪力钉变形其至滑移的影响,实际结构受力分配与理论计算存在任在在较大差异。组合梁发挥了钢梁与混凝土梁结构各自的材料受力特性,但混凝土桥面在使用过程中较易出现裂缝	分离式钢箱结构有利于降低剪力滞效应,使材料性能得到充分发挥;但正交异性钢桥面板受力复杂,易出现疲劳、损伤 拉索索力小,拉索锚固系统应力集中相对较小,抗疲劳性能相对较好	分离式钢箱结构有利于降低剪力滞效应,使材料性能得到充分发挥;但正交异性钢桥面板受力复杂,易出现疲劳、损伤 拉索索力小,拉索锚固系统应力集中相对较小,抗疲劳性能相对较好
主要施工条件	因采用螺栓连接,组合梁存放需设置抽湿设备,存梁6个月以上,需占用较大的场地;桥面湿接缝需现场施工,要严格控制密实度,同时加强养护 主纵梁最大吊重 73t,对桥面起重机要求低	主跨及北边跨钢箱梁段在工厂制造,现场工作量小,现场施工质量较易控制和保证 钢箱梁梁段最大吊重 338.6t,对桥面起重机要求高	主跨及北边跨钢箱梁段在工厂制造,现场工作量小,现场施工质量较易控制和保证 钢箱梁梁段最大吊重 338.6t,对桥面起重机要求高
后期养护	混凝土桥面应对外表面进行涂装维护 拉索用量相对较大,换索费用相对大	钢梁内抽湿设备需单独维护,钢梁外表面涂装需定期维护 拉索用量相对较少,换索费用相对少	钢梁内抽湿设备需单独维护,钢梁外表面涂装需定期维护 拉索用量相对较少,换索费用相对少
综合技术难度	目前最大跨度组合梁斜拉桥主跨为638m,主跨超过700m的组合梁斜拉桥没有成功案例,设计、施工技术难度较大	同类型、同规模或更大规模桥梁较多,技术成熟	边跨钢箱梁,虽没有同类型的钢箱梁和组合梁斜拉桥参考,但更大跨度有成熟桥梁成熟工程,技术难度不大

主桥采用半飘浮结构体系,主塔下横梁设置纵向黏滞阻尼器;主塔为钻石形混凝土塔,钻孔灌注桩基础;主梁为梁高3.8m的分离式箱梁,钢混结合面设于南塔中心距中跨侧12m处;斜拉索采用平行钢丝斜拉索,塔端采用钢锚梁锚固,梁端组合梁部分采用钢锚箱锚固,混凝土梁部分采用外露齿坎的梁底锚固方式。

(4) 钢箱梁斜拉桥方案和组合梁斜拉桥方案对比

钢箱梁斜拉桥方案相对于组合梁斜拉桥方案来说总体经济性差异不大,由于采用同样的塔型和结构体系,影响方案选择的主要因素集中于二者桥面系结构的差异,对比分析如表3-1所示。对于主跨达768m的斜拉桥,正交异性钢桥面系与钢筋混凝土桥面系的结构性能均有优劣:

①从全桥受力的角度看,正交异性钢桥面系可充分发挥钢材在力学性能上的优势,总体的安全富余更大,对宽幅箱梁剪力滞效应、扭转畸变效应等不利影响的适应能力更强。

②钢箱梁正交异性钢桥面系与其他部分同质等强,截面内部不存在内力重分配问题,受力较为明确;而组合梁钢筋混凝土桥面板受混凝土材料性能离散性大的影响,其收缩、徐变参数的变异性较大,加之受到剪力钉变形甚至滑移的影响,实际结构的二次内力分配与理论计算往往有较大差异。

③以当时国内桥梁的施工水平,钢箱梁的施工质量较易保证,而钢筋混凝土桥面板的湿接缝需现浇施工,湿接缝内剪力钉、钢筋、预应力管道等较为密集导致振捣不易密实,湿接缝单次浇筑方量较小导致品控不易保证,现场环境相对恶劣易导致养护不到位。

④正交异性钢桥面系在超载车辆的长期作用下易出现疲劳、开裂、损伤;钢筋混凝土桥面板在后期使用过程中易产生裂缝,设计过程中可通过适当增加板厚、增大配筋率、适量增大预应力及采用结晶自愈型的防水层等措施,降低后期开裂的可能性。

⑤钢筋混凝土桥面板表面性能好、局部刚度大,对桥面铺装的受力及耐久性较为有利,其桥面铺装的造价及可维护性能亦具有较大的优势。

⑥从技术风险的角度看,本桥设计阶段组合梁斜拉桥的跨径最高纪录为638m,若采用组合梁方案,一次性将跨径纪录提升130m,提升跨度过大,结构设计与施工风险较高。

本桥初步设计阶段推荐桥型为主跨768m的矩形双边箱组合梁斜拉桥,但是从技术成熟条件、施工难易程度、安全风险、工程造价、运营养护成本和景观等多个方面综合考虑,最终确定桥型为主跨808m的PK钢箱混合梁斜拉桥。

4 主桥设计

4.1 主梁设计

斜拉桥主梁按使用材料主要分为钢梁和混凝土梁,根据断面形式可分为双边工字梁、双边焊接工字架梁、双边矩形箱梁、整体箱形梁、PK 箱梁和桁架式梁,而钢混组合梁可以认为是将钢箱梁顶面的正交异性钢桥面板替换为混凝土桥面板。组合梁斜拉桥主梁按断面形式分为箱形断面组合梁和格构式组合梁。格构式组合梁的优点是受力模式清晰,施工架设方便,钢梁制造相对容易。

4.1.1 组合梁

双边工字梁组合梁(如二七长江大桥)与双边焊接工字架组合梁(如杨浦大桥)的钢梁部分由工字钢梁、钢横梁以及小纵梁形成的钢格构体系组成,钢梁上放置混凝土桥面板,钢格构梁与混凝土桥面板间通过剪力键连接形成组合截面,如图 4-1、图 4-2 所示。

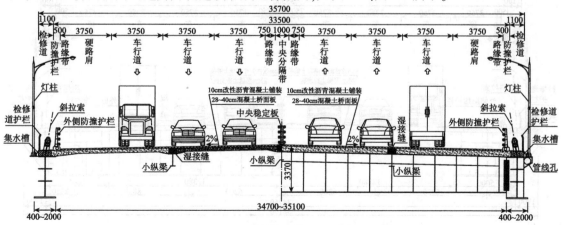

图 4-1 双边工字梁组合梁断面(尺寸单位:mm)

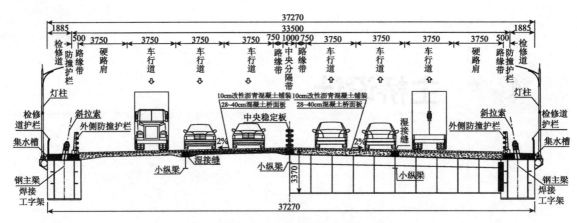

图 4-2 双边焊接工字架组合梁断面(尺寸单位:mm)

该类组合梁的优点主要是施工架设方便,钢梁制造相对容易;同时采用开口Ⅱ形钝体断面,为敞开式结构体系,不会形成箱体内积水,也不需要设置箱梁内部除湿系统。但是当主桥跨径增大时,工字形边主梁的腹板和下翼缘钢板厚度要相应增加。

对于本桥800m左右的跨径,经初步计算后发现:采用双边工字梁断面或双边焊接工字架断面,钢主梁最大应力为178MPa,主梁底板需采用厚达100mm的Q370D级钢;混凝土桥面板最大压应力达21.2MPa,需采用C70混凝土才能满足相关规范要求,且高性能混凝土施工难度很大。

双边矩形箱组合梁(图4-3)是用单箱单室的边箱代替双边工字梁组合梁中的工字钢边主梁,可在一定程度上减小腹板及下翼缘板的厚度;钢梁为由纵梁、横梁及小纵梁共同组成的梁格体系。该类型典型的组合梁斜拉桥有杨浦大桥、宁波清水浦大桥和哈尔滨松花江大桥。杨浦大桥为主跨602m的双塔组合梁斜拉桥,桥面总宽30.35m,纵梁标准尺寸为230cm×270cm(宽×高),最大板厚60mm,桥面板采用C60混凝土;宁波清水浦大桥为主跨468m的双塔组合梁斜拉桥,单幅桥面总宽22m,纵梁标准尺寸为205cm×250cm(宽×高),最大板厚50mm,桥面板采用C60纤维混凝土;哈尔滨松花江大桥为主跨268m的独塔组合梁斜拉桥,桥面总宽39.3m,纵梁标准尺寸为220cm×275cm(宽×高),最大板厚50mm,桥面板采用C55纤维混凝土。

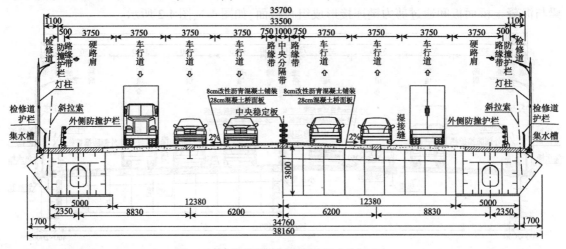

图 4-3 双边矩形箱组合梁断面(尺寸单位:mm)

对于本项目跨径768m、行车道宽达33.5m的主梁,根据钢主梁截面等代原则,钢主梁双边矩形箱尺寸确定为500cm×326cm(宽×高),最大板厚60mm(基于国内焊接结构钢可采用的钢板厚度;为充分发挥钢材对主梁截面惯性矩的作用,将厚钢板尽量布置在截面底缘)。

研究表明:该类组合梁与工字形组合梁一样,具有施工架设方便,钢梁制造相对容易,不会形成箱体内积水,也不需要设置箱梁内部除湿系统等优点;但该方案中双边矩形梁箱体较宽,箱顶桥面板对应现浇段宽度达4.6m(常规断面方案中钢主梁上翼缘现浇宽度不超过2.3m),钢主梁大范围的现浇段会增加混凝土桥面板的开裂风险。

以上三种断面形式的区别主要在于钢主梁抗弯刚度和钢主梁面积。前期研究已表明,当主梁刚度达到一定数值后,继续增加主梁刚度对总体受力有一定影响,但改善并不明显。下面将结合三种断面形式和主梁面积差异来对比分析其对主体结构受力状态的影响。

为了得到合理可行的主梁断面,项目组分别拟定了如下几种断面形式进行对比分析,如图4-4所示。

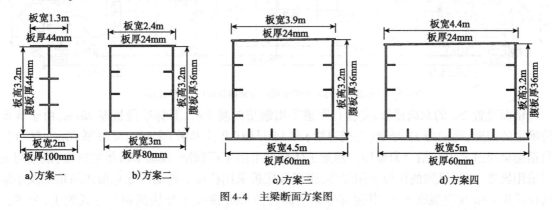

图4-4 主梁断面方案图

为方便对比分析,计算模型中桥面板厚度统一设置为28cm,桥面铺装统一按8cm考虑。截面特性根据截面模型自动生成。计算结果对比如表4-1所示。

主梁断面变化对主梁受力的影响　　　　表4-1

标准值组合下计算结果	方 案 一	方 案 二	方 案 三	方 案 四
桥面板最大应力(MPa)	21.2	19.2	18.9	18.6
钢主梁最大应力(MPa)	178	164	148	1368

表4-1结果表明:(1)主梁采用方案一的双边工字梁(底板厚达100mm)时,桥面板应力达21.2MPa,钢主梁应力达178MPa,桥面板混凝土及钢主梁需采用更高级别的材料才能满足规范要求。(2)方案二、方案三和方案四均为双边矩形箱断面(底板厚、底板宽有所区别),三个方案的计算结果与PK箱形断面的分析结果基本一致,即增加主梁面积对改善桥面板和钢主梁受力有较大帮助。(3)方案四标准断面面积与3.8m高PK箱形断面面积基本一致,其桥面板和钢主梁应力水平也基本相同,可见组合梁结构总体受力状态受主梁断面面积的影响较大,受钢主梁断面形式的影响较小。

综合以上分析,基于国内焊接结构钢可采用的钢板厚度(不大于64mm厚的钢板可实现批量生产,并具有稳定的实物性能)和结构总体受力性能,为控制混凝土桥面板应力,参考方案四的断面形式,拟定两种主梁结构:双边矩形箱组合梁和PK钢箱梁。

(1) 双边矩形箱组合梁

主跨及北边跨主梁顶板采用 C60 混凝土面板,其下钢箱梁主体结构厚度 40mm 以下采用 Q345qE 低合金钢,厚度 40mm 以上用 Q370qE 低合金钢。主梁采用双边矩形箱主纵梁分离组合梁形式,组合梁全宽 38.5m(包括 2×1.5m 锚索区和边箱),至主塔区缩窄为 34.9m,拉索横向间距 35m。梁高 3.8m(组合梁中心线处),梁高与跨径之比为 1/202.105、与梁宽之比为 1/10.132,梁宽与跨径之比为 1/19.948。两箱中间以钢横梁连接,斜拉索锚固于边箱中心。具体如图 4-5 所示。

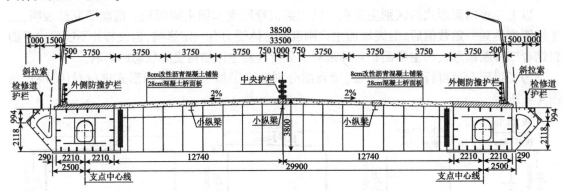

图 4-5 主跨及北边跨双边矩形箱组合梁断面图(尺寸单位:mm)

桥面设置 2%的双向横坡;主桥行车道采用钢筋混凝土板,其标准段板厚 28cm,由于辅助跨配重的需要,辅助跨 13 号墩(北交界墩)和 14 号墩(北辅助墩)之间的梁段厚 40cm,结合板与钢箱梁通过剪力钉结合为整体。钢梁主体部件采用工厂预制,现场节段吊装拼接,横梁与主梁采用栓接,主梁纵梁的顶板采用焊接,腹板及底板采用栓接。桥面板除矩形边箱顶部及小纵梁顶采用 C60 现浇混凝土外,其他部分采用高性能 C60 混凝土分块预制的方式施工,为减少混凝土的收缩、徐变效应,存梁期不得小于 6 个月。主梁施工时先吊装结合梁的钢梁部分,并与已安装梁段的钢梁采用栓焊结合的方式连接,然后分块吊装混凝土桥面板,之后浇筑该梁段桥面板湿接缝,形成完整的组合梁。横隔板采用板式结构,标准间距 3.5m;主梁标准索间距 10.5m,钢横隔板贯穿钢箱梁并将之连接为一体,同时在钢箱梁顶面形成钢格构;混凝土桥面板铺设于此格构上,二者通过剪力钉连接形成结合截面。矩形分离式断面钢箱梁由横隔板、边箱主纵梁底板、内腹板、外腹板、锚固构造、风嘴等组成,斜拉索锚固于边箱中心。

(2) PK 钢箱梁

为获取合理的梁高,设计过程中分别拟定了 3.5m、3.8m 及 4.5m 三种梁高进行分析比较。为使结果有比较意义,在整体受力分析中通过调整主梁板厚使三个方案的主梁应力水平基本一致。其比较结果见表 4-2。

不同梁高的主梁方案比较表　　　　　表 4-2

梁高 H (m)	主梁最大拉/压应力 (MPa)	顶、底板厚最大值 (mm)	全桥刚度 f_{max}/L	横隔板最大应力 (MPa)	吊装挠度 (mm)
3.5	115/−162	26	1/745	95.2	31
3.8	112/−160	22	1/897	83.3	21
4.5	115/−159	22	1/915	74.4	16

根据表4-2可得出以下结论:①主梁梁高对全桥纵向受力影响不大,采用较小的梁高时箱梁顶、底板需采用更厚的钢板,但设计时设置较少的横隔板,横隔板用钢量减少较为明显,主梁总体用钢量略微降低,故适当降低梁高有利于节省造价。②主梁梁高对桥梁横向受力影响较大,对施工阶段主梁节段吊装的影响更为明显,采用更大的梁高,主梁横向刚度大,吊装时对接断面间的不协调变形量小,对接质量更加容易保证。采用3.8m梁高时吊装断面间的最大不协调变形量约为22/2=11(mm),按目前的施工经验是可以保证对接质量的。故本设计推荐采用3.8m的梁高。

本桥承担重载交通,在进行桥面系正交异性钢桥面板的设计时应适当加强其局部刚度,同时采取适当的构造措施以减少出现焊缝处的应力集中。通过建立局部模型计算比较发现,采用较小的横隔板间距与较大的顶板厚度,既增大了桥面板局部刚度又使得各焊缝处的应力水平有所下降,是一种较为合理的设计思路。综合整体计算与局部分析的成果,本设计将顶板最小厚度确定为16mm、横隔板标准间距确定为3m。钢主梁断面如图4-6所示。

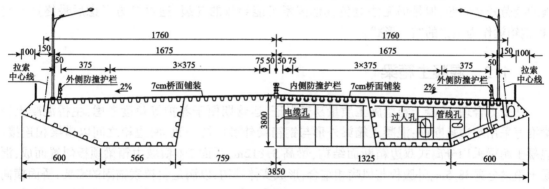

图4-6 钢主梁断面图(尺寸单位:cm)

钢箱梁横隔板主要有板式与桁架式两种形式,板式横隔板整体性及刚度好,对控制箱梁的翘曲变形较为有利,故推荐采用。由于横隔板的腹板高度较大,为提高横隔板的稳定性,横隔板腹板制造时均采用对接而非搭接的连接形式。

PK断面钢箱梁由桥面顶板、底板、内腹板、外腹板、横隔板、风嘴、锚固构造等组成,钢箱梁内轮廓高3.8m,全宽38.5m(包括2×1.5m锚索区和风嘴),至主塔区缩窄为36.5m,拉索横向间距35m。梁高与跨径之比为1/202.105、与梁宽之比为1/10.132,梁宽与跨径之比为1/19.948。两箱中间以钢横梁连接,斜拉索锚固于风嘴处的外纵腹板上。

箱形断面组合梁是在钢箱梁的基础上,将正交异性钢桥面板替换为混凝土桥面板,这种形式的组合梁整体性较好、抗扭刚度大、抗风性能较好、主梁的有效分布宽度较大。相比于双边工字梁及双边箱组合梁,其各部分板材的板厚均为常规厚度,且不需采用高等级钢材。故该类型主梁较为适合用于大跨、宽幅斜拉桥。

PK箱形组合梁类似于整体箱形组合梁,是在PK箱形钢箱梁基础上,将正交异性钢桥面板替换为混凝土桥面板。PK箱形组合梁、整体箱形组合梁在受力上的区别与PK钢箱梁、整体钢箱梁间的区别是类似的。虽然整箱断面抗扭刚度相对更大、气动稳定性相对更好、对组合梁桥面板轴向力的内力分配有一定帮助,但考虑到PK断面箱形组合梁钢材利用率相对较高、造价相对节省,且有利于主梁散热,较适用于风速较小的内陆地区,同时本项目南边跨位于岸坡上,地质条件较好,适合采用PK断面预应力混凝土箱梁。

钢箱梁具有制造焊接工艺成熟、安装质量有保障、施工速度快、施工简单等优点,虽然正交异性钢桥面板容易疲劳开裂,但是随着近年来施工技术的提升,桥面铺装材料、施工工艺等方面研究的深入,正交异性钢桥面板开裂问题已得到较大程度的解决。相比而言,钢混组合梁是将钢箱梁正交异性钢桥面板替换为高性能混凝土桥面板,避免了正交异性钢桥面板的疲劳开裂问题,但是混凝土桥面板与钢梁之间采用现浇混凝土连接,由于在车辆荷载作用下桥面板混凝土的收缩、徐变不断地累积,以及活载的反复作用,混凝土会出现裂缝。在出现横向贯通裂缝后,桥面板混凝土与钢梁的组合作用被削弱,还会造成钢材的锈蚀,诱发其他病害。拉索锚固区中拉索锚固在主梁的上翼缘,索力一部分作用到桥面板的混凝土上,导致混凝土面板局部开裂,该裂缝以拉索与桥面板锚固区为中心,呈放射性向外发展,同时混凝土收缩、温度变化、齿板附近受拉、主梁残余变形、超重车辆等均会造成裂缝。

综上所述,钢箱梁技术成熟且整体性好,钢混组合梁能在一定程度上避免正交异性钢桥面板的疲劳开裂问题,但是仍无法避免其他因素可能导致的开裂,通过多方考虑后最终选择将PK钢箱梁作为主梁的结构形式。

4.1.2 混凝土箱梁

从受力合理、混凝土箱梁施工质量易于保证、运营期便于养护等角度考虑,主桥混凝土箱梁推荐采用双边箱断面;混凝土箱梁外形与钢箱梁外形保持一致,两边箱之间以横梁相连接。混凝土箱梁采用分离式双边箱断面结构,梁高3.812m,桥面2%横坡由箱梁顶板斜置而成;混凝土箱梁全宽38.5m,外腹板与风嘴相结合,形成实体结构,以满足斜拉索锚固的需要;桥面横向布置、结构外形与钢箱梁断面基本一致,混凝土强度等级C55。混凝土主梁断面如图4-7所示。

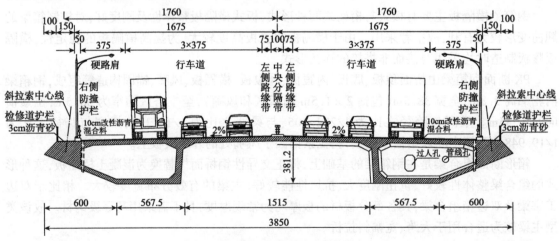

图4-7 混凝土主梁断面图(尺寸单位:cm)

标准梁段顶板厚35cm,水平底板厚40cm,斜底板厚35cm,内腹板厚50cm,风嘴与外腹板组成的实体厚1.984m。两边箱采用预应力混凝土横梁连接,每5~7.5m设置一道主梁标准横隔板,横隔板厚32cm。南塔及辅助墩墩顶处横隔板加厚至3.0m,过渡墩墩顶处横隔板加厚至2.9m。

混凝土箱梁设置纵向预应力和横向预应力钢束。主梁纵向预应力钢束采用5ϕ^s15.2、

$9\phi^S15.2$ 和 $22\phi^S15.2$ 型钢绞线;顶板及底板横向预应力钢束采用 $4\phi^S15.2$ 型钢绞线,标准横梁横向预应力钢束采用 $19\phi^S15.2$ 型钢绞线,辅助墩、交界墩及南塔横梁横向预应力钢束采用 $22\phi^S15.2$ 型钢绞线;内腹板纵向预应力钢束采用 ϕ^T32 型精轧螺纹钢,顶板横向预应力纵向间距为 50cm。

混凝土索梁锚固方式为外露齿坎的梁底锚固方式,混凝土箱梁区桥面采用厚 10cm 的铺装。

4.1.3 钢-混凝土结合部

钢-混凝土结合部主要构造剖面图(图4-8)如下:结合面距离南塔中心线侧 12m 左右。顶底板及腹板通过钢梁端部的多格室结构连接,且在格室内填充混凝土。通过预应力筋、承压板、剪力键及钢板与混凝土的摩擦力传递内力。同时,在钢格室腹板和纵腹板上用开孔板剪力键(PBL剪力键)代替数量较多的剪力钉。钢-混凝土结合段(即钢格室)长 2.0m,钢箱梁加强段长 5.0m。考虑应力扩散所需面积、格室内焊接空间、预应力筋施工空间、填充混凝土施工的方便程度及构件加工制作可行性等因素,钢格室高度取 800mm,标准宽度取 600mm。

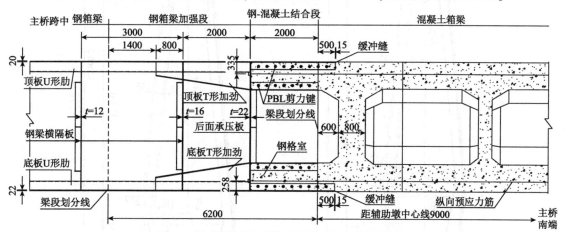

图 4-8 钢-混凝土结合部构造纵剖面图(尺寸单位:mm)

4.2 主塔设计

(1)钻石形塔

根据主梁断面、索面布置以及景观需求,主塔推荐方案采用钻石形混凝土塔。自桥面往上塔高203m,根据承台位置,北塔高269.482m,南塔高235.602m,如图4-9所示。

塔柱采用横向外侧微凸的矩形空心断面,上中塔柱外侧形成直线,下塔柱内收,整体呈钻石形。上塔柱顶部相交为整体,纵横向外轮廓尺寸为 $8.5m \times (13.6 \sim 16.416)m$,壁厚为 1m,塔顶塔冠 3m,整体段高度为 15m,截面为单箱双室。上塔柱为单箱单室,横向外侧微凸的矩形空心断面,纵横向外轮廓尺寸为 $8.5m \times 6.8m$。在距离桥面 130m 位置设置一道高度为 5m 的上横梁,上横梁侧板上方设置水滴形倒角,下方设置直倒角。中塔柱纵横向外轮廓尺寸为

(8.5~12.16)m×6.8m,壁厚1~1.35m,高度为130m。下塔柱内收,北塔下塔柱纵横向外轮廓尺寸为(13.216~15)m×(6.8~12)m,壁厚为1.5m,高49.282m。南塔下塔柱纵横向外轮廓尺寸为(14.312~15)m×(6.8~10)m,壁厚为2m,高15.402m。北塔下塔柱在高程34m以下部分塔柱内设置十字支撑,十字板厚度1m。塔座厚2.0m,与承台形成整体。中塔柱和下塔柱间设置下横梁,下横梁高8.0~9.2m,顺桥向厚10.5m,为矩形空心断面。

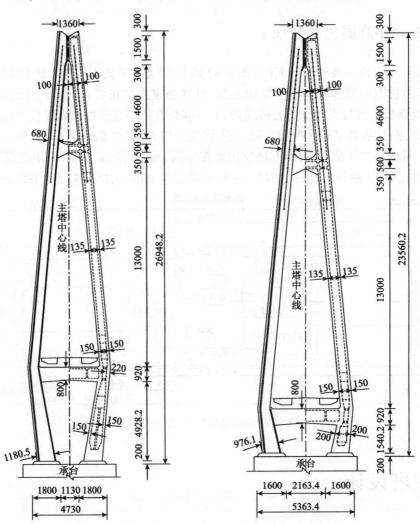

图4-9 北塔(左)、南塔(右)推荐方案一般构造图(尺寸单位:cm)

(2)A形塔

主塔比较方案一采用A形混凝土塔。自桥面往上塔高203m,根据承台位置,北塔高269.482m,南塔高235.602m,如图4-10所示。

塔柱采用横向外侧微凸的矩形空心断面,塔柱外侧轮廓为直线,整体呈A字形。上塔柱纵横向外轮廓尺寸为8.5m×(13.6~23.45)m,壁厚为1m,为两塔柱合并而成的整体,截面为单箱三室,高度为58m。上塔柱中箱设置三角形凹槽,形成阴影,中间设置高8m、宽3m的椭圆形贯通孔,消减视觉效果。中塔柱纵横向外轮廓尺寸为(8.5~12.22)m×6.8m,壁厚1~

1.35m，高度为146m。北塔下塔柱纵横向外轮廓尺寸为(13.537~15)m×10m，壁厚为1.5m，下塔柱高49.282m，在高程34m以下部分塔柱内设置十字支撑，十字板厚度1m。南塔下塔柱纵横向外轮廓尺寸为(14.305~15)m×10m，壁厚为1.5m，下塔柱高15.402m。下塔柱塔座厚2.0m，与承台形成整体。中塔柱和下塔柱间设置下横梁，下横梁高8.0~9.2m，顺桥向厚10.5m，为矩形空心断面。

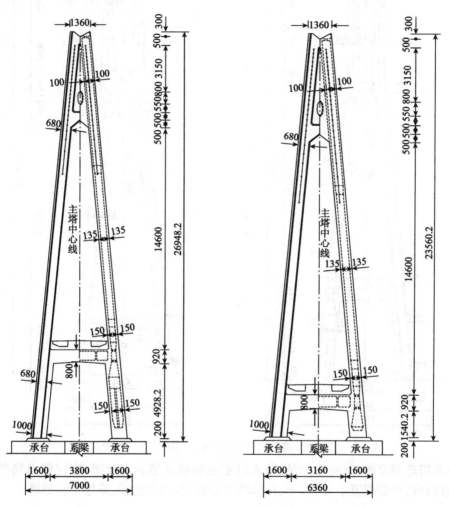

图4-10 北塔(左)、南塔(右)比较方案一一般构造图(尺寸单位：cm)

（3）H形塔

主塔比较方案二采用H形混凝土塔。自桥面往上塔高203m，根据承台位置，北塔高269.482m，南塔高235.602m，如图4-11所示。

塔柱采用矩形空心断面。上塔柱纵横向外轮廓尺寸为8.5m×(5.0~10.75)m，高度为59m。中塔柱纵横向外轮廓尺寸为(8.5~12.5)m×(8.0~10.75)m，高度为123m。北塔下塔柱纵横向外轮廓尺寸为(12.5~14.0)m×10.0m，高度为49.282m。南塔下塔柱纵横向外轮廓尺寸为(13.416~14.0)m×10.0m，高度为15.402m。下塔柱高程34m以下部分设置十字支撑，十字板厚度1m。塔座厚2.0m，与承台形成整体。上横梁高13m，横桥向宽25.24m，顺桥向厚6.5m,为箱形结构。下横梁高8.0~9.2m,顶面水平,底面为折线形,横桥向宽53.36m,顺桥向厚10.5m,为矩形空心断面。H形塔锚固区设置和推荐方案一致。

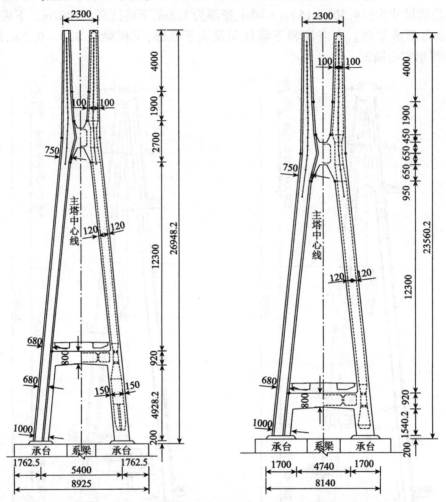

图4-11 北塔(左)、南塔(右)比较方案二一般构造图(尺寸单位:cm)

钻石形塔造型简单,空间感十足,给人以更强的稳定感和安全感,塔柱截面简单,施工方便,下塔柱内收,基础规模小,比A形、H形塔造价低,经综合比较,采用钻石形塔。

4.3 主塔基础设计

4.3.1 北塔基础设计

北塔基础由于位于主河槽北侧深水区,考虑水利行洪的要求,承台顶高程4.0m,承台厚度7m,整个承台埋入河床内的粉细砂层内。承台以上设置塔座,封底混凝土厚度6.0m。基桩设置钢护筒穿透粉细砂层。北塔基础基桩为端承桩,以泥质结构的中风化页岩为持力层。

(1)圆角矩形承台

推荐方案采用钻石形塔,下塔柱内收在一个整体承台上,承台下设置38ϕ3.0m钻孔桩,桩长84m。为方便施工,将承台布置成长圆形,基桩呈阵列式布置。承台顺桥向长24.3m,横桥向宽57.2m,承台体积11105m³,承台采用C40混凝土。其构造如图4-12所示。

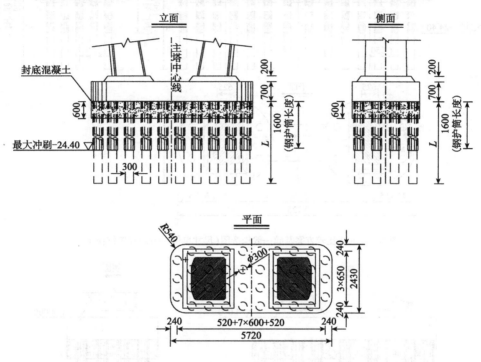

图4-12 北塔推荐方案基础一般构造图(尺寸单位:cm;高程单位:m)

(2)圆形分离式承台

比较方案主塔为外伸下塔柱,设置以系梁连接的分离基础。

单个塔柱下各布置一个群桩基础,单个塔柱下群桩基础布置24ϕ2.5m钻孔桩基础,桩长80m,呈梅花形行列式布置;两个群桩基础用系梁连接,系梁宽12.5m,与承台同厚,系梁下设置4ϕ2.5m钻孔桩基础,桩长45m。

为适应水流及方便钢围堰制造、下沉,单个群桩基础承台为ϕ29m的长圆形,承台中心距54m,承台厚度7m,系梁和承台同厚。承台顺桥向长29m,横桥向总宽89.25m,承台体积13506.5m³,承台采用C40混凝土。其构造如图4-13所示。

(3)哑铃形承台

为了进一步比较圆形承台和哑铃形承台,针对比较方案的情况,将承台两侧设计为直径28.8m的圆形,中间连接一段8m宽的直线段,承台下设38ϕ3m钻孔灌注桩。承台横桥向宽58.8m,顺桥向长28.8m,厚7m,封底混凝土厚6m,承台体积9556m³,承台采用C40混凝土。其构造如图4-14所示。

北塔基础对比结果如表4-3所示。

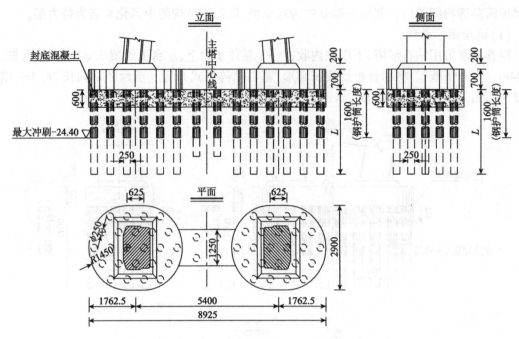

图 4-13 北塔比较方案基础一般构造图(尺寸单位:cm;高程单位:m)

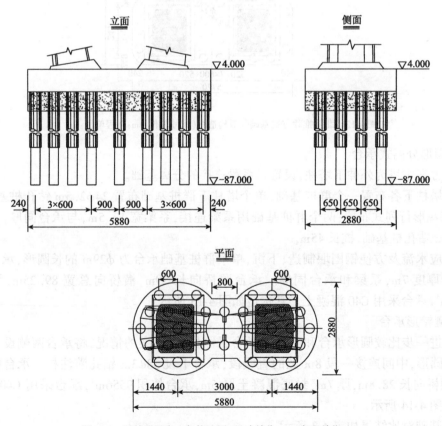

图 4-14 哑铃形承台一般构造图(尺寸单位:cm;高程单位:m)

北塔基础对比表　　　　　　　　　　　　　　　　　　　　　　　表 4-3

类别		圆角矩形承台	圆形分离式承台		哑铃形承台
承台	宽(m)	57.2	89.25		58.8
	长(m)	24.3	29		28.8
	厚(m)	7	7		7
	体积(m³)	11105	13506.5		9556
桩基	直径(m)	3	2.5	2.5	3
	数量(根)	38	48	4	38
	桩长(m)	84	80	45	84
	体积(m³)	22551.48	20665.1		22551.48
	备注				采用方案

4.3.2　南塔基础设计

南塔基础由于位于主河槽南侧水陆分界区,考虑水利行洪的要求,承台顶高程 33.0m,承台以上设置塔座,塔座厚 2m,承台厚度 7m,垫层混凝土厚度 0.5m。基桩设置钢护筒穿透碎石层。考虑基坑开挖需要使用抗滑桩支挡,承台采用矩形承台。南塔下伏地层为强风化砂岩夹页岩和中风化砂岩夹页岩,其中中风化砂岩夹页岩岩性较好,可作为端承桩基础。

推荐方案为钻石形塔,下塔柱内收,采用整体式承台,承台下布设 38φ3.0m 钻孔桩基础。承台采用矩形布置,顺桥向长 24.3m,横桥向宽 58.8m,如图 4-15 所示。

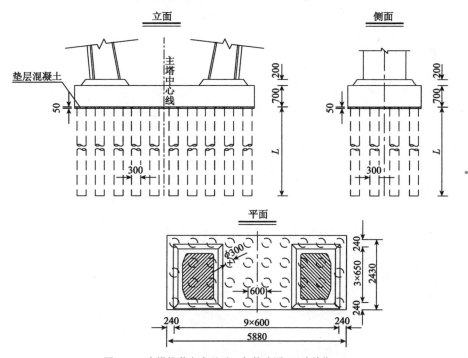

图 4-15　南塔推荐方案基础一般构造图(尺寸单位:cm)

比较方案主塔为外伸下塔柱，设置以系梁连接的分离基础。单个塔柱下各布置一个群桩基础，两个群桩基础用系梁连接，单个塔柱下群桩基础布置20φ3.0m钻孔桩基础，呈矩形行列式布置，系梁下设置2φ3.0m钻孔桩基础。南塔基础合计42φ3.0m钻孔桩基础，基桩均为端承桩，总桩长59m；单个群桩基础承台为矩形，顺桥向长22.8m，横桥向宽28.8m，承台中心距47.6m，系梁和承台同厚。承台顺桥向长22.8m，横桥向总宽76.4m，如图4-16所示。

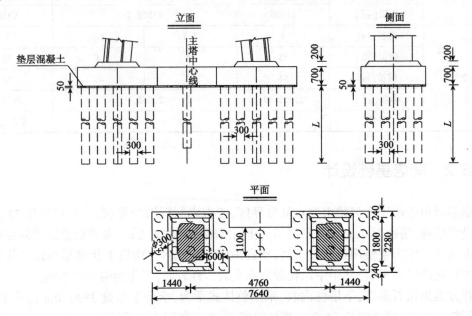

图4-16 南塔比较方案基础一般构造图（尺寸单位：cm）

第3篇

施工篇

第二篇

施工篇

5 项目施工总体部署

5.1 施工总体布置

5.1.1 场地布置

一个项目前期的谋划与部署精度高低关系到整个项目能否顺利实施,并且在很大程度上决定着项目的成败。对于任何一个项目来说,一座近千米级的跨江大桥都是重中之重,无论是规模、技术难度,还是安全风险等都不容忽视。一个好的总体布局也象征着一个好的开始,为项目的顺利进行打下基础。

(1)项目驻地

作为一个项目实施的指挥中枢,项目部一般建设于整个项目的控制性工程附近,对于一般公路工程项目,则选择建设于项目的中间位置。对于本项目,很显然跨长江特大桥是本项目的控制性工程,是难点也是重点。结合项目实际情况,项目部建设于大桥西侧两道防洪大堤之间,位置开阔、交通便利,便于就近管理、靠前指挥。同时项目驻地考虑项目人员数量、办公生活功能设施、标准化等规定,最终确定项目部的规划与建设。为了尽量减少施工过程对项目人员的影响,项目部的位置应稍微远离施工现场、混凝土拌和站和钢筋加工场。

(2)场站

一座跨江大桥包含引桥、滩桥和主桥,其桩基、下部结构和上部结构的材料用量非常大。为了保证控制性工程的顺利推进,钢筋加工场和混凝土拌和站需要与之匹配。混凝土拌和站按照每日混凝土最大用量以及混凝土总量进行配置,且尽量靠近结构物以缩短混凝土的运输时间,有利于保障混凝土质量。钢筋加工场布置于混凝土拌和站和项目驻地之间,同时起到隔离噪声和遮挡作用。

项目部平面布置图如图 5-1 所示。

图 5-1　项目部平面布置图

5.1.2　栈桥与施工平台布置

主桥15号墩位于北侧江中,距离岸边约500m,需要修建一座栈桥作为施工通道。主桥16号墩位于长江南侧岸坡上,可直接由施工便道连接至施工现场。

(1)栈桥与施工平台布置原则

①主栈桥布置原则。

主栈桥作为跨江主桥施工的通道,其位置将影响后续的施工。15号主塔位于长江北岸,处于上水航道。考虑施工期间水上交通安全和后续箱梁和材料运输需要、方便船舶停靠,将栈桥设置在主桥上游侧。

钢箱梁尺寸为38.5m×15m。据此,拟采用永生1200t运输船,船体尺寸75m×16m×3.2m,停靠时船头在上游,船尾在下游。为满足吊梁及停靠空间需求,将栈桥与主桥的轴心间距定为39m。

栈桥高程要方便桥梁的基础及上部结构的施工,同时要保证栈桥的贝雷下弦高出水面20cm。栈桥的设计水位一般参考20年一遇的洪水水位,且需要考虑实际地形、地势情况,要能够保证与当地的地形条件相协调,同时与端部施工便道顺接,保证整个项目的车辆通行。

②施工平台布置原则。

水中墩施工平台的设置要根据桩基承台的规模确定,对于一般承台(2排桩及以下)仅需设置单侧支栈桥与平台,对于较大承台(如主桥14号墩)一般设置双侧支栈桥与平台,以便施工和临时堆放材料。

对于15号主塔墩,其不仅需要考虑桩基和承台施工的平台,还要考虑主塔和上部结构所需的施工平台。由于15号墩钢围堰自带桩基钻孔平台,因此在小桩号侧设置一座支栈桥,在上游侧设置一个42m×40m的施工平台,作为施工机械、临时材料、模板等的堆放场地。

(2)栈桥与施工平台结构形式

①栈桥跨度。

贝雷钢栈桥属于梁式支架的范畴,一般跨度不超过18m,针对不同的施工荷载和需求选择不同的跨度,跨度在12~15m相对经济。本项目主塔墩施工需要用到180t履带式起重机,综合考虑项目成本、水文地质条件等因素,栈桥采用15m跨度,通过计算能够满足要求。

②栈桥断面结构。

栈桥采用321型贝雷栈桥,栈桥桩号K0+000~K0+453.28,纵向跨径布置为45+48+6×(4×15)+7×0.04(每联之间的伸缩缝)=453.28(m)。主栈桥设计宽度8m,标准段按跨度15m,4跨一联,每联设制动墩一个,各联之间贝雷不连接,并保留4cm的间隙。从栈桥起点到7号管桩采用P820×10钢管桩;8号到15号之间采用P820×12钢管桩;16号到31号之间采用P1020×12钢管桩,枕头梁均采用双拼56a工字钢;32号到37号之间采用P1020×14钢管桩,枕头梁采用双拼63a工字钢。管桩顶端以下2m位置设置P273×8钢管平连及20a工字钢剪刀撑,枕头梁上横向布置10片贝雷,90cm门字架,每组贝雷中心间距1.7m,贝雷上部按贝雷节点顺桥向布置25a工字钢分配梁,分配梁上按0.3m间距横桥向布置16工字钢分配次梁,然后铺设$d=10mm$的花纹钢板桥面板。

③施工平台结构。

15号主塔上游侧设置一尺寸为40m×42m的施工平台,顺桥向按照(2×9+2×7.5+9)m跨径布置,横桥向按(8+7+3×8)m间距布置6列P1020×14钢管桩。为抵抗水流作用力和钢围堰挤靠力,中间两列桩于顺桥向夹角6°插打,呈"八"字形,水平连接用P530×9钢管,斜撑用P273×8钢管,枕头梁采用双拼63a工字钢,布置42片贝雷,按中心间距1.93m布置21组,分配梁及分配次梁布置方式同主栈桥。

5.2 主要施工机械

本项目施工机械主要包括栈桥与施工平台、双壁钢围堰、钻孔桩、承台、主塔、钢箱梁安装设备、斜拉索安装设备、环氧沥青桥面铺装等工程施工机械,本书仅列出北岸主桥施工的主要机械,如表5-1所示。

北岸主桥施工主要机械配置表　　　　表5-1

项　目	名　称	规格型号	单　位	数　量	备　注
栈桥与施工平台	履带式起重机	100t	台	2	打设钢管桩
	振动桩锤	APE200	台	2	打设钢管桩
	打桩船		艘	1	打设钢管桩
	驳船	1000t	艘	1	打设钢管桩
双壁钢围堰	拖轮	2640马力(1马力=735.5W)	艘	2	顶推钢围堰浮运
		1900马力	艘	1	浮运帮拖
	平板驳	500t	艘	2	抛锚,运材料
	浮式起重机	200t	台	1	打设护筒,钢围堰接高
	浮式起重机	400t	台	1	打设护筒,钢围堰接高
	振动桩锤	APE400B	台	2	打设钢护筒
	连续千斤顶	350t	台	16	钢围堰提升下放
	吸砂机	45kW	台	6	吸泥下沉
	空压机	20m³	台	4	吸泥下沉
	天泵	56m	台	1	壁舱混凝土

续上表

项目	名称	规格型号	单位	数量	备注
钻孔桩	旋挖钻	TR550D	台	1	ϕ3.0m桩基
	旋挖钻	BG46	台	1	ϕ2.5m桩基
	旋挖钻	BG38	台	1	ϕ2.0m桩基
	回旋钻	KTY4000	台	7	ϕ3.0m桩基
承台	履带式起重机	180t	台	1	
	履带式起重机	80t	台	1	
	天泵	56m	台	1	
	水泵	15m	台	10	
主塔	履带式起重机	75t	台	1	
	塔式起重机	ZSL500	台	2	
	施工电梯	SCQ200	台	2	
	拖泵	35MPa	台	2	
	智能张拉设备	500t	套	4	
	智能压浆设备		套	2	
	液压爬模	6m	套	2	
钢箱梁安装设备	运梁驳船	2500t	艘	1	
	运梁驳船	2000t	艘	1	
	运梁驳船	1660t	艘	1	
	浮式起重机	800t	台	1	塔区梁段
	塔式起重机	500t·m	台	2	
	桥面起重机	220t	台	4	
	电焊机	20kW	台	20	
斜拉索安装设备	汽车式起重机	50t	台	1	
	叉车	5t	台	1	展索
	千斤顶	650t	台	4	配套液压系统
	千斤顶	350t	台	4	配套液压系统
	吊索桁车	60t	台	1	
	塔顶门架	60t	台	1	
	卷扬机	10t	台	6	压锚
	卧式放索盘		台	4	展索
	放索小车		台	300	展索
	锚头小车		台	4	展索
	运索平板车	40t	台	2	展索
	索夹		对	8	展索
	电焊机	20kW	台	10	
	索力传感器		套	8	

续上表

项目	名称	规格型号	单位	数量	备注
环氧沥青桥面铺装	沥青混合料拌和设备	4000型	台	1	
	胶料添加系统	160L	套	1	
	手持式电动搅拌器	2200W	套	1	
	沥青混合料摊铺机	福格勒S 2100-3L	台	2	
	非接触式平衡梁	SAS系统	套	2	
	轮胎压路机	XP303	台	5	
	振荡压路机	HD O 138V	台	4	
	钢轮振动压路机	DD110	台	2	
	手扶式振动平板夯	90t	台	2	
	抛丸机	550型	台	6	

5.3 主要施工进度

2015年6月3日,项目核准获批;2016年9月23日,初步设计获批;2016年12月30日,下达开工令,主要施工进度见表5-2。

主要施工进度　　　　　　表5-2

北塔(15号塔)施工	南塔(16号塔)施工
2016年8月13日,水中栈桥平台开始施工	2017年5月1日,16号主塔桩基开始施工
2017年2月28日,15号主塔钢围堰下水	2018年4月20日,16号主塔塔身开始施工
2017年7月16日,15号主塔桩基开始施工	2019年10月25日,16号主塔完成封顶
2018年6月30日,15号主塔承台开始施工	2019年12月30日,大桥主桥钢箱梁开始吊装
2018年8月9日,15号主塔塔身开始施工	2020年4月9日,大桥主桥钢箱梁悬臂开始吊装
2019年11月18日,15号主塔完成封顶	2020年10月27日,大桥主桥合龙
	2020年11月6日,大桥主桥钢桥面铺装开始施工
	2020年11月17日,大桥主桥钢桥面铺装全部完成
	2020年12月25日,全线完成交工验收
	2021年9月25日,正式通车

5.4 主要施工方案

一座近千米级斜拉桥的施工过程中涉及许多施工方案,为了保证项目的顺利实施与推进,提前组织各项施工方案的编制非常有必要。虽然不同地区、不同单位对施工方案的编制和审批有不同要求,但大体类似,通过梳理本项目实施过程中所编制的施工方案,可为其他类似项目提供借鉴。本项目主要施工方案如表5-3所示。

主要施工方案汇总表　　　　　　　　　　　　　　　表5-3

序号	类别	名称	备注
1	总体	总体施工组织设计	整个项目筹划与部署
2	总体	主桥基础施工组织设计	包括主桥桩基、承台施工
3	总体	标准化建设方案	总体布局
4	总体	钢栈桥与施工平台施工方案	
5	钢围堰	15号墩双壁钢围堰制造方案	
6	钢围堰	15号墩双壁钢围堰施工方案	
7	钢围堰	15号墩双壁钢围堰下水、浮运、定位方案	
8	钢围堰	15号墩双壁钢围堰提升下放、吸泥、封底方案	
9	钢围堰	14号墩双壁钢围堰施工方案	
10	钢围堰	13号墩钢板桩围堰施工方案	
11	钢围堰	12号墩钢板桩围堰施工方案	
12	桩基础	主桥12号墩试桩施工组织设计	
13	桩基础	主塔墩桩基础施工方案	15号、16号墩
14	桩基础	南、北滩桥桩基施工方案	
15	承台	主墩承台施工方案	
16	承台	主墩承台大体积混凝土温控方案	
17	承台	南、北滩桥承台施工方案	
18	承台	大体积混凝土温控方案	
19	主塔	15号主塔施工方案	
20	主塔	16号主塔施工方案	
21	主塔	15号、16号主墩塔式起重机安装施工方案	
22	主塔	15号、16号主墩施工电梯安装施工方案	
23	主塔	15号主塔下横梁施工方案	
24	主塔	16号主塔牛腿施工方案	
25	主塔	15号、16号主塔上横梁施工方案	
26	主塔	15号、16号主塔涂装施工方案	

续上表

序号	类别	名称	备注
27	上部结构	主桥钢箱梁加工制造施工方案	
28		主桥钢结构涂装施工方案	
29		主桥钢箱梁及斜拉索安装施工方案	
30		桥面起重机安装施工方案	
31		南边跨现浇箱梁施工方案	
32		钢混结合段施工方案	
33		中跨合龙施工方案	
34	桥面及附属	环氧沥青桥面铺装施工方案	
35		风嘴安装施工方案	
36		钢护栏安装施工方案	
37	测量与监控	主桥测量方案	
38		主桥监控实施方案(细则)	监控单位

6 主塔墩基础施工

6.1 北岸15号主塔墩基础施工

6.1.1 工程概况

根据项目前期进行的水文调查，与长江水利委员会水文局取得联系，查阅相关文献资料，得出了水位、流量、过水断面和流速之间的关系，具体如表6-1所示。

桥位水位、流量、过水断面、流速关系　　　　表6-1

水位(m)	7.06	8.06	9.06	10.06	11.06	12.06
流量(m^3/s)	6600	8100	9800	11700	13900	16400
过水断面(m^2)	13754.5	14818.04	15891.49	16976.93	18070.87	19174.88
流速(m/s)	0.48	0.55	0.62	0.69	0.77	0.86
水位(m)	13.06	14.06	15.06	16.06	17.06	18.06
流量(m^3/s)	19300	22600	26300	30400	35000	40100
过水断面(m^2)	20284.8	21399.53	22528.65	23688.75	24859.14	26030.46
流速(m/s)	0.95	1.06	1.17	1.28	1.41	1.54
水位(m)	19.06	20.06	21.06	22.06	23.06	
流量(m^3/s)	45700	52300	61400	73500	89100	
过水断面(m^2)	27213.1	28406.09	29608.24	30814.86	32068.39	
流速(m/s)	1.68	1.84	2.07	2.39	2.78	

数据来源：长江水利委员会水文局，《武穴长江公路大桥水文专题报告》，2011年9月14日，1985国家高程基准。

桥址处2005—2017年水位高程统计如表6-2所示，2018年1—5月水位高程统计如表6-3所示。

桥址处 2005—2017 年水位高程统计表　　　　　　　　　　　　　　　　表 6-2

月份	多年平均值(m)	最大值(m)	最大值时间	最小值(m)	最小值时间
1月	8.99	10.86	2016-01-31	7.55	2015-01-20
2月	8.84	12.89	2005-02-10	7.45	2015-02-18
3月	10.41	13.74	2017-03-29	7.97	2010-03-13
4月	12.38	16.67	2016-04-30	9.21	2007-04-30
5月	14.11	17.65	2012-05-01	9.04	2011-05-25
6月	16.37	19.93	2010-06-04	10.98	2011-06-29
7月	18.17	21.49	2010-07-08	14.53	2011-07-01
8月	16.32	21.41	2010-08-25	11.26	2006-08-01
9月	14.41	19.8	2005-09-30	9.68	2016-09-28
10月	12.45	17.39	2014-10-28	8.76	2013-10-01
11月	11.32	16.95	2008-11-01	8.39	2009-11-05
12月	9.59	13.28	2008-12-31	7.64	2017-12-31

桥址处 2018 年 1—5 月水位高程统计表　　　　　　　　　　　　　　　　表 6-3

月份	1月	2月	3月	4月	5月
月最高水位(m)	9.19	9.8	10.78	11.57	14.05
月平均水位(m)	8.52	8.86	9.68	10.32	12.74
月最低水位(m)	7.63	7.88	8.1	9.47	11.45

从表 6-2 中可看出桥址处最高水位出现在 7 月，从表 6-3 中可以看出 2018 年的最高水位与多年平均水位情况相当，为防止因水位暴涨而引发险情，钢围堰按照 21.0m 水位高程进行设计，以保障承台施工安全性。

桥梁起点 K159+344.891，终点 K161+396.391，桥梁全长 2051.5m，主桥为主跨跨径 808m 的双塔双索面钢箱混合梁斜拉桥。主塔基础为 38 根直径 3m、桩长 84m 的钻孔灌注桩，全部为端承桩。

6.1.2　总体施工方案

15 号墩双壁钢围堰下水、浮运、定位总体施工方案：中底节 24m 高钢围堰在岸边船坞内进行拼装，拖轮将 24m 高钢围堰整体下水浮运至墩位处，通过锚碇系统定位，插打 12 根定位钢护筒，定位完成。

(1) 双壁钢围堰的结构设计与制造

按照大桥 15 号墩钢套箱围堰施工设计图纸(大桥桩基布置见图 6-1)，钢围堰为哑铃形，尺寸为 62.4m×32.4m×31.15m，总体分两块制造。

62.4m×32.4m×24m 部分在武穴市开阳星造船有限责任公司制造场地及总装场地进行拼焊工作，且整体下水，其总重约 2700t；62.4m×32.4m×7.15m 部分分 14 块在 15 号墩处进行水上吊装及焊接接高。

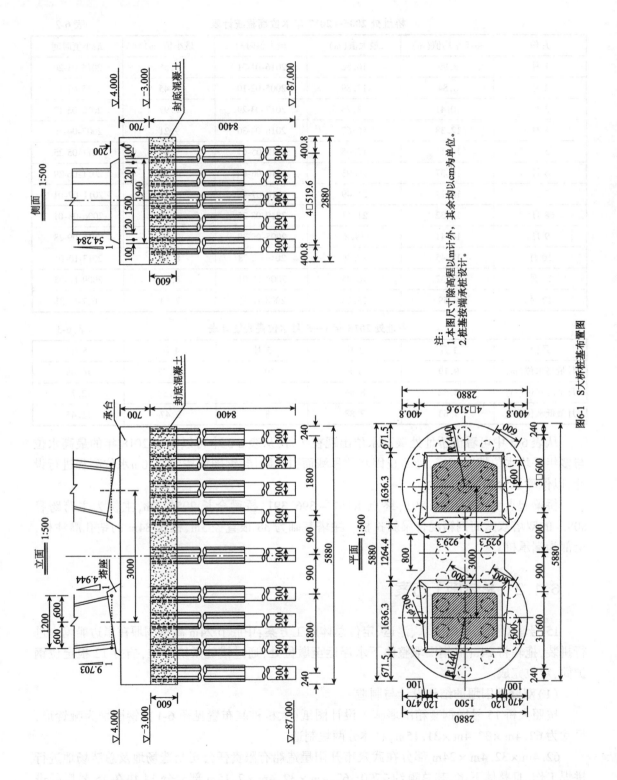

图6-1 S3大桥桩基布置图

根据工厂加工能力,采用竖向分层和水平分块方式加工制造钢围堰。竖向总共分为三层($7.15m+2\times12m=31.15m$),每一层水平方向分为14块。中底节24m高钢围堰在制造现场分块拼装焊接,先拼装底节12m高钢围堰,底节12m高钢围堰拼接封闭成环后,再按单元块拼装中节12m高钢围堰。中底节24m高钢围堰组装完成,质检合格后下水。顶节7.15m高钢围堰在制造现场分块制造完毕,质检合格后,水运至墩位处分14块吊装接高。

(2)双壁钢围堰的下水及浮运

钢围堰所有的单元块在武穴市开阳星造船有限责任公司总装船台内组装成大段后,单元块总装前,将预制的助浮托架定位在水泥墩上,单元块的总装在托架上进行。中底节钢围堰(高24m)在船坞内整体拼装好后采用气囊断缆下水的方式下水。根据计算,钢围堰中底节(高24m)下水后的吃水深度为3.6m,对于水深的要求,岸线边水深为6m,40~50m范围水深为6m。因此,需根据设计要求对钢围堰下水处的河床进行清淤。

(3)双壁钢围堰的定位系统

双壁钢围堰采用"靠桩+重锚"的方式进行定位。双壁钢围堰施工的锚碇系统由侧锚、尾锚、前拉缆、右拉缆以及相应锚链、锚绳、收紧设施等组成。

(4)双壁钢围堰提升及下放

向钢围堰双壁舱内对称加水,配合吊挂系统液压千斤顶的顶升、回油循环,将钢围堰平稳下放。在钢围堰着床前,浇筑钢围堰刃脚混凝土,待刃脚混凝土强度达到要求后,继续下放使钢围堰着床。着床后,分14个单元块接高顶节7.15m高钢围堰。通过吸泥、抽砂使钢围堰进一步下沉至设计高程。

(5)双壁钢围堰封底

采用专用吸泥设备辅以潜水员高压射水对各舱室内壁板及钢护筒表面进行彻底清除,再进行钢围堰封底。封底水下混凝土采用垂直导管法浇筑,根据钢围堰底隔舱的设计采用分块、对称浇筑方式完成。

(6)钻孔平台及桩基施工

钢围堰封底施工完成后,利用钢围堰内支撑搭设钻孔平台进行桩基施工。灌注桩采用反循环回旋钻机,导管法灌注水下混凝土。钻进成孔采用KTY4000型反循环回旋钻机施工;钢筋笼在加工场地分节制作,经车辆运至钻孔平台,并采用200t履带式起重机下放。水下混凝土采用$14m^3$储料斗配合天泵浇筑。

6.2 双壁钢围堰施工

6.2.1 双壁钢围堰结构设计

钢围堰为哑铃形双壁钢套箱结构,平面尺寸为62.4m×32.4m,壁厚1.8m,钢围堰顶高程为22.15m,底高程为-9m,总高度31.15m。钢围堰最高设防水位17m。钢围堰侧板内填充

14m 高 C25 水下混凝土,下沉时浇筑舱壁混凝土。

主墩承台底高程 -3m,顶高程 4m,分两次浇筑,单次浇筑最大高度为 4m。

钢围堰结构用钢材质主要为 Q235B,钢围堰加劲肋采用 AH32(屈服强度≥315MPa)球扁钢。材料技术条件符合《桥梁用结构钢》(GB/T 714—2000)的要求。钢材的屈服强度 σ_s 按照《桥梁用结构钢》(GB/T 714—2000)确定。封底混凝土为 C30 混凝土。钢材力学性能:允许抗拉、抗压和抗弯应力 $[\sigma_t]$ = 170MPa;工厂贴角焊缝抗剪 $[\tau]$ = 100MPa;工地手工焊缝抗剪 $[\tau]$ = 80MPa。混凝土力学性能:弯曲拉应力 $[\sigma_t]$ = 0.8MPa,封底混凝土黏结力 $[\tau]$ = 15MPa。

(1)钢围堰组成

钢围堰由双壁侧板、底隔舱、内支撑、封底混凝土及舱壁混凝土等组成。

①钢围堰双壁侧板结构。

钢围堰双壁侧板壁板采用 8mm、9mm、10mm 厚三种钢板,对应的竖向加劲肋分别为 160×8 球扁钢、160×9 球扁钢、160×11 球扁钢,角钢布置最大间距为 424mm。双壁水平环内斜撑为 75×10 角钢,隔舱板及水平环板分别由 16mm 厚和 12mm 厚钢板制造而成。水平环板有三种间距,分别为 1800mm、1500mm、1300mm。

②底隔舱结构。

底隔舱壁板采用 8mm 厚钢板,160×8 球扁钢作加劲肋,球扁钢布置间距为 500mm。隔舱板及水平环板分别由 16mm 厚和 12mm 厚钢板制造而成。

③钢围堰内支撑结构。

钢围堰内支撑分两部分制造,中间在钻孔平台处断开。第一层内支撑高 9.912m,内支撑顶高程为 22m;第二层内支撑高 6.756m,内支撑顶高程为 9.2m。

④承台区封底混凝土。

封底混凝土为承台施工操作平台。封底混凝土浇筑并达到一定强度后,钢围堰与钢护筒间黏结,从而使钢围堰具有一定的抗浮能力,抽水后进行承台施工。根据此钢围堰抽水后可能出现的最大水头,确定钢围堰封底厚度为 5.5m,封底混凝土为 C30 混凝土。

⑤舱壁混凝土。

浇筑完封底混凝土,接着浇筑 C30 舱壁混凝土,舱壁混凝土浇筑遵循分舱对称的原则。

钢围堰结构如图 6-2 所示。

(2)双壁钢围堰设计结构浮运工况计算

钢围堰通过驳船浮运到位后,由于自重而下沉一定高度,此时钢围堰壁舱内无水,钢围堰壁舱内外存在水头差,从而导致钢围堰壁舱承受一定的静水压力,因此需进行受力验算。

24m 高钢围堰自重 G_{24} = 2225.5t;

钢围堰底面积 A_a = 313.25m²;

水的密度 ρ_w = 1000kg/m³ = 1.0t/m³;

则钢围堰此时吃水深度 h_1 = 2225.5/313.25 = 7.1(m);

静水压力荷载值为 69.6kPa。

钢围堰内外壁同时承受 7.1m 高的静水压力,MIDAS/Civil 整体建模计算结果如表 6-4 所示。

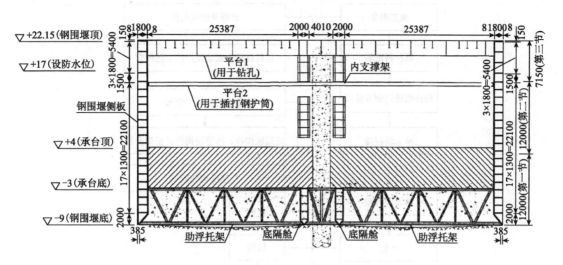

图 6-2 钢围堰结构图（尺寸单位：mm；高程单位：m）

有限元工况计算汇总表   表 6-4

序号	类别	型号	组合应力（MPa）	材料强度（MPa）	安全性	备注
1	竖肋	160×8 球扁钢	6.8/−12.8	285	安全	
2	水平撑	75×10 角钢	5.4/−54.2	195	安全	
3	环板	12mm 钢板	45.5	195	安全	
4	隔舱板	16mm 钢板	8.8	195	安全	
5	壁板	12mm 钢板	15.4	195	安全	
6	内支撑翼板	12mm 钢板	28.2/−28.6	195	安全	
7	内支撑腹板	16mm 钢板	3.1	195	安全	
8	位移		1.52mm		安全	

注：参考《建筑施工临时支撑结构技术规范》（JGJ 300—2013）的规定，悬臂端构件允许变形为 $L/500$，则将围堰看作竖直方向的悬臂构件时其允许变形为 62mm。

6.2.2 双壁钢围堰加工与制造

钢围堰总体分两块制造。62.4m×32.4m×24m 部分在武穴市开阳星造船有限责任公司制造场地及总装场地进行拼焊工作；62.4m×32.4m×7.15m 部分分 14 块在 15 号墩处进行水上吊装及焊接接高。钢围堰制造工艺流程如图 6-3 所示，钢围堰胎架制作如图 6-4 所示，钢围堰现场加工如图 6-5 所示。

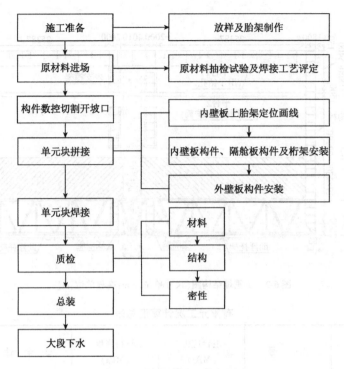

图 6-3 钢围堰制造工艺流程图

图 6-4 钢围堰胎架制作图

底板铺设　　　　　　桁架安装

图 6-5

内壁板安装

水平环板制作

外壁板安装

钢围堰刃角制作安装

板单元组拼

图6-5 钢围堰现场加工图

①单元块由内壁板、外壁板、隔舱板、水平桁架及竖肋等部件组焊成型。为保证外形尺寸的准确性及控制焊接质量和变形,借助胎架组拼及施焊。胎架应具有足够的刚度,以防止单元构件在组焊过程中变形;胎架数量应根据制造周期及施工工期现场自行确定;胎架的精度为±4mm,以保证用不同胎架组焊出来的产品的尺寸具有一致性。胎架要求定期进行复核,防止

在拼装过程中由于受重力影响而产生变形,导致结构尺寸出现误差。内侧圆弧片体拼装胎架(以 B2 为例)如图 6-6 所示。

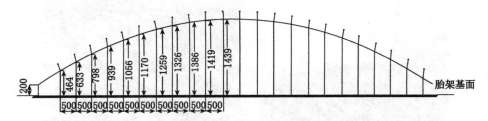

图 6-6　内侧圆弧片体拼装胎架图(尺寸单位:mm)

②装配顺序:内围壁板画线(竖向型材及隔舱板的位置、水平环板的位置)→安装内围壁板竖肋→安装内围壁水平环板及隔舱板→安装水平环板的水平桁架→安装外围壁水平环板→安装外围壁板竖肋→铺设外围壁板。

③拼装时应保证水平桁架、内壁板单元、外壁板单元等的四个中心在同一断面内,防止因为中心不正导致单元块扭曲或产生对角线误差。

④分块处水平环板可采用直接对接的形式,要求对接错台小于 2mm,并按设计要求开 V 形坡口,利用陶瓷衬垫单面焊双面成型的工艺保证接头焊缝质量。为保证环板对接时接头部分的错台在控制范围内,可预留部分焊缝在拼装后进行焊接。

⑤圆弧段水平环板下料时根据所进材料的规格进行排版下料,尽量减少材料损耗。环板允许拼装形成,但环板长度不得小于 300mm,且按要求开坡口焊接,并保证焊接质量。环板对接后先用样板检查弧度,焊接完毕后应复核弧度等尺寸,若不符合要求则进行修整。直线段环板原则上要求拼成水平桁架后进行焊接,以减小环板变形,若单根制造焊接,焊完后的变形较大,在拼装前必须全部调平调直才能使用。

⑥单元块焊接顺序:内、外壁板正反面焊缝焊接→内结构焊接→内结构与内壁板焊接→外壁板与内结构焊接→翻身、补焊。

⑦单元块翻身吊装工艺。

a. 焊接吊环用的焊条必须为低氢碱性焊条,或等强度的 CO_2 气体保护焊;

b. 吊环与母体连接的角焊缝采用坡口焊时,在坡口焊平后再加大 6~8mm 的焊脚,吊环眼板、肘板的端头必须采用包角焊,其焊脚高度为其他部位的 1.2 倍;

c. 吊环母体处的结构应适当加强,切割吊环及加强板时,留 3mm,切平磨光,不得损坏单元块本体;

d. 吊环 1m 范围内结构应采用双面连续焊,增加焊脚高度;

e. 片体采用横向翻身。

⑧侧板钢体焊接总程序。

a. 焊接圆弧外壁板、直线外壁板的拼板对接缝;

b. 焊接隔舱板与水平板的角接缝;

c. 焊接纵、横构架的十字焊缝;

d. 焊接纵、横构架与外壁板的角接缝。

⑨焊接技术工艺。

a. 圆弧外壁板、直线外壁板的对接焊缝：当板缝错开对接时，应先焊横向缝（端接缝），后焊纵向缝（边接缝）；当板缝平列对接时，先焊纵向缝，后焊横向缝，如图6-7所示。

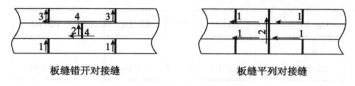

图6-7 板缝焊接顺序图

b. 板缝错开对接缝，其焊接方法大多采用气体保护焊，其工艺参数的选定和具体工艺措施如下：

（a）拼板要求平整，板装配间隙要小，焊缝表面要求无锈蚀、油渍，以防止焊缝气孔产生；

（b）表面处理方法：钢丝刷清刷，角磨机配圆盘钢丝刷打磨；

（c）平焊对接一般采用左向焊法，箱板平焊一般不作横向摆动；

（d）当进行厚板焊接时，若其焊缝较宽，可采用多道焊法，亦可适当作横向摆动，但横向摆动幅度最大不超过20mm。

c. 构件中同时存在对接缝与角接缝时，应先焊对接缝，后焊角接缝，如图6-8所示。

d. 纵横构架间的十字接头，必须待构架安装完毕后方可施焊。

图6-8 对接缝与角接缝焊接顺序图

e. 根据分片制造整体安装工艺的要求，对于分片部分构架与板，其边缘应留200~300mm暂不焊，待整体装配完成后再进行焊接。

f. 所有骨架的十字焊，构件的角焊缝采取逐格焊接法，遵循由中往左、右，由中往前、后，由下至上，由里及外的施焊程序。长焊缝采取退焊法及分中逐步退焊法。具有对称轴的工件，应尽量采取双人对称焊，以控制焊件变形量。

g. 对接焊缝手工焊时材料厚度不大于4mm，半自动焊时材料厚度不大于6mm，可不开坡口。若超过上述规定，应根据不同焊接方法，结合实际，采用碳弧气刨刨槽封底，其刨槽尺寸应符合《气焊、焊条电弧焊、气体保护焊和高能束焊的推荐坡口》（GB/T 985.1—2008）要求。

h. 焊接钢围堰各部位时，应严格控制其电流大小，不得使用同一种电流进行全位置焊接。

⑩节段拼装总装接高。

本双壁钢围堰总装采用岛式总装法（双圆弧拼装，中间合龙）。

单元块定位必须在助浮装置完工后进行，为确保总装精度，助浮底板与船台基面保持平行（基面坡度1:100）。

E2+D2为底层单元总装的定位单元块，首尾环形底层单元块总装顺序如图6-9所示。

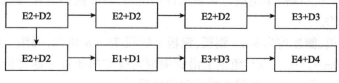

图6-9 底层单元块总装顺序图

底层双环形总装到位、交验合格后,做双壁舱的水密试验(钢围堰刃角以上4m),及助浮装置底板的水密试验、壁板的冲水试验。

中层(B+C)单元块接高顺序如图6-10所示。

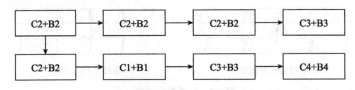

图6-10　中层单元块接高顺序图

24m高以下双壁钢围堰各单元块装配完毕报检后,安装吊装施工平台及配套设施。

顶节7.15m高14个单元块在船厂制造完成后,在中底节24m高钢围堰下水前,先在中底节24m高钢围堰上预拼,待制造精度及误差满足要求后再散开,最后在墩位处进行接高。钢围堰分段如图6-11所示。

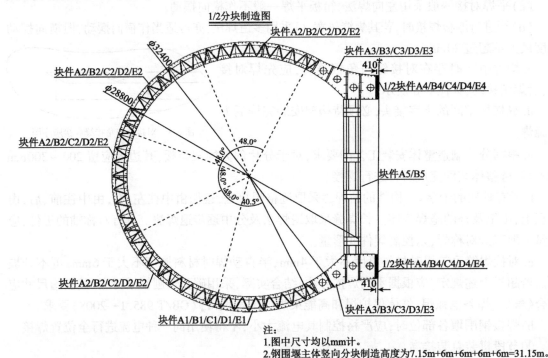

注:
1.图中尺寸均以mm计。
2.钢围堰主体竖向分块制造高度为7.15m+6m+6m+6m+6m=31.15m。

图6-11　钢围堰分段图

⑪钢围堰助浮系统制作。

为解决钢围堰下水后吃水深度不足的问题,在钢围堰底部设置了助浮系统。整个助浮系统由底板、侧板及内部支撑桁架组成。设置助浮系统后,24m高钢围堰的吃水深度由7.6m变为3.6m,满足下水要求。

助浮系统的底板、侧板均为8mm钢板,钢板上铺设75×8角钢,间距400mm,角钢上铺设20a槽钢,间距1000mm。在75×8角钢上沿钢围堰宽度方向布置了四排桁架,桁架之间设置了八道横向连接,以此保证整个桁架系统能很好地受力。

制造过程中,钢板与角钢为间断焊,间距200mm。75×8角钢与20a槽钢,75×8角钢与桁架下弦杆及桁架自身各杆件的接触面之间均为满焊。在围堰下水前一定要严格检验,防止助浮系统底板及侧板漏水。

6.2.3 双壁钢围堰下水、浮运、定位

钢围堰下水前,钢围堰所有构件的焊接制造、拼装,及制造期间相应辅助设施的设置,均已验收合格。钢围堰全面检查合格后,先将其通过后缆绳连接固定,后在缆绳间设置断缆器,按照计算好的气囊的大小及数量布置气囊,应事先弹线准确定位,然后摆设气囊,采用 $15m^3$ 的空压机对其充气。气囊充气后将钢围堰顶起,待助浮托架与水泥墩脱空分离后,抽出水泥墩,然后缓慢、匀速松放后缆绳,钢围堰开始起滑,钢围堰依靠自重分力下滑,在滚动的气囊上顺着硬化清理好的坡道进行匀速滑移。待钢围堰距水边15m左右时在事先撒好石灰的标记线处进行断缆,断缆应保持同步,让钢围堰加速冲入水中,迅速到达深水区域,为使钢围堰不顺水漂浮,将事先挂设好的临时拉揽慢慢收紧,以此维持钢围堰的稳定,在附近水域待命的拖轮迅速赶至钢围堰处,绑定钢围堰,然后进行钢围堰浮运。

(1) 下水前的准备工作

下水滑道布置:钢围堰总装地段区域坡度为1:100,由于钢围堰下水处地势较平缓,现场坡度不能满足利用气囊法下滑的坡度要求,所以需对原地面进行处理。根据下水的要求,钢围堰拼装区域62.4m范围内的坡度为1:100,前面分四级坡度,分别为1:35(16m)、1:20(15m)、1:15(15m)、1:10(20m),重新整理后的地基找平、压实满足下水要求。

船坞出口到江水面有近66m的距离,该地段为江滩淤泥质地质,须换填深2m、长66m、宽40m的毛渣或者砖渣,并进行碾压及坡道修理。

目前实测水深完全不能满足钢围堰入水深度要求,必须采用吸砂船进行清淤,清淤深度必须满足:近岸水边至江中35m处,前后各20m水深达到8~9m,其余满足5.5m即可。清淤宽度为50m,长度为70m。

(2) 下水气囊布置

采用 $\phi1.5m\times18m$ 气囊27只, $\phi1.2m\times14m$ 气囊20只,共47只,将其中27只 $\phi1.5m\times18m$ 气囊均布置于已制造完毕的钢围堰助浮托架底部,以支撑钢围堰,另外20只滑动气囊放在钢围堰前端。

根据底节钢围堰的重量,钢围堰下滑采用 $\phi1.5m\times18m$ 昌林牌CL-6型高承载力船用橡胶气囊,其技术参数见表6-5。

$\phi1.5m\times18m$ 昌林牌CL-6型高承载力船用橡胶气囊的技术参数表 表6-5

气囊直径(m)	工作压力(MPa)	工作高度(m)	每米长度承载力(t)
1.5	0.13	0.7	16.66
1.5	0.13	0.8	14.58
1.5	0.13	0.9	12.50

气囊的工作高度 H 取0.8m,此时气囊每米长度承载力保证14.58t。下水的整体质量 $G=2700t$,钢围堰托板的有效长度为62m,气囊间距按2.4m布置,可布置气囊总数为27,则气囊的

安全系数 K 为：

$$K = 14.58 \times 8.5 \times 27/G = 1.24 > K_0 = 1.2(\text{常规}) \tag{6-1}$$

由以上计算可知，选用 27 只气囊是安全可靠的。

根据计算采用 $\phi 1.5\text{m} \times 18\text{m}$ 滑动气囊 27 只，气囊布置如图 6-12 所示。

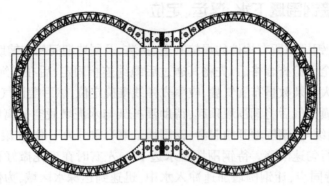

图 6-12 气囊布置图

(3)钢围堰下水拖拉设备的配备

在滑道区后端左右对称设置两只牵引地牛(船厂已有，不需另外设置)，通过滑轮组控制钢围堰与浮箱的下滑速度，调整滚动气囊的位置，完成下水过程。后拉缆采用 $\phi70\text{mm}$ 钢芯钢丝绳。

助浮舱底板及部分钢围堰刃脚采用 $400\text{mm} \times 400\text{mm} \times 800\text{mm}$ 水泥马墩支撑，助浮舱底板按纵向 8 列、横向 28 行设置，共计 224 个水泥马墩，钢围堰刃脚布置 100 个水泥马墩，合计布置 324 个水泥马墩。本次采用气囊法下水，共需 $\phi 1.5\text{m} \times 18\text{m}$ 气囊 27 只，另备用气囊 20 只在钢围堰的前端，采用 16t 卷扬机滑车组加断绳器和 2 根 $\phi70\text{mm}$ 钢丝绳，与钢围堰连接。当气囊充气将钢围堰顶起后，拆除所有水泥马墩，钢围堰在 1:100 坡道上，用卷扬机滑车组控制钢围堰下滑。后端控制拉缆一端通过两组滑车组(16t 卷扬机、五门走十滑车组)与地锚(地锚为钢筋混凝土埋置式，共 2 个，位于距钢围堰约 95m 的船坞，距钢围堰吃水面以上约 2m，在纵向中心线左右各 3m 的位置锚固)相连，另一端与钢围堰上的牵引耳板相连。

当钢围堰下滑至离江水面 35m 时，检查周围是否有障碍物，钢围堰周边所有人员离场，通知断缆，钢围堰通过 1:10 坡道迅速滑入江中。当钢围堰全部进入江中后，在水流的作用下，钢围堰慢慢掉头向下游漂浮，此时由钢围堰后端已系好的 2 根 $\phi50\text{mm}$ 的拉缆慢慢受力，直到钢围堰在江中稳定。

钢围堰在离水面 35m 时断缆，此时坡度为 1:20，钢围堰下滑时按坡度 1:2 计算，钢围堰自重 $G = 2700\text{t}$，则下滑分力为：

$$F = G \times \frac{1}{20} = 2700 \times \frac{1}{20} = 135(\text{t}) \tag{6-2}$$

单根拉缆受力：

$$F' = \frac{135}{2} = 67.5(\text{t}) \tag{6-3}$$

$\phi70\text{mm}$ 钢芯钢丝绳，公称抗拉强度 1870MPa，最大破断力 $[P] = 3260\text{kN}$。

钢丝绳安全系数：$K = 326/67.5 = 4.83$，符合 $K \geq 4$ 要求。

(4)钢围堰下水

钢围堰制作完成,报检检查合格并签证后,对钢围堰滑移范围内的场地进行清理,保证无杂物尤其是可能戳破气囊的尖锐物,挂好地牛钢丝绳,开始进行钢围堰下水。

①水泥马墩拆除。

钢围堰本体制造完成后,在浮箱下的水泥马墩间安装气囊,安装完成后开始充气,当气囊高度达到 0.8m 左右顶起钢围堰时抽去水泥马墩。

②起滑。

钢围堰下水日期要综合考虑当时的天气、风力及潮水位情况确定,应在风力较小、无雨水的天气下进行。

当气囊完全托起钢围堰,下滑道清理完成,各项准备工作完毕且经检查符合下水各项要求后,钢围堰开始按设计要求速度滑移。在钢围堰滑移过程中,若发现气囊内气压不足,及时在钢围堰前端垫入气囊并充气,后端气囊滑出钢围堰时,倒到钢围堰前端备用。

③断缆、下滑入水。

控制钢围堰下滑至控制边线后拉缆断缆,让钢围堰自由加速下滑,利用其惯性入水并向江中滑行一段距离,使钢围堰后端水深满足自浮吃水深度要求。

④钢围堰稳定。

钢围堰整体入水后,会在惯性、风力、水流作用下继续漂浮,钢围堰入水深度增大,达到稳定入水深度,钢围堰掉头顺水流向下漂浮,此时由钢围堰后端两根 $\phi 50mm$ 的拉缆均匀受力,使钢围堰不再继续漂浮,待命的拖轮及时靠近并拴绑、控制钢围堰使其稳定。

下水过程主要有三种工况:

工况一:钢围堰断缆至钢围堰前端触水;

工况二:钢围堰前端触水至 1/2 钢围堰入水;

工况三:1/2 钢围堰入水至钢围堰后端全部入水。

工况一状态下,桁架最大应力为 $39.6MPa < [\sigma] = 170MPa$,满足要求。

工况二状态下,桁架最大应力为 $170MPa = [\sigma] = 170MPa$,满足要求。

工况三状态下,桁架最大应力为 $170MPa = [\sigma] = 170MPa$,满足要求。

(5)钢围堰浮运

①浮运前准备工作。

实地考察钢围堰下水区域周围的环境、钢围堰上的系缆设施,一切因素都要满足拖轮编队和钢围堰船队离泊的需要。

实地考察桥址定位水域的水深流态、进出通道、临时系靠设施等,骨干人员做到心中有数,工作有条不紊。

查阅天气预报,选择视线较好、风力小于六级的天气浮运。

拖轮准备:拖轮开航前必须对所有设备进行全面检查及维修保养,并将易损易耗配件送上船,对助航仪器设备进行全面测试及检查,保障拖轮设备的充足、完好;配置足够的尼龙缆绳(直径不小于 50mm)和钢缆(直径不得小于 28mm),以确保安全。

拖轮提前到达船厂编队,再次测量水深和流速,熟悉现场环境;针对第二天用于浮运的航道、水位、方案及有关航行操作要求,组织好拖航前航次会议;再次检查驳船设备缆绳,做好拖带钢围堰的各项准备工作。编队时，项目部或船厂要有足够的带缆人员和带缆小艇。各拖轮人员要准备好对讲机，便于船舶和钢围堰在浮运过程中信息畅通，统一指挥。

②钢围堰浮运编队。

设两艘主拖船，在钢围堰正后部采取硬顶形式编队，其艏各自与连接缆、交叉缆相连。

在钢围堰左舷设旁拖船，艏和艉设置拖缆。编队均用直径28mm钢缆。

③钢围堰浮运实际操作。

下水当天，各拖轮到达船厂，尾部和左舷拖轮编好队，仔细检查钢围堰浮态是否正常，各缆各桩是否受力均匀，出缆是否方便，发现问题及时整改。召开各轮骨干会议，布置浮运相关工作，统一指挥口令，明确联系方式。

浮运行动前向九江海事局船舶交通管理中心和现场海巡艇报告，得到同意后再行动。

参加浮运的各拖轮和各相关单位届时要各就各位、各司其职。

解缆前观察周围环境，一切无碍时开始行动。

钢围堰解缆时，待尾部拖轮使钢围堰靠泊后再松缆绳，左舷拖轮用舵防止钢围堰外张。左舷的旁拖船靠拢，编好队后共同控制钢围堰按预案行动。两艘主拖轮和帮轮控制钢围堰缓慢上行50m，快速解除所有缆绳，并视情况配合使用车舵。钢围堰快上行到物料平台时，拖轮速度减慢，使钢围堰慢慢向物料平台靠拢，控制好冲程和角度，使钢围堰首部的靠桩系统轻轻抵靠在物料平台定位桩的橡胶护舷上。利用设置在主栈桥和物料平台上的卷扬机的收放系统收紧钢围堰，使钢围堰均匀受力。受力均衡后，所有拖轮离开，浮运结束。

(6) 底节钢围堰浮运稳定性计算

满足浮运稳定性的两条要求：

①稳心 M 高于重心 G；

②钢围堰抗倾安全系数 K 取 1.3 以上。

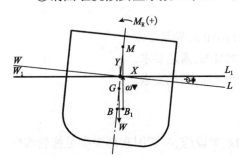

图6-13 浮体稳心、重心、浮心关系图

图6-13中 B 为浮心，G 为重心，M 为稳心。$M_R(+)$ 表示浮力和重力形成的力矩能够保证浮体稳定（稳心 M 在重心 G 上面），$M_R(-)$ 表示浮力和重力形成的力矩会加速浮体倾覆（稳心 M 在重心 G 下面）。

抗倾安全系数需满足 $M_R(+) \geq K \times$ 外荷载产生的弯矩，$K \geq 1.3$。

①钢围堰的重心计算。

钢围堰的重心为钢围堰几何形状对 X、Y、Z 轴的静矩与自重之比，一般而言，钢围堰为对称结构，重心在 X 轴和 Y 轴的交点上，Z 轴则需通过计算求得，或者采用CAD程序画出实体进行统计。

钢围堰上面无移动荷载，钢围堰的重心位置不会发生变化。

根据三维建模统计的钢围堰重心如表6-6所示。

双壁钢围堰重心计算表（从钢围堰底计算） 表6-6

钢围堰高度(m)	钢围堰重心 X(m)	钢围堰重心 Y(m)	钢围堰重心 Z(m)	备 注
24	0	0	12.416	2700t(含定位平台)
31.15	0	0	16.09	3500t(含钻孔平台)

②钢围堰的浮心计算。

浮体浮心是指浮体浸没部分排水的形心，可以用CAD程序画出实体来统计。钢围堰的浮心分为几种情况，以下所列情况可用CAD图解法来统计，其他情况用内插法求解，计算参数信息如表6-7所示。

a. 水平状态的浮心；

b. 3°横倾的浮心；

c. 6°横倾的浮心；

d. 1.5°纵倾的浮心；

e. 3°纵倾的浮心。

双壁钢围堰浮心计算表（从钢围堰底计算） 表6-7

钢围堰高度(m)	状　　态	钢围堰浮心 $X(m)$	钢围堰浮心 $Y(m)$	钢围堰浮心 $Z(m)$
24	水平状态	0	0	−1.1133
24	3°横倾	0	−1.4092	−1.1474
24	6°横倾	0	−2.8010	−1.2484
24	1.5°纵倾	−3.8467	0	−1.1629
24	3°纵倾	−7.685	0	−1.3117

③钢围堰的稳心计算。

图6-14为用CAD图解法求出15号钢围堰的稳心。

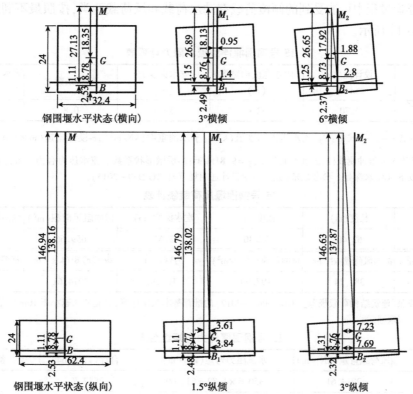

图6-14　利用CAD图解法求解15号钢围堰的稳心(尺寸单位：m)

双壁钢围堰稳心计算如表6-8所示。

双壁钢围堰稳心计算表（从钢围堰底计算） 表6-8

状 态	钢围堰稳心 X(m)	钢围堰稳心 Y(m)	钢围堰稳心 Z(m)
水平状态（横向）	0	0	27.13
3°横倾	0	−1.40	26.89
6°横倾	0	−2.80	26.65
水平状态（纵向）	0	0	146.94
1.5°纵倾	−3.84	0	146.79
3°纵倾	−7.69	0	146.64

④双壁钢围堰恢复力矩 M_R 计算（表6-9）。

双壁钢围堰恢复力矩 M_R 计算表 表6-9

状 态	钢围堰自重(t)	重心和浮心力臂(m)	恢复力矩(kN·m)
3°横倾	2540	0.95	23672
6°横倾	2540	1.88	46845
1.5°纵倾	2540	3.61	89952
3°纵倾	2540	7.23	180153

⑤浮运过程中钢围堰的外力倾覆弯矩计算。

钢围堰浮运过程中可能受到的倾覆荷载有动水荷载和风荷载两类，按照最不利组合计算如表6-10～表6-12所示。

15号钢围堰浮运流水阻力计算表 表6-10

水的重度 γ (kN/m³)	设计速度 v (m/s)	阻水宽度面宽度(m)	吃水深度 H (m)	形状系数 K	流水压力标准值 F_W (kN)
9.81	2.70	32.4	3.64	0.8	350.6

注：$F_W = K \cdot A \cdot \dfrac{\gamma \cdot v^2}{2g}$，式中：$F_W$-流水压力标准值（kN）；$\gamma$-水的重度（kN/m³）；$v$-设计流速（m/s）；$A$-桥墩阻水面积（m²），计算至一般冲刷线处；$g$-重力加速度，$g = 9.81 \mathrm{m/s^2}$；$K$-桥墩形状系数。流水压力合力的着力点，假定在设计水位线以下30%水深处。参考规范《公路桥涵设计通用规范》（JTG D60—2015）。

15号钢围堰风荷载统计表 表6-11

高度(m)	长度(m)	宽度(m)	吃水深度(m)	横向阻风面积(m²)	纵向阻风面积(m²)
24.00	62.40	32.40	3.64	659.66	1270.46
基本风压(kN/m²)	纵向风荷载(kN/m²)	横向风荷载(kN/m²)	力臂(m)	纵倾弯矩(kN·m)	横倾弯矩(kN·m)
0.35	381.14	197.90	10.18	2014.61	3880.00

注：风荷载按照《建筑结构荷载规范》（GB 50009—2012）的推荐基本风压计算，对应的风速小于10m/s，故6级风以下才能进行钢围堰浮运。

15号钢围堰外力弯矩组合表 表6-12

钢围堰方向	风荷载弯矩(kN·m)	水流阻力弯矩(kN·m)	合计(kN·m)	备 注
纵向	2014.61	350.6×1.82=638.09	2652.7	
横向	3880.00	63.81(10%纵向水流阻力弯矩)	3943.81	钢围堰顺水流顶推

15号钢围堰下水的选择时机为2017年2月,最低水位7.45m,最高水位21.49m,多年平均水位8.84~18.17m;按照历史最低水位7.45m计算,委托九江航道部门测量的钢围堰浮运航迹线的河床深度最浅为6m,将预备绞吸船作为航道清理设备,先用绞吸船清理整平桥址区范围的河床,减少钢围堰内抽砂工作量。可能出现的最大流速为1m/s,钢围堰走上水,按照6km/h折算流速;钢围堰的动水设计流速为 $1+6000/3600≈2.7(m/s)$。

⑥浮运过程中钢围堰的抗倾安全系数。

根据上述计算,得钢围堰浮运稳定性评价结果,具体如表6-13所示。

钢围堰浮运稳定性评价表   表6-13

评价内容	稳心高于重心	3°横倾	6°横倾	1.5°纵倾	3°纵倾
15号钢围堰	满足要求	$K=5.98$	$K=11.83$	$K=32.16$	$K=64.41$

综上所述,15号双壁钢围堰24m一次性下水的抗倾安全系数均大于1.3,满足浮运安全需求,钢围堰增加的浮箱隔板高度按照6m设计。

(7)钢围堰浮运总功率计算

双壁钢围堰水上运输需要计算钢围堰浮运阻力,根据阻力计算结果配置浮运总功率,具体如表6-14所示。

钢围堰浮运阻力统计表   表6-14

钢围堰编号	纵向风阻(kN)	纵向流水阻力(kN)	阻力合计(kN)	浮运总功率LPS(hp)
15号	197.90	350.6	548.5	5470

(8)围堰抛锚定位

钢围堰采用"靠桩+重锚"的方式进行定位。

钢围堰定位系统主要组成如下:

前拉缆:在上游物料平台上设置4台5t的卷扬机,前拉缆为 $\phi50mm$ 钢丝绳,每根长40m,共4根。

右拉缆:在支栈桥上设置2台5t的卷扬机,右拉缆为 $\phi50mm$ 钢丝绳,每根长40m,共2根。

左边锚:钢围堰左边锚采用"铁锚+锚链+锚绳",共有2个10t霍尔式铁锚,$\phi70mm$ 锚链每条长150m,共2条,$\phi50mm$ 钢丝绳每根长100m,共2根。

尾锚:钢围堰尾锚采用"铁锚+锚链+锚绳",共有2个10t霍尔式铁锚,$\phi70mm$ 锚链每条长50m,共2条,$\phi50mm$ 钢丝绳每根长300m,共2根。

钢围堰锚固定位系统布置如图6-15所示,钢围堰锚固定位后锚固如图6-16所示。

主要施工步骤分两步:

步骤一:当钢围堰浮运到15号墩桥址,缓慢靠近前平台和右平台的橡胶护舷并顶紧后,由事先准备好的前平台四套滑车组与钢围堰连接,右平台两套滑车组连接,每套滑车组受力30t,然后解除三艘拖轮,浮运结束。

步骤二:初步稳定以后,先抛两根尾锚,然后抛钢围堰左侧两根边锚,将四根锚绳分别与钢围堰平台上的四套滑车组连接。由测量人员配合,利用所有滑车组收放调整钢围堰的中轴线,将钢围堰调整至设计位置。钢围堰的垂直度采用双壁舱抽水或者加水调平,使所有滑车组受力达到30t,即钢围堰调整完毕。在钢围堰绝对稳定后进行定位钢护筒插打工作。

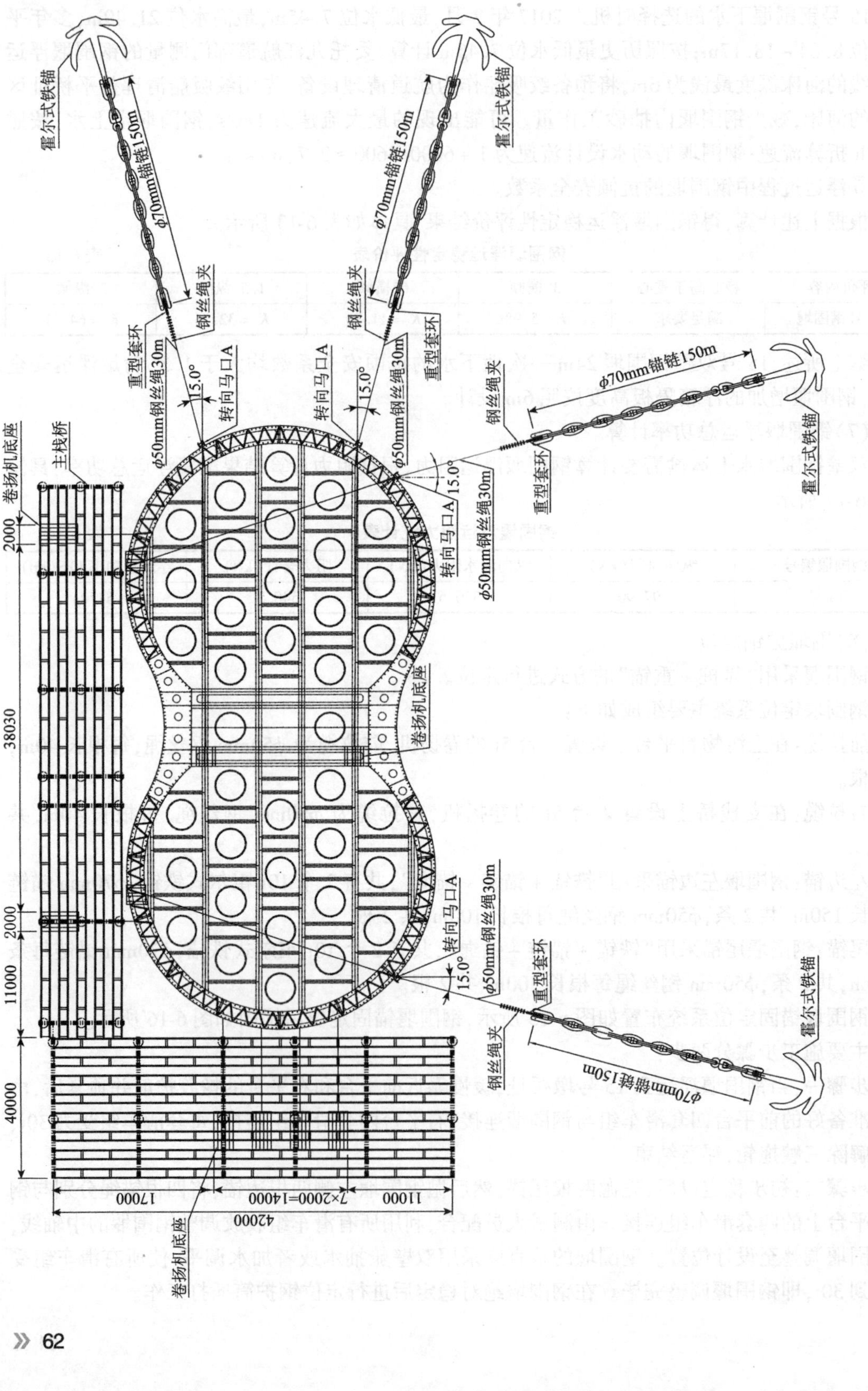

图6-15 钢围堰锚固定位系统布置图（尺寸单位：m）

图 6-16　钢围堰锚固定位后锚固图

6.2.4　钢护筒插打

用 200t 浮式起重机将 φ3.4m×20m 的钢护筒平吊至钢围堰的平台上,再用 130t 履带式起重机协助翻身,并插入 1 号定位桩孔内,然后用相同方式插入 12 号定位桩护筒,再进行 1 号、12 号孔的钢护筒接高。接高完成后,先用 IPE 液压振动打桩锤将 1 号护筒打入设计位置,再将 12 号护筒打入设计位置(1 号对 12 号),后面的插打顺序为 6 号对 7 号、2 号对 11 号、8 号对 5 号、3 号对 10 号、4 号对 9 号,具体如图 6-17 所示。

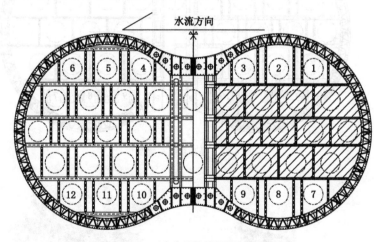

图 6-17　定位桩护筒插打顺序图

6.2.5　双壁钢围堰接高与下沉

待 15 号墩钢围堰浮运到墩位定位完成后,进行提升下放、吸泥下沉施工。

钢围堰提升:根据设计图纸,对指定的钻孔桩钢护筒进行接高并分别安装 4 组吊挂装置。每组吊挂装置设置 4 个吊点,共计 16 个吊点,每个吊点安装 1 台 350t 液压千斤顶,为提升、下放施工提供动力(每组吊挂装置在钢围堰施工全过程中控制承载不超过 300t)。通过吊挂系统液压千斤顶使钢围堰向上提升3m左右,拆除助浮系统的底板及部分桁架,同时浇筑底隔舱及钢围堰中间段刃脚混凝土。

钢围堰下放:向钢围堰双壁舱内对称加水,配合吊挂装置液压千斤顶的顶升、回油循环,将钢围堰平稳下放。在钢围堰着床前,浇筑钢围堰刃脚混凝土,待刃脚混凝土达到强度后,继续下放使钢围堰着床。着床后,分14个单元块接高顶节7.15m高钢围堰。通过吸泥、抽砂使钢围堰进一步下沉至设计高程。

(1)钢围堰提升装置

①在钢围堰内壁设计提升吊点(16个),钢围堰下水前安装到位,按每个吊点400t提升力量考虑,总提升最大荷载6400t,按70%的有效荷载计算为4480t,满足钢围堰提升的要求(钢围堰质量按3000t考虑)。

②桩帽设计:提前用$\phi3.4m \times 4m$的钢护筒加工桩帽,共加工12个。

③提升承重大梁设计4根(提前制造)。

④以上设计、制造、安装完毕后,安装16套400t的提升设备。

提升系统布置如图6-18所示,图6-19为钢围堰提升前、提升后实物图。

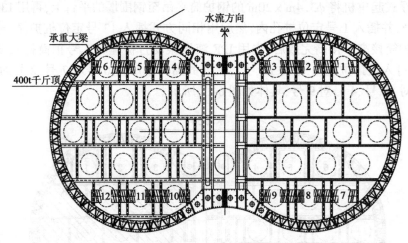

图6-18 提升系统布置图

图6-19 钢围堰提升前(左)、提升后(右)实物图

(2)钢围堰提升、切割助浮舱底板及中间桁架

①当钢围堰提升助浮舱底板离开水面后,开始割除助浮舱底板及中间桁架,同时进行横隔舱混凝土的灌注及中间段刃脚混凝土的灌注,须提前设计灌注吊斗2个($12m^3$/个);

②混凝土导管设计加工,尖节$\phi300mm×20m$+导管$4m$(由$1m+1m+1m+1m$组成),共需8套;

③灌注平台:$2m$(长)×$0.6m$(宽),共需8套;

④横隔舱混凝土及中间段双壁舱刃脚混凝土采取干封灌注,横隔舱混凝土灌注高度应小于承台面$0.5m$(用于钢围堰抽水回水井)。

(3)钢围堰下沉

①钢围堰初步下沉。

为了使钢围堰在下沉过程中保持垂直度,必须带1000t以上、2000t以下荷载。

双壁舱加水下沉,布置14台50m扬程潜水泵,在加水过程中观察油顶压力变化。当油顶压力达到2000t荷载时,开始松顶下沉;当油顶压力接近1000t荷载时,停止下放,继续加水。当钢围堰刃脚进入河床时,停止下放,灌注刃脚入床部位的混凝土(约2m高),钢围堰内采用泵吸式吸泥下沉,双壁舱加水配合。当钢围堰进入河床一定深度后,刃脚受力不均,钢围堰会产生一定的高差,此时采用纠偏式吸泥下沉。钢围堰下沉5~7m后,停止下沉,锁紧油泵,此时解除所有锚碇系统,进行钢围堰接高作业(7.15m高)。

②钢围堰现场接高。

钢围堰接高应采取均匀拼装接高,上下圆弧段同时对等拼装,中间段合龙。钢围堰接高完成后,再进行钢护筒插打。

③钢护筒插打。

钢护筒按孔位对应插打。

④钢围堰吸泥下沉。

当钢围堰下沉到一定深度后,为了防止大量翻砂,吸砂机头必须离钢围堰刃脚3~5m,同时,钢围堰外摩擦力也在不断增加。若双壁舱水位加满后还不能满足钢围堰下沉需要,可用混凝土进行加重,用于加重的混凝土高度不得大于5m,利用加重的方式使钢围堰下沉主要是为了防止钢围堰外围翻砂。当钢围堰某一个点达到设计高程后,锁紧该部位的油泵,然后在其他部位吸泥、加重使钢围堰刃脚全部达到设计高程。钢围堰吸泥下沉如图6-20所示。

图6-20 钢围堰吸泥下沉

⑤吸泥下沉设备清单明细见表6-15。

吸泥下沉设备清单明细表　　　表6-15

序号	设备名称	规格型号	计量单位	数量	备注
1	吸砂机	45kW	台	6	出水口φ200mm
2	吸泥泵	φ300mm	台	4	
3	浮式平台		个	16	尺寸:4m(长)×2.5m(宽)
4	空压机	20m³	台	4	
5	高压水枪		台	4	
6	潜水作业队		班	6	每班3名潜水员、1名辅助工

6.2.6 双壁钢围堰封底

①钢围堰封底应先封中舱,后封边舱。

②封底设备清单明细见表6-16。

封底设备清单明细表　　　表6-16

序号	设备名称	规格型号	计量单位	数量	备注
1	储料斗	11m³	个	2	
2	灌注导管		套	12	每套配备尖节26m+5×1m
3	灌注平台		套	12	每套尺寸:4m(长)×0.6m(宽)
4	天泵		台	3	3台天泵同时灌注,每台天泵配3套灌注导管,另准备3套灌注导管备用,备用导管可提前布置在其他舱位
5	导链	3t	台	24	每套灌注导管配2台导链

双壁舱及封底混凝土灌注储料斗加工如图6-21所示,钢围堰封底顺序如图6-22所示,钢围堰封底现场如图6-23所示。

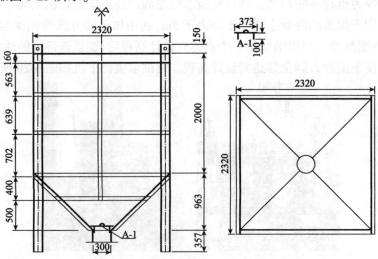

图6-21　双壁舱及封底混凝土灌注储料斗加工图(尺寸单位:mm)

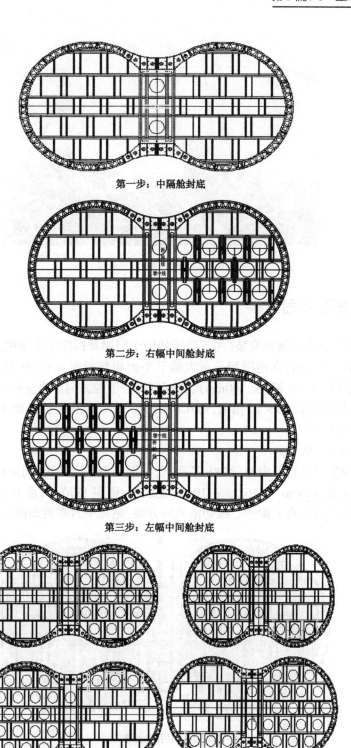

图 6-22 钢围堰封底顺序图

图 6-23　钢围堰封底现场图

6.2.7　钻孔平台安装

(1)钢围堰二层平台制作安装(用于拼装挂桩十字梁及拆除十字梁的脚手架平台)

采用 16 槽钢(长 2m)在钢围堰平台大梁下平面焊接竖直立杆 60 根,在竖直立杆(16 槽钢)最下端焊接 75×10 角钢(长 100mm),在钢围堰上下游方向竖直立杆的下端安放 20 槽钢,在 20 槽钢上面横向铺设 63×10 角钢,每 0.4m 铺设一根,除孔位外满铺 50mm×4m 松木脚手板,脚手板用扒钉固定。

(2)钻孔平台布置

在钢围堰内壁板平台以内铺设 28b 工字钢,沿钢围堰横向铺满,间距 0.4m。

28b 工字钢:长 3400m,重 162.86t;10mm 花纹板:面积 1370m^2,重 107.5t。

孔位处沿钢围堰平台大梁中心线切割成四方块,钻孔平台布置如图 6-24 所示。

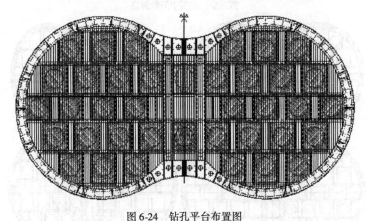

图 6-24　钻孔平台布置图

6.2.8　双壁钢围堰施工总结

以大桥主桥 15 号墩基础为工程背景,系统研究了大型双壁钢围堰的设计与制造、浮运、

"靠桩+重锚"定位系统、提升下放,以及钢围堰封底技术,主要工作创新点有:

①结合墩基础布置,提出哑铃形双壁钢围堰外观设计,平均每立方米的用钢量比常规矩形钢围堰节省了20kg,经济效益显著。

②利用"靠桩+重锚"定位系统,使栈桥平台与定位卷扬机结合,江侧利用重锚等方式,最大限度地减少了对江侧航道的影响,实现了快速、精准定位。其定位精度达到:相对垂直度小于1/2000,水平位置偏差小于30mm,对角扭转小于20mm。

③通过在钢围堰底部增加助浮托架,使钢围堰下水吃水深度由7.6m减少至3.6m,极大地减小了浮运阻力,降低了下水和浮运风险,经济、社会效益显著。

④该成果主要用于深水基础且地质条件复杂的水流段,利用钢围堰内支撑结合钻孔平台的设计,为桩基施工提供了有利的条件,并且节省了钻孔平台的材料。

结合以上新工艺和新技术,以及实际施工过程中遇到的问题,针对深水基础钢围堰施工,总结出一些不足和相应的解决措施:

①钢围堰下放过程中,整体姿态不平衡时,位移纠偏困难。通过对连续千斤顶释放长度的调整并结合针对性清淤、人工水下破除等措施,逐渐调姿,缓慢平衡。姿态调平是一个不可避免且漫长的过程,通过不断用测绳测量河床,复测钢围堰轴线,校核各承重梁连续千斤顶油压等措施,确定钢围堰偏移状态。

建议增设钢围堰姿态平衡预警系统,通过在钢围堰四角安装位移计,在千斤顶处安装压力传感器等措施,实现后台远程监控,提前实施纠偏措施。

②结合后期水中墩防撞设施进行钢围堰结构设计。根据《交通运输部关于武穴长江公路大桥通航安全影响论证的审查意见》(交水函〔2014〕740号)的要求,主通航孔及辅助通航孔处桥墩需安装浮式防撞设施。考虑节省造价成本,针对后期要被割除的承台以上的钢围堰部分,可在钢围堰内侧增加撑墙桁架,将钢围堰改装成浮式防撞设施。

6.3 钻孔灌注桩施工

6.3.1 地质概况

北岸桥址区覆盖层较厚,为44.2~55.2m,根据《武穴长江公路大桥初勘报告》(2015年4月),北岸12号~15号墩处地质共分为14层:填土、粉质黏土、粉土、粉砂(松散~稍密)、粉砂(中密)、细砂(松散)、细砂(中密)、中粗砂、圆砾、卵石、碎石、强风化砂岩夹页岩、中风化砂岩夹页岩、中风化页岩。其中卵石层厚3.4~12.6m,承载力基本值$[f_{a0}]$为500~650kPa,摩阻力标准值$[q_{ik}]$为120~160kPa;中风化页岩岩质较软,承载力基本值$[f_{a0}]$为700~800kPa,摩阻力标准值$[q_{ik}]$为150~160kPa。

6.3.2 旋挖钻机施工

根据对项目地质的判断,结合国内外大直径高强度岩石采用旋挖钻机的先进工艺,本项目15号墩拟采用大功率旋挖钻机进行钻孔施工。旋挖钻机技术参数如表6-17所示。

旋挖钻机技术参数　　　　表6-17

项　目	型　号		
	TR460	TR550C	BAUER BG46F
最大输出扭矩(kN·m)	420	520	460
最大钻孔深度(m)	110	130	111.2
最大钻孔直径(m)	3000	4000	3200
发动机生产厂家	卡特彼勒	卡特彼勒	卡特彼勒
发动机型号	C-15电喷	C-18电喷	C18
发动机功率(kW)	355	412	570
发动机转速(r/min)	1800	1800	1850
底盘型号	CAT374D	CAT390D	UW160
底盘总长(mm)	6860	7203	8800
履带宽度(mm)	1000	1000	1000
牵引力(kN)	896	1025	1106
钻孔转速(r/min)	6~21	6~20	6~21
最大加压力(kN)	440	440	460
最大起拔力(kN)	440	440	460
加压系统行程(mm)	9000	13000	10700
桅杆左右倾斜角度(°)	6	6	5
桅杆后倾斜角度(°)	12	12	15
主卷扬提升力(第一层)(kN)	400	510	450
主卷扬绳直径(mm)	40	46	40
主卷扬绳提升速度(m/min)	45	30	62
副卷扬提升力(第一层)(kN)	120	130	177
副卷扬绳直径(mm)	20	26	20
副卷扬绳提升速度(m/min)	72	65	55
工作状态设备宽度(mm)	5500	6300	5310
工作状态设备高度(mm)	28645	33679	35635
主机运输长度(mm)	8600	9200	8660

续上表

项 目	型号		
	TR460	TR550C	BAUER BG46F
主机运输宽度(mm)	3900	3750	4000
主机运输高度(mm)	3480	3215	3750
最大回转半径(mm)	6800	8000	6950
履带接地长度(mm)	5860	6000	6035
钻杆规格	φ580－6×21.3	φ580－6×23	BK559
	机锁式	机锁式	机锁式
总质量(含钻杆)(t)	148	198	220

考虑北塔15号墩桩数多(38根),工作面有限(桩分布面积＝长×宽＝62m×34m),按照设备操作空间和跳打原则,同时考虑尽快完成施工任务和经济原则,拟投入1台中车 TR550C 旋挖钻机,1台中车 TR550D 旋挖钻机和1台中车 TR460 旋挖钻机。桩位布置如图6-25所示,钻孔灌注桩施工工艺流程如图6-26所示。

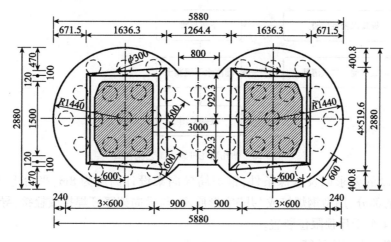

图6-25 15号墩桩位布置图

(1)钢护筒制作、运输

钢护筒在后场钢构件加工厂分节加工制作,由专业钢结构作业队制作,作业队配置卷板机,卷制固定好以后进行焊接,焊接完毕后进行焊缝无损检测,合格后方可投入使用。

15号墩钢护筒分两节,第一节长30m,第二节长13.5m。15号墩钢护筒采用浮式起重机加振动桩锤插打。

钢护筒由平板汽车运输至施工现场,为避免钢护筒在起吊运输过程中变形,钢护筒设置加强箍,并设置型钢"十"字形内撑,均匀布置。

(2)导向架设计及施工

导向架的主要作用:钢护筒沿着导向架在重力的作用下下沉入土,以及钢护筒在振动桩锤点振入土10m(约3倍钢护筒直径)之前和连续施振时能够保证钢护筒的垂直度。

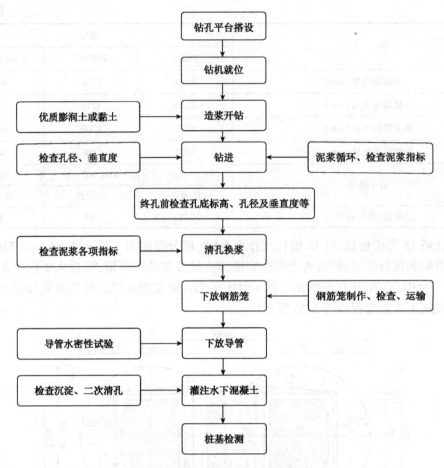

图 6-26 钻孔灌注桩施工工艺流程图

根据垂直度的要求以及水深条件,钢护筒导向架设计高度为 8m,平台上 2.5m,平台下 5.5m,平台上的部分,用型钢焊接成"井"字形底座,与导向架竖杆焊接或栓接,导向架顶、底角四个方向设置 4 个千斤顶限位装置。

(3) 钢护筒入土深度计算

15 号墩钢护筒入土深度计算见表 6-18。

15 号墩钢护筒入土深度计算 表 6-18

15 号墩不同地质情况					
15 号墩	$[f_{a0}]$(kPa)	$[q_{ik}]$(kPa)	标准贯击数(击)	动侧摩阻力(kN)	层厚(m)	静侧摩阻力(kN)
细砂(松散)	90	20	9	12	0.9	192.2
粉砂(松散)	80	20	11	13	4.8	1024.9
粉砂(稍密)	90	25	15	13	5.5	1467.9
粉砂(中密)	110	40	21	15	2	854.1
细砂(中密)	180	45	35	16	11.2	5380.7

续上表

15号墩钢护筒入土情况	
钢护筒顶部高程(m)	21.5
钢护筒底部高程(m)	−23.5
地面高程(m)	−1
入土深度(m)	24.4
静侧摩阻力(kN)	8919.8
端承力(kN)	1633.43
沉桩阻力(中国经验公式)(kN)	4309.37
沉桩阻力(日本经验公式)(kN)	4309.37
沉桩阻力(法国经验公式)(kN)	3778.24
沉桩可行性	采用YZ400振动桩锤,最大激振力F_{max}=4185kN
局部冲刷后高程(m)	6.29
一般冲刷后高程(m)	8.27
冲刷后高程(m)	−15.56
冲刷后钢护筒埋深(m)	7.94
冲刷后钢护筒承载力(不考虑桩底承载能力)(kN)	6437.63

(4)钢护筒安装

15号墩钢护筒利用200t浮式起重机配合DZJ-400型振动桩锤振动下沉。为保证钢护筒下沉过程中的垂直度,满足钢护筒下沉时定位及精度要求,设置导向架引导钢护筒下沉。在导向架安装前利用全站仪准确定位钢护筒的中心,在相邻钢管桩顶及钢管桩下平联安装导向架,要求钢护筒中心与导向架中心一致。导向架安装完成后,在导向架内下沉钢护筒。

钢护筒下沉的平面偏差控制在25mm以内,每节段的倾斜率应控制在0.5%以内,前一节段偏差应在后一节段反向调整。

当钢护筒下沉着河床后,用履带式起重机或浮式起重机将振动桩锤安装在钢护筒顶端,启动振动桩锤将钢护筒打入河床;吊装次节钢护筒,焊接接长,安装振动桩锤继续冲打钢护筒至设计高程。

①振动桩锤安装及第一次振动下沉。

安放振动桩锤时,将液压钳对位后,夹住钢护筒,缓慢松钩,测量垂直度,进行点振,测量时观察钢护筒垂直度和平面位置,满足要求后,施振至导向架顶口。

②上节钢护筒接长,钢护筒第二次下沉。

待下节钢护筒下沉到设计位置后,吊下振动桩锤,起吊上节钢护筒进行接长,为保证钢护筒接缝位置焊接的强度及垂直度,在下节钢护筒顶口内壁设置内衬套。安装上节钢护筒,测量和调整垂直度,满足要求后进行焊接,为保证焊接质量,在钢护筒接头四周设置挡风、遮雨装置。焊缝质量应满足设计和相关规范要求。

(5)钻头选型

根据大桥地质条件及超大桩径(ϕ=3m)等特点,采用2.5m(截齿+斗齿)、3m(截齿+斗齿)钻头分级扩孔钻进,配合3m筒钻扫孔纠偏。

(6)泥浆制备与循环

护壁泥浆在钻孔中非常重要,尤其是针对本工程的大直径深孔,土层为砂层,造浆性能差,泥浆控制显得尤为重要。施工采用不分散、低固相、高黏度的丙烯酰胺泥浆(PHP)。

根据现场实际情况,钻孔泥浆采用护筒内造浆方法,该施工方法优点为现场场地占用面积小、不需在钢护筒之间焊接泥浆循环管、泥浆制造简单方便、有利于保证泥浆质量,非常适用于平台桩基施工。

泥浆制备:开钻前要做好泥浆材料的准备工作,膨润土、水、纯碱、PHP等材料按试验室确定的配合比投料造浆。先将优质膨润土投入护筒中,开动钻机,通过钻头旋转和空压机送气进行正循环搅拌,然后将预先浸泡好的纯碱及PHP溶液按比例缓慢投入护筒中,再进行充分搅拌,待泥浆粉充分水化分散纯碱且PHP溶液充分溶解混合后,检测相关指标,其黏度达到 $26\sim35Pa\cdot s$ 、比重小于 $1.04t/m^3$ 、pH值为 $10\sim12$ 、胶体率为 100% 、钻孔阶段含砂率小于 4% 后即可开始钻进。正常钻进时,根据孔内泥浆状况及时补充泥浆至孔内,保证孔内水头始终高于护筒外水位2m以上。

泥浆循环:首先将通过气举反循环上来的钻渣泥浆过滤, $5mm\times5mm$ 颗粒以上的钻渣直接分离出去;较小颗粒的钻渣经一级分离筛除后,一部分在水箱内沉淀(水箱定期清渣),另一部分经泥浆分离器再次分离出去,泥浆经水箱和泥浆分离器后返回孔内进行循环。这样可以保证泥浆的回收和钻渣的有效去除。在分离过程中,泥浆通过钢板槽进入护筒,避免泥浆外泄污染环境。同时,根据现场施工条件,配备运渣设备,以保证钻渣的外运。钻渣采用专用驳船收集,然后通过汽车运至指定泥浆池和沉淀池,钻渣沉淀下来,统一收集,由专业的拉渣作业施工队集中运走。

(7)钻进施工

①在钻进过程中注意进尺,如发现进尺明显减慢,返浆困难,要停止钻进,检查钻具是否损坏或糊钻,并及时处理。

②若地质情况变化频繁,层面交界无规律,应控制钻进速度,防止发生斜孔,因此必须及时调整钻机的水平度和垂直度,确保钻孔的垂直度。

③在黏土和砂土层交接处容易出现糊钻。因此应根据实际情况多次提钻、清理钻头,同时低速慢进,补浆换浆,提高护壁的稳定性,避免塌孔、缩径、漏浆等不良情况的发生。

④在钻进过程中要观察长江水位情况,始终保持孔内泥浆高于护筒外水位2m以上。

⑤在钻进过程中要定期对钻头和钻杆进行检查,防止螺栓脱落或钻头磨损严重造成事故。

⑥在钻进过程中应连续操作。详细、真实、准确地填写钻孔原始记录,钻进中发现异常情况及时上报处理。

(8)成孔质量控制

成孔质量控制三大要素:桩孔的垂直度、桩径和桩孔的深度。

①垂直度控制。

钻机就位,完成所有准备工作,开钻前,必须再次校正水平和"三点一线",做到横平竖直。每班检查水平不少于2次,检查"三点一线"不少于1次,并做好记录。发现倾斜或偏位必须立即纠正,并查明原因,详细记录。

所有钻杆必须平直、圆滑,发现有弯曲、破损等现象应及时调换或修补。

熟悉地质情况,根据地层的变化随时调整钻进参数。特别是在地层变化或软硬互层的界面要减压慢钻,待进入正常层位后,再正常钻进。

淤泥质黏土层轻压快钻,砂土层、粗砂混卵石层等轻压慢钻。

基岩层采用大配重孔底加压慢钻,且根据具体情况按照设计要求的钻孔垂直度设置扶正器。

②桩径的控制。

施工过程中必须确保钻机的稳定性。

每次下钻前严格检查钻头直径,应与设计桩径匹配。

根据设计图纸,准确计算护筒底面高程和变截面高程。在此处减压慢钻,控制好钻进参数,尽量减少扫孔次数,从而有效保证护筒底口段孔壁的完整性和控制变截面上下段的孔径。

控制孔内的泥浆指标,确保孔壁的稳定。

③孔深控制。

孔深以设计图纸提供的孔底高程或者满足其他技术要求为准。

钻进到设计孔深时,通知质检员及监理人员确认孔深;确认钻进达到设计孔深后由监理人员验收。

孔底沉渣满足相关规范和设计要求。

孔深测量以钻具为主,测绳为辅。

钻孔桩成孔质量控制标准如表6-19所示。

钻孔桩成孔质量控制标准　　　　　　　　　　　表6-19

序号	检查项目	规定值或允许偏差	检查方法
1	孔的中心位置(mm)	≤30	全站仪或经纬仪
2	孔径(mm)	≥设计值	测孔仪
3	垂直度(mm)	≤桩长的1/150,且≤500	测孔仪
4	孔深(mm)	设计深度超深≥50	测量绳
5	沉渣厚度(mm)	<100	沉淀盒或标准测锤
6	钢筋骨架底面高程(mm)	50	水准仪

(9)检孔

当钻孔达到孔底设计高程后,提出钻头,采用测孔仪对孔径、垂直度、沉渣厚度、孔壁形状进行检测,检测设备采用JL-KJ智能孔径超声数字成像仪,经监理工程师验收认可后,应立即采用气举反循环清孔。清孔时将钻头下放至距离孔底20cm左右位置,钻机慢速空转,保持泥浆正常循环,同时置换泥浆。根据《公路桥涵施工技术规范》(JTG/T F50—2011)要求,当泥浆指标达到相对密度小于1.06、黏度22~24Pa·s、含砂率小于0.3%、胶体率100%后可停止清孔,拆除钻具,移走钻机。严禁使用超钻加深钻孔的方法代替清孔。

(10)钢筋笼施工

钢筋笼均在后场钢筋加工场采用胎架成型法集中制作,用平板拖车通过施工便道或栈桥运至施工墩位处,利用130t履带式起重机下放钢筋笼。

①钢筋笼分节及下料。

钢筋笼标准节长度为 12.0m,各节按 $n \times 12m + (L - n \times 12)m$(其中 L 为桩长,n 为钢筋笼标准节段数)进行制作。

下料前应将钢筋调直并清理污锈,钢筋表面应平直,无局部弯折。钢筋笼下料后采用切割机将钢筋的两头切平,使切口端面与钢筋轴线垂直,不得有马蹄形或挠曲,以保证钢筋连接的顺利进行。

②质量检查。

钢筋的品种和质量必须符合设计要求和有关标准的规定。必须有钢筋出厂质量证明书和试验报告单。

连接套筒的规格和质量必须符合要求,必须提供产品合格证,其受拉承载力不应小于被连接钢筋受拉承载力标准值的 1.10 倍。

镦粗直螺纹钢筋接头的力学性能检验必须合格。

加工钢筋丝扣和连接套筒的外观质量应符合表 6-20、表 6-21 的要求。

加工钢筋丝扣外观质量评定表 表 6-20

序号	检测项目	检测方式	检验要求
1	外观质量	目测	牙形饱满、牙顶宽超过 0.6mm,秃牙部分累计长度不超过一个螺纹周长
2	外形尺寸	卡尺或专用量具检测	丝头长度应满足设计要求,标准型接头的丝头长度公差为 +1P(P 为螺距)

连接套筒外观质量评定表 表 6-21

序号	检测项目	检测方式	检验要求
1	外观质量	目测	无裂纹或其他肉眼可见缺陷
2	外形尺寸	卡尺或专用量具检测	长度及外径尺寸符合设计要求

③加强箍筋弯曲成型。

加强箍筋加工前先进行胎架制作,胎架制作完成后,试制作 2 个加强箍筋,检查各部尺寸,对胎架进行修整,修整合格后方可进行加强箍筋加工。

④钢筋笼胎架制作。

钢筋笼胎架由圆弧定位板及 50×5 等边角钢支撑脚焊接而成,圆弧定位板板厚 6mm,定位胎架每 2m 设置一片。单片胎架用 50×5 等边角钢连接成整体,胎架长度设置为 70m。胎架安装前需对场地进行平整,并保证场地排水良好。安装前在现场原地面进行放样,确定胎架安装位置,保证胎架安装的整体线形,然后进行胎架初安装。连接成整体后,测量原地面高程,确定每片胎架的安装高度,高度调整完成后对胎架进行通测,进行局部调整后,在胎架需要抬高时,至少支撑三个点——胎架两侧及胎架中心位置,然后在地面打膨胀螺栓对每一片胎架进行固定。

⑤钢筋笼制作。

钢筋笼分节长度为 12m,钢筋笼制作时,先制作中间节,中间节骨架形成后,由中间节衍生出两侧节段,之后拆除中间节,进入下一套钢筋笼中间节制作。

钢筋笼单个节段制作时,先铺设胎架定位槽内主筋,定位槽内主筋安装完成后,安装内部加强箍筋圈。加强箍筋安装前,需在箍筋上放样出主筋安装的准确位置并在加强箍筋内部焊接三角加强撑筋;加强箍筋安装时,需将定位槽内主筋与加强箍筋上的放样点对齐,然后调整加强箍筋垂直度,之后将加强箍筋与定位槽内主筋点焊固定,再根据安装好的加强箍筋安装剩余主筋,完成单节钢筋笼骨架制作。

钢筋的连接:主筋接长采用等强度滚轧直螺纹接头,其余钢筋采用焊接或绑扎连接,同一截面内主筋接头数量不得超过全部主筋数量的 50%。

钢筋笼加工时要确保主筋位置准确,并在钢筋笼外侧安装混凝土垫块,混凝土垫块等距离焊在钢筋笼主筋上,其沿桩长每隔 2.0m 设一道,每道沿圆周对称设置 4 块,以确保钢筋混凝土保护层厚度满足设计要求。

为对成桩进行质量检测,钢筋笼制作时需按设计要求对称布置 4 根 $\phi 57mm \times 3mm$ 的声测管,单根管长度比桩长大 40cm(出口露出桩顶 40cm)。

⑥钢筋笼吊装。

钢筋笼吊装时需用专用平板车或起重机运至现场,钢筋笼牢固地固定在平板车或起重机上,防止运输时变形,严禁用翻滚的方式运输钢筋笼。钻孔桩成孔经检验合格后,即可开始钢筋笼吊装施工。为保证钢筋笼起吊时不变形,采用长吊绳小夹角的方法减小水平分力,起吊时顶端吊点采用两根等长吊绳,根部采用一根吊绳,吊点处设置弦形木吊垫与钢绳捆连。起重机主钩吊顶端吊绳,副钩吊根部吊绳,先起吊顶端吊绳,后起吊根部吊绳,使平卧变为斜吊,根部离开地面时,顶端吊点迅速起吊到 90°后停止起吊,解除根部吊点及木吊垫。检查钢筋笼是否顺直,如有弯曲应整直。当钢筋笼进入孔口后,应将其扶正并使其徐徐下降,严禁摆动碰撞孔壁。当钢筋笼下降到顶端吊点附近的加劲箍而接近孔口时,用工字钢穿过加劲箍的下方,将钢筋笼临时支撑于孔口。此时吊装第二节钢筋笼,使上下两节钢筋笼位于同一竖直线上,进行连接。

对接时要迅速,减少作业时间。连接完成后,稍提钢筋笼,抽去临时支托,使钢筋笼徐徐下降,如此循环,直至全部钢筋笼降至设计高程。

根据测定的孔口高程计算出定位筋的长度,核对无误后进行焊接,完成对钢筋笼最上端的定位。然后在定位钢筋骨架顶端的顶吊圈下面插入两根平行的工字钢,将整个定位骨架支托于钢护筒顶端。两工字钢的净距比导管外径大 30cm。之后撤下吊绳,用短钢筋将工字钢及定位筋的顶吊圈焊于钢护筒上。这样既可以避免导管或其他机具的碰撞使整个钢筋笼变位或落入孔中,又可以防止钢筋笼上浮。

⑦钢筋笼定位。

钢筋笼定位包括竖向定位和平面定位两个方面。

竖向定位:钢筋笼竖向定位是通过"接长悬挂笼"来实现的。"接长悬挂笼"由等距离的 8 根主筋接长至护筒顶。将接长的主筋作为悬挂于平台顶的悬挂环。接长的钢筋笼有两节,必须处理好两节钢筋笼的对接转换,在主筋两侧双面焊接两根长 16cm、直径 32mm 的钢筋,在两根钢筋间焊一块钢板,采用由厚 3cm 的钢板专门加工而成的卡板进行对接悬挂。

平面定位:为保证桩顶处钢筋笼的平面位置,采取限位的措施。根据钢护筒安装时测量偏位及倾斜度数据反算,在桩顶处及接长钢筋处设置定位钢筋,控制钢筋笼的平面位置。

钢筋笼限位示意如图 6-27 所示,钻孔灌注桩钢筋安装实测项目如表 6-22 所示。

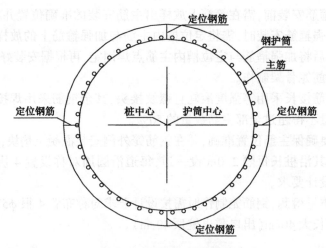

图 6-27 钢筋笼限位示意图

钻孔灌注桩钢筋安装实测项目　　　　　　表 6-22

编号	检查项目		单位	允许偏差	检查方法和频率
1	受力钢筋间距		mm	±20	尺量,每个构件检查2个断面
2	螺旋筋间距		mm	±10	尺量,每个构件检查5~10个间距
3	钢筋骨架尺寸	长	mm	±10	尺量,按骨架总数30%抽查
		宽、高或直径	mm	±5	
4	保护层厚度		mm	±10	尺量,检查8处

(11) 桩基混凝土灌注

①导管安装。

钢筋笼下放完毕后开始安装导管。导管采用 $\phi 325$mm 无缝管,在使用前需进行水密承压试验、长度标码等工作,水密承压试验水压应不小于孔内水深压力的1.3倍,并经监理工程师检查合格待用。

根据施工规范要求,导管应承受的最大内压力按以下公式计算:

$$P = \gamma_c h_c - \gamma_w h_w \tag{6-4}$$

式中:P——导管可能受到的最大内压力,kPa;

γ_c——混凝土拌合物的重度,取 24kN/m³;

h_c——导管内混凝土最大高度,m,以导管全长或预计的最大高度计;

γ_w——井孔内水或泥浆的重度,取 11kN/m³;

h_w——井孔内水或泥浆的深度,m。

算得 $P = 24 \times 150 - 11 \times 150 = 1.95$(MPa)。导管底口至桩孔底端的间距控制在 0.3~0.4m,首批混凝土储料斗设计容积满足导管初次埋置深度大于1.2m 的条件。

②混凝土供应。

混凝土由后场拌和站集中供应,采用汽车泵输送。保证桩基混凝土灌注连续、快速地进行,做到一气呵成。

按3倍浇筑桩身混凝土体积备齐砂、石、水泥、外加剂等原材料,当钻孔灌注桩成孔时间较集中时加大储备量,并确保原材料质量满足施工要求。

③混凝土灌注。

在浇筑桩基混凝土前,需对桩孔进行全面检查,当孔深、沉渣厚度满足设计要求,泥浆相对密度达到1.03~1.10、黏度为17~20Pa·s、含砂率小于2%、胶体率大于98%时,可以进行混凝土灌注。

混凝土具有良好的和易性,灌注时保持足够的流动性,其坍落度宜控制在18~22cm,首批混凝土的初凝时间控制在15h以内。

开始灌注首批混凝土时,导管下口至孔底的距离控制在40cm左右,且使导管埋入混凝土的深度不小于1.2m。

灌注设备主要由导管、首批混凝土大储料斗及小储料斗等组成。导管为螺旋式接头,壁厚$\delta=12$mm、外直径$\phi=325$mm 的刚性导管,容许承受的最小内压力为2.5MPa,采用履带式起重机提拔、拆除刚性导管。开始灌注首批混凝土时,首盘混凝土方量按20m³控制可满足要求,采用剪球法封底。预先计算首批混凝土方量。首批混凝土方量计算式如下:

$$V = \frac{\pi d^2}{4}h_1 + \frac{\pi D^2}{4}H_c \tag{6-5}$$

式中:V——首批混凝土方量,m³;

h_1——井孔混凝土面高程达到H_c时,导管内混凝土柱平衡导管外泥浆压所需要的高度,$h_1 = H_w \times \gamma_w / \gamma_c = 42.40$m;

H_c——灌注首批混凝土时井孔内混凝土面至孔底的高度,$H_c = h_2 + h_3$,取1.6m;

H_w——孔内混凝土面以上泥浆深度,取92.5m;

D——孔井直径,取3m;

d——导管内径,取0.325m;

γ_c——混凝土拌和物容重,取24kN/m³;

γ_w——钻孔内泥浆容重,取11kN/m³;

h_2——导管初次埋置深度,取1.2m;

h_3——导管底端到钻孔底的间隙,取0.4m。

首批混凝土灌注后,连续灌注,为防止混凝土供应中断造成断桩,采用备用供应系统。尽可能缩短拆除导管的间隔时间,灌注过程中每隔20min左右用测深锤探测孔内混凝土面高程,并测算混凝土上升高度和导管埋深,以便及时调整导管埋深,一般情况下导管埋深控制在4~6m。混凝土导管不宜埋置过深,拆除导管应迅速、及时,拆除后要检查导管密封圈,必要时及时更换密封圈,并保证导管有足够的安全埋管深度。

测算混凝土上升高度和导管埋深要勤、要准。

灌注混凝土过程中,严格控制混凝土质量,随时检测混凝土坍落度,并根据相关规范要求抽样制作混凝土试件,以检验桩基混凝土质量。

为确保成桩质量,桩顶加灌1.5~2.0m高度。灌注过程中,指定专人负责填写水下混凝土灌注记录。

桩基施工完成且混凝土强度达到检测要求后,及时与检测单位联系进行检测。

(12) 桩基检验

均采用超声波法进行检测。安放钢筋笼时按照设计图纸要求埋设4根声测管,声测管采用φ57mm×3mm无缝钢管制作,焊接在加强筋上。在钢筋笼下放到位后用钢板封堵声测管管口。混凝土强度达到钻孔桩设计要求时,向声测管中注入清水,采用超声波测试仪检测桩体混凝土的内在质量。由质检部检验全部桩基,监理抽检部分桩基,试验室检验部分桩基。

6.3.3 回旋钻施工

(1) 施工总体进度计划

钻孔灌注桩施工总工期:2017年10月13日至2018年1月15日,共95天。

根据地层条件,确定单桩成孔工效,如表6-23所示。经过计算得出0.246。

单桩成孔工效分析表   表6-23

序号	地层情况	层厚(m)	工效(m/h)	特殊情况说明
1	细砂(粉砂)	24.6	2	
2	页岩(较软)	12.93	0.3	
3	页岩(夹层)	3	0.05	此地层为夹层,岩石强度高
4	页岩(较软)	19	0.3	
5	页岩(较硬)	5	0.05	经了解,此层为硅质页岩
6	页岩(较软)	22.47	0.3	
	合计	87		

(2) 施工任务划分

本工程有钻孔灌注桩38根。地质资料显示,本项目所有桩基护筒内多为细砂与粉砂组合地层,地层无任何自造浆能力,除了护筒为强风化页岩及中风化页岩外,中间还有一段破碎带,岩面倾斜度在25°左右。考虑到上述情况,除3号桩拟采用旋挖钻机和35号~37号拟采用汽车式钻机外,其余34根桩拟计划投入7台(套)KTY4000型回旋钻机,具体施工任务划分如表6-24所示。

钻孔灌注桩施工任务划分表   表6-24

桩 号	桩径(m)	数量(根)	机 台 号
16号→2号→7号→8号→33号→1号	3.0	6	1号机
34号→18号→27号→19号→9号	3.0	5	2号机
10号→24号→25号→17号	3.0	4	3号机
20号→12号→15号→30号	3.0	4	4号机
22号→38号→5号→13号→28号	3.0	5	5号机
4号→21号→29号→11号→14号	3.0	5	6号机
6号→23号→31号→32号→26号	3.0	5	7号机

(3) 主要施工机械及设备配置

主墩钻孔灌注桩施工机械配备见表6-25。

主墩钻孔灌注桩施工机械配备表 表6-25

机械名称	规格型号	数量或长度	备 注
回旋钻	KTY4000(365kW)	7台(套)	每个钻机都配有备用钻头
空压机	160kW	(7+1)个	7台用于成孔,1台用于二次清孔
泥浆分离器	48kW	7台	
电焊机	BX1-500(28kW)	8台	
导管	$\phi 325mm$	140m	
储料斗	$10m^3$	1个	首盘需$16m^3$混凝土
	$6m^3$	1个	
配电总柜		7个	
泥浆箱	$20m^3$	7个	
履带式起重机	200t	1台	
履带式起重机	75t	1台	
浮式起重机	200t	1台	

(4) 主要施工方案

钻孔灌注桩采用反循环回旋钻机,导管法灌注水下混凝土的施工方法。钻进成孔采用KTY4000反循环回旋钻机施工,钢筋笼在加工场地分节制作,经车辆运至钻孔平台,采用200t履带式起重机下放钢筋笼;混凝土搅拌站拌料,首盘通过汽车泵及$10m^3$储料斗和$6m^3$接料斗并灌入桩孔,之后的混凝土通过两台天泵泵送至储料斗灌入孔内。回旋钻施工流程如图6-28所示。

①泥浆的制备及处理。

护壁用泥浆应控制合适的比重,造浆用黏土要求胶体率不小于96%、含砂率不大于2%、造浆能力不小于2.5L/kg,所选的黏土应不含石膏、石灰或钙盐等化合物。根据本工程地质特点,采用优质膨润土人工造浆。

泥浆在钻孔中起着很重要的作用。由于本项目地质情况复杂,且护筒内地质不具备任何造浆能力,所以开钻前必须把泥浆制备好。项目部提供一艘泥浆船,计划在泥浆船上制浆,每次制浆时都必须做泥浆性能试验,以便达到合格的泥浆性能,及时开钻。泥浆比重大于水的比重,井孔内泥浆静压力比孔外水压力大,在较大压力作用下,泥浆在井孔壁形成一层泥皮,阻隔孔外渗流,保护孔壁免于坍塌。此外,泥浆还起着悬浮钻渣的作用。泥浆性能指标见表6-26。

钻孔桩钻机在钻进时,根据泥浆的变化来调整泥浆的添加量,以使钻渣尽快浮上来,提高钻进速度。对不同土层采用不同泥浆浓度,用加水或膨润土来进行调整。

护筒底口上下采用低强度、高压缩钻进方式。成孔深度达到护筒底口以上3m时,必须确保护筒内泥浆优质以保证出护筒时孔壁安全。在施工平台上设泥浆循环系统,同时每台钻机设置一个泥浆箱,确保钻孔循环泥浆的供给,同时护筒间可用$\phi 273mm$钢管作连通管以便钻孔泥浆循环。在泥浆箱内设置大粒径钻渣分离隔板,将泥浆箱中的钻渣及时分离出去,接渣箱用挖机、拉渣车运走处理。钻孔泥浆循环系统示意如图6-29所示,泥浆循环系统如图6-30所示。

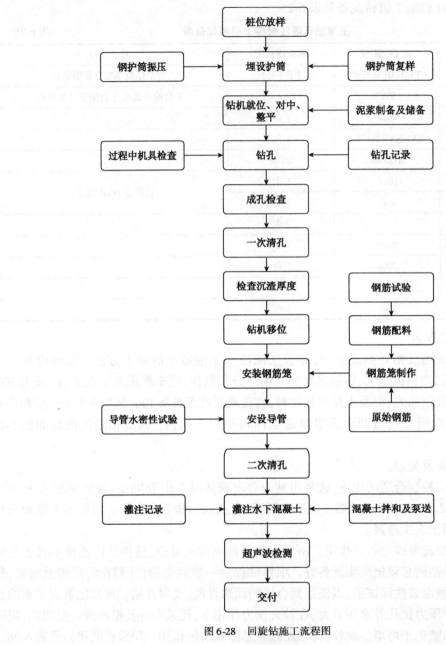

图6-28 回旋钻施工流程图

泥浆性能指标 表6-26

钻孔方式	地层情况	相对密度	黏度 (Pa·s)	含砂率 (%)	失水率 (mL/30min)	胶体率 (%)	泥皮厚 (mm/30min)	pH值
反循环	细砂	1.08~1.15	16~24	≤4	≤20	≥95	≤3	8~10
	粉砂	1.08~1.15	18~28	≤4	≤20	≥95	≤3	8~10
	岩层	1.08~1.15	16~22	≤4	≤20	≥95	≤3	8~10

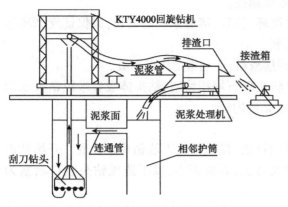

图 6-29　钻孔泥浆循环系统示意图　　　　图 6-30　泥浆循环系统

②钻头选型。

根据施工图纸要求及地质资料的情况分析，采用重型刮刀与滚刀钻头配合进行施工。后期根据实际工效分析，提出使用阶梯型重型刮刀钻头进行钻孔施工。

a. 重型刮刀钻头。

KTY4000 型回旋钻机刮刀钻头采用四翼型刀排，刀排轴线与相应的翼板向内设置 10°倾角，刀排上均匀布置截齿和斗齿的合金尺头，在钻头中心处布置三角形超前导向锥。

经过施工实践，重型刮刀钻头在中风化页岩中钻进 6~7m 后刀排磨损严重，必须重新焊接刀排，更换钻齿。

b. 滚刀钻头。

15 号墩钻孔桩嵌入岩层较深，平均厚度达到了 64m，部分桩位夹杂着 2~3m 厚、强度达 70MPa 的硅质灰岩，在岩层中破岩钻孔主要依靠滚刀钻头。

根据地层的情况以及钻头磨损维护对工效的影响，用铣齿滚刀钻头配合重型刮刀钻头钻进。重型刮刀钻头进入岩层后平均 6m 磨损一个球齿刀具，此时提钻更换铣齿滚刀钻头继续钻进，并加压增加动力头转速。泥浆浓度越大，刀头母材磨损越快，容易造成糊钻卡钻等情况，导致钻进困难。

c. 阶梯钻头。

针对重型刮刀钻头易磨损、铣齿滚刀钻头易糊钻卡钻等问题，提出了阶梯钻头的设计。

阶梯钻头采用四翼型刀排加扩大口圆柱形超前导向锥，球齿刀具呈阶梯状布置在四翼腹板上，钻头中间布置直径 1m 的超前导向锥，四周开设 ϕ40cm 半圆弧进渣口。阶梯钻头的运用使得工效提高了一倍，面对中风化页岩及强度达 70MPa 的硅质灰岩，平均破岩速度可达 70cm/h，且球齿刀具磨损减小，故后期拟定采用阶梯钻头进行钻孔施工。

③钻孔施工。

a. 钻孔气举反循环清渣原理。

压缩空气通入钻杆，在钻杆内腔形成气泡和泥浆钻渣的混合物，其密度小于钻杆外的泥浆。在孔内液柱和大气压的作用下，孔壁与钻杆间的泥浆流向孔底，将钻头切削下来的钻渣带进钻杆内腔，和压缩空气形成轻质的气泡混合液，再经过钻杆排至泥渣分离机。排除钻渣后，澄清的泥浆流向孔内，形成反循环。理论上讲，钻孔越深，钻杆越长，钻杆底的气泡混合液和管外井孔的泥浆间压强差就越大,气举吸泥渣的效率越高。

b. 规划布置施工现场时,应首先考虑泥浆循环、排浆、清渣系统的安设,以保证反循环作业时泥浆循环通畅、钻渣排放彻底、清浆回流顺利。

c. 及时清除泥渣分离机的沉渣,将其集中到接渣箱,运到指定地点弃渣。

d. 钻头吸水断面应开敞、规整、流阻小,以防止砾石堆积堵塞;钻头体吸口端距钻头底端高度不宜大于250mm;钻头体吸口直径宜略小于钻杆内径。

e. 钻进操作要点:

空压机启动后,应待反循环正常后,才能开动钻机,慢速回转下放钻头至孔底。开始钻进时,应先轻压慢转至钻头正常工作,后逐渐加大转速,调整压力,以不造成钻头吸口堵塞为限度。

钻进时应仔细观察进尺情况和排浆出渣情况;排量减少或排浆中含钻渣较多时,应控制给进速度,防止因泥浆比重太大而中断反循环。

钻进参数应根据地层情况、桩径,以及气举排渣的合理排量和钻机的经济钻速来加以选择和调整。

加接钻杆时,应先停止钻进,将钻具提离孔底80～100mm,维持泥浆循环1～2min,以便清洗孔底并将管道内的钻渣携出排净,然后停泵加接钻杆。钻杆连接螺栓应拧紧上牢,防止螺栓、螺母、拧卸工具等掉入孔内。

钻进时如出现坍孔、孔内涌砂等异常情况,应立即将钻具提离孔底,控制泵量,保持泥浆循环,吸除坍落物和涌砂;同时向孔内输送性能符合要求的泥浆,保持水头压力以抑制继续坍孔和涌砂;恢复钻进后,控制排浆量,不宜过大,避免吸坍孔壁。

钻进达到要求孔深停钻时,应维持泥浆正常循环,清洗吸除孔底沉渣,直至返出泥浆的钻渣含量小于4%。起钻时应注意操作轻稳,防止钻头拖刮孔壁,并向孔内补入适量清浆,稳定孔内水头高度。

在距护筒底3m处减慢进尺,维持每小时不超过2m进尺的速度,并给入较浓的泥浆,钻进12h,直至钻头进入岩层。因本地层岩面坡度较大,入岩时钻头两侧岩层强度不一,极容易发生桩基垂直度超标的情况,故在出了护筒、钻头接触岩面时,必须减压钻进,利用钻头的自重及扶正器配合控制孔的垂直度,做到打好每一根桩。在破碎带严禁盲目进尺,以免造成坍孔埋钻。

根据气举反循环的原理,钻孔过程就是清孔过程,最后用钻机钻杆清孔,控制沉渣厚度以达到下放钢筋笼的要求。钻孔检查合格后移走钻机。

④清孔。

钻孔桩清孔采用二次清孔工艺,钻孔至设计高程后进行第一次清孔,通过气举反循环,使泥浆比重降至$1.2g/cm^3$以内,含砂率小于2%。钢筋笼和导管安装完毕后进行第二次清孔,采用导管内安装风管,反循环清孔方式,清孔后将底部沉渣厚度控制在5cm以内。对于KTY4000型气举反循环回旋钻机,成孔及清孔的流程简便。

⑤钢筋笼的插放。

本项目单个钢筋笼总重约为60t(含吊筋),主筋为32号螺纹钢,采用直螺纹套筒连接,笼子节数为9节,钢筋笼设4根声测管。

钢筋笼段运送到水中工作平台后,对中桩位,逐段连接下放,直至钢筋笼整体成型下放至设计高程,定位在专门的钢筋笼定位架上。钢筋笼重约60t,下放钢筋笼时所需的起重能力必须超过200t。下放钢筋笼的起重设备为200t履带式起重机或200t全回转浮式起重机。

下放过程:

a. 将预先加工好的钢筋笼固定架吊放在孔口,并使其中心与桩位中心相吻合;

b. 起重机将钢筋笼缓缓下放,每节下放到位后用钢筋笼四方架插销固定;

c. 起重机吊运新一节钢筋笼到位,进行主筋连接并盘妥螺旋筋;

d. 连接好后,重复上述操作,直至钢筋笼整体成型下放到设计高程。

⑥灌注混凝土。

水下混凝土灌注是钻孔灌注桩施工的主要工序之一,也是影响成桩质量的关键。灌注前需要测量沉渣厚度,若沉渣厚度超过设计要求,须进行二次清孔,然后重新测量沉渣厚度,直至满足设计要求,并经现场监理工程师认可后,才能灌注水下混凝土。

a. 初灌放量计算。

浇灌开始时导管底端距离孔底25~40cm,隔水采用球胆。按规定,首盘混凝土方量 V 应满足导管首次埋置深度(≥1.0m)和填充导管底部的需要,设导管下口离孔底40cm,则参照规范公式进行计算:$V \geqslant \dfrac{\pi d^2}{4}(H_1+H_2)+\dfrac{\pi D^2}{4}H = \dfrac{\pi \times 3^2}{4} \times (1.0+0.4) + \dfrac{\pi \times 0.325^2}{4} \times 55 = 14.451(\mathrm{m}^3)$(取孔深为110m)。

考虑扩孔系数不大于1.1,则 $V = 14.451 \times 1.1 = 15.89(\mathrm{m}^3)$,因此加工一个容量为10m³的大储料斗,再配上导管口、接上一个6m³的小储料斗能满足要求,同时加工两只带橡胶皮的盖板(一只备用),以及其他相关设备、工具。

混凝土封底灌注施工采用隔水栓(球胆)、拔塞法,即在漏斗的底部、导管的顶口安装球胆,再用盖板(盖板下面用螺栓固定一块隔水橡胶皮)封住导管口。盖板通过钢丝绳挂在副机上,当储料斗内混凝土方量达到15.89m³后(泵送情况下),立即提出盖板,使混凝土沿导管下落,同时连续向储料斗内补充混凝土,从而完成首批混凝土的灌注。首批混凝土灌注成功后,随即转入正常灌注阶段,直至完成整根桩的浇筑。正常灌注阶段导管埋深控制在2~6m,每次拆除导管后,导管底口的埋置深度不应小于2.0m。在混凝土灌注的过程中应经常测量混凝土面高程,以确定导管埋深。由于混凝土的黏度大,当混凝土灌注临近结束时,用测锤仔细测量钢筋笼内以及钢筋笼与钢护筒间的混凝土面高程,并核对混凝土的灌入方量,以确定所测混凝土面高程是否准确。

b. 桩基混凝土灌注过程中应注意的问题。

设备必须维修保养、调试运转,并配备足够的易损件;漏斗、储料斗每次灌注混凝土前均应清理干净,检查阀门是否灵活。

漏斗底部与导管连接的短导管上开设2个φ10mm出气孔,混凝土灌注前清理出气孔并使其保持通畅,封底混凝土灌注时,发现出气孔堵塞要及时进行疏通。

严格控制混凝土的坍落度。坍落度太小,混凝土流动性差,易造成堵管;坍落度太大,混凝土容易泌水离析,也会造成堵管。发现混凝土有异常应停止灌注,及时处理不合格混凝土,同时查明原因并处理后才能继续施工。

导管连接时,接头须清洗干净、涂上黄油,并加上密封圈,对破损的密封圈进行调换,接头的螺纹要旋转到位,以防漏水。使用前应做水密试验,每次混凝土浇筑完拆管后应及时清洗导管,以免水泥砂浆附着凝固造成下次浇筑堵管。

由于混凝土黏度大、扩展度小,在灌注过程中,始终将导管埋深控制在 2~6m 的范围内,仔细测量孔内混凝土面高程,并根据实际到场的混凝土方量,核算混凝土面高程;混凝土浇筑结束时,测量钢筋笼内外的混凝土面高程,保证整个混凝土面高程达到规定高程。

在混凝土浇筑过程中,若发生意外而导致暂停,应不时上下缓慢提升导管,以免因导管埋置太深而提升不动或混凝土假凝而堵管。

认真监测混凝土面上升高度、导管埋深,并和已灌入的混凝土方量校核,以便确定扩孔率或混凝土面上升情况是否正常。

6.3.4 汽车式钻机施工

(1)钻孔桩总体计划安排

施工桩位为 15-35 号、15-36 号、15-37 号,总体工期为 2018 年 4 月 16 日至 2018 年 5 月 5 日。

(2)主要资源配置

汽车式钻机施工主要配置见表 6-27。

汽车式钻机施工主要配置表 表 6-27

机械名称	规格型号	数量或长度	备注
汽车回旋钻	450kW	1 台	
空压机	160kW	1 个	
泥浆分离器	48kW	1 台	
电焊机	BX1-500(28kW)	1 台	
导管	ϕ325mm	140m	
储料斗	10m³	1 个	首盘需 16m³ 混凝土
	6m³	1 个	
配电总柜		1 个	
泥浆箱	20m³	1 个	
履带式起重机	200t	1 台	
履带式起重机	75t	1 台	
浮式起重机	200t	1 台	

(3)施工方案

泥浆制备、钢筋笼安装、混凝土浇筑等施工工艺与回旋钻施工大致相同,此处主要分析其钻头选型——筒形刮刀钻头。

为加快桩基施工进度,结合现场钻机布置,增加一台汽车回旋钻进行 15 号墩桩基施工。其施工工艺与 KTY4000 型回旋钻大致相同。主要不同点在于钻头的选型为筒形刮刀钻头。钻头采用加厚型刀排,整体向内设置 15°倾角,为增加整体刚度,刀排后设型钢支撑,且钻头采用一体式设计,扶正器即钻头,整体高度 6m。出渣口前端设 ϕ60cm 半圆弧形超前导向锥。

6.3.5 钻机选型

(1)成孔工效分析

旋挖钻机:施工桩号 15-3 号,开孔时间 2017 年 7 月 23 日,成孔时间 2017 年 9 月 2 日,用时 41d。

回旋钻机:施工桩号 15-1 号、15-2 号、15-4 号~15-34 号、15-38 号,总计 34 根。其中采用重型刮刀+滚刀钻头钻孔 6 根,平均用时 32d/根;采用阶梯钻头钻孔 28 根,平均用时 17d/根。

汽车回旋钻机:施工桩号 15-35 号~15-37 号,总计 3 根,平均用时 21d/根。

(2)成孔垂直度分析

旋挖钻机:桩顶至桩底最大偏差为 75cm,在入岩高程 -25.7m 处发生明显偏移,形成 20cm 错位台阶,至设计桩底高程 -87m 处形成 75cm 偏差。垂直度偏差为 0.892%。

回旋钻机:桩顶至桩底最大偏差为 40cm,在入岩高程 -47.5~-45.5m 处容易发生明显偏移,偏移量为 20cm,根据钻渣取样结果,此处为强度较高的硅质灰岩,至设计桩底高程 -87m 处形成 40cm 偏差。垂直度偏差为 0.476%。

汽车回旋钻机:桩顶至桩底处最大偏差为 50cm,在入岩高程 -25.65m 处发生明显偏移,偏移量为 20cm,至设计桩底高程 -87m 处形成 50cm 偏差。垂直度偏差为 0.595%。

综合成孔工效和成孔垂直度分析,使用 KTY4000 型回旋钻机进行钻孔灌注桩施工可满足工期与成孔质量等要求。

6.3.6 钻孔灌注桩施工总结

15 号主墩基础采用 38 根 φ3m 大直径超长桩,墩位所处地质条件复杂,桩基受覆盖层厚、岩面倾斜、岩层软硬交互等不利因素影响,成孔精度与质量控制难度较大。施工时,采用回旋钻机钻孔,既保证了工期又节约了成本。针对不同岩层,改良并加工了多种类型的钻头进行钻孔作业,解决了传统回旋钻机对特定地质条件适应性差的问题。钻孔过程中对泥浆指标、钻进参数进行动态控制,使钻机的性能得以良好发挥。该桥主墩桩基施工完成后,成孔后各桩基孔深、孔径、孔斜及沉渣厚度均达到工程质量检验评定标准,桩身完整性检测均为 I 类桩。针对施工过程中出现的问题,现做出以下总结:

(1)钻机及钻头的选型

钻孔桩施工时,通常可采用回旋钻、冲击钻和旋挖钻 3 种钻机。15 号主墩基础覆盖层较厚,饱和粉细砂、粉质黏土、细砂、中砂覆盖层厚度达 27m,粉细砂层与长江河床构成了统一含水层,连通性好,易涌砂。为防止钻孔过程中出现塌孔,不宜选用冲击钻。针对大直径超长桩基钻孔施工,回旋钻机施工效率较旋挖钻机高 2~3 倍,成本节约约 30%。综合考虑实际施工工期与成本,选用 7 台 KTY4000 型回旋钻机进行钻孔施工。

主墩墩位处地质条件复杂,存在岩层软硬交互、岩面倾斜等诸多不利条件。在首孔桩钻孔过程中发现原定的钻头对特定地层产生了不适应性,出现了钻孔效率偏低、钻头磨损严重、扩孔率偏大、垂直度欠佳等问题。因此,针对实际情况对钻头进行了一系列的改进。钻头的改进措施如下：

在软硬交互岩面钻进时，回旋钻机钻头改用四翼型阶梯钻头；同时对钻头进行了改造，除设置配重与导向装置外，加大了钻头翼板的切入角度，将单刀带超前小钻头带改为三刀带。该钻头的导向能力进一步增强了，可防止翼板角度过小而造成扭矩不足。

(2) 泥浆配备

采用PHP泥浆作为钻孔施工用浆，该泥浆通过在膨润土（造浆料的基础泥浆）中添加PHP胶体制成，其主要成分为膨润土、聚丙烯酰胺（PAM）、纯碱（Na_2CO_3）和羧甲基纤维素（CMC）。针对不同地层采用的泥浆参数如下：

淤泥黏土层钻孔过程中易产生塌孔、缩孔等问题，采用PHP泥浆与黏土造浆相结合的方式进行护壁，淤泥黏土层中泥浆的比重为$1.23g/cm^3$，含砂率控制在6%以内，黏度为22~24Pa·s。

在砂层和卵砾石层中，泥浆的比重适当加大至$1.3g/cm^3$，含砂率控制在5%以内，黏度为24~28Pa·s，此时泥浆悬浮力增大，可有效提升泥浆的除砂效率，能阻隔砂层与外界的连通，同时防止在卵砾石层中因漏浆而造成穿孔。

基岩层中泥浆比重过小易造成缩孔甚至塌孔，泥浆比重过大会导致钻头刀具磨损加重、钻孔效率降低。因此，在基岩层中泥浆的比重为$1.2~1.25g/cm^3$，含砂率在4%以内，黏度为22~24Pa·s。

(3) 斜坡岩面钻进

根据地勘资料，15号主墩处基岩岩层存在不同倾角的斜坡岩面，平口的大直径钻头由于受力不均，无法保证垂直度。因此，回旋钻机采用增大配重、增设扶正器和轻压慢速的方式钻进，在钻头上部增加1根配重钻具，除钻头双腰带导向外，在配重器上部4.5m处增设1个扶正器，钻进时减压20%~30%。

(4) 软硬交互岩面钻进

15号主墩墩位处高程-66~-58m范围内存在强度较高的硅质灰岩，硅质灰岩和与其相邻的上层页岩、下层破碎带岩体之间呈现连续的软硬交互状态。在进入硅质灰岩层后因局部岩石强度过大，回旋钻机筒钻内的岩柱无法切碎；同时钻杆扭矩增大，降低了钻进效率。若钻进压力控制不当，甚至会出现钻杆扭断现象。因此，采用铣齿滚刀钻头进行钻进，通过增大岩体受力面积，使动力头产生的扭转力均匀地分布在硅质灰岩基体上，通过控制转速及转压等方式进行成孔钻进。

(5) 钻进参数

由《公路桥涵施工技术规范》（JTG/T F50—2011）第8.2.5条可知，采用全液压回旋钻机钻孔时应减压钻进，钻机至少承受钻具重力之和（扣除浮力）的20%，其余由孔底承受。据此原则，武穴长江公路大桥项目部创造性地提出了控制钻进参数的方法，使钻头平稳顺利地通过倾斜岩面。

钻孔时钻进参数控制如下：

①钻头开始钻入倾斜岩面时，要轻压慢钻，控制孔底钻压小于25%钻具总重力（扣除浮力），且不超过钻头+1块配重重力之和，转速小于4r/min；

②钻头全断面进入岩层至入岩1m范围内，控制孔底钻压小于30%钻具总重力（扣除浮力），且不超过钻头+2块配重重力之和，转速小于4r/min；

③钻头入岩1m后,控制孔底钻压小于60%钻具总重力(扣除浮力),且不超过钻头+2块配重+配重杆重力之和,转速小于6r/min。

6.4 主塔承台施工

15号墩承台施工时间是2018年6月下旬到8月中旬,双壁钢围堰顶面高程23.5m,安全施工水位22m,钢围堰顶高出施工水位1.5m。承台顶面高程4m,底面高程−3m。

15号墩承台为哑铃形承台,承台尺寸58.8m×28.8m×7m,封底混凝土厚5m(4.5m封底+0.5m调平层),承台下设38根ϕ3m的钻孔灌注桩,桩长84m(其中14号、21号、26号、27号桩桩长优化为72m),15号墩承台平面图如图6-1所示。

6.4.1 承台施工概述

(1)工程概况

15号墩承台为哑铃形承台,受哑铃形钢围堰两端的约束,承台系梁部分承受比较大的拉应力。为了解决系梁拉应力比较大的问题,15号墩承台分层分块浇筑(2层5块)。由于承台中塔柱预埋钢筋自高程0m开始,为便于预埋钢筋的安装和定位,承台于高度方向分层设置为3m+4m,长度方向分块(上游27.4m+下游27.4m+4m后浇带),浇筑方量为1927.7×2+2592.0×2+520.8=9560.2(m³),其中后浇带为微膨胀混凝土。塔座及塔柱实心段与承台一起做整体温控,尽量缩短塔座、塔柱第1节与承台之间的施工间歇期(控制在10d以内)。

(2)承台施工说明

15号墩承台施工采用双壁钢围堰作为挡水结构。15号墩双壁钢围堰为哑铃形,壁舱厚度1.8m,钢围堰尺寸62.4m×32.4m×31.15m。15号墩双壁钢围堰设置三层腰撑,第一层腰撑设置在封底混凝土范围内,作为抵抗钢围堰外土压力的主要支撑,同时作为封底分舱的隔板;第二层腰撑设置在承台顶面以上2m处,作为钢围堰抽水的主动支撑;第三层腰撑设置在钢围堰顶部,作为钢围堰抽水的支撑和钻孔平台承力主梁;两端圆形钢围堰范围内无支撑,方便承台和塔柱施工。15号墩承台尺寸如表6-28所示。

15号墩承台尺寸表 表6-28

编号	部位	混凝土标号	长(m)	宽(m)	高(m)	体积(m³)
1	封底混凝土	C30	58.8	28.8	5.0	7100
2	承台	C40	58.8	28.8	3+4	9560.2
3	塔座	C50	19.4	16.4	2	1076
4	塔柱第1节	C50	15	12.82	3.5	1032
	合计					18768.2

①主要施工方案。

15号墩承台主要施工方案如表6-29所示。

15号墩承台主要施工方案表

表6-29

浇筑顺序	图　　示	混凝土方量(m³)
	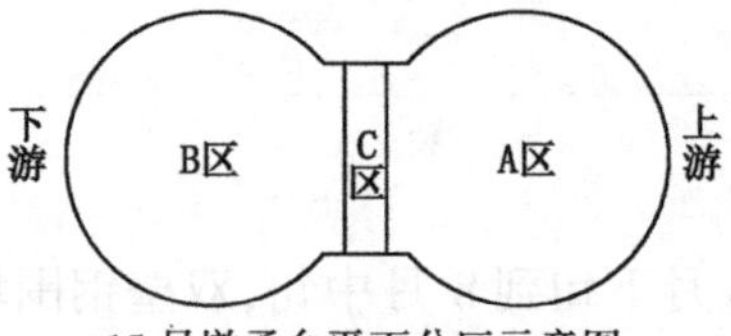 15号墩承台平面分区示意图（下游 B区 C区 A区 上游）	11823.0
第一步：浇筑A、B区 第一层3m高混凝土		3855.4
第二步：浇筑A、B区 第二层4m高混凝土	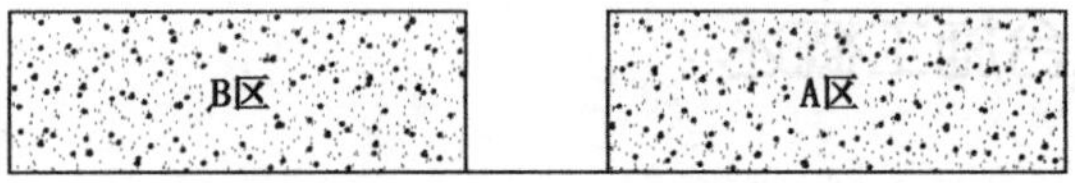	5184.0
第三步：浇筑A区塔座 及塔柱第1节	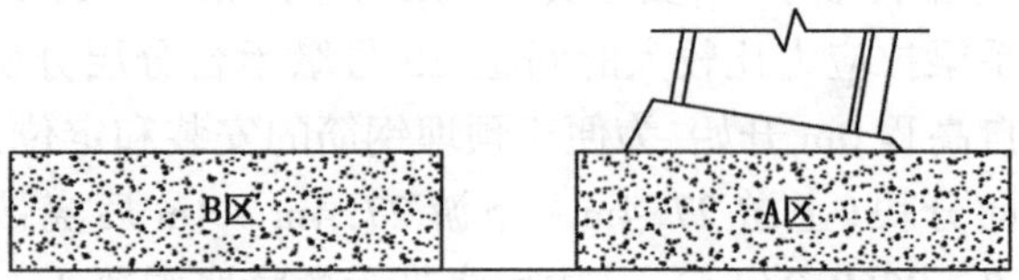	塔座604.1，塔柱 第1节527.3， 合计1131.4
第四步：浇筑B区塔座 及塔柱第1节	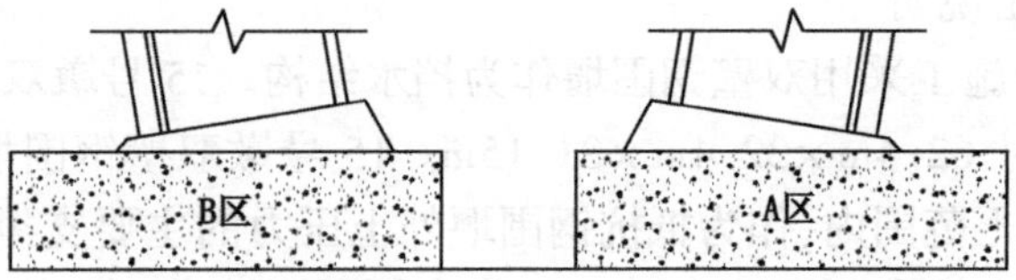	塔座604.1，塔柱 第1节527.3， 合计1131.4
第五步：浇筑C区7m 高混凝土	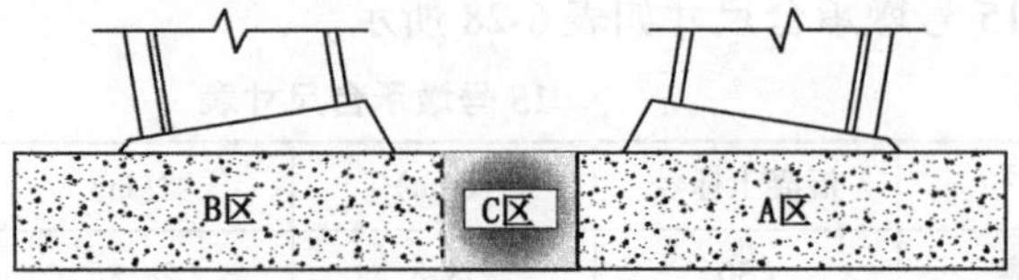	520.8

②主要资源配置。

根据15号墩承台施工特点进行资源配置及人员安排，为保证15号墩承台高效、快速、优质、安全地完成施工，项目部根据施工组织安排劳动人员，实行动态管理，优化资源配置，现场操作人员配置如表6-30所示，投入的主要机械设备如表6-31所示。

15号墩承台现场操作人员配置表 表6-30

序号	人员或工种	人员安排(人)
1	凿桩头	15
2	起重工	4
3	钢筋工	45
4	混凝土工	20
5	电焊工	15
6	电工	2
7	修理工	6
8	司机	16
9	其他(含信号工、司索工)	9
	合计	132

投入的主要机械设备表 表6-31

机械名称	规格型号	数量小计	拥有	新购	租赁	进场日期
混凝土拌和机	120m³	2套	√			2016年10月
混凝土罐车	10m³	12台	√			2016年10月
浮式起重机	200t	1台			√	2017年2月
履带式起重机	200t	1台			√	2017年7月
履带式起重机	80t	1台			√	2017年7月
汽车式起重机	25t	2台			√	2018年5月
电焊机	15kW	20台	√			2018年5月
潜水泵	2.2kW	10台	√			2018年5月
变压器	1250kV·A	1台	√			2017年7月
天泵	47m	1台	√			2018年5月
天泵	37m	1台	√			2018年5月
拖泵(备用)	3190B	2台	√			2017年10月
卷扬机(含滑轮、钢绳)	10t	4套	√			2018年5月
钢筋数控弯箍机	WG12D-2	1台				2017年5月
钢筋数控弯曲机	G2132X	1台				2017年5月
洒水车	HYS5040G	1台				2017年5月
平板车	10m	2台	√			2017年5月
水泵	15km	3台				2017年5月
振动棒	50mm	10台				2018年5月
泥沙泵	75kW	2台			√	2018年5月

③施工平面布置。

施工现场位于长江中距离利丰民堤453m,通过修筑便道将黄广大堤与利丰民堤连接,便道经过混凝土拌和站和钢筋加工场。便道长约200m,路面宽度5m,采用片石换填50cm厚,再填筑一层30cm厚的毛渣石,然后铺筑25cm厚的C30混凝土路面。便道外侧设置排水沟,雨水通过排水沟流至附近河流中。

④材料计划。

将所有原材料厂家的资质材料报驻地办审核、指挥部审批,确定合格的材料供应商。所有原材料在使用前按技术规范进行相关试验,并向监理部门报批;制定好材料进场使用计划;施工前合理安排材料进场,做好备料工作;对进场材料采取有效保护措施。由于项目部的粉料罐储料能力不足(8×200t),为了保障承台施工的连续性和水泥的安定性,需要联系供货商提供储存粉料的临时仓库,将施工所需的材料一次备足,控制水泥存放时间和进场温度,以便施工需要时能及时安排车辆运输至施工现场。材料进场计划如表6-32所示。

材料进场计划表 表6-32

序号	材料名称	数量	计划进场时间	备注
1	砂	12510t	2018年6月	混凝土浇筑
2	碎石	18800t	2018年6月	混凝土浇筑
3	外加剂	76t	2018年6月	混凝土浇筑
4	水泥	4020t	2018年6月	混凝土浇筑
5	矿粉	1410t	2018年6月	混凝土浇筑
6	粉煤灰	2010t	2018年6月	混凝土浇筑
7	钢筋HRB400	1680t	2018年5月	钢筋安装
8	钢筋HPB300	33t	2018年5月	钢筋安装
9	直螺纹套筒	40t	2018年5月	钢筋安装
10	冷却管	15386m/62.35t	2018年5月	购买

⑤施工组织及生产能力分析。

a.总体组织及混凝土施工保障组织。

施工人员、设备、栈桥、辅助墩平台、拌和站、便道、电力等,按武穴长江公路大桥标准化施工要求进行组织。

拌和站设置2台120m³/h拌和机,距离15号墩约0.6km,采用12台10~12m³混凝土罐车运输混凝土。

现场设置2台混凝土泵车,泵送混凝土。

钢筋加工场距离15号墩约0.7km,半成品钢筋在钢筋加工场加工,由平板车运输。

b.承台施工组织。

承台施工由项目经理部组织专业人员、作业队伍、机械设备进行封底。

15号墩承台C40混凝土方量9560.2m³,高度7m;承台分5次浇筑完成1992.8×2+2657.1×2+260.4=9560.2(m³);单次最大浇筑方量2657.1m³,混凝土浇筑工效按90m³/h计算,预计浇筑时间约30h。采用2台120m³/h的拌和机集中拌制混凝土,现场采用2台天泵输送混凝土。

c.施工配合比。

混凝土施工配合比如表6-33所示。

15 号墩混凝土配合比 表 6-33

部位	标号	水泥 (kg/m³)	粉煤灰 (kg/m³)	矿粉 (kg/m³)	砂 (kg/m³)	石 (kg/m³)	水 (kg/m³)	外加剂 (kg/m³)	坍落度 (mm)	水胶比
封底	C30	254	58	78	742	1068	160	3.51	180~200	0.41
承台	C40	211	127	84	722	1084	152	4.22	160~180	0.36
塔座及塔身	C50	351	77	53	671	1094	154	5.77	160~180	0.32

⑥承台施工前准备工作。

a. 钻孔桩施工平台拆除。

桩基检测完成后,开始拆除钻孔桩施工平台,15 号钢围堰钻孔桩施工平台以主梁(2.6m×0.6m)和次梁(1.3m×0.6m)为主要受力结构,铺设 32a 和 16a 两层槽钢,顶部为 10mm 花纹钢板。

钻孔桩施工平台拆除顺序与安装顺序相反,先拆除 10mm 花纹钢板,再依次拆除 16a 和 32a 两层槽钢。利用浮式起重机和支栈桥上 80t 履带式起重机拆除型钢,码垛整齐后吊运上车,存放到后场指定地点。

然后拆除 1.3m×0.6m 焊接次梁,此时注意要先将钢丝绳挂在主梁上并带紧才能割断主梁,然后用 80t 履带式起重机和 200t 浮式起重机将次梁吊装到上游施工平台,再转运到后场。

所有的次梁吊装完成后,分上下游切割主梁,先切割上游主梁,注意保留钢围堰腰撑。

平台拆除时不要撞击钢围堰壁,第一层平台拆除完成后,按照同样顺序拆除第二层平台。

拆除过程中注意吊点位置平衡,同时对钢丝绳和卡环等进行检查,不符合要求的钢丝绳和卡环要及时更换,拆除过程中注意起重工、信号工、司索工之间的协调,利用对讲机进行沟通。

钻孔平台拆除完成后,及时恢复钢围堰侧壁的步道和护栏,保留钢围堰内侧的上下步梯。

b. 抽水及钢围堰观测。

钻孔平台拆除完毕后,对钢围堰的腰撑焊缝进行检查,有缺陷的要及时补焊。潜水员下水对钢围堰的连通管进行检查,确保连通管封闭。利用测量仪器对钢围堰四周的冲刷情况进行检查,做好原始记录。

抽水之前记录现有水位情况(根据设计文件要求,钢围堰抽水时江水水位低于 18.0m),按照钢围堰方案的要求,设置钢围堰变形监测点,测量好初始值。按照 25%、50%、75%、100% 四个阶段做好钢围堰抽水工作,每个阶段完成后停歇 2h,观测钢围堰内水位的变化情况,确认是否有漏水点,同时测量人员做好变形观测。钢围堰变形超出设计值(12mm)时,测量人员要及时反馈相关信息给工程人员和现场经理,若钢围堰抽水过程中出现异响也要及时报告。

钢围堰抽水见底后,利用高压水清洗钢围堰底板,用 2 台 75kW 泥沙泵将污水抽出,排放到钢围堰旁边的泥浆船里。泥沙沉淀后再按照环保要求排放到环保监理工程师指定的地点。

c. 钢护筒切割吊装施工。

钢围堰抽水见底后,及时切割钢护筒。钢护筒切割分为两节,第一节切割位置在桩基混凝土顶面 0.5~1m 处,先用氧割在钢护筒上切割四条线,沿两个垂直直径部位保留 4×30cm 不切割,浮式起重机挂好钩后再切割。浮式起重机挂钩时对挂钩人员的安全防护措施要到位,切割人员站在钢护筒外,割断后及时撤离,下部一个信号工和钢围堰顶一个信号工下达指令给浮式起重机操作人员。注意在钢护筒底口焊接一个吊耳,浮式起重机挂好钩,在空中翻身后平放到上游施工平台。

钢护筒第二节分三刀割除,测量人员对钢护筒底口切割位置进行测量,用油漆画好钢护筒的底部切割位置。首先沿竖直方向两刀将钢护筒剖开成瓦片,待开口挂钩后再切割下部横刀。注意切割人员的站位,横刀从竖缝的一端往另一端切割,最后切断时切割人员站在钢护筒竖缝的外侧,防止钢护筒倾斜伤人。

d. 环切法桩头凿除。

钢围堰内水抽干后,测量放出桩顶高程,放出钢护筒的切割线。钢护筒割除过程中,人工清除封底混凝土表面浮渣和淤泥,对局部高程高于承台底高程的点进行凿除,对于低于承台底高程的点浇筑找平层混凝土,使钢筋绑扎场地平整。

在桩头处理过程中,注意不得损伤桩身混凝土和主筋,以保证桩基与承台之间的连接。桩头凿除前,测量队测出桩顶实际灌注高程,根据桩顶设计高程及桩体伸入承台深度算出桩体开凿高度(开凿高度=桩顶实际灌注高程-桩顶设计高程-桩体伸入承台深度),桩体伸入承台深度为20cm。在桩体侧面用红油漆标出开凿范围,以防桩头多凿,造成桩体伸入承台深度不够。桩头凿除后,应对桩头钢筋进行清理、调整。

桩头凿除采用空压机结合风镐进行,凿除范围内下部20cm由人工凿除。凿除过程中保证不扰动桩体凿除范围以下的桩身混凝土,凿除桩头后,将钢筋清理干净,整修成设计角度。保证断面集料露出均匀,将桩身周围含泥及杂质的混凝土全部凿除,表面清理干净。经现场监理工程师验收确认无误后方可进行下一步工序。

桩头起吊过程中注意捆绑牢靠,严禁桩头碰撞钢围堰和支撑构件。

e. 调平层施工。

桩头凿除后,清理钢围堰封底内的杂物,测量高程,进行封底混凝土调平层施工,对封底混凝土超高部分进行凿除。

调平层采用C30混凝土,为了减少封底混凝土对承台的约束,在调平层顶面铺设一层防水土工布,同时起部分隔水作用。

为了保障承台施工期间雨水的排除,在4m后浇带的调平层后施工,后浇带作为集水井和排水沟,及时抽排积水。

f. 钢筋劲性骨架安装。

由于15号墩承台面积较大,竖向钢筋(4号筋)无法承受承台钢筋骨架的重量,为了确保承台整体钢筋的定位和安装,综合考虑现场钢筋和冷却管安装,在与中交第一公路勘察设计研究院沟通后将竖向钢筋(4号筋)替换为63×6角钢,水平间距由0.9×0.9m调整为0.8×1.2m,其间距与冷却管间距对应,便于冷却管的安装,变更后的布置如图6-31所示。

根据设计图纸要求,在承台中高程0.0m以上处预埋了4m高的塔柱钢筋,第一层承台顶面高程为0.0m,与塔柱预埋钢筋起点高程对应,塔柱定位劲性骨架需在第一层承台顶面以下50cm处预埋定位角钢,方便塔柱预埋段钢筋劲性骨架的定位安装。

g. 防雷设施安装及检测。

武穴长江公路大桥被划分为第二类防雷建筑物,即武穴长江公路大桥设计按第二类防雷建筑物设计,其滚球半径取45m,单点防雷接地电阻值不大于10.0Ω,综合防雷接地电阻值不大于4.0Ω。

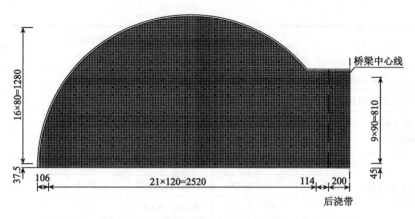

图 6-31 钢筋劲性骨架平面图(尺寸单位:cm)

主桥塔柱顶设置 TP450C-1/WHLG 提前放电接闪杆,主要用于保护主桥塔柱、斜拉索、航空障碍灯以及其他装置。要求接闪性能好,覆盖范围广,抗风 12 级以上,最大风速 45m/s,防腐蚀,美观,易于安装。

主桥主塔从下至上敷设两根接地引下线,接地引下线敷设在塔柱中心线(横向)距塔壁外侧 0.4m 处,主塔上下横梁顶底板及两根接地引下线之间每隔 6m 等电位连接一次,并与塔柱内的主筋及钢骨架进行焊接,接地引下线上端与塔顶预埋提前放电接闪杆底部垫板进行焊接,下端与承台等电位连接。接地引下线及等电位连接线均采用 50×5 镀锌扁钢。

过渡墩接地引下线和等电位连接线均采用 50×5 镀锌扁钢,接地引下线上端通过接地端子与钢箱梁和接地干线连接,下端与承台基桩等电位连接,形成良好电气通路。

h. 预埋件加工及安装。

承台顶面需要预埋塔式起重机、电梯、下横梁支架、钢箱梁存梁支架等预埋件,同时按照设计要求预埋好承台的沉降观测点,各预埋件位置及坐标如表 6-34 所示,15 号墩承台预埋件平面布置如图 6-32 所示,沉降观测点平面布置如图 6-33 所示。

15 号墩承台预埋件统计表　　　　　　　　　　　　　　　　　　　　表 6-34

序号	名称		平面中心坐标		顶面高程 (m)	备 注
			X	Y		
1		1	3303000.13	500245.1385	4	位于承台顶面
2		2	3302992.386	500242.7655	4	
3		3	3302984.641	500240.3946	4	
4	下横梁支架预埋件	4	3302997.615	500253.3519	6.98	位于塔座顶面靠中心线侧
5		5	3302989.87	500250.9791	6.98	
6		6	3302982.125	500248.608	6.98	
7		7	3303002.649	500236.9155	6.98	
8		8	3302994.904	500234.5445	6.98	
9		9	3302987.159	500232.1716	6.98	

续上表

序号	名　　称		平面中心坐标		顶面高程（m）	备　注
			X	Y		
10	1号塔式起重机预埋件		3302997.285	500265.1841	4	位于承台顶面
11	2号塔式起重机预埋件		3302987.486	500220.349	4	
12	上游电梯预埋件	1	3303003.1559	500217.8436	4	位于承台顶面
13		2	3302997.4189	500216.0866	4	
14	钢箱梁存梁支架预埋件	1	3303002.532	500261.8753	23.5	位于钢围堰顶面
15		2	3303011.492	500232.6167	23.5	
16		3	3302973.279	500252.9164	23.5	
17		4	3302982.239	500223.6578	23.5	

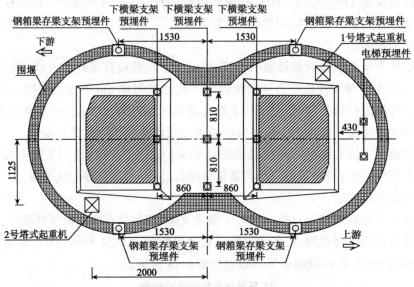

图6-32　15号墩承台预埋件平面布置图（尺寸单位：cm）

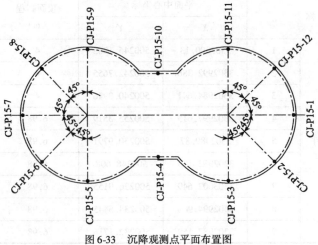

图6-33　沉降观测点平面布置图

⑦钢筋制作、安装。

a. 钢筋加工及检验。

钢筋进场前,试验室根据设计与相关规范要求对钢筋性能进行检验,检验合格并经监理工程师同意后方可进场使用。

承台钢筋在混凝土拌和站的钢筋加工场内集中加工,下料前对钢筋表面进行除锈、除污处理,并根据原材料长度、设计尺寸及相关规范要求对钢筋进行加工,尽量减少钢筋损耗,保证钢筋安装接头位置错开1.5m。现场技术员对加工好的钢筋进行规格、尺寸、数量、弯曲角度方面的检查,检查合格后按规格、尺寸、使用部位分别集中堆放,堆放时在其底部铺设枕木以防止水及泥土污染半成品钢筋。

b. 钢筋安装。

检验合格的半成品钢筋通过平板车集中运至现场进行安装。

钢筋绑扎前,清洗桩头,按设计要求的角度及尺寸恢复桩基伸入承台内的钢筋,将桩基钢筋修整成喇叭形。

钢筋绑扎前,先在混凝土垫层上放样出钢筋的具体位置,并用油漆标出。承台钢筋绑扎时,根据放样出的钢筋位置先进行底层钢筋施工,再进行周边钢筋、架立钢筋及墩身预埋钢筋施工,最后进行顶层钢筋施工。钢筋绑扎成型时,每个节点处的铁丝必须扎紧,且呈交叉状布置,铁丝两头弯向内层,不得出现滑动、折断、移动等情况,保证钢筋骨架绑扎位置准确,整体稳定。承台底面设置直径16mm钢筋网片,网格间距10cm×10cm。

承台钢筋绑扎时,受力主筋净保护层厚度不小于70mm,现场施工时通过绑扎在钢筋上的混凝土垫块控制保护层厚度,保护层垫块应相互错开,分散布置,每平方米不少于4块。

钢筋直径大于20mm时采用机械连接,钢筋直径不大于20mm时采用焊接接长。钢筋焊接必须符合设计与相关规范要求,当采用双面焊接时焊缝长度不小于$5d$(d为钢筋直径),当采用单面焊接时焊缝长度不小于$10d$,焊缝必须饱满,受力钢筋焊接接头应错开布置,且在任一接长区段内,有接头的受力钢筋截面积占钢筋总面积的百分率不大于50%。

为保证承台上层钢筋位置准确不下挠,在上、下层钢筋之间设立支撑钢筋,钢筋劲性骨架间距为30cm,且呈梅花状布置,现场通过点焊进行连接。

在承台钢筋施工时注意墩身预埋钢筋的安装,墩身预埋钢筋下端与承台顶层钢筋相互绑扎,伸入承台长度应符合设计要求;上端通过劲性骨架固定,并注意其位置的准确性与垂直度,墩身相邻预埋钢筋顶端接头相互错开1.12m以上,以符合设计要求。

承台钢筋用量较大,钢筋网格、层次较多,现场绑扎要做到上下层网格对齐,层间距正确,并确保顶层钢筋的保护层厚度符合设计要求。

15号墩塔柱钢筋预埋深度为4m,预埋时,现场技术员先对其规格、尺寸、角度、数量、位置等进行自检,符合设计与相关规范要求后请监理工程师进行复核,合格后方可进行下一道工序。

待15号墩承台第二层混凝土施工完成后,塔座与塔柱第1节钢筋利用预埋劲性骨架和预埋钢筋进行安装,其中塔柱预埋钢筋起点高程为4.0m,塔座预埋入承台钢筋长度为2m,起点高程为2.0m。由于塔座5个边均为斜边,其预埋钢筋均按照斜边进行设计,因此所有钢筋均按照设计图纸在钢筋加工场加工完成后运输至现场安装。所有预埋钢筋安装完成,并经监理工程师验收合格后,方可进行承台第二层混凝土浇筑。

⑧15号墩封口网模板安装。

a. 15号墩承台中央设置4m后浇带,进行分块浇筑时,后浇带采用免拆封口网模板。免拆封口网模板是与混凝土结合的永久性模板,混凝土浇筑后,其孔网的角形嵌合会自动嵌入。这样对下一次灌注的混凝土产生了一条机械键,机械键增大了接缝混凝土的黏结力,提高了混凝土的抗剪效应。在混凝土灌注后,无须拆除,只需移开支架,省时省工、加快施工进度。

封口网模板背部采用型钢支架支撑,支架由90×8角钢与75×8角钢焊接而成。在支架两侧每隔1.125m高焊接2根50槽钢。6片封口网模板长17m、宽1.125m,利用直径12mm的钢筋并排焊于槽钢上。

b. 封口网模板支架计算。

封口网模板按照7m高设计,支架受力按照混凝土一次浇筑7m高荷载进行加载,采用MIDAS/Civil 2015整体建模计算,模板采用板单元模拟,支架采用梁单元模拟,板单元与梁单元之间采用共节点处理。

由计算可知在自重及侧向荷载变形组合荷载作用下,封口网模板的最大位移为2.01mm。在自重及侧向荷载应力组合作用下,封口网模板支架的最大拉应力为72.80MPa,最大压应力为75.72MPa。在自重及侧向荷载应力组合作用下,免拆封口网模板的最大拉应力为14.95MPa,最大压应力为32.39MPa。在以上工况作用下支架满足结构受力要求。

⑨混凝土施工。

15号墩承台混凝土强度等级为C40。混凝土原材料进场前,试验室对品种、规格、数量以及质量证明书等进行验收核查,并按照设计与相关规范要求进行取样和试验,经检验合格且得到监理工程师同意后方可进场使用。15号墩承台分两层浇筑,第一层承台浇筑厚度为3m,第二层承台浇筑厚度为4m。为保证混凝土自由下落高度不超过2m,在顶层钢筋网上设置4道进料口,布设串筒浇筑,待混凝土浇筑高度小于2m时及时取出串筒。

承台混凝土采用汽车泵泵送入模,浇筑时按每30cm厚水平分层连续进行,现场安排足够的人员采用梅花形插入式振捣器振捣,划定每个人员的振捣区域,严格按相关规范振捣以保证混凝土浇筑质量。振动棒应快插慢拔,插点均匀排列,逐点移动,按顺序进行,不得漏振、过振,振动棒振捣上一层时插入下一层5~10cm,每次移动距离不大于振动半径的1.5倍(一般为30~40cm),同时振动棒不得触及钢筋、模板。

如出现以下情况,表明混凝土已振捣完成:a. 混凝土表面停止沉落,或沉落不显著;b. 振捣不再出现明显气泡,或振捣器周围无气泡冒出;c. 混凝土表面平坦、泛浆;d. 混凝土已将模板边角部位填满充实。

在混凝土浇筑时现场技术员要经常观察模板、钢筋有无移动、偏位、变形等,发现问题时及时进行处理。

在混凝土浇筑过程中,由专职技术人员在现场进行全过程控制,并做好混凝土浇筑记录。试验室按照规定在施工现场制作混凝土试件,对试块进行养护以及开展压力试验。

15号墩承台混凝土采用1台47m天泵配合1台37m天泵进行浇筑。

承台混凝土浇筑如图6-34所示。

⑩冷却水管布置。

承台冷却水管采用导热性好且刚度相对较大的DN50型镀锌钢管,弯管部分采用冷弯工艺预处理,弯头与钢管采用车丝接头形式连接,连接方便、不易漏水,浇筑过程中开启冷却水管,水管悬空部分需焊接竖立筋对其进行固定。

冷却水管埋置与钢筋安装逐层同步进行,通水冷却是从散热降温角度出发,利用通入的冷水带走混凝土内部的部分热量,从而降低混凝土内部的最高温度。

图6-34 承台混凝土浇筑

冷却水管安装时,将其按设计位置固定在支架上,做到管道通畅,接头可靠,不漏水、阻水。冷却水管安装完成后,进行通水检查。在与承台钢筋位置冲突时,冷却水管位置可适当移动。

冷却水管的出水口和进水口集中布置、统一管理,并标识清楚,冷却水管由离心泵供水。为了保证冷却水管在完成使命后不形成承台、塔座、塔柱或墩身钢筋的锈蚀通道,承台、塔座、塔柱及墩身应采用导热性好且强度较高的镀锌管,温控完成后采用与结构物同标号的水泥浆封堵冷却水管。

15号墩承台共布置8层冷却水管,总长12230m,水管水平间距为80cm,垂直间距为80cm,第一层水管距离承台底面50cm,第五层水管距离承台顶面50cm,水管竖直方向距离混凝土侧面80cm。

所有冷却水管温控完成后,利用智能循环压浆系统对承台冷却水管进行压浆。

每根水管长度均小于150m,均设置一个进水口与一个出水口。

⑪温控监测。

为检查块体温度是否满足温控标准,温度控制措施是否有效,并便于及时掌握温控信息,调整和改进温控措施,就必须进行温控监测。温控监测流程如图6-35所示。

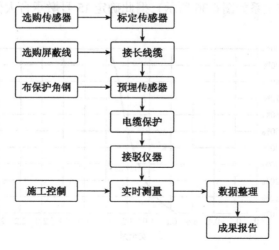

图6-35 温控监测流程图

仪器的布点按照突出重点、兼顾全局的原则,在满足监测要求的前提下,以尽量少的仪器获得所需的监测资料。根据对称性、温度与应力变化的一般规律,在对称结构中,只在对称结构的一侧布置温度传感器。温度传感器布置在每层混凝土的中心和表面,15号墩共设置76个监测点。

测温元件必须在钢筋绑扎完毕和混凝土浇筑前安装好。由具有埋设技术和经验的专业人员操作,测区的导线绑在竖向钢筋上,引出接在接线箱上;为了使导线和测点不受混凝土振捣的影响,用35×35角钢进行保护;在每层混凝土浇筑顶面,将导线穿入由2个角钢焊接形成的矩形管中,以保护导线。

各项监测项目宜在混凝土浇筑后立即进行,连续不断。混凝土浇筑温度监测每台班不少于2次;升温期间,环境温度、冷却水温度和内部温度每2~4h监测一次;降温期间,每天监测2~4次。当混凝土最高温度与表层温度之差不大于15℃时可暂停水冷却作业,当混凝土最高温度与表层温度之差大于25℃时应重新启动水冷却系统。

6.4.2 大体积混凝土温度控制技术

大体积混凝土浇筑后将产生较高的水化热温升,形成不均匀非稳定温度场,产生非均匀的温度变形,温度变形在下部结构和自身的约束下将产生较大的温度应力,温度应力往往超过混凝土的劈裂抗拉强度,导致混凝土开裂。

为防止15号墩承台受水化热影响开裂,本项目提出了两项承台浇筑方案进行比选,即分块不分层浇筑、分块分层浇筑,并分别进行了温控模型计算。

(1)承台温控概述

大体积混凝土温控抗裂安全系数是指在标准养护条件下的混凝土劈裂抗拉强度试验值与对应龄期温度应力计算最大值之比。根据《水运工程大体积混凝土温度裂缝控制技术规程》(JTS 202-1—2010),劈裂抗拉强度试验值与相应龄期计算的温度应力最大值之比不小于1.4时,开裂概率小于5%;劈裂抗拉强度试验值与相应龄期计算的温度应力最大值之比不小于1.3时,开裂概率小于15%(具体关系如图6-36所示),据此确定15号墩承台大体积混凝土温控抗裂安全系数应不小于1.4。

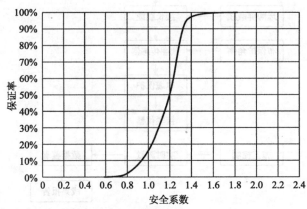

图6-36 抗裂保证率与安全系数的关系图

为防止产生温度裂缝,保证工程质量,必须进行温度控制,并采取合理的温控措施。温控标准和温控措施的制订则应依据温控计算与温控设计。同时,为检验温控标准和温控效果并便于调整温控措施,还需进行温控监测。

(2) 水化热计算参数

①绝热温升。

承台大体积混凝土绝热温升值按式(6-6)计算。

$$T_k = \frac{m_c Q}{c_c \rho_c}(1 - e^{-mt}) \tag{6-6}$$

式中:T_k——每立方米混凝土最大绝热温升值,℃;

m_c——每立方米混凝土水泥用量,kg;

c_c——混凝土比热容,一般为$(0.92 \sim 1.0)$ kJ/(kg·℃);

ρ_c——混凝土质量密度,kg/m³;

Q——28d 水泥水化热,kJ/kg;

e——自然对数的底,取 2.718;

t——混凝土龄期,d;

m——温度系数(与浇筑温度有关),1/d。

不同品种、强度等级水泥水化热具体信息如表 6-35 所示,温度系数 m 取值如表 6-36 所示。

不同品种、强度等级水泥水化热 表 6-35

水泥品种	水泥强度等级	水泥水化热 Q(kJ/kg)		
		3d	7d	28d
普通硅酸盐水泥	42.5	314	354	375
	32.5	250	272	334
矿渣水泥	32.5	180	256	334

温度系数 m 取值 表 6-36

浇筑温度(℃)	5	10	15	20	25	30
温度系数 m(1/d)	0.295	0.318	0.340	0.362	0.384	0.406

②混凝土出机口温度。

根据混凝土配合比及相关环境条件,按照式(6-7)计算出机口温度。

$$T_0 = \frac{(0.2 + Q_s)m_s T_s + (0.2 + Q_g)m_g T_g + 0.2 m_c T_c + (m_w - Q_s m_s - Q_g m_g)T_w}{0.2(m_s + m_g + m_c) + m_w} \tag{6-7}$$

式中:T_0——混凝土出机口温度,℃;

Q_s——砂的含水率(以质量百分比计),取 4%;

m_s——每立方米混凝土中砂的质量,kg/m³;

T_s——砂的温度,℃;

Q_g——石的含水率(以质量百分比计),取 4%;

m_g——每立方米混凝土中石的质量,kg/m³;

T_g——石的温度,℃;

m_c——每立方米混凝土中胶凝材料的质量,kg/m³;

T_c——胶凝材料的温度(取水泥和矿物掺合料温度的质量加权平均值),℃,根据实测数据,取50℃;

m_w——每立方米混凝土中水的质量,kg/m³;

T_w——水的温度,℃,拌和水温度取20℃。

按照7—8月的气温进行计算,C40承台混凝土出机口温度为27.5℃。

③混凝土浇筑温度。

根据计算出的混凝土出机口温度,按照式(6-8)计算混凝土浇筑温度。

$$T_p = T_0 + (T_A - T_0)(\theta_1 + \theta_2 + \theta_3) + T_f \tag{6-8}$$

式中:T_p——混凝土浇筑温度,℃;

T_0——混凝土出机口温度,℃;

T_A——环境温度,取24.8℃;

θ_1——混凝土装、卸转运时的温度变化系数;

θ_2——混凝土运输时的温度变化系数;

θ_3——混凝土浇筑时的温度变化系数;

T_f——泵送施工时的摩擦升温值,℃,按每百米泵送距离温度升高0.7~0.8℃考虑。

其中,温度变化系数按式(6-9)计算。

$$\begin{aligned} \theta_1 &= 0.032N \\ \theta_2 &= A \cdot t \\ \theta_3 &= 0.003t' \end{aligned} \tag{6-9}$$

式中:N——混凝土装、卸转运次数,本工程按1次考虑;

A——热量损失参数,1/min,按表6-37取值;

t——运输时间,min,本工程运输时间按10min考虑;

t'——浇筑振捣时间,min。

混凝土运输时热量损失参数 A 值 表6-37

运输工具	容积(m³)	A(1/min)
混凝土搅拌车	6.0~12.0	0.003~0.004
吊斗	1.6~6.0	0.0005~0.0013

注:混凝土搅拌车和吊斗容量小时 A 取大值,反之取小值。

根据公式计算得出承台混凝土浇筑温度为27.0℃,塔身混凝土浇筑温度为27.3℃。

④混凝土保温层厚度。

对于混凝土表面有保温要求的混凝土,其保温层厚度按照式(6-10)进行计算。

$$\delta = \frac{0.5h\lambda\Psi(T_{\max} - \Delta T_{nb,co} - T_{a,\min})}{\lambda_c \Delta T_{nb,co}} \tag{6-10}$$

式中：δ——保温层厚度，m；

h——混凝土结构厚度，m；

Ψ——传热修正系数，按表6-38取值；

λ——保温层热导率，kJ/(m·h·℃)，按表6-39取值；

λ_c——混凝土热导率，可取8.28kJ/(m·h·℃)；

$T_{\max}$——混凝土内部最高温度，℃；

$T_{a,\min}$——混凝土内部达到最高温度时的最低气温，℃；

$\Delta T_{nb,co}$——混凝土内表温差控制值，℃。

传热修正系数 Ψ 表6-38

混凝土保温层	Ψ_1（风速不大于4m/s）	Ψ_2（风速不大于4m/s）
完全由易透风保温材料组成	2.00	3.00
由易透风保温材料组成，但在混凝土上再铺一层不透风材料	2.00	2.30
由易透风保温材料组成，但在保温层上再铺一层不透风材料	1.60	1.90
由易透风保温材料组成，但在保温层上下各铺一层不透风材料	1.30	1.50
完全由不易透风保温材料组成	1.30	1.50

常用保温材料热导率   表6-39

保温材料	λ[kJ/(m·h·℃)]	保温材料	λ[kJ/(m·h·℃)]
黏土	4.97~5.29	草袋	0.50
干砂	1.19	保温棉被	0.21
湿砂	4.07~4.72	泡沫板	0.11~0.18
塑料薄膜	0.12~0.17	棉织毯	0.22
土工布	0.67	水	2.16

由于气温较高，混凝土浇筑完成后表面采用塑料薄膜和单层2mm厚的土工布覆盖，洒水覆盖养护。

⑤混凝土表面等效放热系数。

加铺保温层后，混凝土表面等效放热系数由式(6-11)计算得出。

$$\beta_s = \frac{1}{\frac{1}{\beta} + \sum \frac{h_i}{\lambda_i}} \tag{6-11}$$

式中：β_s——等效放热系数，kJ/(m²·h·℃)；

β——空气中固体表面的放热系数，kJ/(m²·h·℃)，在钢围堰内按照风速为0m/s时的放热系数取用，此时放热系数为21.06kJ/(m²·h·℃)；

h_i——第i层保温层厚度，m；

λ_i——第i层保温层热导率，kJ/(m²·h·℃)。

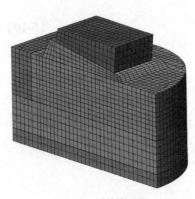

图6-37 计算模型图1

根据公式计算,得出混凝土表面等效放热系数为 16.02kJ/(m²·h·℃)。

(3) 分块不分层方案温控计算

①计算模型。

承台的温控计算采用 MIDAS 中的水化热分析模块进行,承台采用三维实体单元模拟。计算模型如图6-37所示。

②计算结果。

水化热计算分析对无管冷和有管冷两种工况进行了对比,增加冷却水管后,承台及墩柱的降温效果明显。具体计算结果如表6-40和表6-41所示。

计算结果表1   表6-40

序号	浇筑部位		计算温度(℃)		最大内表温差(℃)		规定最大温差(℃)
			无管冷	有管冷	无管冷	有管冷	
1	承台(7m)	最高温	66.5	43.2	40.6	18.1	25
2		最低温	25.9	25.1			
3	后浇带	最高温	52.4	43.6	24.5	16.5	
4		最低温	27.9	27.1			

计算结果表2   表6-41

序号	类别		计算温度应力(MPa)	允许张拉应力(MPa)	安全系数	规范安全系数
1	承台(7m)	无管冷	5.67	2.64	0.47	1.4
2		有管冷	1.42	2.0	1.408	
3	后浇带	无管冷	4.37	2.18	0.50	
4		有管冷	1.16	1.74	1.50	

(4) 分块分层方案温控计算

①计算模型。

承台的温控计算采用 MIDAS 中的水化热分析模块进行,承台采用三维实体单元模拟。计算模型如图6-38所示。

15号墩承台混凝土分块分层浇筑方案如表6-29所示。

②计算结果。

水化热计算分析对无管冷和有管冷两种工况进行了对比,增加冷却水管后,承台及墩柱的降温效果明显。具体计算结果如表6-42和表6-43所示。

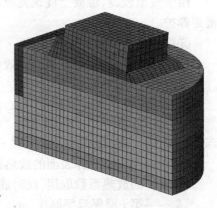

图6-38 计算模型图2

计算结果表3 表6-42

序号	浇筑部位		计算温度(℃)		最大内表温差(℃)		规定最大温差(℃)
			无管冷	有管冷	无管冷	有管冷	
1	承台第一层(3m)	最高温	60.0	46.6	28.4	18.0	25
2		最低温	31.6	28.6			
3	承台第二层(4m)	最高温	59.0	46.0	27.9	16.5	
4		最低温	31.1	29.5			
5	后浇带	最高温	58.1	46.8	25.0	15.8	
6		最低温	33.1	31.0			

计算结果表4 表6-43

序号	类别		计算温度应力(MPa)	允许张拉应力(MPa)	安全系数	规范安全系数
1	承台第一层(3m)	无管冷	2.27	2.56	1.13	1.4
2		有管冷	1.04	1.83	1.76	
3	承台第二层(4m)	无管冷	2.25	2.45	1.09	
4		有管冷	1.05	1.88	1.79	
5	后浇带	无管冷	4.42	2.51	0.57	
6		有管冷	1.10	1.94	1.76	

(5) 温控分析结论

本次计算采用MIDAS/FEA对主墩承台进行建模,对其计算结果进行分析。

通过上述对承台的分析得出以下结论:

①各层混凝土中布置的冷却水管起到了预想的作用,设置的冷却水管是合理的、有效的,能够有效控制浇筑承台混凝土时所产生的水化热;

②各层混凝土在浇筑后3d左右出现第一次温峰,先浇筑的混凝土受到后浇筑的混凝土的影响,结合面处温度会出现一定的反弹,形成第二次温峰;

③各层混凝土内表温差均低于25℃,满足相关规范要求;

④各层降温缓慢,降温速率不超过2℃/d,满足相关规范要求;

⑤各层混凝土内部最高温度均低于65℃,满足相关规范要求;

⑥布置冷却水管能够显著降低由混凝土温度引起的劈裂抗拉应力,分块分层的浇筑方案较分块不分层的浇筑方案能够更有效地降低由混凝土温度引起的劈裂抗拉应力,提供更高的安全系数,且抗裂安全系数均大于1.4。

综上所述,本次主桥主墩承台温控设计是合理的、有效的。通过在承台中布置冷却水管,采取分块分层的浇筑方案,能够有效控制承台混凝土在浇筑过程中所产生的水化热,其温度、应力均满足相关规范要求。

7 主塔施工

7.1 主塔施工概述

(1)主塔基本情况

主塔外形为钻石形,包括上塔柱(含塔冠)、上横梁、中塔柱(包含上、中塔柱连接段及中、下塔柱连接段)、下塔柱和下横梁,均采用C50混凝土。

北塔(图7-1)塔柱顶面高程为271.422m,塔柱底中心高程6.0m,塔座底面高程(承台顶)4.0m,主塔总高265.422m,其中上塔柱高84.0m,中塔柱高131.0m,下塔柱高50.422m。中塔柱和上塔柱横桥向内外侧斜率相等,均为1/11.1;下塔柱横桥向外侧斜率为1/10.292,内侧斜率为1/4.993。主塔横桥向最宽处为下横梁,宽51.798m;主塔在桥面以上高度为206.0m,高跨比为0.255。下横梁顶面高程为59.422m,主梁竖向支座处设置了1.0m厚的横隔板,横梁根部高9.0m,横梁跨中高8.0m、宽10.5m,顶底板及腹板厚度均为1.0m;上横梁顶部高程190.422m,高6.0m,宽7.5m,顶底板和腹板厚度均为1.0m。

(2)爬模结构设计

15号主塔外模与内模均采用液压爬模系统,液压爬模系统的动力来源是其本身自带的液压爬升系统,液压爬升系统包括液压油缸和上、下换向盒,换向盒可控制提升导轨或提升架体,通过液压爬升系统可使架体与导轨间形成互爬,从而使液压爬模系统稳步向上爬升。液压爬模系统主要分为液压爬升系统、埋件系统、支架系统、模板系统四部分。

采用HCB-100型液压自爬模,主要性能指标如下:

①2个架体支承范围:≤5m;

②架体高度:17m;

③平台宽度:上平台$a=2.6$m,模板平台$b=c=1.3$m,主平台$d=2.9$m,液压操作平台$e=2.7$m,吊平台$f=2.0$m;

④额定压力:16MPa;油缸行程:400mm;

⑤导轨步距:300mm;液压泵站流量:1.6L/min;

⑥伸出速度:约200mm/min;额定推力:100kN,最大为133kN;

⑦双缸同步误差：≤20mm；爬升速度：6m/h；
⑧倾斜度：±18°；浇筑层高：4~6m。

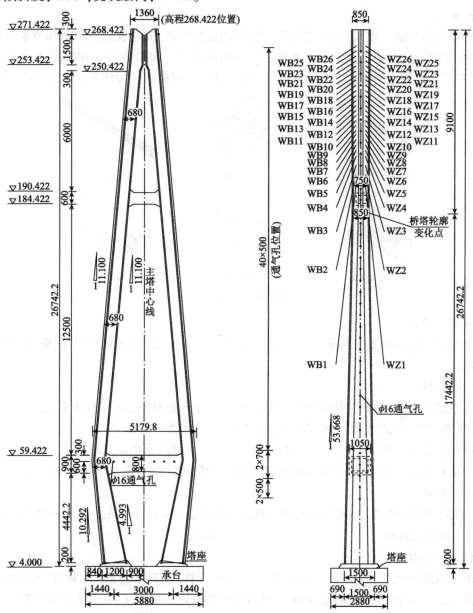

图7-1 北塔布置设计图（尺寸单位：cm；高程单位：m）

爬升机构是具备自动导向、液压升降、自动复位功能的锁定机构，能实现架体与导轨互爬的功能。

①液压爬升系统。

液压爬升系统包括液压泵、油缸、上换向盒和下换向盒四部分。上、下换向盒是架体与导轨之间进行力传递的重要部件，可以通过改变换向盒的方向，实现提升架体或导轨的功能转换。

②埋件系统。

埋件系统主要由埋件板、高强螺杆、受力螺栓、垫圈和爬锥组成,其中受力螺栓、垫圈和爬锥可周转使用。

埋件板与高强螺杆连接,能使埋件具有很好的抗拉性能,同时也起到省料和节省空间的作用。因为其体积小,避免了在支模时埋件碰到钢筋的问题。爬锥和受力螺栓用于埋件板和高强螺杆的定位,混凝土浇筑前,爬锥通过受力螺栓固定在面板上。埋件系统如图 7-2 所示。

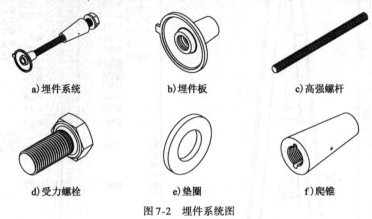

a) 埋件系统　　　b) 埋件板　　　c) 高强螺杆

d) 受力螺栓　　　e) 垫圈　　　f) 爬锥

图 7-2　埋件系统图

③支架系统。

支架系统主要由承重三脚架、后移装置、中平台、吊平台、附墙承重装置、附墙撑、导轨和上桁架组成。

④模板系统。

模板系统主要由面板、背肋和背楞组成,其中外侧面板为 21mm 厚的维萨板,内侧面板为 18mm 厚的维萨板,背肋为 H20 木工字梁,背楞由双拼 14 槽钢组成。

标准模板配置高度为 6.18m,下方包 10cm 混凝土。模板系统在后场根据施工图纸拼装完成。由于塔柱截面尺寸变化,外侧模板在爬升过程中随塔柱截面变化做相应调整。

⑤防坠措施。

爬升架体时在劲性骨架和架体主横梁三脚架位置安装 12m 长、15t 吊装带,爬升到位后拆除。

(3) 爬模施工流程

①标准节段爬升。

标准节段爬升流程:浇筑第一层混凝土→拆模后移→安装附墙承重装置→提升导轨→爬升架体→绑扎钢筋→清理模板、刷脱模剂→将埋件固定在模板上→合模→浇筑第二层混凝土→安装预埋件。将爬锥用受力螺栓固定在模板上,爬锥孔内抹黄油后拧紧高强螺杆,保证混凝土不能流进爬锥螺纹内。埋件板拧在高强螺杆的另一端。锥面向模板,和爬锥方向相反。

当埋件和钢筋有冲突时,将钢筋适当移位后进行合模。

提升导轨,将上、下换向盒内的换向装置调整为同时向上。换向装置上端顶住导轨。

爬升架体时将上、下换向盒同时调整为向下,下端顶住导轨。

爬升或提升导轨液压控制台有专人操作,每榀架子设专人观察是否同步,若发现不同步,可调节液压阀门控制。导轨提升就位后拆除下层的附墙承重装置及爬锥,周转使用。

②下塔柱与中塔柱界面处爬升。

下横梁施工时,对应塔柱第9、10节段,塔柱转向后,爬模需要按照塔柱线形转向,完成塔柱转向施工。

下横梁第一层对应塔柱第9节段模板安装时,先将爬模爬升至塔柱分界面上100mm高程处,塔柱转向处采用三角形造型模板卡于塔柱第9节段模板内。

下横梁第一层及对应塔柱第9节段施工完成后,调节架体斜撑角度,转动架体,将模板紧贴于混凝土表面,完成横梁第二层及对应塔柱外侧模板安装。

爬模转向之后,利用角钢将上层架体与塔柱劲性骨架连接起来,确保架体稳定性。等塔柱第10节段施工完成后,利用塔式起重机将爬模拆除,按照爬模安装及爬升工艺重新安装爬模,直至完成上塔柱施工。

(4)横梁施工工艺的选择

①下横梁施工。

下横梁总体采用"塔梁同步"施工方案,横梁支撑施工工艺采用落地支架法。下横梁混凝土分两层浇筑,分别与主塔第9节段、第10节段对应。第一层混凝土浇筑完成后,待第一层横梁混凝土强度达到设计强度的90%以上,对下横梁部分底板预应力进行张拉,包括B1、B2、B3、B4、B6、B8,共张拉16束底板预应力钢束,采用两端张拉,初次张拉力为最终张拉力的60%,即每束张拉力为 $1.86 \times 140 \times 25 \times 0.7 \times 0.6 = 2734.2(kN)$,张拉时自两侧向中间进行。第二层混凝土浇筑完成并达到张拉要求后,进行预应力张拉施工,张拉顺序按设计要求进行。预应力采用双控措施,预应力值以油表读数为主,以预应力束伸长值进行校核。预应力张拉过程中,保持两端的伸长量基本一致。

下横梁与同高度塔柱同步施工,在其内侧面施工时侧面模板及架体应拆除,待下横梁部位施工完成后再安装内侧模板及架体。在下塔柱施工的同时根据工期安排提前将下横梁支架落地钢管及其他支撑体系安装到位。

②上横梁施工。

主塔上横梁顶部高程190.422m,横梁采用箱形断面,为预应力混凝土结构,高6m,宽7.5m,腹板及顶底板厚1.0m;横梁内布置预应力钢绞线,其锚下张拉控制应力取 $0.7f_{pk}=1302MPa$(f_{pk} 为抗拉强度标准值),每束张拉力为4557kN。所有预应力锚固点均设在塔柱外侧,采用深埋锚工艺,预应力管道采用金属波纹管、智能循环压浆工艺。上横梁混凝土一次浇筑。

上横梁采用支架法施工,与对应塔柱异步施工,在上横梁以上的塔身第31、第32节段施工完成后,进行上横梁施工;待上横梁混凝土强度达到设计强度的90%且龄期不少于7d时,按设计分批张拉上横梁预应力钢束。

7.2 塔座及塔柱第1节施工

15号墩承台顶面设置两个塔座,底面平面尺寸为20.726m×16.363m,顶面平面尺寸为17.40m×14.00m,塔座中心顶面高程6.0m,顶面为与塔柱中心线垂直的斜面,其余四个侧面均为由底面至顶面过渡的斜面。塔座中心高2.0m,底侧面高0.931m,顶侧面高3.069m,塔座外部5个面均为斜面。塔座混凝土与塔柱混凝土相同,均为C50混凝土,为了保证塔座混凝土的抗裂性能,塔座混凝土采用聚丙烯纤维混凝土,单个塔座混凝土方量为604.1m³。

为了防止因塔柱后浇在塔座与塔柱第1节交界面处而出现裂缝,同时便于爬模的安装,将塔座与塔柱第1节同时浇筑,塔柱第1节浇筑高度3.5m,包括塔柱底部3.0m高实心段和0.5m高空心段,单肢混凝土方量为1032m³。主塔与塔座交界面处平面尺寸为15.0m×12.0m,在3m高实心段以上设置了28m高十字防撞隔板,0.5m高空心段位于该区段内。由于塔座与塔柱混凝土同时浇筑,塔柱第1节混凝土也采用聚丙烯纤维混凝土,保证混凝土的抗裂性能。

(1)施工流程

15号主塔塔座及塔柱第1节同时浇筑。塔座施工主要作业内容有混凝土表面凿毛、钢筋绑扎、冷却水管及测温元件安装、防雷设备接地施工及检测、预埋件安装、模板安装、混凝土浇筑及养护、模板拆除、冷却水管注浆等,施工流程如图7-3所示。

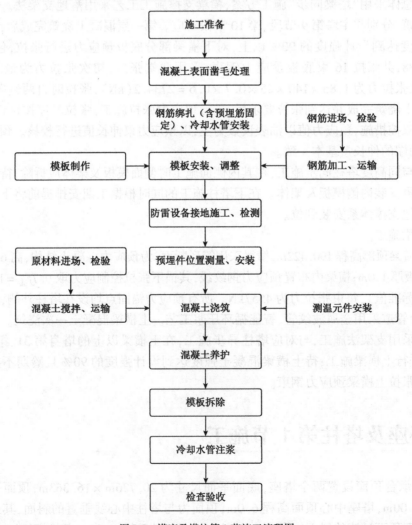

图7-3 塔座及塔柱第1节施工流程图

(2)钢筋安装

塔座钢筋分为顶面钢筋、底面钢筋、竖向连接钢筋和箍筋四类,其中顶面钢筋分上下两层。顶面钢筋为⌀32 钢筋,间距 15cm;底面设置一层⌀28 钢筋,间距 15cm。外侧钢筋均为⌀25 钢筋,间距 15cm;塔座中央按 90cm×90cm 矩阵布置⌀16 架立钢筋;箍筋均为⌀20 钢筋,间距 15cm。除塔座底面和塔柱顶面外,其余各面均设置了 D10 带肋钢筋网,如图 7-4 所示。

塔座钢筋在主桥工区钢筋加工场加工制作,通过平板车运输至 15 号墩施工平台上,再通过履带式起重机吊运至施工现场。

塔柱竖向钢筋均为⌀36 钢筋,间距 15cm,自高程 0.0m 开始预埋,内层钢筋起点高于外层钢筋 1.5m;箍筋均为⌀22 钢筋,间距 100cm。塔柱预埋钢筋自下塔柱起算点向上高出塔座 1m,便于塔柱钢筋接长时满足接头错开长度要求,如图 7-5 所示。

①钢筋品种、规格、数量、形状、位置、接头等均应符合设计图纸和施工规范的要求。

②作为钢筋骨架的钢筋不得为主筋,必要时补入辅助钢筋。钢筋骨架的所有交叉点必须焊接牢固,但不得在主筋上起弧。

③钢筋绑扎采用直径 0.7~1.2mm 的扎丝隔点进行扎结,扎丝长度要满足相关规范要求,钢筋骨架应绑扎牢固,以保证在混凝土浇筑过程中不发生大的变形。

④钢筋保护层采用混凝土垫块,垫块的数量应符合设计要求。当无具体要求时,构件侧面和底面的垫块数量不应少于 4 个/m²。绑扎垫块和钢筋的铁丝头不得伸入钢筋保护层内。

钢筋安装及钢筋保护层厚度允许偏差和检验方法,应符合表 7-1 的规定。

钢筋安装及钢筋保护层厚度允许偏差和检验方法　　　表 7-1

序号	项　目	允许偏差	检验方法
1	受力钢筋排距	±5mm	尺量,两端、中间各 1 处
2	同一排中受力钢筋间距	±20mm	
3	分布钢筋间距	±20mm	尺量,连续 3 处
4	箍筋间距	±10mm	
5	钢筋保护层厚度按图纸设置,对于图纸未明确保护层厚度的钢筋,其保护层厚度不小于 30mm	0~10mm	尺量,两端、中间各 2 处

钢筋安装时应注意:①为方便施工和检查整改,在安装塔座顶面筋时应预留适当数量的进人孔和下料孔,并在进人孔处安装楼梯供工作人员上下;当新浇筑混凝土面距离顶面小于 1m 时,再将预留孔处顶面钢筋按照设计要求绑扎牢固。②为保障钢筋绑扎顺利进行,钢筋绑扎过程中应分层进行检查验收,发现问题及时整改。

(3)综合接地引线安装

防雷设备应严格按设计要求施工,接地引下线和等位连接线均采用 50×5 热镀锌扁钢。塔柱第 1 节高 3.5m,按照设计图纸要求,在塔柱横桥向中点向内偏移 50cm 处,设置接地引下线,并与塔座及承台引线连接起来。接地引下线之间、接地引下线与钢筋之间均采用焊接连接,焊缝高度及焊缝长度满足相关规范要求。

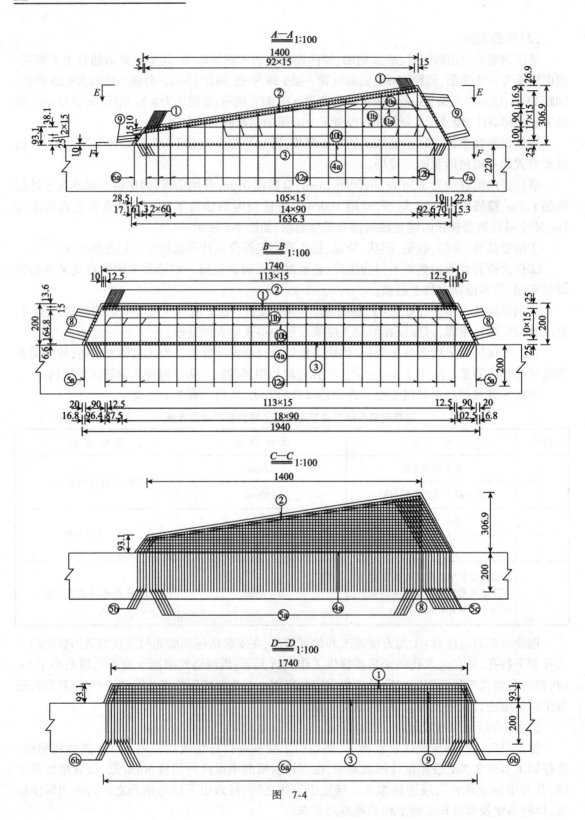

图 7-4

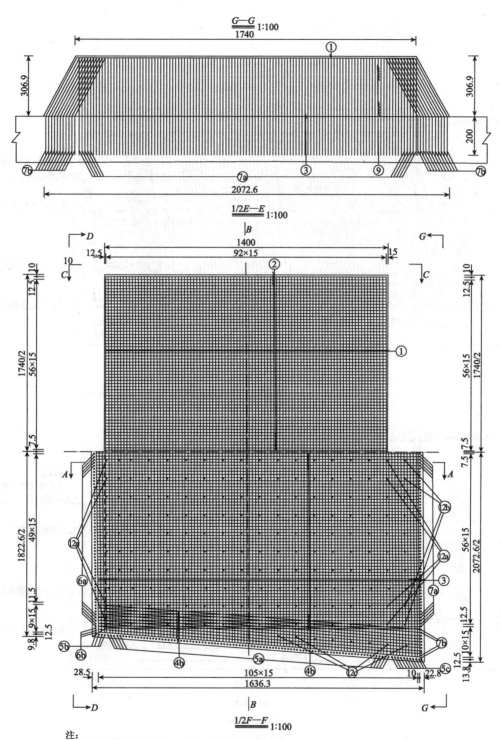

注:
1. 本图尺寸除钢筋直径以mm计外，其余均以cm计。
2. 塔座施工时，各部分钢筋若发生干扰，可适当调整其位置。
3. 塔座预埋钢筋未示意，施工时注意预埋塔柱的锚固钢筋和避雷针引线。
4. 浇筑塔座混凝土之前，必须对塔座范围内承台顶面混凝土进行凿毛、清洗，使其干净不积水。
5. 图中带圈标号为钢筋编号。

图 7-4　塔座钢筋布置图

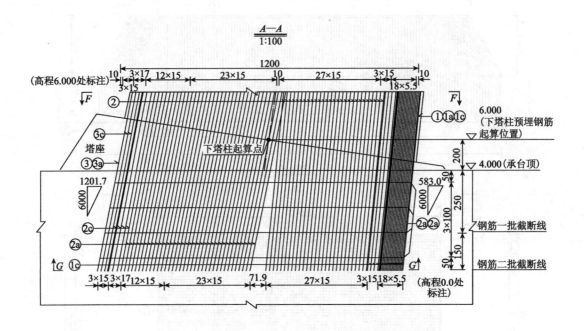

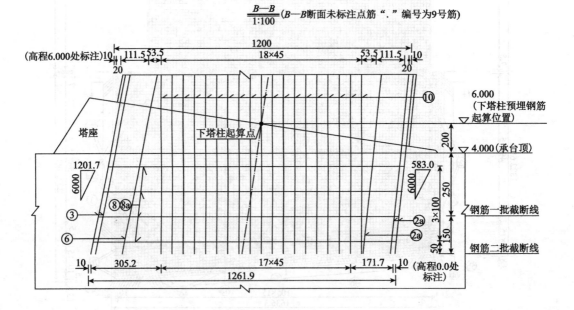

图 7-5

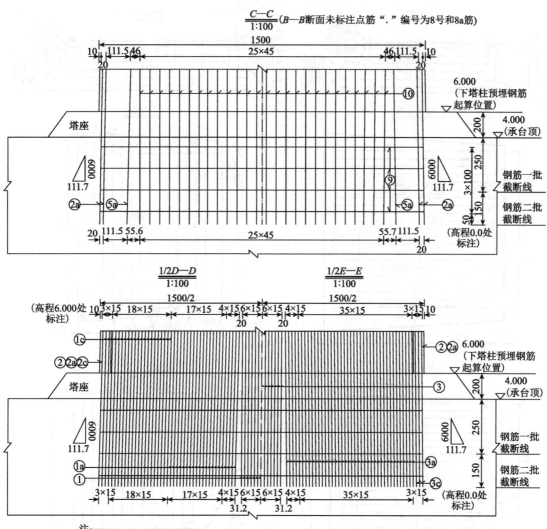

注:
1.本图尺寸除钢筋直径以mm计外,其余均以cm计。
2.承台施工时注意下塔柱钢筋预埋。
3.N1系列筋、N2系列筋和N3系列筋为束筋,在第一批钢筋截断线处截断内侧筋,变为单根。
4.图中带圈标号为钢筋编号。

图7-5 塔柱预埋钢筋布置图

(4)冷却水管布置

冷却水管根据温控设计要求及混凝土分层浇筑厚度进行布置,采用强度高、导热性好的冷却水管,管间均用配套的直角接头进行连接。

塔座顶面为斜面,因此塔座与塔柱第1节冷却水管同步布置。塔座及塔柱第1节共布置6层冷却水管,竖向与水平间距为0.8m,顶层距离混凝土顶面0.5m;最外侧距塔座侧边0.8m。为减小通水冷却时的管线长度,确保通水冷却效果,每层冷却水管分为4个独立的循环系统;每层冷却水管的进、出水口相互错开,且出水口要有调节流量的阀门和测流量装置。管冷布置如图7-6所示。

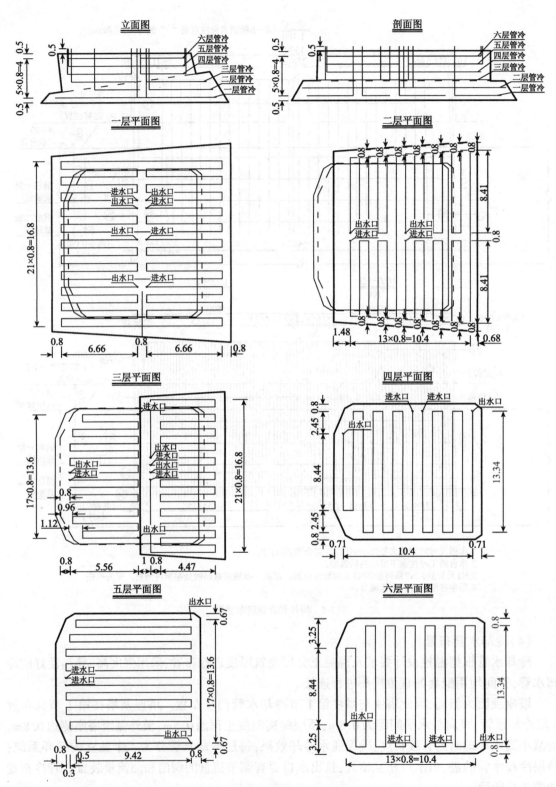

图 7-6 管冷布置图(尺寸单位:m)

(5)模板设计、计算与安装

①模板设计。

根据实际工况确定模板荷载设计值的最不利组合。

结构的强度设计值、弹性模量值及设计计算方法应符合《钢结构设计标准》(GB 50017—2017)的规定。

模板的刚度应符合下列规定:

a. 模板计算挠度不大于构件跨度的1/400,并满足混凝土构件表面平整度、结构线形的要求。

b. 模板设计时考虑组拼后的吊装、拆模荷载,并注明吊点及支点位置。

塔座模板面板为18mm厚的竹胶板,其后设置间距20cm的H20木工字梁,及间距1.1m的双拼14a槽钢背楞。由于塔座和塔柱第1节各面均为斜面,各面进行模板设计时,均按照2.44m×1.22m的标准模板进行划分,剩余部分采用模板切割补齐并拼装为整块大模板。

②模板计算。

根据塔座和塔柱第1节混凝土浇筑高度,进行模板计算,确保模板各构件能够满足结构受力及施工要求。

a. 混凝土侧压力计算。

根据测定,混凝土作用于模板的侧压力随混凝土浇筑高度的增加而增加,当浇筑高度达到某一临界值时,侧压力就不再增加,此时的侧压力即为新浇筑混凝土的最大侧压力。侧压力达到最大值时的浇筑高度称为混凝土的有效压头。通过理论和实践检验,侧压力可按下列两式计算,并取两者中的最小值。

$$F = 0.22\gamma_c t_0 \beta_1 \beta_2 v^{1/2} \tag{7-1}$$

$$F = \gamma_c H \tag{7-2}$$

式中:F——新浇筑混凝土对模板的最大侧压力,kN/m^2;

γ_c——混凝土的重度,取$25kN/m^3$;

t_0——新浇筑混凝土的初凝时间,h,当缺乏实验资料时,可依据$t_0 = 200/(T+15)$计算,此处取12h;

T——混凝土的温度,取25℃;

v——混凝土的浇灌速度,取0.3m/h;

H——混凝土侧压力计算位置处至新浇筑混凝土顶面的总高度,取3.5m;

β_1——外加剂影响修正系数,不掺外加剂时取1,掺具有缓凝作用的外加剂时取1.2;

β_2——混凝土坍落度影响系数,当坍落度小于30mm时取0.85,坍落度为50~90mm时取1.0,坍落度为110~150mm时取1.15。

此处$F = 0.22\gamma_c t_0 \beta_1 \beta_2 v^{1/2} = 0.22 \times 25 \times 12 \times 1.2 \times 1.15 \times 0.3^{1/2} = 49.9(kN/m^2)$;$F = \gamma_c H = 25 \times 3.5 = 87.5(kN/m^2)$。

取二者中的较小值为侧压力标准值,则$F = 49.9kN/m^2$,并考虑倾倒混凝土产生的水平载荷标准值$4kN/m^2$,分别取荷载分项系数1.2和1.4,则作用于模板的总荷载设计值$q = 49.9 \times 1.2 + 4 \times 1.4 = 65.5(kN/m^2)$。

b. 面板计算。

将面板视为两边支撑在木工字梁上的多跨连续板进行计算,面板长度取标准板板长 2440mm,面板宽度 $b = 1220$mm,按 1m 宽板带计算,面板为 18mm 厚竹胶板,木工字梁间距 l 取 300mm。

(a)强度计算。

面板最大弯矩 $M_{max} = ql^2/10 = (65.5 \times 300^2)/10 = 0.59 \times 10^6 (\text{N} \cdot \text{mm})$;

面板的截面系数 $W = bh^2/6 = 1000 \times 18^2/6 = 5.4 \times 10^4 (\text{mm}^3)$;

应力 $\sigma = M_{max}/W = 0.59 \times 10^6/(5.4 \times 10^4) = 10.9 (\text{N/mm}^2) < f_m = 13\text{N/mm}^2$;

满足要求。

其中,f_m 为竹胶板抗弯强度设计值,取 13N/mm^2。

(b)刚度计算。

刚度验算采用标准荷载,同时不考虑振动荷载的作用,则 $q_2 = 49.9\text{kN/m}^2$。

面板挠度 $w = 0.66q_2l^4/(100EI) = 0.66 \times 49.9 \times 300^4/(100 \times 8 \times 10^3 \times 48.6 \times 10^4) = 0.68\text{mm} < [w] = 300/400 = 0.75(\text{mm})$。

满足要求。

其中,E 为弹性模量,竹胶板取 8000MPa。面板截面惯性矩 $I = bh^3/12 = 1000 \times 18^3/12 = 48.6 \times 10^4 (\text{mm}^4)$。

综合以上分析,面板强度、刚度均满足要求。

c. 木工字梁计算。

木工字梁作为竖肋支承在横向背楞上,可作为支承在横向背楞上的连续梁计算,其跨距等于横向背楞的间距,最大为 $L = 1100$mm。

木工字梁上的线荷载 $q_3 = 65.5\text{kN/m}^2$。

$q_3 = Fl = 65.5 \times 0.3 = 19.65(\text{kN/m})$。

其中,F 为混凝土的侧压力,l 为木工字梁之间的水平距离。

(a)强度计算。

最大弯矩 $M_{max} = 0.1q_3L^2 = 0.1 \times 19.65 \times 1100^2 = 2.4 \times 10^6 (\text{N} \cdot \text{mm})$;

木工字梁截面系数 $W = (H/6)[BH^3 - (B-b)h^3] = [80 \times 200^3 - (80-30) \times 120^3]/(6 \times 200) = 46.1 \times 10^4 (\text{mm}^3)$,其中,$B$ 为木工字梁翼缘宽,H 为木工字梁高,b 为木工字梁肋宽,h 为木工字梁肋高,E 为木工字梁弹性模量;

应力 $\sigma = M_{max}/W = 2.4 \times 10^6/(46.1 \times 10^4) = 5.2(\text{N/mm}^2) < f_m = 13\text{N/mm}^2$。

满足要求。

木工字梁截面惯性矩 $I = 1/12 \times [BH^3 - (B-b)h^3] = 1/12 \times [80 \times 200^3 - (80-30) \times 120^3] = 46.1 \times 10^6 (\text{mm}^4)$。

(b)刚度计算。

悬臂部分挠度 $w = q_3l_1^4/(8EI) = 19.65 \times 370^4/(8 \times 8000 \times 46.1 \times 10^6) = 0.2(\text{mm}) < [w] = 370/500 = 0.74(\text{mm})$。

满足要求。

其中,$[w]$ 为容许挠度,$[w] = l_1/500$,$l_1 = 370$mm。

跨中部分挠度 $w = q_3 l_2^4 (5 - 24\lambda^2)/(384EI) = 19.65 \times 1100^4 \times (5 - 24 \times 0.34^2)/(384 \times 8000 \times 46.1 \times 10^6) = 0.45(\text{mm}) < [w] = 1100/400 = 2.75(\text{mm})$。

满足要求。

其中，$[w]$ 为容许挠度，$[w] = l_2/400$，$l_2 = 1100\text{mm}$。λ 为悬臂部分长度与跨中部分长度之比，$\lambda = l_1/l_2 = 370/1100 = 0.34$。

综合以上分析，木工字梁强度、刚度均满足要求。

d. 背楞计算。

槽钢背楞为双拼14a槽钢，对拉螺杆作用于其上，由对拉螺杆布置可计算其受力情况，也可按连续梁计算，其跨度取对拉螺杆的间距1100mm。将作用在槽钢背楞上的荷载简化为线荷载，取其承受最大荷载的情况。

则 $q_4 = FL = 65.5 \times 1.1 = 72.1\text{k}(\text{N/m})$。

(a) 强度计算。

最大弯矩 $M_{\max} = 0.1 q_4 L^2 = 0.1 \times 72.1 \times 1100^2 = 8.7 \times 10^6 (\text{N} \cdot \text{mm})$；

双拼14槽钢截面系数 $W = 2 \times 80.5 \times 10^3 = 161 \times 10^3 (\text{mm}^3)$；

应力 $\sigma = M_{\max}/W = 8.7 \times 10^6/(161 \times 10^3) = 54(\text{N/mm}^2) < f_m = 215 \text{N/mm}^2$。

满足要求。

其中，f_m 为钢材抗弯强度设计值，取 215N/mm^2；I 为14a槽钢的惯性矩，$I = 564 \times 10^4 \text{mm}^4$；$E$ 为钢材弹性模量，取 $2 \times 10^5 \text{N/mm}^2$。

(b) 刚度计算。

悬臂部分挠度 $w = q_4 l_1^4/8EI = 72.1 \times 240^4/(8 \times 2 \times 10^5 \times 1128 \times 10^4) = 0.01(\text{mm}) < [w] = 240/500 = 0.48(\text{mm})$。

其中，$[w]$ 为容许挠度，$[w] = l_1/500$，$l_1 = 240\text{mm}$。

跨中部分挠度 $w = q_4 l_2^4 (5 - 24\lambda^2)/(384EI) = 72.1 \times 1100^4 \times (5 - 24 \times 0.22^2)/(384 \times 2 \times 10^5 \times 1128 \times 10^4) = 0.47(\text{mm}) < [w] = 2.75\text{mm}$。

满足要求。

其中，$[w]$ 为容许挠度，$[w] = l_2/400$，$l_2 = 1100\text{mm}$。λ 为悬臂部分长度与跨中部分长度之比，$\lambda = l_1/l_2 = 240/1100 = 0.22$。

综合以上分析，背楞强度、刚度均满足要求。

e. 拉杆计算。

拉杆采用 ⌀20 精轧螺纹钢，其允许荷载 $F = Af = 314 \times 335 = 105(\text{kN})$。

其中，螺纹钢设计强度 $f = 335\text{N/mm}^2$，A 为钢筋截面面积。

拉杆实际最大布置间距为 $a \times b = 1200\text{mm} \times 1100\text{mm}$，混凝土侧压力为 69kN/m^2。

模板压力 $\sigma = F/(a \times b) = 105/(1200 \times 1100) = 7.95 \times 10^{-5}(\text{kN/m}^2) = 79.5\text{kN/m}^2 > 69\text{kN/m}^2$，满足要求。

经过以上分析，塔座模板能满足施工要求。

③模板安装。

塔座模板全部采用竹胶板拼装模板进行施工，模板采用80t履带式起重机拼装。模板由18mm厚竹胶板、间距25cm的H20木工字梁和间距1.1m的双拼14a槽钢背楞组成。由于塔座顶面均为不规则斜面,表面模板均采用 2.44m×1.22m 标准模板分割,剩余部分采用模板切割补齐并拼装为整块大模板。为了防止混凝土浇筑时产生爆模现象,塔座模板采用对拉螺杆固定。

模板安装前在混凝土垫层上测量放出模板的边线并钻设钢筋头用来定位模板,模板安装就位后测量和调整其中心位置及垂直度,使其满足相关规范及设计要求。模板安装到位后,应对模板进行加固以保证模板的稳定牢靠。由于塔柱向外侧倾斜,在进行外侧模板安装时采用型钢在钢围堰上面支撑将模板顶紧,防止混凝土浇筑时外侧模板爆模和倾倒。

混凝土浇筑前安装塔座和塔柱第 1 节侧板,在安装塔座和塔柱第 1 节侧板的同时安装塔座顶面模板,顶面模板上每块侧板(2.44m×1.22m)间隔 30cm 作为混凝土下料槽,在模板中间间隔 80cm 开直径 30cm 的振捣孔。混凝土由低到高、由两侧向中间浇筑。塔座顶面模板固定方法:在顶面模板上背楞对应位置开孔,然后用直径 25mm、长 1m 的钢筋穿过,位于塔座内部的钢筋与塔座钢筋焊接固定,焊接长度不小于 10d(d 为钢筋直径),塔座外部采用螺母拧紧固定;模板顶面两侧设置两排固定钢筋,每排间隔 2m 布置一道。模板安装前在现场对塔座和塔柱第 1 节模板进行试拼,保证整个模板安装无明显错台和宽缝,确保混凝土外观及浇筑质量合格。

由于塔座四周各个面均为向内倾斜的斜面,对混凝土气泡排出不利,且塔座顶面采用"压模"处理,该区域混凝土气泡排出困难。为了保证混凝土表面外观,同时利于混凝土气泡的排出,在模板拼装完成后,在塔座侧面模板及顶面模板表面贴一层模板布。

(6)混凝土浇筑

①混凝土浇筑前,对钢筋、预埋件进行详细的检查,并做好记录,符合设计及相关规范要求后方可浇筑混凝土。

②注意对生产出来的混凝土进行检查监控,按要求进行坍落度、含气量试验及温度测试,制作混凝土试块,并观察混凝土的和易性,符合要求才能使用。

③塔座和塔柱第 1 节混凝土从塔座四周开始向中间浇筑。浇筑按照水平分层、斜向分段的原则,增加散热面积,使混凝土部分热量充分散发到空气中,分层浇筑厚度控制在 30cm 左右。下料时控制混凝土自由下落高度不超过 2m;浇筑过程中,出料口下面的混凝土堆积高度不超过 1m。

④混凝土振捣采用 $\phi 50$ 型和 $\phi 30$ 型振动棒,浇筑塔座时应准备足够数量的振动棒,并分区进行振捣,保证振捣质量。当钢筋密集、钢筋之间的空隙小、混凝土不易流动、大的振动棒插捣困难时,采用小型振动棒振捣。

⑤混凝土振捣时,振动棒伸入下层 5~10cm;振动棒要快插慢拔,移动间距不大于振动棒作用半径的 1.5 倍;振捣时插点均匀,呈行或交错式移动,以免漏振;振捣时应防止振动棒碰撞钢筋、预埋件等。

⑥每一点的振捣延续时间以混凝土不再沉落、表面呈现浮浆为度,防止过振、漏振。

⑦混凝土浇筑应连续进行,若因故必须间断,间断时间不得超过混凝土的初凝时间。

⑧某一区域的冷却水管被混凝土完全覆盖后,即可将该区域的冷却水管通水,从而尽量减小新老混凝土的温差,防止混凝土开裂。

(7)混凝土养护

①塔座和塔柱第 1 节混凝土浇筑完成后,在混凝土顶面覆盖土工布并洒水养护,并保持混凝土表面湿润。由于混凝土结构其他表面均被模板覆盖,初期采用带模养护,且养护时间不少于 3d。

②带模养护完成后可进行模板拆除,塔座模板拆除时先将塔座侧面及顶面模板拆除,塔柱第 1 节模板拆除时保留靠外侧模板及支撑,直到混凝土达到设计强度方可拆除。

③模板拆除后,立即在塔座混凝土表面覆盖土工布并洒水,保持混凝土表面处于湿润状态。塔柱第 1 节混凝土表面采用塑料薄膜覆盖,并注意将塑料薄膜与混凝土表面贴紧,使塑料薄膜内充满凝结水,保持混凝土表面的湿润。

④通水冷却。

a. 冷却水集中供应,保证循环用水量。同时为保证冷却效果,将不断补充冷却水。

b. 某一区域内的冷却水管被浇筑的混凝土完全覆盖且混凝土振捣完毕后,即可在该区域的冷却水管中通水,对混凝土进行降温。

c. 循环过程中,根据测温记录和热工计算结果,及时调整流量。

⑤测温监控。

a. 混凝土温度监控。

（a）测温频率：通水过程中对管道流量、进出水温度、混凝土表面及内部温度,在混凝土温度升高阶段约每 2h 测一次,温度下降阶段每 4h 测一次,测温点设专人专测并做好相应记录。

（b）通过对测定的温度数据进行计算、分析,及时指导现场混凝土养护。通过调节冷却水流量、进出水口温差等方法来调控混凝土内部温度,通过改变混凝土表面养护方法来调控混凝土表层温度。

（c）测定混凝土温度上升的峰值及达到峰值所需的时间,定期记录冷却水管进、出水口的水温并绘制混凝土内部温度变化曲线。根据观测结果确定冷却水管通水量、通水时间和蓄热养护时间等,以降低混凝土的内外温差。

（d）测温总天数根据测温具体情况确定。

（e）塔座及塔柱混凝土温度控制标准见表 7-2。

塔座及塔柱混凝土温度控制标准 表 7-2

序号	项　　目	允许范围
1	混凝土出机温度	≤28℃
2	混凝土内表温差	≤25℃
3	混凝土表面与大气温差	≤20℃
4	混凝土内部最高温度	≤75℃

b. 冷却水管水流控制。

（a）冷却水流量影响冷却水管进出水口的水温差,影响冷却水和混凝土之间的热交换,从而影响混凝土内部温度的变化。因此,有必要对冷却水的流量、流速及冷却水管进出水口的水温进行监控。

（b）水流监控时间及监控频率应与塔座混凝土温度监控同步。

（c）塔座混凝土养护完成后,冷却水管停止水循环,用空压机将水管内残余水压出,并吹干冷却水管,然后用压浆机向水管内压注水泥浆,封闭管路。

（d）混凝土浇筑施工时,在冷却水管伸出塔座顶面处预留凹槽,压浆封孔后,将冷却水管伸出塔座顶面的部分割除,确保钢管的净保护层厚度。

7.3 下塔柱施工

(1) 下塔柱施工工艺

下塔柱自塔柱起算点(高程6.0m)开始至下横梁底面(高程50.65m),下塔柱总高度44.65m。下塔柱横桥向分别向两侧倾斜,塔柱外侧斜度为1:10.292,内侧斜度为1:4.993,自高程9.0m处开始设置空腔,在空腔底部以上5m高范围内设置1:0.4的倒角过渡段,在空腔起点至高程29.0m范围内设置20m高的十字形防撞隔板。根据塔柱节段划分情况,下塔柱施工范围内塔柱平面尺寸为15.0m×12.0m~13.345m×7.419m,壁厚1.5m,防撞隔板厚1.0m。下塔柱共划分为8个节段,其中第1节段与塔座同时浇筑,第2节段高5.45m,其余6个节段高度均为5.95m,采用爬模施工。下塔柱节段划分如图7-7所示,下塔柱施工工艺流程如图7-8所示。

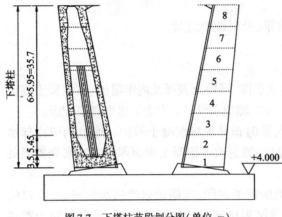

图7-7 下塔柱节段划分图(单位:m)

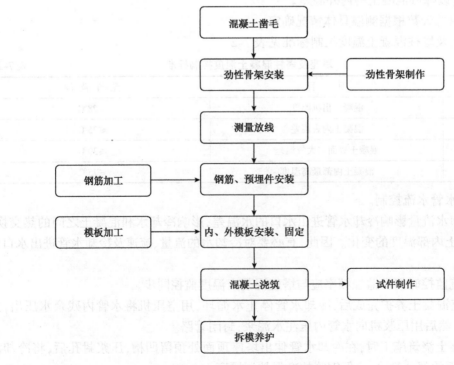

图7-8 下塔柱施工工艺流程图

（2）劲性骨架安装

下塔柱钢筋密集、结构复杂，为便于钢筋的绑扎定位，在塔柱内设置劲性骨架和定位框。劲性骨架和定位框是由型钢焊接组成的具有一定强度和刚度的桁架式结构，作为钢筋支撑、定位的辅助结构。在进行承台施工时在塔柱预埋钢筋处已经预埋了10m高的劲性骨架，下塔柱第2节段劲性骨架安装时利用已经预埋的劲性骨架进行定位和安装。

根据塔柱钢筋布置情况，综合劲性骨架的安装过程，将塔柱劲性骨架分为A、B、C、D四种标准件，劲性骨架中间用角钢桁架连接。每节劲性骨架高12m，竖杆采用100×8角钢，水平杆采用75×8角钢，斜杆采用50×5角钢，下塔柱共需4层劲性骨架，均在后场将标准件加工完成后由平板车运输至现场进行安装。劲性骨架安装时先临时固定，测量定位，待精度满足要求后再将劲性骨架焊接固定，相邻骨架用连接角钢作水平撑和斜撑，骨架和连接角钢焊接成整体，如图7-9所示。

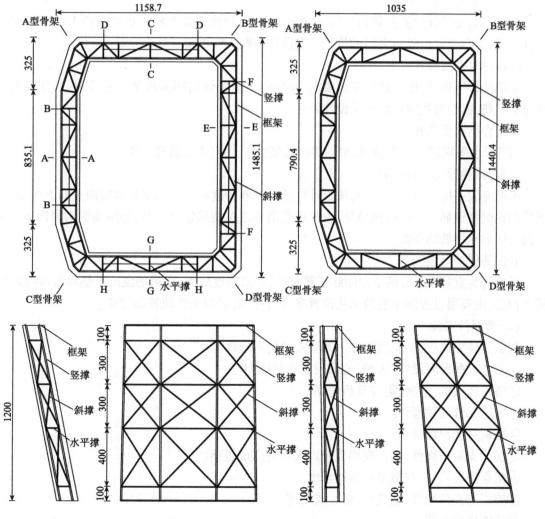

图7-9　下塔柱劲性骨架安装（尺寸单位：cm）

(3) 钢筋安装

钢筋在钢筋加工场制作成型后,用平板车运至现场安装。

主筋接长采用直螺纹套筒连接,主筋在同一断面的接头数量不超过主筋根数的50%,相邻主筋接头相互错开距离不小于钢筋直径的35倍,主筋每次接长6m,每次接长至最短主筋超出本节段顶面30cm~3m,如果超出3m,则适当调整下料长度。

安装钢筋时,首先在劲性骨架上焊接定位钢筋,然后安装主筋,将主筋固定在定位钢筋上。主筋安装完成后,安装箍筋和其他钢筋,箍筋和其他钢筋安装至施工缝以上30cm处。具体施工步骤如下:

①总体施工顺序。

钢筋安装的总体顺序:竖向主筋→环向水平筋→内外层主筋间的闭合型箍筋→倒角钢筋及拉钩筋。

②竖向主筋接长、定位。

劲性骨架按设计位置安装到位后,由测量人员在劲性骨架上放出塔柱节段上口平面中心线,再根据中心线放出竖向主筋的位置。先接长内侧主筋再接长外侧主筋。

③环向水平筋绑扎。

主筋接长完毕后,根据设计图纸要求,在竖向主筋上做出环向水平筋记号,然后分层绑扎环向水平筋,钢筋绑扎间距应满足设计要求。

④闭合型箍筋绑扎。

"U"形水平箍筋采用搭接焊,单面焊接长度大于$10d$(d为钢筋直径)。

⑤倒角钢筋及拉钩筋绑扎。

绑扎完成一层环向水平筋后,按设计位置及倾斜角度在环向水平筋和竖向主筋上标记号,然后绑扎倒角钢筋。在塔柱倒角处,内外层主筋采用拉钩筋连接,拉钩筋两端弯钩须钩于竖向主筋与环向水平筋的外侧。

⑥钢筋保护层控制。

因主筋为直径36mm的HRB400钢筋,钢筋骨架刚度较大,普通的混凝土垫块较难控制钢筋保护层,主要通过控制主筋的绑扎位置来进行控制,混凝土垫块辅助定位。

(4) 预埋件安装

钢筋安装完成后,安装预埋件。需要安装的预埋件有:

①主塔永久附属设施(人梯、检修设施等)预埋件。

②塔式起重机、电梯、附着臂预埋件。

③输送泵管道预埋件。

④模板系统预埋件。

⑤横梁支架预埋件,在下横梁支架边支点对应位置预埋。

⑥横梁预埋筋,在与横梁衔接处预埋。

⑦施工监控预埋件:应变仪、信号线路等。

⑧防雷接地引线。

⑨其他必需的预埋件:管线预留孔、通风孔、泄水孔等。

(5)模板安装

塔柱大小里程方向均采用 MB1 和 MB2 两种类型模板拼装,其中,MB1 模板宽 6.1m,MB2 模板随着塔柱外轮廓尺寸变化进行裁剪;塔柱上下游外侧面采用 MB3 和 MB4 两种类型模板,MB3 为中间平面模板,MB4 为两边倒角斜面模板,MB3 模板随着塔柱外轮廓尺寸变化进行裁剪;塔柱上下游内侧采用 MB5 型模板拼装;外轮廓 0.5m×0.5m 倒角采用盒子模板与两侧模板固定;塔柱外侧模板面板均为 21mm 厚进口维萨板,竖向背楞为间距 26.7cm 的 H20 木工字梁,横向背楞为间距 1.4m 的双拼 14a 槽钢,对拉螺杆为 D20 高强螺杆。下塔柱十字形加强隔板采用国产木模板,均采用平面模板,倒角采用压模处理,内模与外模之间采用 ⌀20 精轧螺纹钢对拉螺杆固定。塔柱无十字形加强隔板节段的内模分为 NM1、NM2、NM3、NM4 四种类型,倒角采用压模处理,内模与外模之间采用 ⌀20 精轧螺纹钢对拉螺杆固定,具体如图 7-10、图 7-11 所示。

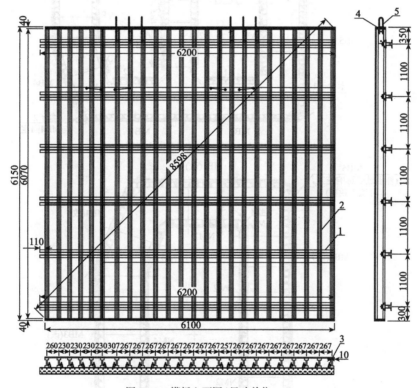

图 7-10 模板立面图(尺寸单位:cm)

第 2 节塔柱模板安装时,液压爬升系统尚未安装,模板由起吊设备吊装就位,外模通过塔柱第 1 节混凝土中埋设的拉杆与爬模拉杆及限位销共同受力,内外模之间设置拉杆,拉杆最大间距不大于 1.2m。第 2 节段施工时,需注意在适当的位置埋设外模液压爬升系统的预埋件,以便进行上面各节段的施工。

第 2 节塔柱模板安装时,由于模板顶面距离承台顶面有 11m,为了便于作业工人进行安装对拉螺杆等辅助操作,在第 1 节塔柱模板顶面向下 50cm 处预埋平台爬锥,安装 100×10 角钢三角牛腿,牛腿上铺设 10cm 厚、60cm 宽的木质跳板。

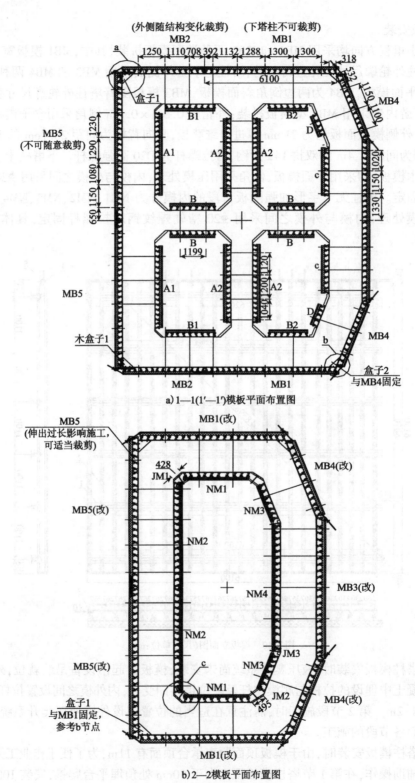

图 7-11 模板平面图（尺寸单位：cm）

第 2 节塔柱外模拆除后,将液压爬模系统的三脚支撑架固定在塔柱的预埋件上,并将模架安装在支撑架上,然后将模板安装在支撑架上。待第 3 节塔柱钢筋绑扎完毕后,利用模架的液压爬升系统将模板安装到位,完成"合模"。塔柱内模设置钢管支架平台,内外模之间设置拉杆,然后浇筑第 3 节塔柱混凝土。

当第 3 节塔柱混凝土达到拆模要求后,利用架体的模板后移杆将外侧模板退出,然后安装附墙挂座、爬升轨道和液压爬升系统,利用液压爬升系统使架体爬升一个节段高度,最后将拼装好的吊挂平台安装到位,完成整个爬模的安装。下塔柱第 4~8 节段按照正常爬模施工步骤向上施工。具体步骤如表 7-3 所示。

下塔柱液压爬模施工步骤表　　表 7-3

序号	步骤	说明
1	(图：不能对拉的拉杆与主筋固定)	利用塔柱第 1 节上的预埋件安装塔柱第 2 节模板
2	(图)	利用塔柱第 2 节上的预埋件安装爬模三脚支撑架、上部架体及模板
3	(图)	完成塔柱第 3 节施工,退出模板,安装液压爬升系统、附墙挂座、爬升轨道
4	(图)	利用液压爬升系统使架体爬升一个节段高度,安装底部吊挂平台,完成爬模安装,下塔柱第 4~8 节段按照正常爬模施工步骤施工

内模板面板采用18mm厚竹胶板,背肋采用10mm×10mm方木,制作整体框架进行安装,采用对拉拉杆对外模整体加固,拉杆采用Φ20精轧螺纹钢,外套PVC管。下塔柱内腔搭设扣件式脚手架,作为内腔操作平台,并辅助内模定位。内模设计示意如图7-12所示,拉杆构造如图7-13所示。

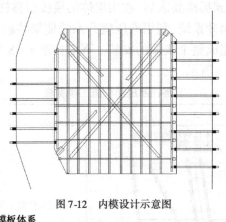

图7-12 内模设计示意图

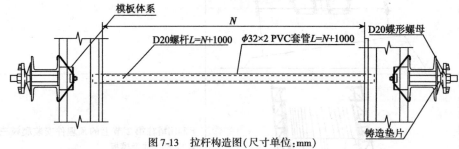

图7-13 拉杆构造图(尺寸单位:mm)

模板应严格按要求进行安装。模板接缝应严密、不漏浆。模板安装完毕后,应利用全站仪对其平面位置进行测量和调整,使其位置满足设计要求(轴线偏差小于10mm)。待监理工程师验收合格后,进行混凝土浇筑。在混凝土浇筑过程中应安排人员对模板安装全过程进行观察,发现问题及时处理。

(6)混凝土施工

下塔柱混凝土采用汽车泵泵送入模,分层浇筑。

①混凝土配合比。

根据主塔内在质量、外观质量及温度控制要求,混凝土原材料须选择级配良好的砂、石和性能优良的缓凝高效减水剂,并掺加高品质的粉煤灰。下塔柱泵送混凝土配合比如表7-4所示。

下塔柱泵送混凝土配合比 表7-4

水胶比	水泥 (kg/m³)	粉煤灰 (kg/m³)	矿渣粉 (kg/m³)	砂 (kg/m³)	石 (kg/m³)	水 (kg/m³)	外加剂 (kg/m³)
0.31	356	63	63	728	1091	149	5.78

②混凝土搅拌与运输。

混凝土在拌和站拌制,混凝土搅拌设备必须标定合格,确保计量准确。水泥、砂、石料必须经检验合格后才允许使用,外加剂必须做性能适应性试验后才能正式掺用。为确保混凝土搅拌均匀,适当延长搅拌时间(不少于120s)。混凝土浇筑过程中,根据砂、石料的含水率,试验人员经常取样测坍落度,在保证水灰比不变的前提下,根据实验数据及时调整用水量。

混凝土采用罐车运输,运至现场浇筑前,应高速翻转30~60s,确保混凝土的均匀性。

③混凝土布料。

15号墩栈桥与施工平台顶面高程23.5m,下塔柱位于平台以下的高度为19.5m(第1~4节段),位于平台以上的高度为27.15m(第4~8节段),高度均较小,均采用47m/37m汽车泵浇筑。

浇筑混凝土时按对称下料、分层布料的原则,由周边向中心布料,分层厚度为30cm。下塔柱浇筑最大高度6m,为防止混凝土由于下落高度过大而离析,布料时混凝土自由落体高度不超过2m,采取在布料点处悬挂溜筒的方式下料。每个布料点考虑混凝土流动半径1.5m,当该布料点作用范围内混凝土厚度平均达到30~50cm时,即将泵管转移到下一布料点浇筑。

④混凝土振捣。

混凝土振捣时分区定块、定员作业,内外侧各区根据实际的工作量配备足够的振捣设备和振捣人员。

下塔柱实心段存在钢筋较密、振动棒不易伸入等不利于混凝土振捣的因素,因此要求施工现场除配置正常施工使用的$\phi 50$振动棒外,还要准备$\phi 30$振动棒,确保混凝土振捣密实,必要时振捣人员需要进入钢筋内部进行振捣施工。在实心段与空心段的过渡段,浇筑实心部分时,适当减小混凝土坍落度(取下限值)以减小混凝土流动性,保证实心段压模安全,在振捣时需适当延长振捣时间。实心段浇筑完毕,且压模加固完成后,适当增大混凝土坍落度,增加混凝土流动性,保证混凝土能充分流到塔肢倒角处。

振捣采取快插慢拔方式,严格控制棒头插入混凝土的间距、深度与作用时间。振捣时密切观察振捣情况,若混凝土泛浆、不再冒出气泡,则视为混凝土振捣密实,杜绝漏振及过振现象,防止混凝土表面出现蜂窝、麻面、空洞等缺陷。

混凝土振捣间距小于40cm,振捣上层混凝土时要插入下层混凝土5cm以上。每个振动点振捣时间控制在35~45s。在采用$\phi 30$振动棒施工时要减小振捣间距(控制在20cm左右),并适当延长振捣时间。

振捣过程中严禁振动棒接触模板。在混凝土浇筑期间,派专人检查模板对拉螺杆的松紧情况,防止出现胀模、漏浆等现象。同时派专人检查预埋钢筋和其他预埋件的稳固情况,对松动、变形、移位等情况及时进行处理。

⑤拆模与养护。

为保证混凝土的施工质量,减少或防止混凝土表面开裂,浇筑完成的混凝土必须及时进行养护,混凝土的养护需由专人负责。养护采取洒水养护方式,采用高压水泵供水,定时向混凝土表面喷水,让养护水顺塔身流淌,形成保湿养护。

冬季施工时,气温低于5℃时不宜浇筑混凝土,如果必须浇筑,则需要采取增温和保温措施。增温和保温措施有:

a. 给拌和用水加热,温度控制在10~20℃。

b. 在砂石料棚内放置取暖设备,将砂石料温度控制在10~20℃。

c. 在混凝土罐上包裹篷布,减少热量散失。

d. 输送泵管道用保温材料包裹,减少热量散失。

e. 在液压爬模系统架体外围和结构物上方包裹篷布,防止空气对流,在模板外面采取增温措施。

f. 模板延迟拆除,推迟结构物表面接触冷空气的时间。

(7)主动拉杆施工

由于下塔柱呈向两侧外伸的倒"八"字形,当塔柱施工到一定高度后,在混凝土自重作用下塔根处会产生向外侧的弯矩,使塔根混凝土产生拉应力,对主塔结构受力不利。为了防止混凝土拉应力带来危害,在下塔柱范围内设置一道主动拉杆,其高程为33.0m,钢绞线数量及张拉力根据施工监控单位提供的数据控制。设置两束25ϕ^s15.2型预应力钢绞线作为主动拉杆,每束张拉力为2600kN,且两束拉杆合力不超过5249.9kN。主动拉杆均位于塔柱侧壁实心位置,塔柱施工时在每道拉杆位置预埋通长ϕ120mm金属波纹管,每根波纹管长45.7m,钢绞线自管内穿好后,在两端进行张拉,并配备相应的锚具和千斤顶。下塔柱主动拉杆布置如图7-14所示。

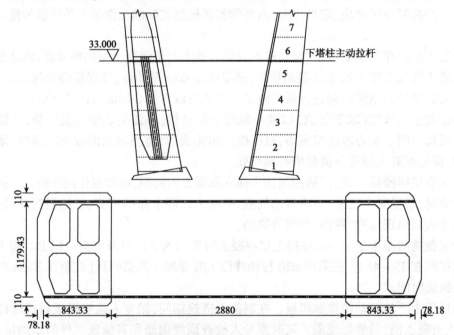

图7-14 下塔柱主动拉杆布置图(尺寸单位:cm;高程单位:m)

7.4 下横梁施工

主塔下横梁设置于主梁下方,顶部高程59.422m,顶面水平,底面主塔侧比跨中侧高1m。横梁采用箱形断面,为预应力混凝土结构,在主梁支座下方设置了1m厚的隔板。横梁根部(主塔侧)高9m,跨中高8m,宽10.5m,顶底板厚1m,腹板厚1m。

下横梁下主塔结合段设置 2m 高、0.9m 宽的过人孔,过人孔顶部为半径 0.45m 的半圆弧,底部两侧设置半径 20cm 的圆角。下横梁示意如图 7-15 所示。

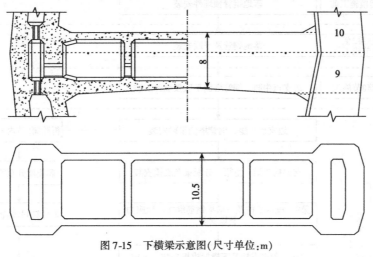

图 7-15 下横梁示意图(尺寸单位:m)

(1)下横梁施工流程

下横梁总体采用"塔梁同步"施工方案,横梁支撑采用落地支架法施工工艺。下横梁混凝土分两层浇筑,分别与主塔第 9 节、第 10 节对应。下横梁总体施工流程如图 7-16 所示。

(2)下横梁支架安装

①下横梁支架设计。

下横梁采用落地钢管支架法施工,落地钢管型号为 P820×10,横桥向布置 4 排,间距为 8.6m;顺桥向布置 3 列,间距分别为 3m、3.5m、3m,其中两侧钢管支撑于塔座上,中间钢管支撑于承台顶面。落地钢管竖向设置 5 道平联,平联为 P500×8 钢管,自下至上第 3 道和第 5 道平联两端与塔壁预埋的钢板焊接,增强支架稳定性;落地钢管顶部设置双拼 HN800×300 型钢作为枕头梁,其上布置 D16 型施工便梁作为主梁;在主梁靠塔侧各设置一道双拼 HN800×300 型钢,下部以预埋在主塔内的支点牛腿为支撑结构;在主梁上部 30cm 处设置一道 HN400×200 型钢作为分配梁;分配梁上部模板系统为间距 25cm 的 H20 木工字梁和 2cm 厚的木模板。下横梁支架布置如图 7-17 所示。

②立柱预埋件。

钢管立柱支撑于塔座和承台顶面,在塔座施工时需按照设计位置进行预埋件安装。预埋件为厚 20mm、1.2m×1.2m 的钢板,下面焊接 16 根呈圆形排列的 60cm 长的 ⌀22 带肋钢筋,钢板中间开直径 50cm 的孔。施工时钢板与钢筋焊接完成后再进行整体安装,保证预埋件平面位置、高程准确。塔座施工时预埋件下方必须仔细振捣,确保混凝土密实并与预埋件之间结合紧密,无缝隙。

③立柱制造与安装。

钢管立柱分节制造、安装,节与节之间采用焊接连接,立柱与预埋件、连接系之间均采用焊接,焊缝高度 8mm,平联钢管之间焊缝高 6mm。

a.钢管下料前应检查螺旋管桩的质量,清除钢管表面油污、油漆。放样时应根据切割熔融、焊接收缩量,设置 1cm 左右的余量。

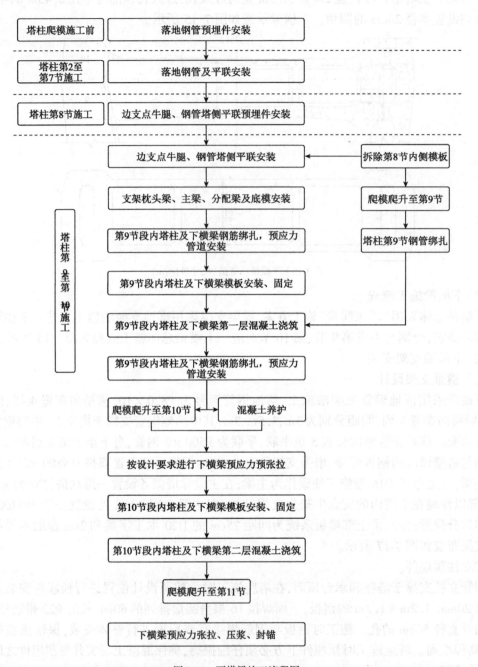

图 7-16 下横梁施工流程图

b. 下料切割使用手工火焰切割,切割之前应对切割位置进行画线标定。连接系应根据钢管直径画出相贯线,确保切割位置准确。钢管立柱对接处切割时需根据焊接工艺要求设置单面坡口,坡口形式如图 7-18 所示。

切割完成后需对下料长度进行检查,偏差应不大于 2mm。

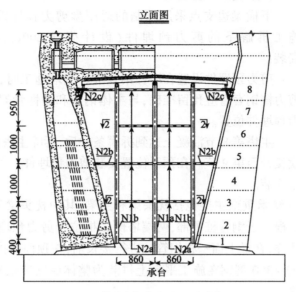

图7-17 下横梁支架布置图(尺寸单位:cm)

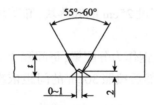

图7-18 钢管立柱对接焊缝坡口大样图(尺寸单位:mm)

c. 切割完成后需对切割面进行打磨,消除毛刺、飞边以及铁水熔渣,使坡口表面平顺、光洁。

d. 钢管对接焊缝采用 CO_2 气体保护焊打底,手工电弧焊成型。焊接工艺参数如下:焊接电流 $600\sim650A$,焊接电压 $32\sim34V$,焊接速度 $40\sim45m/min$。每道焊缝施工结束后必须先清除焊渣才可进行下一道焊缝施工。

e. 焊缝外观质量要求不得有裂纹、夹渣、未熔合、未填满弧坑等缺陷,缺陷部位需刨掉后打磨并重新补焊。焊脚尺寸偏差控制在±2.0mm范围内。

f. 安装按照先中间立柱后周边立柱、先立柱后连接系的顺序进行。后节安装前底节的连接系需全部安装完成。立柱安装过程中,在立柱上设置上下简易爬梯,通过在立柱上焊接三脚架,铺设脚手板,在各焊接作业点形成上下通道及作业平台,并且根据规定设置一定的安全防护设施。

g. 整个支架立柱安装完毕后需对高程、垂直度进行复核检查,柱顶高程偏差不大于3mm,垂直度偏差不大于$H/1000$(H为立柱高度)且不大于25mm。

h. 支架立柱验收合格后方可进行承重主梁的安装。

下横梁支架落地钢管顶部结构如图7-19所示。

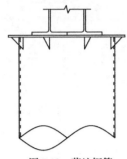

图 7-19 落地钢管顶部结构图

④边支点牛腿安装。

下横梁边支点采用预制的通用型剪力预埋件，利用跨堤桥 0 号块施工拆解下的剪力预埋件（设计荷载 200t），按照设计位置进行安装。

剪力预埋件设置在塔柱第 8 节。主塔施工时，剪力预埋件的爬锥及剪力棒钢套管应预留准确，与主体钢筋和劲性骨架冲突时应优先保证剪力预埋件位置。

主塔第 8 节混凝土达到拆模条件后，拆除主塔内侧外模，其他三面爬模爬升至第 9 节。在预留位置安装剪力预埋件。

⑤承重梁和分配梁安装。

下横梁支架落地钢管承重梁主要包括枕头梁和主梁，其中枕头梁采用双拼 HN800×300 型钢，共计 5 根，中间 3 根位于钢管桩顶部，两端塔侧 2 根位于剪力预埋件上。进行安装前根据设计图纸进行测量放样，在最上面一根钢管桩进行接长前，在顶面焊接 1m×1m 的钢板以及加劲板。将双拼 HN800×300 型钢在施工平台上拼装为整体后安装在枕头梁对应位置，并与钢管桩顶面的钢板焊接。

枕头梁上设置主梁，横桥向布置 4 道，采用 D16 型施工便梁，单根长 16.4m，其按照下横梁底面坡度放置。主梁与枕头梁之间设 25cm 的卸落块，卸落块上用加工的钢垫块垫平，保证主梁坡度与下横梁底面坡度一致。

主梁上方设置 HN400×200 型钢作为分配梁，每间隔 30cm 设置一道。安装前先在主梁两端确定第一根分配梁的对应位置，然后按照 30cm 的间距依次进行安装，分配梁与主梁之间采用点焊连接。

(3) 钢筋安装

①塔柱钢筋安装。

a. 为便于横梁范围内两侧塔柱钢筋的绑扎定位，在塔柱内设置劲性骨架。

b. 钢筋安装应按设计图纸和相关规范要求进行，钢筋品种、规格、数量、形状、位置、接头等均应符合设计图纸和施工规范的要求。

c. 塔柱钢筋若与预应力孔道相碰，可适当移动塔柱钢筋，保证预应力筋的位置，但不得减少塔柱钢筋数量。

②横梁钢筋安装。

a. 横梁钢筋骨架由底板钢筋网、顶板钢筋网、腹板钢筋及其他辅助钢筋组成，横梁钢筋按照分层高度分两次绑扎。

b. 横梁普通钢筋若与预应力筋或塔柱钢筋位置冲突，可适当移动横梁普通钢筋，但不得减少横梁普通钢筋数量。

c. 横梁内设置有进人孔，所有通过进人孔的钢筋均需截断，所截断钢筋在同一截面上按等强原则补强。

d. 为便于横梁钢筋定位并加大钢筋骨架的强度、刚度，应根据需要配置适当数量的架立钢筋。

(4)预应力管道安装

下横梁内布置88束25Φ°15.2型预应力钢绞线,锚下张拉控制应力取$0.7f_{pk}=1302\text{MPa}$,每束张拉力为4557kN,所有预应力锚固点均设置在塔柱外侧,采用深埋锚工艺,预应力管道采用金属波纹管。

①预应力筋加工。

a. 运抵工地的预应力钢绞线应附有出厂合格证及质量鉴定报告,其技术标准应符合《预应力混凝土用钢绞线》(GB/T 5224—2014)的规定。

b. 钢绞线应逐盘检查外观质量,其表面不得有小刺、裂纹、机械损伤、氧化铁皮和油污等。

c. 钢绞线下料应在平整、洁净的场地进行,钢绞线下料应采用砂轮切割机切割,不得使用电弧或气割,也不得使钢绞线经受高温、焊接火花或接地电流的影响,下料后不得散头。

d. 钢绞线编束时应梳理顺直,每隔1~1.5m捆扎成束,制束及移运时防止变形、碰伤和污染。

②预应力管道安装注意事项。

a. 横梁内设置了钢绞线,在浇筑横梁混凝土时需形成孔道;孔道材料采用内径100mm的合格的金属波纹管。

b. 波纹管安装前应检查有无气孔、脱扣、开缝、死弯等现象,波纹管应按总长度事先分段配料,并配置足够数量的接头,其接头直径应较波纹管直径大一个等级。

c. 波纹管采用定位网定位,以保证在混凝土浇筑过程中预应力管道不发生偏移,钢筋定位网间距不大于50cm。

d. 钢筋定位网安装调整至合格后,即可穿设波纹管,波纹管穿设时不得强拉硬拖,以免波纹管出现裂纹或断裂,应注意定位网孔位,避免误穿;穿设波纹管可分段自两端向中间进行,最后在中间用接头连接,接头处及端头锚垫板和喇叭管连接处均应用电工胶布密封,弹簧钢筋应点焊在锚垫板上,保证位置居中。

e. 波纹管波峰处设排气孔,在开孔处应覆盖一块长约30cm的专用包管,包管应与波纹管吻合密贴,包管中央开口设一圆形管嘴,管嘴与波纹管开口重合并外接排气管,所有接口应用胶带缠裹严密。

f. 波纹管按照设计线形预埋,断面锚固孔道的喇叭管和锚垫板预埋时,一定要与波纹管垂直。波纹管直接套入与其直径相配套的喇叭管内,但波纹管头不能越过喇叭管压浆孔的内孔,为了防止渗浆,应在喇叭管内、波纹管口上用棉花或麻棉纱塞实,并用胶带封固。

g. 波纹管采用钢筋定位网定位,钢筋定位网焊接于梁体普通钢筋上,焊接作业不应产生对结构不利的影响。波纹管、锚具、压浆管道等预埋件应准确、牢固地定位,使浇筑混凝土时不产生位移。钢筋定位网安装时,应力求位置准确,安装中若与钢筋相碰,应适当移动钢筋,确保钢筋定位网位置,钢筋移动后,应尽量满足相关规范规定。

h. 预留孔道位置允许偏差要求不大于4mm。

(5)预埋件安装

下横梁施工包括塔柱第9、第10节段的施工,其中下横梁支架预埋件主要包括纵向阻尼器支座垫石、竖向支座垫石、钢箱梁临时锚固预留孔、竖向临时承压支座、下横梁内部爬梯等预埋件;主塔节段预埋件主要包括下游侧电梯基础预埋件、下横梁预应力张拉平台预埋件、爬模爬升预埋件、电梯附墙预埋件等。所有预埋件均在设计图纸指定位置进行预埋，同时按照实际构件型号与尺寸控制高程。下横梁施工预埋件统计如表 7-5 所示。

下横梁施工预埋件统计表　　　　表 7-5

类别	名称	数量(个)
下横梁	纵向阻尼器支座垫石	8
	竖向支座垫石	4
	钢箱梁临时锚固预留孔	12
	竖向临时承压支座	4
	下横梁内部爬梯	
主塔第9、第10节段	下游侧电梯基础预埋件	4
	下横梁预应力张拉平台预埋件	10
	爬模爬升预埋件	
	电梯附墙预埋件	2

(6) 模板安装

①塔柱外侧模安装。

塔柱大小里程侧外模采用原塔柱型液压自爬模系统安装。

②横梁内、外侧模安装。

横梁内侧模（包括进人孔侧模及内腔室侧模）采用木模，其面板为 18mm 厚竹胶板，端头采用方木（利用现有的材料），面板的背面设置 H20 木工字梁，间距 250～300mm，在方木背面设置 2 根 14 槽钢背肋加劲，间距 1100mm；内模支撑采用脚手架钢管搭设支架。模板强度、刚度能满足要求。且在横梁模板顶设置三角挑架和防护栏杆、铺设脚手板作为施工作业平台。

③内底模安装。

横梁内底模（包括进人孔底模及内腔室顶板底模）采用木模。整个底模由钢管支架支撑在横梁底板上，支架顶面设置 2 根 20a 槽钢作为分配梁，间距 0.5m，分配梁上面铺设 H20 木工字梁，间距 30cm；方木上铺设 18mm 厚竹胶板作为底模。

④模板安装注意事项。

a. 横梁侧模安装应在横梁底板、侧板钢筋及预应力波纹管安装完成后进行。

b. 模板安装前应仔细检查保护层厚度。

c. 外侧模板应由桥纵向中心线开始向两边对称拼装，以避免长度方向误差积累。

d. 塔柱南北面及上下游外侧模板采用爬升方式安装到位。

e. 模板安装前涂刷脱模剂。

f. 横梁内部空腹部分及第二次混凝土浇筑顶板部分均采用钢管支架支承，钢管支架下部采用高强混凝土垫块，混凝土垫块支承在横梁底模上并埋入混凝土中。

g. 模板、钢筋安装用脚手架，可利用钢管直接拼装在底模分配梁上，脚手架应牢固可靠，并挂设安全网。

(7)混凝土浇筑

下横梁混凝土浇筑方量较大,浇筑前应对使用的机具设备进行全面检查、维修、调试,确保所用的各种机具设备处于完好状态;落实原材料货源、运输路线,砂、石料应有专人检查备料数量及质量。混凝土浇筑前根据原材料含水率调整施工配合比。

混凝土由岸上2个HZS120型混凝土搅拌站提供,通过搅拌车运送至15号墩上游施工平台,再由2台泵送机泵送至布料机。混凝土下料点设置承料漏斗和串筒,使混凝土入模时的自由下落高度小于2m。下料点布置间距不超过4m。为确保施工质量,下横梁混凝土分两次浇筑。第一层混凝土左右两边同时浇筑,浇筑至高程56.522m,第二层浇筑至顶面高程59.422m。第一层混凝土浇筑方量约1900m^3,第二层浇筑方量约1500m^3。

混凝土灌注采用斜向分段、水平分层的施工方法,混凝土入模坍落度控制在16~20cm。混凝土振捣使用插入式振捣器,振捣器不能触碰波纹管,为防止将波纹管振裂或碰弯,应在靠近波纹管的地方慢慢抽插。振动时间不能太长,防止因振动而引起个别地方波纹管上浮现象。

锚头垫板处钢筋和波纹管交错,浇筑空间较小,从浇筑混凝土到振捣都要十分注意,在此处灌注时,混凝土的灌入厚度应相对减少,振动到位,防止漏浆和漏振。

在灌注过程中,在底模上设置观测点随时监测支架和模板的挠度,并密切注意支架的受力情况和模板的受力情况,确保安全顺利浇筑。

混凝土浇筑要求:

①混凝土浇筑前,对模板、钢筋、预埋件进行详细的检查,并做好记录,符合设计及相关规范要求后方可浇筑混凝土。杂物、积水和钢筋上的污垢应清理干净。

②注意对生产出来的混凝土进行检查监控,按相关规范要求进行坍落度、含气量试验及温度测试,制作混凝土试块,并观察混凝土的和易性,符合要求才能使用。

③每台布料机配置4台振动棒,共计8台,同时另外配置2台作为备用。每台振动棒配4名作业人员轮流操作(白班、晚班各2人)。每台布料机配备1名技术员,班组长负责指挥工人作业,技术员监督布料机的布料路径、混凝土分层厚度及振捣质量。

布料机平面布置如图7-20所示。

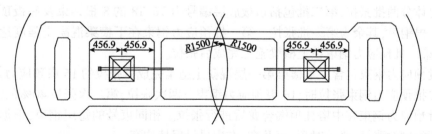

图7-20 布料机平面布置图(尺寸单位:mm)

混凝土振捣主要采用 $\phi 50$ 振动棒和 $\phi 30$ 振动棒配合使用,钢筋太密的地方必须采用 $\phi 30$ 振动棒,浇筑时应准备足够数量的振动棒。混凝土振捣时,振动棒应插入下一层一定深度(一般为5~10cm);振动棒要快插慢抽,移动间距不大于振动棒作用半径的1.5倍;振捣时插点均匀,呈行或交错式移动,以免漏振;每一次振动时间20~30s,以免欠振或过振;振动完毕,边振动边徐徐拔出振动棒。混凝土应振捣密实,混凝土密实的标志:混凝土不再下沉、不再冒气泡、表面开始泛浆。

④为防止浇筑横梁腹板时底板混凝土上翻,在腹板与底板拐角处的两侧混凝土底板顶面加50cm宽的压模。

(8)预应力张拉及封锚压浆施工

下横梁预应力束均采用 25ϕ^s15.2 型高强度低松弛钢绞线;钢绞线公称抗拉强度 f_{pk} = 1860MPa,弹性模量 E = 195GPa,共计 88 束预应力钢束,钢束布置如图 7-21 所示。

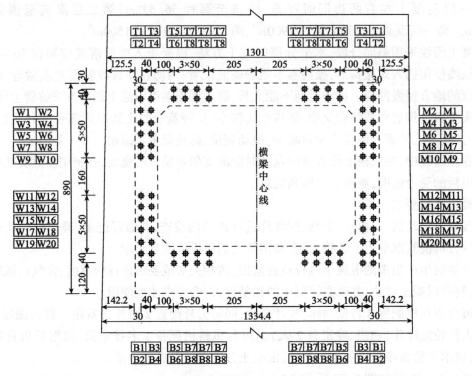

图 7-21　钢束布置图(尺寸单位:cm)

钢束总体分两批张拉,第二批包括顶板底层编号为 T6、T8 的 8 根钢束及底板顶层编号为 B5、B7 的 8 根钢束,其余为第一批张拉。第一批预应力钢束在下横梁混凝土强度达到要求后尽快张拉,第二批预应力钢束在上横梁施工完成后张拉。

第一批预应力钢束包含了下横梁第一层混凝土施工完成后张拉的 16 束预应力钢束,在正常进行第二批预应力钢束张拉时,16 束预应力钢束分两次张拉,第二次张拉 40% 的预应力。

第二批预应力钢束在中塔柱顶端合龙后进行张拉。相同束号的每组钢束,根据均衡对称的原则在两端同时张拉,张拉时顶、底及左、右应尽量保持均衡。

①管道成孔。

下横梁预应力钢束采用后张法施工,其预应力管道采用金属波纹管。内径 120mm,为防止管道漏浆堵孔,所有中间连接处均采用胶带包扎严密。波纹管按设计给定的曲线要素安设,采用井字形 ϕ16 钢筋定位,并在节段管口连接处适当加密。波纹管安装过程中,预应力锚具与塔柱竖向钢筋位置冲突时,将主筋向预埋套筒两侧移动,以保证波纹管的位置正确、线形平滑。

②钢绞线下料、人工穿束。

下料长度＝理论长度＋千斤顶工作长度＋预留长度。钢绞线下料时采用砂轮切割机进行切割,禁止使用电焊及割枪进行切割。

穿束前用空气压缩机清除管道杂质。为防止钢绞线锈蚀,横梁所有预应力钢束均采取后穿法,即在张拉前穿束。钢绞线穿设时,先将钢绞线分组,并在其头部套接"子弹头"形钢套筒(或缠绕多层胶带),然后转动钢绞线盘放松钢绞线,由人工将其送入孔道内。在已完成穿设的管道两端贴上标签号。

③预应力张拉。

下横梁浇筑完毕后,达到设计强度的90%以上且养护7d以上时,按照设计要求对顶、底板预应力筋进行张拉,采用600t千斤顶配套数控系统进行预应力张拉。

a. 张拉荷载施加程序:0→10%→20%→100%→持荷5min→锚固。

张拉完成后,应在锚圈口处的钢绞线上做标记,以观察是否滑丝。经24h复查合格后,应用机械切割钢绞线头,切断处距锚具外侧不宜小于30mm。

b. 相同束号的每组钢束,采用均衡对称、两端同时张拉的方式。

c. 所有预应力张拉均用引伸量与张拉力双控,以张拉力为准,同时要求实测引伸量与计算引伸量的误差在±6%以内。如果预应力筋的伸长量与计算值相差超过6%,要暂时停止张拉,待查明原因并采取措施予以调整后,方可继续张拉。

d. 预应力钢绞线在张拉控制力达到稳定后进行锚固,端头多余钢绞线用砂轮切割机切除,切除后的钢绞线保留长度为3~5cm。

④封锚压浆。

预应力管道钢束张拉完毕后48h内必须进行孔道压浆,张拉后24h内进行管道压浆,采取智能循环压浆。管道压浆要求采用无收缩水泥浆。

压浆完成、浆体强度达到50%以后,采用角磨机＋金刚切割片切除锚头外露钢绞线。留置线头高度3~5cm。封锚采用C50微膨胀混凝土进行施工。

7.5 中塔柱施工

中塔柱为第11~31节段,高程62.372~187.322m,高度124.95m;中塔柱采用液压爬模施工技术,钢筋采用劲性骨架支撑定位,混凝土采用地泵泵送入模。由于两塔柱相对内倾,在塔柱施工过程中,按间隔24m左右设置一道主动横撑,并按监控单位指令进行具体调整。

(1)中塔柱施工流程

整个中塔柱塔壁斜率不变,截面尺寸呈线性变化,且中塔柱未设置钢锚梁,因此中塔柱施工均采用正常爬模施工工艺。中塔柱施工工艺流程:施工放线→劲性骨架安装→劲性骨架定位测量检查→钢筋接长及绑扎→架体提升→检查签证→浇筑混凝土→混凝土养护、凿毛→施工放线→重复进行下一节段施工直至整个中塔柱施工完成。

(2) 钢筋安装

为满足倾斜塔柱钢筋安装及测量定位的需要，中塔柱施工时设置劲性骨架，劲性骨架在后场分榀分节段加工，现场采用塔式起重机单榀吊装，用横向型钢将劲性骨架连成整体。

钢筋在主桥钢筋加工场制作成型后，用平板车运至现场安装。中塔柱钢筋分节高度5.95m，钢筋安装要求及工艺同下塔柱。

(3) 预埋件安装

中塔柱施工预埋件主要包括爬模爬升预埋件、塔式起重机附墙预埋件、电梯附墙预埋件、主动横撑及操作平台预埋件，永久预埋件主要包括防雷预埋件、塔内检修预埋件、人洞预埋件。所有施工预埋件按照图纸进行加工，中塔柱施工时在相应位置进行安装。

(4) 模板安装

中塔柱内外模均采用液压爬模。内模架体的拼装方式同外模。

中塔柱模板架体平面布置如图7-22所示。

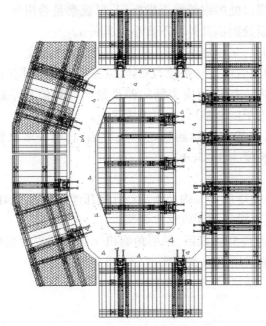

图7-22 中塔柱模板架体平面布置图

(5) 混凝土浇筑与养护

①混凝土浇筑。

中塔柱混凝土采用地泵泵送，泵管沿塔身外侧布置上升至浇筑平台，通过布料机进行布料。浇筑混凝土时按对称下料、分层布料的原则，由周边向中心布料，分层厚度为30cm。为防止混凝土由于下落高度过大而离析，布料时混凝土自由落体高度不超过2m，采取在布料点处悬挂溜筒的方式进行下料。每个布料点考虑混凝土流动半径1.5m，当该布料点作用范围内混凝土厚度平均达到30~50cm时，即将导管转移到下一布料点浇筑。中塔柱混凝土因泵送高度较大，对混凝土流动性要求相对较高，针对该情况进行混凝土性能调配，确定中塔柱混凝土配合比如表7-6所示。

中塔柱混凝土配合比 表7-6

水胶比	水泥 (kg/m³)	粉煤灰 (kg/m³)	矿渣粉 (kg/m³)	砂 (kg/m³)	石 (kg/m³)	水 (kg/m³)	外加剂 (kg/m³)
0.31	363	64	64	723	1084	152	5.89

混凝土振捣时分区定块、定员作业,振捣采取快插慢拔方式,严格控制棒头插入混凝土的间距、深度与作用时间。振捣时密切观察振捣情况,当混凝土泛浆、不再冒出气泡时,则视为混凝土振捣密实,杜绝漏振及过振现象,防止混凝土表面出现蜂窝、麻面、空洞等缺陷。

②混凝土养护。

主塔混凝土为高标号、高性能混凝土,塔柱壁较厚,产生的水化热较高,而且桥位处受风影响大,增加了高塔混凝土养护难度。为此,应针对不同的季节和不同的部位制定相应的养护方案,减少混凝土收缩裂缝、温度裂缝以及干缩裂缝等的产生,确保混凝土质量和耐久性。主塔混凝土在外界温度高于10℃时采用喷水覆盖保湿养护,低于10℃时采用覆盖保温养护,养护时间不少于7d。

a. 夏季喷淋养护。

选择理论扬程为400m以上、排量为12~20m³/h的高压多级离心泵,每个主塔配置两台。整个供水管路分垂直管路系统和喷水管路系统。垂直管路水管采用φ50mm无缝钢管,螺纹丝口接头连接,垂直管路部分每30~40m预留备用管阀和接头,管路耐压4.0MPa左右,垂直管路沿拖泵泵管走向并排布置至浇筑段。喷水管路由竖向管和水平管组成,竖向管采用φ50mm无缝钢管,水平管采用φ25mm的PVC软管,利用混凝土顶面的劲性骨架和钢筋进行固定,每间隔30cm设置一个雾化喷嘴,注意喷嘴向下,保证喷出的水雾能够覆盖整节塔柱。

b. 冬季养护。

在外界气温低于10℃时,在模板四周包裹防火棉保温,并且适当延长拆模时间,避免混凝土表面产生干缩裂缝。

(6)主动横撑安装

中塔柱施工时,随着施工高度不断增加,形成倾斜悬臂状态,塔肢在自重、爬模、温差、风等荷载作用下逐渐变形,在塔柱变化点处产生拉应力,因此在中塔柱施工的同时必须每隔一定距离设置水平横撑。根据以往工程受力分析和监控监测资料,当被动水平横撑解除后,塔柱根部外侧的残余应力仍然很大,为保证在施工过程中及水平横撑拆除后,塔柱内部附加应力及线形仍在设计允许的范围内,需要采用设置主动横撑的方法,对塔柱应力及变形进行"双控"。中塔柱共布置5层水平横撑,水平横撑的详细受力将结合塔柱施工节段划分和塔肢悬臂施工工况,由监控单位进行分析计算。主动横撑的布置及顶推力,将根据监控单位指令进行调整。中塔柱主动横撑参数如表7-7所示。

中塔柱主动横撑参数表 表7-7

编号	中心高程(m)	对应塔柱节段号	截面形式	安装顶推力(初定)
1	77.682	13	2根φ1000×20钢管	2×100t
2	101.682	17	2根φ1000×20钢管	2×100t
3	125.682	21	2根φ1000×20钢管	2×100t
4	149.682	25	2根φ1000×20钢管	2×100t
5	173.682	29	2根φ1000×20钢管	2×100t

主动横撑由"钢管+活络头+支座"组成,在主动横撑位置采用钢板焊接的支座通过爬锥固定在两侧塔柱上,活络头一端支撑于支座上,另一端支撑于钢管上,钢管一端与活络头顶紧,另一端支撑于支座上。主动横撑的顶推力通过活络头顶推千斤顶控制,具体顶推力按照桥梁施工监控单位下发的监控指令进行施加。主动横撑布置如图7-23所示。

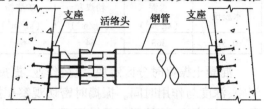

图7-23 主动横撑布置图

主动横撑位置均设置操作平台,操作平台采用托架形式,根部通过预埋爬锥锚固在主塔上,托架上面铺设钢板作为平台,平台外边缘设栏杆。主动横撑施工流程如表7-8所示。

主动横撑施工流程表 表7-8

施工步骤	示意图
步骤一: 1. 浇筑第13节混凝土时,安装施工平台、1号横撑的预埋爬锥。 2. 浇筑完第13节混凝土,爬模爬升至第14节段后,准备进行1号横撑安装。 3. 吊装垫块。 4. 吊装1号横撑到对应位置上:一端与塔身预埋爬锥连接,另一端用手动千斤顶调平并将衬管拨至设计位置。 5. 在温度相对恒定的时段,进行撑杆顶升作业,1号横撑设2台千斤顶(千斤顶要先校验合格),同步顶推至50t,钢楔块抄紧。 6. 焊接横撑接头,使之成为整体	(1号横撑示意图)
步骤二: 1. 浇筑第17节混凝土时,安装施工平台、2号横撑的预埋爬锥。 2. 浇筑完第17节混凝土,爬模爬升至第18节段后,进行2号横撑安装,安装方法同步骤一	(2号横撑示意图)
步骤三: 1. 浇筑第21节混凝土时,安装施工平台、3号横撑的预埋爬锥。 2. 浇筑完第21节混凝土,爬模爬升至第22节段后,进行3号横撑安装,安装方法同步骤一	(3号横撑示意图)

续上表

施 工 步 骤	示 意 图
步骤四： 1. 浇筑第25节混凝土时，安装施工平台、4号横撑的预埋爬锥。 2. 浇筑完第25节混凝土，爬模爬升至第26节段后，进行4号横撑安装，安装方法同步骤一。	
步骤五： 1. 浇筑第29节混凝土时，安装施工平台、5号横撑的预埋爬锥。 2. 浇筑完第29节混凝土，爬模爬升至第30节段后，进行5号横撑安装。 3. 5号横撑为上横梁支架底层水平主梁，待下部支撑结构安装完成后再按照步骤一的方法进行安装。	

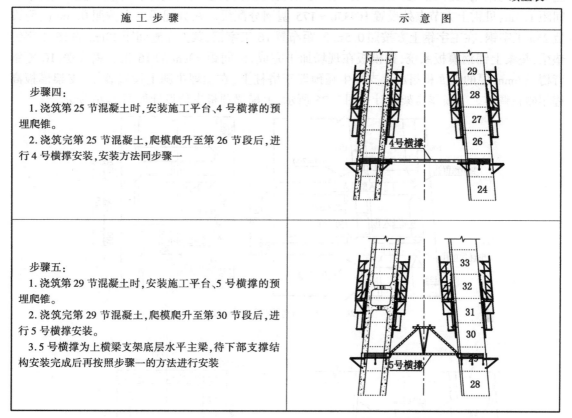

7.6 上横梁施工

主塔上横梁顶部高程190.422m，横梁采用箱形断面，为预应力混凝土结构，高6m，宽7.5m，腹板及顶底板厚1.0m；横梁内布置36束25Φ^{s}15.2型预应力钢绞线，其锚下张拉控制应力为$0.7f_{pk}=1302$MPa，每束张拉力为4557kN，所有预应力锚固点均设在塔柱外侧，采用深埋锚工艺，预应力管道采用金属波纹管、智能循环压浆工艺。上横梁混凝土一次浇筑，其结构如图7-24所示。

上横梁采用支架法施工，与对应塔柱异步施工，在上横梁以上的塔身第31、32节段施工完成后，进行上横梁施工；待上横梁混凝土强度达到设计强度的90%且龄期不少于7d后，再按设计分批张拉上横梁预应力钢束。

(1) 上横梁支架施工

① 上横梁支架设计。

上横梁支架采用预埋牛腿配合型钢支架作为支撑结构，其中牛腿采用预埋钢板焊接，受力主型钢采用双拼HN400×200型钢，中间斜撑采用双拼HW200×200型钢。型钢支架顶部与底部垫梁均采用双拼 HN400×200 型钢。型钢支架顶面设置贝雷支撑,采用 90 型门架,中心间距 1.3m,贝雷上方节点处设置 HN350×175 型钢分配梁。在分配梁上方按照 0.6m 间距设置 25a 工字钢,在工字钢上方按照 0.5m 间距布置 16 工字钢,其上布置间距 40cm 的 16 工字钢垫梁,垫梁上铺钢模板系统,钢模板在现场加工完成,由间距 30cm 的 16 工字钢背楞、10 槽钢背楞及 6mm 厚的钢面板组成。支撑牛腿预埋于塔柱上,在预埋牛腿上设置砂箱,支架模板高程用砂箱调节。上横梁支架设计如图 7-25 所示,上横梁顶板支架设计如图 7-26 所示。

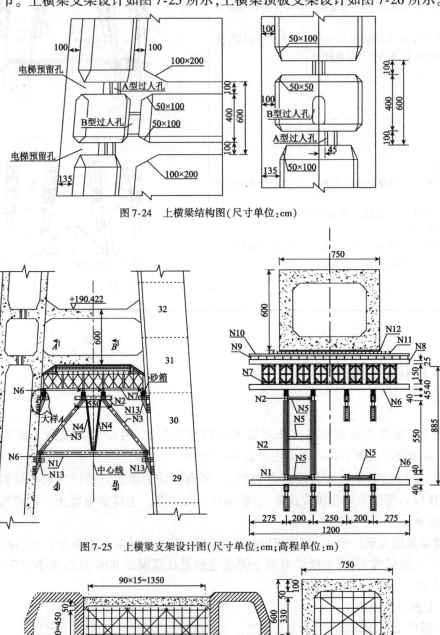

图 7-24 上横梁结构图(尺寸单位:cm)

图 7-25 上横梁支架设计图(尺寸单位:cm;高程单位:m)

图 7-26 上横梁顶板支架设计图(尺寸单位:cm)

②上横梁支架安装。

上横梁支架的安装按照先下后上的原则进行,在进行塔柱第29和第30节段施工时预埋钢板预埋件,在进行塔柱第31和第32节段施工时完成牛腿焊接。型钢支架在施工平台上按照设计图纸加工完成后由塔式起重机吊运至预埋件以上,然后沿顺桥向平移至预埋件顶部垫梁上并移至设计位置。在型钢支架中间支点处放置两根HN400×200型钢并与下部支架焊接为整体;然后在上面沿横桥向放置贝雷,放置方式与型钢支架相同,贝雷放置时必须保证两端与预埋件之间的距离大致相等,确保贝雷的稳定;最后在贝雷上方节点处布置HN350×175型钢分配梁,按照设计图纸顺序布置25a和16工字钢分配梁与垫梁,最后将加工好的钢模板吊送至对应位置并固定。

(2) 钢筋安装

上横梁钢筋包括 $\Phi28$、$\Phi25$、$\Phi22$、$\Phi20$、$\Phi16$ 和 $\Phi12$ 六种规格的钢筋。上横梁施工采用"塔梁异步"施工工艺,在塔柱第31、32节钢筋绑扎时,将上横梁钢筋端头部分预埋入塔柱内,端头连接套筒紧贴模板内侧,并用塑料袋保护套筒口。在塔柱第31、32节浇筑完毕后爬模爬升,安装临时模板。将塔柱与横梁连接处混凝土凿毛,并凿出钢筋连接套筒,利用连接套筒安装横梁钢筋。

上横梁钢筋根据施工图进行配料,在加工场加工成型,编号堆放,现场绑扎。绑扎顺序一般为:底板钢筋→腹板、隔墙钢筋→顶板钢筋。钢筋施工工艺流程如图7-27所示。

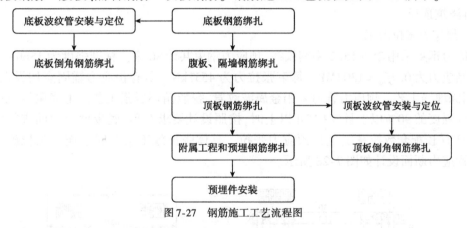

图7-27 钢筋施工工艺流程图

(3) 模板安装

上横梁底模采用6mm厚的钢模板,铺设前先根据计算结果调整分配梁顶高程,达到设计要求后将底模铺设在贝雷顶面分配梁上。底模拼装时注意接缝严密,变形及错台的模板严禁使用。上横梁底部直线段部分长度为11.135m,底部设置2m×1m的倒角,底模及倒角模板可根据现场实际情况对标准模板进行修改,使模板的尺寸及拼缝符合要求。

倒角处模板利用后场现有模板进行加工,6.3槽钢按照30cm间距设置,背后按照1m间距布置双拼14槽钢背楞,所有材料均可利用现场模板进行改制,背楞采用底模板切除的背楞。上横梁侧模和内模设计与上横梁模板保持一致。外侧模板采用20mm厚维萨板,背面采用间距25~35cm的H20木工字梁,背楞为间距1.0m的双拼14a槽钢。内侧模板采用18mm竹胶板,其余结构与外侧模板相同。外侧模板支撑于底模上,内、外侧模板采用对接螺杆固定。

上横梁钢筋绑扎完成后,根据测量放样结果,分块安装侧模。模板对拉螺杆直径为20mm,材质为Q235,竖向间距为0.9m,水平间距为1.0m,上横梁顶、底板处对拉螺杆固定在结构钢筋上。外侧模板用斜撑固定在横向分配梁上,内侧模板用钢管支撑在支架上,以保证横向稳定性,顶板底模采用碗扣式脚手架。内腔模板拆除后从过人孔运出,并清理干净内腔室。

模板安装前对模板表面进行清理,并涂刷防水漆,模板组拼后的位置、尺寸、平整度等应满足相关规范要求,连接螺栓和对拉螺杆必须紧固到位。上横梁内模板采用钢模板及竹胶板,模板的安拆同中塔柱施工。

(4)混凝土施工

上横梁混凝土分两次浇筑,两次浇筑分界线为上横梁中心线。上横梁混凝土等级为C50,每次浇筑混凝土方量约为420m³,按泵送混凝土设计配合比,混凝土坍落度控制在160~200mm。混凝土由岸上2个HZS120型混凝土搅拌站提供,通过搅拌车运送至15号墩上游施工平台,再由2台泵送机泵送至布料机。混凝土下料点设置承料漏斗和串筒,使混凝土入模时的自由下落高度小于2m,下料点布置间距不超过4m。

混凝土按水平分层、由低向高的顺序一次性连续浇筑。混凝土浇筑过程中坚持"对称、平衡、均匀、同步进行"的原则。横桥向浇筑顺序为从两侧分层对称浇筑,沿水平方向逐渐推进;第一层混凝土浇筑时,先浇筑底板,再对称浇筑腹板;第二层混凝土浇筑时,先对称浇筑腹板及隔墙,再浇筑顶板。

(5)预应力张拉施工

预应力钢束采用25ϕ^s15.2型钢绞线,预应力钢束共计36束。标准强度为1860MPa,每束张拉控制应力为$0.7f_{pk}$=1302MPa,每束张拉力为4557kN。所有预应力锚固点均设在塔柱外侧,采用深埋锚工艺。预应力管道采用金属波纹管、智能循环压浆工艺。上横梁浇筑完毕后,达到设计强度的90%以上且养护7d以上时,按照设计要求对顶、底板预应力筋进行张拉,采用600t千斤顶配套数控系统进行预应力张拉。具体张拉施工工艺同下横梁张拉施工工艺。上横梁预应力断面设计如图7-28所示。

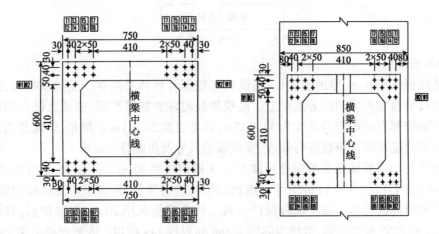

图7-28 上横梁预应力断面设计图(尺寸单位:cm)

7.7 上塔柱施工

上塔柱高程187.322~271.422m,高84.1m,其中合龙段高15m,塔冠3m。上塔柱设置钢锚梁,4~26号索锚固在上塔柱钢锚梁上,1~3号索直接锚固在上塔柱混凝土上,水平力、竖向力均由主塔承受。

塔身采用爬模施工工艺,塔式起重机及电梯配合施工,混凝土采用泵送。

两塔肢在高程253.422m处交会,上塔柱进入交会段前(当上塔柱两肢同时施工第40节段时),由于受两肢间距离和架体内侧施工平台宽度的影响,两塔肢将不能同时平行施工,需要拆除塔柱内侧单个爬模的上部桁架及下部受力结构。模板采用预埋三脚牛腿固定,牛腿采用双拼14a槽钢焊接三脚架,宽2m,高1.7m,按照1.5m间距水平布置。先在塔壁预埋M36/D20爬锥,然后安装带耳板的固定钢板,三脚牛腿上端与固定钢板之间销接,下端直接支撑于塔壁混凝土上。

施工至第42节段时,拆除塔柱内侧两个爬模的上部桁架及下部受力结构,内侧模板采用预埋三脚牛腿固定,塔柱交会段采用另行加工的模板支架,至第44节段时两个爬模组拼为一个整体,完成上塔柱的施工。具体施工工艺流程如表7-9所示。

上塔柱合并段施工工艺流程　　　　　　　表7-9

施工步骤	示意图
步骤一:上下游塔肢同步施工至第39节段	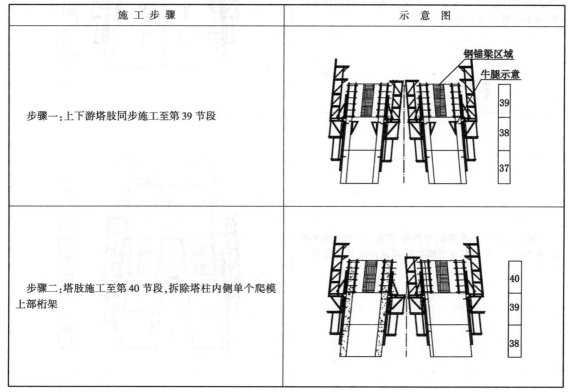
步骤二:塔肢施工至第40节段,拆除塔柱内侧单个爬模上部桁架	

续上表

施工步骤	示意图
步骤三:塔柱施工至第41节段,拆除塔柱内侧单个爬模下部受力结构,模板采用预埋三脚牛腿固定	
步骤四:塔柱施工至第42、43节段前,拆除塔柱内侧两个爬模上部桁架及下部受力结构,模板采用预埋三脚牛腿固定,先进行第42节段施工,然后安装交会段三角形内模,再进行第43节段施工	
步骤五:塔柱施工至第44节段时,将两个爬模组合为整体,然后施工,采用预埋三脚牛腿固定内模及搭设施工平台	

续上表

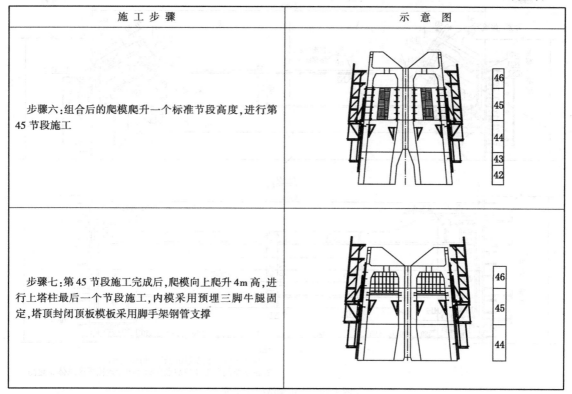

施工步骤	示意图
步骤六:组合后的爬模爬升一个标准节段高度,进行第45节段施工	
步骤七:第45节段施工完成后,爬模向上爬升4m高,进行上塔柱最后一个节段施工,内模采用预埋三脚牛腿固定,塔顶封闭顶板模板采用脚手架钢管支撑	

(1)钢锚梁构造

斜拉索在塔端的锚固方式为1~3号索采用齿块锚固,4~26号索采用"钢锚梁+钢牛腿"的锚固方式。15号主塔共有钢锚梁46套、钢牛腿92套。钢锚梁编号自下至上为GML4~GML26,钢牛腿编号由下至上为GNT4~GNT26。钢锚梁为箱形结构,由锚垫板、锚板、锚下加劲板、箱形拉板、横隔板及支撑板组成。拉索锚头作用在锚垫板上,通过支撑板和加劲板将压力传给拉板和支座,其顺桥向水平分力由拉板承受,横桥向水平分力、竖向分力传递给牛腿进而传递给塔柱。锚垫板、锚板为主要承压构件,板厚分别为40~75mm和40mm;在锚板下设锚下加劲板,厚40mm。拉板是主要承拉构件,板厚32~45mm。侧面拉板外侧焊接竖向加劲板,厚度为25mm;在箱形拉板之间顶面处设一道顶板,厚30mm。钢锚梁最大吊装质量为15t。钢锚梁结构设计如图7-29所示。

钢锚梁安装采用整体吊装。组成钢牛腿的主要构件有上承板、托架板、壁板、挡板、定位板、加劲肋、剪力钉和与劲性骨架相连的连接钢板。

(2)钢锚梁拼装及快速安装定位

①钢锚梁组拼及吊装。

钢锚梁成品运输至现场时分为锚箱室和剪力板两部分,需进行现场拼装。为保证钢锚梁拼装精度,在左右塔肢旁各设置一处拼装台。具体拼装顺序为:钢锚梁上台超平→大小里程侧剪力板安装→螺栓初拧定位复测→调整剪力板间距及四角点相对高程→螺栓终拧组拼完成。主塔钢锚梁布置如图7-30所示。

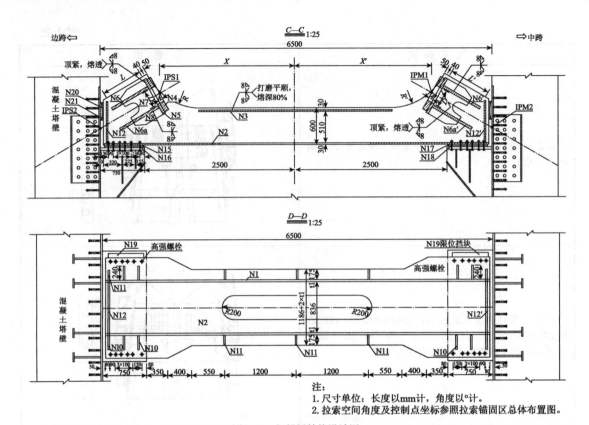

图 7-29 钢锚梁结构设计图

钢锚梁及钢牛腿采用由型钢制作的矩形桁架型吊具进行四点吊装。吊具主梁和平联均采用 20b 工字钢,剪刀撑采用 100×6 角钢。在主梁下方焊接四个吊耳,钢板厚 16mm,开直径 30mm 的吊装孔;在主梁上方设置四个吊点,钢板厚 20mm,开直径 30mm 的吊装孔。钢锚梁采用四点起吊。根据钢锚梁的外形尺寸特点,在钢锚梁塔壁预埋钢板对应位置上开孔,通过剪力销连接吊架与耳板,在吊具上方设置四个吊点,通过卡环、钢丝绳将钢锚梁吊起,主塔钢锚梁吊具如图 7-31 所示。

②钢锚梁快速安装定位。

钢锚梁在上塔柱上的安装分为首节安装和正常节段安装,其中首节安装需要重点预控壁板的高程、平面位置以及壁板顶之间的相对高差。

4号钢锚梁(首节)利用支架进行精确调位并固定,浇筑完成该节段混凝土后,陆续吊装后续其他批次的钢锚梁(5~26号),其余节段钢锚梁直接安装在前一节段钢锚梁上,并进行临时连接。每一个批次钢锚梁吊装完成后,进行与之对应节段塔柱混凝土的浇筑,依次循环施工直至全部完成。

首节钢锚梁安装在第 34 节塔柱混凝土浇筑完成、第 35 节塔柱的劲性骨架接高到位后进行。首节钢锚梁安装流程如图 7-32 所示。

a. 首节钢锚梁支架安装。

支架预埋件埋设在距离首节钢锚梁底面 4.77m、距离第 34 节塔柱顶面 10cm 位置处,该节段塔柱混凝土浇筑前,必须完成支架预埋件的安装工作。

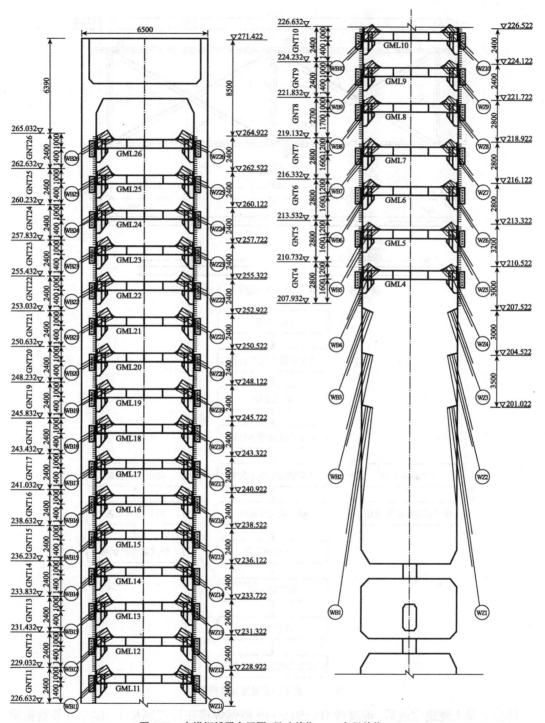

图 7-30 主塔钢锚梁布置图(尺寸单位:mm;高程单位:m)

顺塔柱内壁横桥向埋设 4 个 50cm×55cm 钢板预埋件,在钢板上焊接双拼 HN350×175 型钢作为底部支撑主梁,在其上顺桥向设置两片桁架,其竖杆、斜撑、顶部主梁均采用双拼 25a 工字钢,两片桁架之间采用双拼 25a 槽钢作为剪刀撑。首节钢锚梁支架预埋件布置如图 7-33 所示。

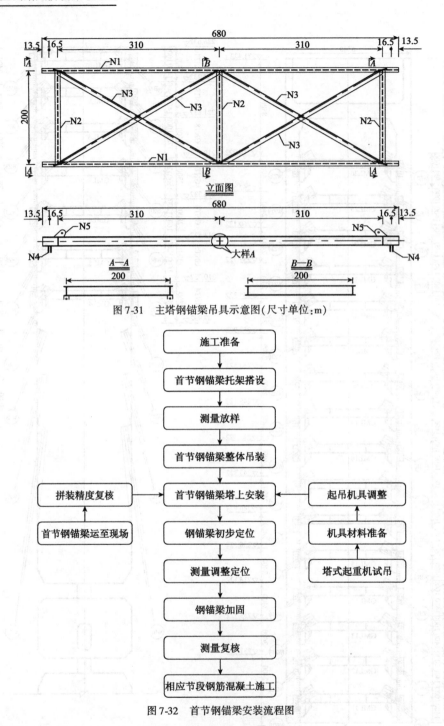

图 7-31 主塔钢锚梁吊具示意图(尺寸单位：m)

图 7-32 首节钢锚梁安装流程图

塔柱混凝土浇筑完成后，将双拼 HN350×175 型钢焊接在预埋钢板上，作为首节钢锚梁支撑主梁；支撑主梁上方布置主受力型钢框架，框架主横梁、立柱、横向及斜向连系杆均采用 25a 工字钢，各杆件之间焊接牢固，保证框架刚度及稳定性。为方便后期调整钢锚梁绝对高程，注意支架顶高程按负误差进行控制。

首节钢锚梁支架构造如图 7-34 所示。

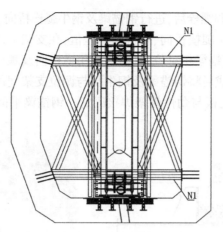

图 7-33 首节钢锚梁支架预埋件布置图

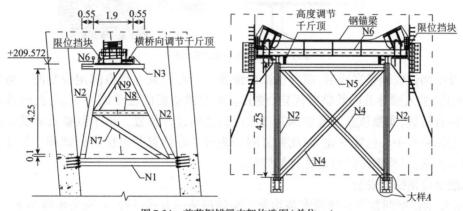

图 7-34 首节钢锚梁支架构造图(单位:m)

b. 钢锚梁定位安装。

塔式起重机起吊首节钢牛腿,将其缓慢提升至对应的塔肢上方,下落至劲性骨架顶口附近后停止下落,在预埋板临时耳板上连接4台5t手拉葫芦导向,手拉葫芦另一端锚固于塔柱混凝土顶面。手拉葫芦连接完成后,塔式起重机开始缓慢落钩,下落过程中4台手拉葫芦协调导向,使钢牛腿缓慢、平稳降落至调位支架上方。下落过程中应注意参照预先标线的位置,使钢牛腿尽量精确下落。落位完成后,塔式起重机脱钩,完成钢锚梁及钢牛腿初定位。

平面位置及高程精确调位:初定位完成后开始精确调位,精确调位分为钢锚梁及钢牛腿高程精确调位、横桥向精确定位、顺桥向精确调位。施工顺序:先高程精确调位,后横桥向及顺桥向精确调位。

钢锚梁及钢牛腿完成初定位后,对斜拉索锚固点、钢锚梁、钢牛腿顶高程进行测量,确定高程偏差数值。根据高程偏差对千斤顶高度进行调整,反复多次(不少于两次)测量钢锚梁及钢牛腿各高程控制点,直至高程满足设计要求后,将高度调节千斤顶锁定,防止后续调整影响高程值。钢锚梁高程调整如图7-35所示。

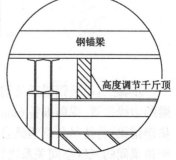

图 7-35 钢锚梁高程调整

高程调整完成并锁定微调螺栓后,进行钢锚梁及钢牛腿横桥向、顺桥向精确调位。调整之前需通过测量确定钢锚梁及钢牛腿横桥向、顺桥向偏差值,在支架上焊接反力牛腿,通过千斤顶顶升钢锚梁主腹板,从而调整钢锚梁相对位置偏差,利用横桥向及顺桥向调位装置反复微调,直至精度满足设计要求。调位完成后将钢锚梁及钢牛腿与调位支架间的楔形块固定,确保钢锚梁水平限位,最后将钢锚梁的开孔板与劲性骨架焊接固定。钢锚梁平面位置调整如图7-36所示。

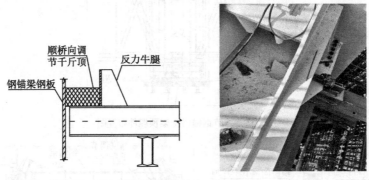

图7-36 钢锚梁平面位置调整

高程及平面位置调整完成后,需对钢锚梁锚固点中心位置进行空间定位复测。将锚固点定位板(模具)放入索导管内并临时固定,使其盘面与锚垫板面位于同一平面,此时盘心即为索导管锚固点位置,实测该点三维坐标并将该点调整到设计位置。由于调整索导管空间位置时可能引起锚垫板中心位置变化,因此要复测锚垫板中心位置并再次进行微调。如此反复直至满足限差要求,再将钢锚梁与劲性骨架固结。

c. 标准节段钢锚梁安装。

5~26号钢锚梁同首节钢锚梁安装均采用整体吊装的方式进行,其安装步骤如下。

步骤一:上一节塔柱混凝土浇筑完后,清理钢锚梁顶面,准备吊装下一节钢锚梁。同时对上一节已安装钢锚梁进行测量检查,测量数据为下一节钢锚梁安装、调整提供依据,对塔式起重机进行安全检查,安装吊具及钢丝绳准备起吊。具体如图7-37所示。

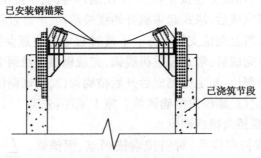

图7-37 钢锚梁安装步骤一

步骤二:吊装钢锚梁及钢牛腿,并提前在已安装节段钢锚梁上测量标记出待安装节段钢锚梁的边线位置,提前准备6mm、8mm、10mm、12mm、20mm厚的小钢板若干块,用于测量高程时垫钢锚梁,将待吊装钢锚梁叠放在已安装钢锚梁上,后续精准定位通过全站仪测量平面位置及钢锚梁间的三维空间关系进行,具体安装则通过手拉葫芦和千斤顶等进行,如图7-38所示。

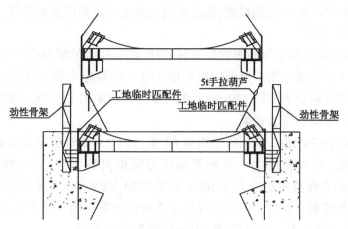

图 7-38　钢锚梁安装步骤二

(3) 索导管安装定位

15 号主塔 1~3 号索采用 P273 无缝钢管作为索导管,锚固于主塔混凝土牛腿上,1~3 号锚块区域空间位置复杂,且定位精度要求较高,为了控制好索导管的位置,索导管利用塔柱劲性骨架定位。在进行塔柱第 32 节段施工前,进行劲性骨架加工时,根据索导管的位置和坐标在劲性骨架上放出其大致位置,并根据测量结果定位出索导管锚固端与塔壁端的位置。待劲性骨架安装到位后,利用塔式起重机及倒链将索导管吊送至劲性骨架的相应位置,最后根据现场测量给出的精确坐标将索导管移至最终位置,后用钢板将索导管焊接固定,并做好保护措施。索导管定位架如图 7-39 所示。

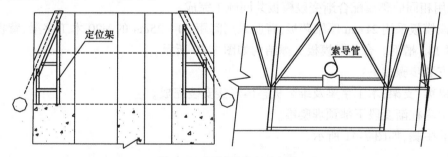

图 7-39　索导管定位架示意图

索导管安装分两个阶段进行:

第一阶段:在已安装节段钢筋上面焊接一块定位底胎板,通过测量在底胎板上做好索导管坡口最低点(索导管出口点)标记,此时将索导管吊装至待安装节段劲性骨架上,将索导管坡口最低点与已做标记点对齐,对齐后在索导管前端焊接一限位挡块,防止索导管底部发生移位。

第二阶段:索导管底口定位完成后,在环切坡口面中间位置焊接一块钢板,并且在钢板上标记出索导管中心轴线与钢板的交点,用于架设棱镜测量定位;锚垫板上口用定型模具钢板标记出锚固点中心位置,具体定位方式同钢锚梁锚垫板定位,用于调整索导管上口定位。

根据测量结果调整索导管至满足坐标要求(进出口中心坐标误差不大于 3mm),经监理人员检查合格后将索导管与钢筋劲性骨架牢固焊接,以防混凝土浇筑时导管上浮导致索导管上口与钢锚梁壁板密封满焊,并敲除焊渣,防止浇筑混凝土时漏浆堵塞索导管。

(4)锚固区预应力施工

上塔柱锚固区受塔柱构造张拉方式的限制,按照相互扣合的顺桥向开口方式布置 U 形环向预应力钢束,每个钢锚梁位置布置两层相互扣合的 U 形预应力筋,每层两束钢束,形成一个闭合的环;每层钢束环间距为 80~130cm;上塔柱除合并段采用 17Φˢ15.2 型预应力钢束外,其余部位均为 15Φˢ15.2 型预应力钢束。

上塔柱锚固区有 17Φˢ15.2 型预应力钢束 64 束,15Φˢ15.2 型预应力钢束 40 束,共计 104 束环向预应力钢束。开口相反的一对相邻预应力钢束对称张拉,设计锚下张拉控制应力 $0.7f_{pk}=1302\text{MPa}$,折合张拉控制应力为 3098.8kN、2734.2kN。环向预应力钢筋应成对同步、对称张拉到位,严禁遗漏。预应力钢束在混凝土达到设计强度的 90% 后方可张拉。预应力钢束的张拉步骤为:0→初应力→张拉控制应力→持荷 2min→锚固。

预应力钢束张拉采用张拉力和伸长量双控,以伸长量为主,实际伸长量与理论伸长量差值应控制在 ±6% 以内。断丝率不得超过施工规范要求,在任何情况下不允许整根拉断钢绞线。预应力钢筋穿束前应用压缩空气或高压水清除管道内杂物,张拉后 24h 内进行管道压浆,压浆采用智能循环压浆工艺。

(5)塔柱合龙段施工

上塔柱合龙段高 15m,起点高程 253.422m,塔柱宽 8.5m。塔柱合龙前渐变段为梯形构造,高 3m,顶宽 1m,底宽 3.24m。在进行塔柱第 42 节段施工时预埋渐变段支撑牛腿,进行塔柱第 43 节段施工前安装渐变段模板,待塔柱第 44 节段施工完成后拆除该区域模板。第 43、44 节段采用相同的爬模配合渐变段模板共同施工完成。

渐变段模板采用 21mm 厚维萨板,背肋采用间距 20~25cm 的 H20 木工字梁,背楞为间距 1m 的双拼 14a 槽钢。合龙段模板支撑结构如图 7-40 所示。

模板安装步骤如下:

①将纵梁、支架、木工字梁及维萨板整体焊接安装完成。

②在上塔柱渐变段下部预埋爬锥。

③安装牛腿,如图 7-41 所示。

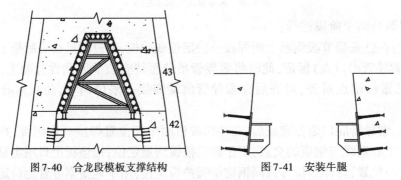

图 7-40 合龙段模板支撑结构　　图 7-41 安装牛腿

④横梁吊装焊接,如图 7-42 所示。

⑤在横梁上安装卸落块,如图 7-43 所示。

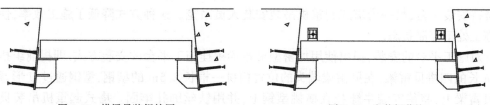

图 7-42 横梁吊装焊接图　　图 7-43 安装卸落块

⑥将预制好的支架模板吊装焊接在纵梁上,如图 7-44 所示。

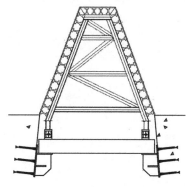

图 7-44 吊装支架模板

7.8 小结

15 号主塔施工是大桥工程的重点和难点,其主要特点是塔高,主塔总高 265.422m;主塔结构断面复杂,内腔箱室结构变化多样,从下塔柱实心段到四腔室内模异形段,从中塔柱单腔室渐变段到上塔柱合并段。主塔外形结构及内腔室断面结构分别呈现不同变化。这对于钢筋及模板加工、混凝土高空泵送、钢锚梁及斜拉索的定位来说都是一个极大的考验。

在施工过程中,通过不断总结创新,将塔柱施工分为六道工序,实现了 3.5d/节段(6m)的工期进度,可为后续同类型桥梁的施工提供相应的参考。针对施工过程中发现的问题,对相关创新总结如下:

(1)简便型劲性骨架标准件

针对主塔断面的不断变化,本书提出了简便型劲性骨架标准件的设计,即所有节段钢筋定位劲性骨架均可通用。将标准件分为 A、B、C、D 四类,分别对应塔柱的四个大面,并均相对于塔柱内外结构面内缩 30cm,其余倒角面的劲性骨架待标准件安装完成后再进行现场连接。由于该劲性骨架采用分面连接的方式,各标准件的安装可不影响塔柱钢筋定位及钢锚梁定位工作。简便型劲性骨架标准件的设计不仅增强了劲性骨架对于断面多变型塔柱的适用性,也提高了定位工作的效率。

(2)施工平台的简便安装

主塔施工平台主要包括主动横撑操作平台、上横梁张拉平台、下横梁张拉平台及电梯通道平台、塔式起重机附墙平台等。常规的安装方式为两台塔式起重机配合安装,即一台塔式起重机吊装待安装平台,另一台塔式起重机吊装安装人员吊笼。这种方式降低了施工效率,使主塔节段施工处于停滞状态。

针对施工平台的安装,提出使用加密型贝雷梁挑挂施工平台的安装方式,即提前组拼出一组12m长的四拼贝雷梁,在贝雷梁端头的位置横挑一根长2.5m的型钢,型钢通过U形螺栓固定在贝雷梁上,将待安装牛腿挂在横挑型钢上,并用铁丝绑扎牢固。塔式起重机吊装贝雷梁时,安装人员随贝雷梁到达安装位置进行施工作业。

8 钢箱梁及钢锚梁加工制造

8.1 钢箱梁及钢锚梁基本情况

(1)钢箱梁

本标段内钢箱梁共有 A、A′、B、B′、C、D、E、F1、F2、F3、G、H、I、J、K、L 16 种类型,共 85 个梁段,标准梁段长度为 15m。梁段间顶板单元 U 形肋采用栓接连接,其余接缝为焊接连接。每一个梁段由顶板、底板(包括斜底板)、外腹板、内腹板、横隔板、锚固构造、风嘴、横梁等单元组成。钢箱梁标准梁段如图 8-1 所示。

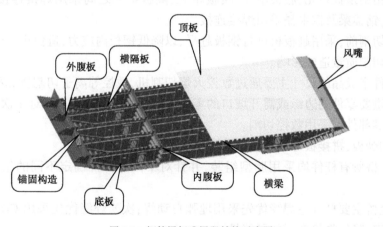

图 8-1 钢箱梁标准梁段结构示意图

(2)钢锚梁

本项目索与主塔锚固采用钢锚梁的锚固方案。南塔、北塔共 52 +52 根斜拉索,设置 46 +46 套钢锚梁。另外 6 +6 根斜拉索直接锚固在塔壁混凝土齿块上。钢锚梁主体结构采用符合《桥梁用结构钢》(GB/T 714—2015)要求的桥梁用结构钢 Q345qD;斜拉索通过预埋钢管、钢锚梁及钢牛腿,锚固于主塔内侧,钢锚梁、钢牛腿通过剪力钉和预埋钢筋与主塔内壁相连。斜拉索张拉端设于主塔内。钢锚梁与钢牛腿示意如图 8-2 所示。

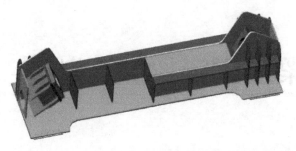 

图 8-2 钢锚梁与钢牛腿示意图

8.2 钢箱梁制造

8.2.1 钢箱梁制造工艺

本项目的钢箱梁采用"板单元制造→梁段拼装→梁段涂装→梁段运输→桥上连接"的程序施工。

本项目钢箱梁顶板单元、底板单元、腹板单元、隔板单元之间采用焊接连接,顶板U形肋采用栓接连接,钢锚梁及钢牛腿采用焊接连接。

①钢板在切割前,采用赶板机进行钢板赶平,以降低钢板内应力,避免进厂的钢板因弯曲、翘曲等因素对切割质量造成影响。

②全桥杆件半成品的尺寸主要通过数控火焰切割机、数控等离子切割机和机加工来保证。对于绝大多数重要零件的边缘或需开坡口的零件的边缘应进行机加工,对于次要零部件或带有曲线边缘的零部件可采用数控切割。

③制孔:加劲板、拼接板等采用平板数控钻床或卡样板钻孔。

④组装:主桥所有杆件均采用胎型组装,并针对不同的杆件确定不同的组装方法和定位基准。

⑤焊接:全桥主要杆件主焊缝优先采用埋弧自动焊;次要焊缝优先采用 CO_2 气体保护焊,以提高生产效率,降低焊接变形的可能性。

⑥倒棱:杆件自由边缘均倒棱,倒弧半径为 0.5~2.0mm,并沿纵向匀顺过渡。

⑦试拼装:钢箱梁采用多节段匹配组焊与试拼装同时完成的方案。

钢箱梁制造准备流程如图 8-3 所示,钢箱梁制造工艺流程如图 8-4 所示。

钢箱梁制造与安装分为三个阶段:板单元制造,梁段制造,桥位连接。板单元制造和梁段制造由中铁山桥集团有限公司完成。本桥主桥钢箱梁制造与安装采用"板单元制造→板块拼接→多梁段连续匹配组焊及预拼装→梁段涂装→梁段运输→工地连接→最终涂装"的程序进行。

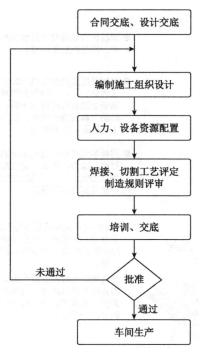

图 8-3 钢箱梁制造准备流程图

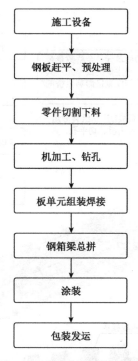

图 8-4 钢箱梁制造工艺流程图

(1)板单元划分

钢箱梁节段由各类板单元组成,板单元的制造质量直接影响钢箱梁的内在、外观质量,本桥项目大量采用自动组装、自动定位焊、机器人自动焊接等国内外先进的自动化装备和先进的工艺,使板单元的生产更加高效,质量更加稳定。

在满足设计图和相关技术规范要求的前提下,综合考虑钢箱梁结构特点、工艺装备、供料、运输及批量生产等因素,对钢箱梁板单元进行划分,见图8-5。划分时尽量实现板单元标准化,以便实现板单元生产规范化、产品标准化、质量稳定化。

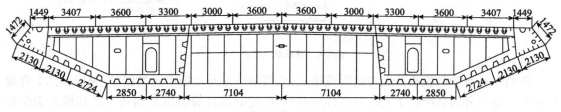

图 8-5 板单元划分(尺寸单位:mm)

(2)板单元制作

①顶板单元制造工艺(图8-6)与流程(图8-7)。

②底板单元制造工艺与流程(图8-8)。

③腹板单元制造工艺与流程。

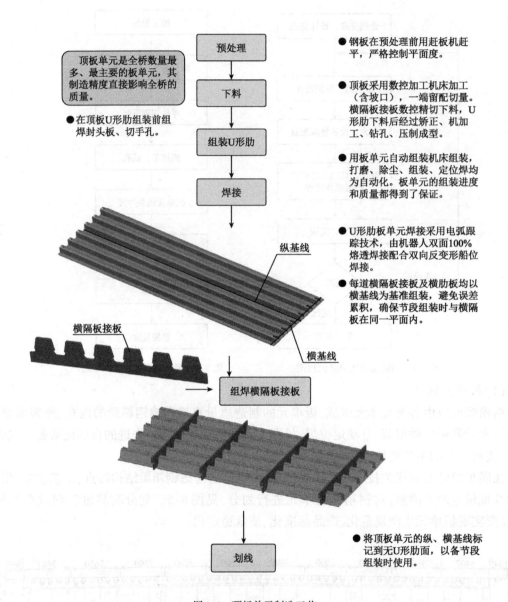

图8-6 顶板单元制造工艺

腹板单元分为外腹板单元与内腹板单元,内腹板单元与顶板单元类似,外腹板单元上有锚箱结构。鉴于外腹板制造工艺的复杂性和典型性,此处以外腹板单元制造工艺和流程为例进行阐述,如图8-9、图8-10所示。

④板式加劲肋板单元的制造工艺与流程。

板式加劲肋板单元包括内(外)腹板、风嘴板单元。

板式加劲肋用门式切割机切割,一台门式切割机最多可配备12把火焰割炬,可一次完成11条加劲肋的切割。板式加劲肋长细比大,在切割下料前虽经过赶平处理消除了一部分钢板轧制内应力，下料时也采用了双枪对称切割工艺，很大程度上避免了构件由于切割受热、内应力释放不均造成的变形，但切割后还会出现旁弯现象，因此采用500t调直机对下料后板式加劲肋进行调直矫正。该设备加工范围：板厚8~56mm，板宽160~1000mm，板长不大于17000mm。

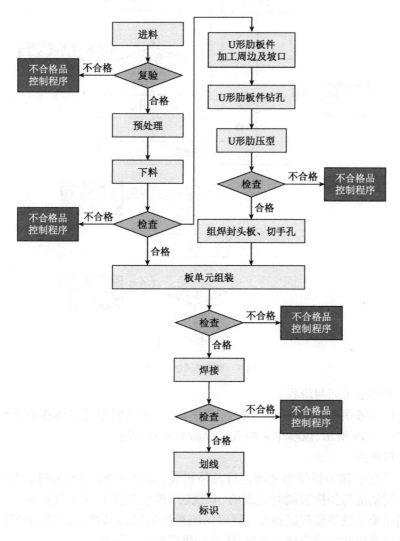

图8-7 顶板单元制造流程

板式加劲肋板单元采用板式加劲肋自动组装定位焊机床组装。该机床具有自动打磨、除尘、组装、定位焊功能，具有全自动操作、定位精度高、压紧可靠、定位焊质量稳定的特点，特别是焊缝区域自动打磨、除尘功能，使作业效率和生产环境得到很大改善。

板式加劲肋板单元制造工艺如图8-11所示，板式加劲肋板单元制造流程如图8-12所示。

⑤横隔板单元与横肋板单元制造工艺（图8-13）与流程（图8-14）。

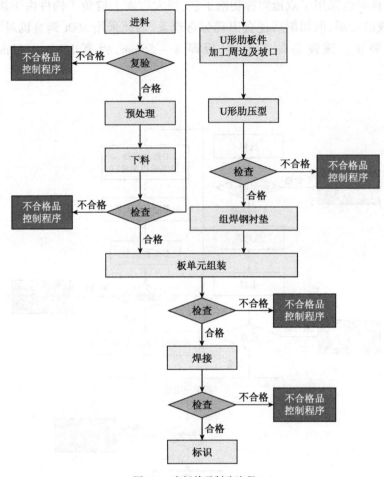

图 8-8 底板单元制造流程

⑥风嘴单元制造工艺与流程。

风嘴单元由风嘴顶板单元(检修道板)、底板单元、导风板单元及隔板单元组成。风嘴单元制造工艺如图 8-15 所示,风嘴单元制造流程如图 8-16 所示。

⑦梁段总拼制造。

钢箱梁节段在中铁山桥华海基地进行总体拼装,设置一条长150m拼装胎架(采用9+1多节段连续匹配制造与预拼装同时完成的"长线法"拼装方案),满足预拼装要求。拼装胎架线形制作及钢箱梁节段拼装都以预先设置好的测量控制网为基准,以确保钢箱梁拼装线形及接口精度。节段预拼装检验合格并打砂、涂装后放置到存梁场待运。

a.总拼装胎架。

总拼装胎架设计应满足下列要求:

(a)胎架纵向各点高程按设计给定的线形设计。

(b)胎架基础必须有足够的承载力,确保在使用过程中不发生沉降。胎架要有足够的刚度,不能随钢箱梁节段拼装时重量的增加而产生变形,造成钢箱梁节段变形或使钢箱梁节段有较大的安装应力。

(c)在胎架上设置纵、横基线和基准点,以控制梁段的位置及高度,确保各部尺寸和立面线形。胎架外设置独立的基线、基点,以便随时对胎架进行检测。

(d)胎架应满足运梁平车进出方便和安全的要求。

(e)拼装前对胎架进行检测,做好检测记录,确认合格后方可进行组拼。每轮次梁段下胎后,应重新对胎架进行检测,做好检测记录,确认合格后方可进行下一轮次的组拼。

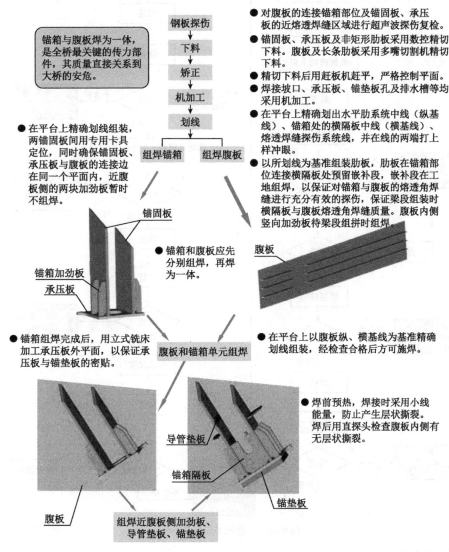

图 8-9 外腹板单元制造工艺

b. 板块组焊。

在顶(底)板单元参与梁段组装前,先在专用胎架上将 2(或 3)块顶(底)板单元拼焊成一个吊装板块。拼接时使用预留焊接收缩量的样板控制焊缝两侧相邻 U 形加劲肋的中心距,且预置反变形,以保证焊后板块的尺寸精度和平面度。采用上述方案,能减少一半需在总拼装胎架上对接的焊缝量,不仅能缩短制造周期,而且易于控制钢箱梁的外形尺寸。

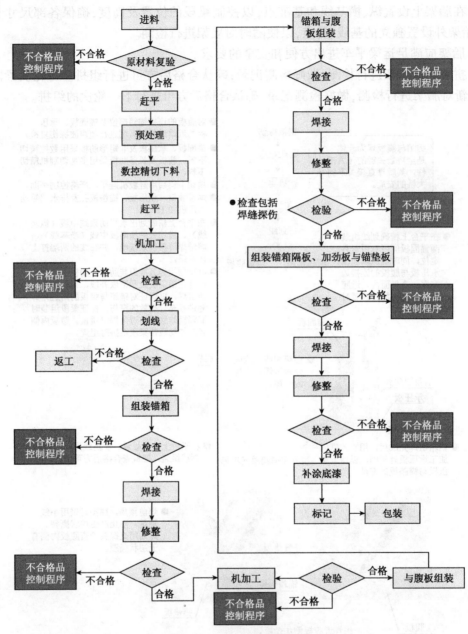

图 8-10 外腹板单元制造流程

c. 钢箱梁拼装。

板单元制造完成后在中铁山桥华海基地拼装场进行多梁段连续匹配组焊和预拼装,即梁段组焊和预拼装在胎架上一次完成。组装采用"正装法",以胎架为外胎,以横隔板为内胎,各板单元按纵、横基线就位,辅以加固设施以确保精度和安全。与母梁预拼装时应解除底胎架的码板等的约束,使梁段处于自由状态。预拼装时需考虑焊接环缝收缩量和由索力引起的梁段压缩量对长度的影响,上一次预拼装累计总长和误差宜在本次拼装中修正。桥上梁段间临时连接件在预拼装检验合格后安装。

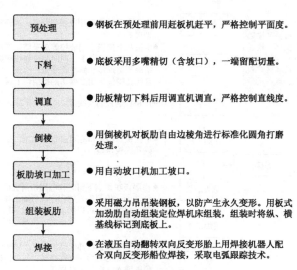

图 8-11 板式加劲肋板单元制造工艺

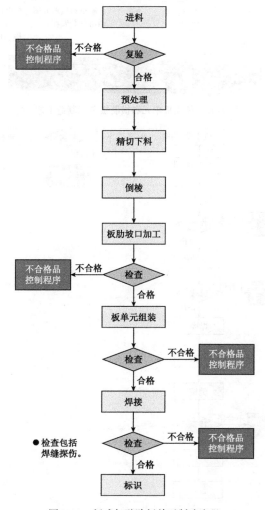

图 8-12 板式加劲肋板单元制造流程

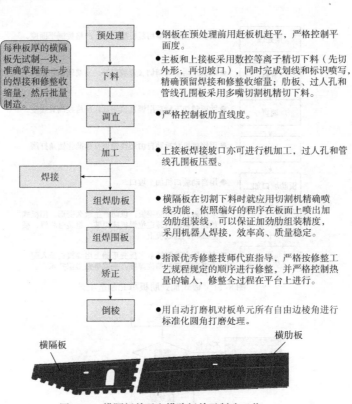

图 8-13 横隔板单元和横肋板单元制造工艺

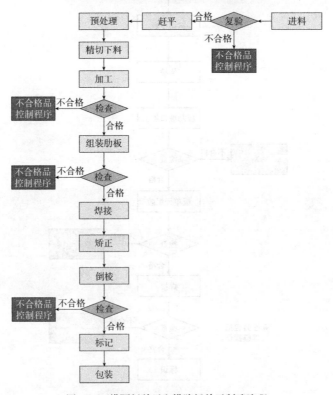

图 8-14 横隔板单元和横肋板单元制造流程

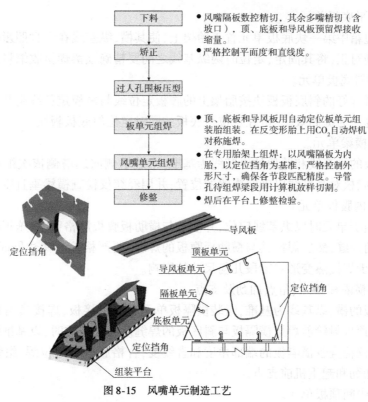

图 8-15 风嘴单元制造工艺

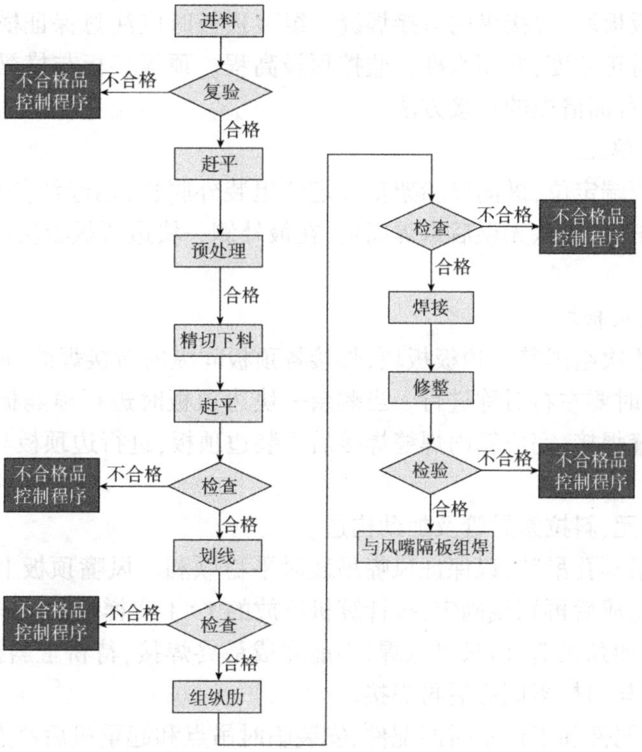

图 8-16 风嘴单元制造流程

(a)组焊平底板单元。

先将两边箱中第一块底板单元置于胎架上,使其横、纵基线在无日照影响的条件下与胎架上的基线精确对正,将其固定,定位时两纵基线之间要精确预留焊接收缩量。

(b)组焊斜底板单元。

将预先拼焊好的斜底板板块按胎架上的腹板定位线与底板定位线组装定位,焊接平、斜底板间对接焊缝。为提高效率,可在定位平底板的同时定位斜底板板块。

(c)组焊横梁单元。

以平底板的横基线和胎架的纵基线为基准,由近塔侧向远塔侧依次组装横梁单元。组装定位时,要精确核对基准线以确定横梁的位置,并用经纬仪检查横梁垂直度,合格后方可焊接。

(d)组焊内腹板单元。

组装内腹板单元时以纵基线定位,并使其与横肋板腹板严格密贴,施焊时先焊接内腹板与底板的熔透角焊缝,然后焊接其与横肋板腹板的焊缝,要严格控制两边同时施焊,并且焊接方向一致,以减少焊接热变形对梁段几何尺寸的影响。

(e)组焊横隔板单元、角点加劲及支点。

以平底板的横、纵基线为基准,组装横隔板单元和底板接板,焊接横隔板与平底板和中纵腹板的焊缝,顶板封舱前焊接横隔板与斜底板的焊缝。组装定位时,以基准线确定横隔板的位置,并用经纬仪检查各横隔板的端部角度和直线度,合格后进行定位焊,组装横隔板的同时依次组焊角点加劲和起重机前支点。

(f)定位中间顶板单元。

组装中间两顶板板块,焊接纵向对接焊缝。组装顶板时应注意保证横梁腹板和预先焊在顶板上的上接板的对正精度,并用水准仪监控顶板高程。顶板接板与横梁腹板的水平劲板采用熔透角焊缝焊接、背面清根的焊接方法。

(g)组装外腹板单元。

横向以横隔板两端定位,纵向以胎架基线定位组装外腹板,用经纬仪检测,确保两侧锚箱的相对位置和角度正确,确认无误后点焊固定,在最外侧一块边顶板板块组装前再焊接外腹板与斜底板的焊缝。

(h)组焊其他顶板板块。

从中间向两边依次组焊其他顶板板块,焊接各顶板间纵向对接焊缝、顶板接板与横梁或横隔板角接焊缝,施焊时要左右对称进行。当剩余一块边顶板时进行横隔板与斜底板以及横隔板与边纵腹板的焊缝焊接,完成箱内焊缝焊接后组装边顶板,进行边顶板与边纵腹板纵向焊缝焊接。

(i)组焊风嘴单元、斜拉索导管及加劲构造。

风嘴用指定的吊耳孔吊装,以保证风嘴吊装时平稳顺利。风嘴顶板上的斜拉索导管孔中心位置待风嘴组焊完成后再划线确定,按计算机所放的1∶1实样切割。斜拉索导管插入锚箱后,组装导管孔处的加劲构造,但只可点焊,不能完成最终焊接,待桥上斜拉索安装后,对导管角度进行微调,使其与斜拉索同心后再焊接。

(j)组焊桥面附属件和工地临时匹配件、安装临时吊点和起重机后锚点。

待梁段组焊修整完成并经预拼装全面检验合格后,根据梁段的制造长度,配切顶、底板背塔端坡口。组焊路缘石、防撞护栏立柱底座、路灯底座等附属件及工地临时匹配件,安装临时吊点和起重机后锚点,然后下胎。安装吊点前应按要求涂装摩擦面。高强螺栓施拧要由专人负责,严格按照施拧工艺作业,并做好施拧记录和检测。

(k)钢箱梁预拼装。

为确保钢箱梁顺利架设,钢箱梁在拼装场采取预拼装与焊接一次完成的方案,当发现梁段尺寸有误或预拱度不符合要求时,可在预拼装场进行尺寸修正,调整匹配件尺寸,从而避免在高空调整,减小高空作业难度和加快吊装速度,缩短架设周期。

多梁段匹配组拼时,按制造线形及梁段间预留间隙,使相邻梁段连接断面相匹配,然后焊接焊缝,焊接完毕后,按制造长度(预留焊接间隙和焊接收缩量)配切节段预留配切量端头。精确调整和测量线形、长度、端口尺寸、直线度等,检验合格后组焊工地临时匹配件,经监理工程师签认后,将其他梁段运出堆放,留下最后一个梁段,与后续梁段进行预拼装,预拼装顺序与梁段吊装顺序相同,吊装时不允许调换梁段号。

预拼装应注意的事项如下:

(a)首批钢箱梁作为试验梁段,全面检查整个制造工艺是否合理及生产措施是否得当,经监理工程师批准后再批量生产。

(b)预拼装时要考虑焊接环焊缝收缩量和由索力引起的梁段压缩量对梁长的影响。

(c)根据上次预拼装后累计总长和误差,修正本次预拼装梁段长度,避免误差积累。

(d)相邻梁段的端口尺寸偏差难以避免,预拼装时对相邻端口加以匹配修整,使之在空中安装时顺利对接及焊接。

(e)为消除钢箱梁安装的累计误差,保证全桥顺利合龙,合龙段长度应预留足够的配切余量。

每轮梁段整体组焊完成后直接在胎架上进行预拼装检查,重点检查桥梁纵向线形、梁段纵向累加长度、全桥预拼拱度、箱梁中心轴线偏差、横坡、扭曲及相邻节段端面的匹配和拼接处有无相互抵触的情况。梁段间端口的匹配精度检查除检查桥梁总体线形尺寸外,还必须检查梁段间连接构件的匹配情况。由于本桥采用梁段整体组焊和预拼装并行完成的工艺方案,其相邻接口的变形趋势是相同的。梁段间端口连接应重点检查外腹板处梁高、板边错边量、U形肋对位偏差等。

本桥相邻梁段间栓接部分主要为顶板U形肋栓接,根据经验总结,全部拼接板采用全出孔工艺,以首轮钢箱梁的8个梁段为例,分别配备一般公差为0,+3,-3(单位:mm)的拼接板。待桥位实际架设时,测量相邻两个梁段之间的孔群位置偏差值,根据实际测量值确定使用相对应误差的拼接板,同时为防止相邻两个钢箱梁之间距离偏差较大的情况出现,配置两个环口所对应的半出孔拼接板以备不时之需。

8.2.2 板单元制造与焊接

(1)焊接材料

焊接材料除进厂时必须有生产厂家的出厂质量证明外,还应按现行有关标准进行复验,并保留复验合格记录备查。焊接材料统计如表8-1所示。

焊接材料统计表 表8-1

序号	焊缝部位	焊接方法	焊接材料
1	定位焊	自动组装定位焊机床焊接	富氩气体保护焊	ER50-6（<P1.2mm）
		气体保护半自动焊	CO_2气体保护焊	ER50-6（<D1.2mm）
2	Q345qD钢板对接料焊缝	埋弧自动焊	H08mn2E+SJ101q
3	顶板单元U形肋熔透角焊缝	内侧T形角焊缝采用富氩气体保护焊	ER50-6（<1.2mm）
		外侧坡口采用埋弧自动焊	H08mnA（<D3.2mm）+SJ101q
		局部返修焊等焊缝也可采用焊条电弧焊	E5015（<4mm）

（2）板材预处理

本桥使用的U形肋为厚度8mm的钢板，经过冷压加工成型。在U形肋制造过程中，为了保证U形肋与顶板的间隙小于或等于0.5mm，钢板在预处理前用赶板机赶平，使钢板轧制内应力分布均匀及部分消除，矫正钢板的塑性变形，提高钢板平面度，达到0.5mm/m。

（3）U形肋制作

板单元下料时采用双枪对称切割工艺，避免板件由于切割受热，内应力释放不均造成变形，钢板下料后用双面铣床加工边缘，严格控制钢板宽度；用坡口机加工两边坡口，坡口加工机床定位、进给、加工为纯机械化作业，改变了以往的人工定位、进给的工作模式，一个循环作业可完成两边坡口的加工，工作效率大大提升。加工后钝边尺寸精度达到±0.5mm以内，坡口角度±0.5°。

机床的功能是铣削、打磨加工，使坡口钝边、角度和加工面粗糙度都得到保障，与双面边缘铣削机床、数控折弯机形成流水作业，而且实现了机械化操作，质量和效率都得到了大幅度提高，能够有效地控制U形肋产品的质量；加工后用内卡样板逐块检查，严格控制U形肋的几何尺寸。顶板U形肋采用高强螺栓连接，为了保证相邻顶板的U形肋顺利连接，采用先孔法工艺加工U形肋和拼接板的孔，所有孔在板件状态下钻制。

（4）板单元组装

底板单元采用U形肋板单元组装定位机床，再加上高质量的U形肋，U形肋与底板的组装间隙完全能控制在0.5mm内，避免在焊接过程中因焊接间隙较大导致U形肋根部焊穿。

①U形肋内角焊接。

U形肋内角焊接主要包括上料、定位、伸缩臂到位、焊机定位、焊接和下料等工序，具体流程如图8-17所示。

图8-17 U形肋内角焊接流程图

板单元卡在 U 形肋内角焊专用机床平台上,焊接 U 形肋内侧角焊缝,所有 U 形肋同时施焊。两端头专用焊机焊不到的位置采用 $CO_2 + Ar$ 混合气体保护焊。

②U 形肋外角焊接。

顶板单元 U 形肋外侧角焊缝采用板单元反变形埋弧自动焊机焊接,底板单元焊接采用多头机器人焊接系统进行船位焊接。

多头机器人焊接系统采用先进的电弧跟踪技术,实现对坡口根部位置偏差的智能化跟踪调整,跟踪精度达到 0.2mm,解决了以往多头龙门焊机探针或光电跟踪偏差大的问题。船位焊接焊丝能够更容易地伸到坡口根部,焊接过程中的焊速、焊枪摆动幅度都由机器人自动控制,更容易实现最理想的焊接参数,能有效保证焊接熔深和焊缝外观成型,从内外同时提高焊缝疲劳强度。

自动化焊接系统与双向反变形船位焊接结合,焊缝成型好,熔深和内部质量稳定可靠,板单元不用矫正即可达到质量要求,同时可以最大限度地减小残余应力和减少应力集中,有效提高板单元抗疲劳性能,增强结构耐久性。

在焊接机器人左右各有一个双向反变形胎架。龙门上的焊接机器人先焊左侧板单元上的焊缝,再焊接右侧板单元上的焊缝,完成板单元的焊接。其焊接效率是普通自动焊小车效率的 2.6 倍。该自动化焊接设备为两个由悬臂组成的龙门结构,每个龙门结构有两台焊接机器人,可以单独控制,作业效率更高,信号传递更准确,故障率较整体龙门方式降低了一半。

(5)焊接质量检验。

①外观检验。

所有焊缝应待焊缝金属冷却后进行外观检查,并填写检查记录备查。焊缝不得有裂纹、未熔合、焊瘤、夹渣、未填满弧坑及漏焊等缺陷。外观检查不合格的焊接件,在未进行处理和满足要求之前,不得进入下一道工序。焊缝外观检查质量标准如表 8-2 所示。

焊缝外观检查质量标准　　　　　表 8-2

项 目	简 图	质量要求		
		横向对接焊缝		不容许
气孔	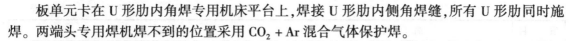	纵向对接焊缝主要角焊缝	直径小于 1.0mm	每米不多于 3 个,间距不小于 20mm,但焊缝端部 10mm 之内不允许有气孔
		其他焊缝	直径小于 1.5mm	
咬边		受拉杆件横向对接焊缝及竖向加劲肋角焊缝(腹板侧受拉区)		不容许
		受压杆件横向对接焊缝及竖向加劲肋角焊缝(腹板侧受压区)		$\Delta \leq 0.3$mm
		纵向对接焊缝及主要角焊缝		$\Delta \leq 0.5$mm
		其他焊缝		$\Delta \leq 1.0$mm

续上表

项 目	简 图	质 量 要 求	
焊脚尺寸		主要角焊缝	0~2.0mm
		其他焊缝	-1~2.0mm
焊波		角焊缝	任意25mm范围内高低差$\Delta \leq 2.0$mm
余高		对接焊缝	焊缝宽$b<12$mm时,$\Delta \leq 3.0$
			$12 \leq b \leq 25$mm时,$\Delta \leq 4.0$
			$b>25$mm时,$\Delta \leq 4b/25$
余高铲磨后表面		横向对接焊缝	不高于母材0.5mm
			不低于母材0.3mm
			粗糙度$R_a 50$

②无损检验。

a.无损检验人员必须持有由相应的考核组织颁发的二级及以上等级资格证书,在有效期内从事相应考核项目的检验工作。

b.超声波探伤仪、磁粉探伤仪、射线探伤装置应定期送计量检验部门进行计量检定,并在检定有效期内使用。

c.无损检验前应对焊缝及探伤表面进行外观检验,焊缝表面的形状应不影响缺陷的检出,否则应做修磨。

d.焊缝经外观检验合格,方可进行无损检验。无损检验的最终检验应在焊接24h后进行。

e.要求同时进行超声波检验和磁粉检验的焊缝,磁粉检验必须在超声波检验合格后进行。

f.用两种以上方法检验的焊缝,必须达到各自的质量要求,方可认为合格。

g.当进行局部探伤的焊缝出现裂纹或超标缺陷时,裂纹或超标缺陷附近的探伤范围应扩大一倍,必要时延至全长。

h.检验范围及标准执行《公路桥涵施工技术规范》(JTG/T F50—2011)。

③焊接接头破坏性检验原则。

a. 破坏性试验一般用于主要构件的焊缝评定,对接焊缝机械性能、角焊缝熔透程度、断口缺陷情况或存在某些缺陷需要通过破坏性试验评定。

b. 承载构件的受力焊缝的破坏性试验应与受力行为一致。

c. 按有关规范规定或图纸规定对焊缝进行破坏性试验。

d. 试验项目应当具有针对性。

e. 工程师可以根据焊缝内部质量检查情况和施焊情况,提出破坏性试验项目及其特殊要求。

f. 试验设计应与焊接工艺设计同期完成。

g. 产品试板经探伤合格后进行接头横向拉伸、侧弯和焊缝金属低温冲击试验,试样数量和试验结果应符合焊接工艺评定的有关规定。若试验结果不合格,可在原试板上重新取样再进行试验,如试验结果仍不合格,则应先查明原因,然后对该试板代表的焊缝进行处理。

h. 对于横向受拉对接焊缝,每5条对接焊缝做1组焊接试板,其他对接焊缝每10条做1组焊接试板。试板材质应与母材相同。

i. 焊接试板长度,自动焊不得小于600mm。如工程师认为有必要,可适量增减抽检数量。

j. 产品完成后,应先对供取样用的焊接试板做标记,并记录所在产品部位,然后才能切割,移送至试验部门取样。

焊缝无损检测范围和等级如表8-3所示。

焊缝无损检测范围和等级 表8-3

焊缝名称		质量等级	探伤方法	检验等级	探伤比例	探伤部位
横向对接焊缝(顶板、底板、腹板、横隔板等)		Ⅰ级	超声波探伤(UT)	B(单面双侧)	100%	焊缝全长
纵向对接焊缝(顶板、底板、腹板等)						端部1m范围内为Ⅰ级,其余部位为Ⅱ级
T形接头和角接接头熔透角焊缝				B		焊缝全长
横隔板纵向对接焊缝				B		焊缝全长
部分熔透角焊缝		Ⅱ级		B	100%	焊缝两端各1m
焊脚尺寸不小于12mm的角焊缝				A		焊缝两端各1m
纵向对接焊缝	顶板	Ⅰ级	射线探伤(RT)	AB	10%	中间250~300mm
	底板、腹板					焊缝两端各250~300mm
横隔板横向对接焊缝					5%	下部250~300mm
横向对接焊缝(顶板、底板、腹板等)					10%	焊缝两端各250~300mm,若长度大于1200mm,中间加探250~300mm
梁段间对接焊缝	顶板十字交叉焊缝				10%	纵、横向各250~300mm
	底板十字交叉焊缝				30%	
	腹板				100%	焊缝两端250~300mm

续上表

焊缝名称	质量等级	探伤方法	检验等级	探伤比例	探伤部位
连接锚箱或吊耳板的熔透角焊缝	Ⅱ级	磁粉探伤（MT）	AB	100%	焊缝全长
U形肋对接焊缝					焊缝全长
横隔板与腹板角焊缝					焊缝两端各500mm
U形肋与顶(底)板角焊缝					每条焊缝两端各1000mm，其中行车道范围的顶板角焊缝为两端各2000mm
横隔板与顶(底)板角焊缝					行车道范围总长的20%
腹板与底板角焊缝					焊缝两端各1000mm，中间每隔2000mm探1000mm
临时连接焊缝(含马板)					拆除临时连接的部位

8.3 钢牛腿与钢锚梁制造

斜拉索塔端采用钢锚梁锚固。每套钢锚梁锚固1根斜拉索，设置于上塔柱斜拉索锚固区段。边塔单侧设置钢锚梁23套，自下而上编号为GML4~GML26。

由于塔端斜拉索横桥向角度较大，为平衡钢锚梁的横桥向分力，在钢牛腿壁板上设置横桥向挡块，挡块与钢锚梁锚头部位紧密接触。

8.3.1 钢牛腿制造

钢牛腿主要由上承板、托架板、壁板、加劲肋等组成。

钢牛腿是主塔重要支撑构件，是整个桥梁制造控制节点之一。钢牛腿制造工艺如图8-18所示，钢牛腿制造流程如图8-19所示。

8.3.2 钢锚梁制造

钢锚梁是钢索在塔上的锚固结构，为本桥主塔重要受力构件之一，主要由钢锚梁外腹板、腹板加劲肋、顶板、底板、端板、锚垫板、承压板及内腹板等组成。钢锚梁与钢牛腿间顶紧连接。

钢锚梁制造工艺如图8-20所示，钢锚梁制造流程如图8-21所示。

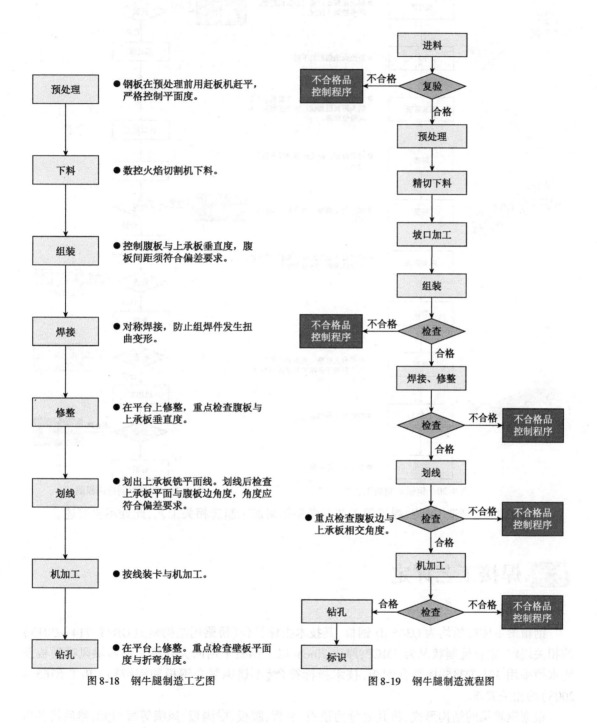

图 8-18　钢牛腿制造工艺图　　　　图 8-19　钢牛腿制造流程图

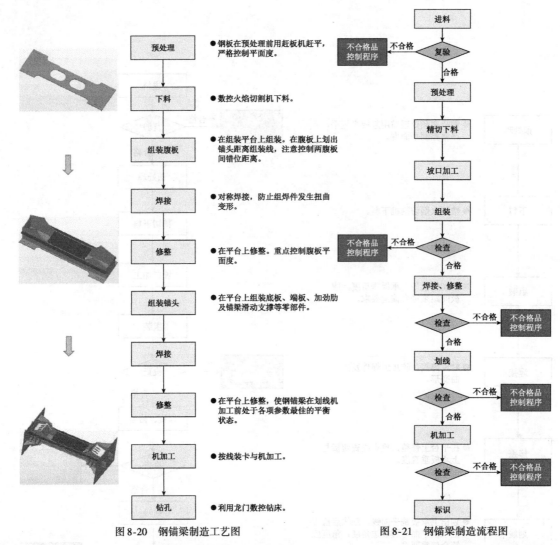

图 8-20　钢锚梁制造工艺图　　　　图 8-21　钢锚梁制造流程图

钢锚梁加工、制造、拼装、焊接等工艺参考钢箱梁加工制造相关工艺,此处不再赘述。

8.4　焊接工艺评定

钢箱梁主体材质均为 Q345qD 钢板,其技术指标符合《桥梁用结构钢》(GB/T 714—2015)的相关规定,钢材轧制状况为 TMCP,厚度 20mm 以上钢板采用回火处理。钢箱梁风嘴顶板及泄水槽采用 321-Q345qD 复合钢板,技术指标符合《不锈钢复合钢板和钢带》(GB/T 8165—2008)的相关要求。

根据钢箱梁的结构形式,将其划分为顶板、底板、腹板、横隔板、风嘴等板单元,然后将各单元运输到拼装场进行梁段拼装,最后在桥址处进行梁段吊装和连接。

(1)焊接工艺评定试验的依据

武穴长江公路大桥钢箱梁和钢锚梁制造焊接工艺评定试验以设计图纸、《公路桥涵施工技术规范》(JTG/T F50—2011)和《铁路钢桥制造规范》(Q/CR 9211—2015)为依据,并满足招标文件的相关规定。

(2)焊接方法和焊接设备

根据本桥钢结构的构造特点和生产条件选择不同的焊接方法,主要为CO_2气体保护焊、富氩气体保护焊和和埋弧自动焊。

①顶板、底板单元U形肋板组装和定位焊采用U形肋板单元自动组装定位焊机床,机器人焊接系统焊接,采用富氩气体保护焊。

②顶板单元U形肋内侧角焊缝采用U形肋内焊专用机床焊接,富氩气体保护焊。

③顶板单元U形肋外侧角焊缝采用板单元反变形埋弧自动焊专机焊接。

④底板单元U形肋角焊缝以及腹板、风嘴板单元板肋角焊缝采用U形肋板单元机器人焊接系统焊接,CO_2气体保护焊。

⑤横隔板单元板肋角焊缝采用横隔板单元机器人焊接系统焊接,CO_2气体保护焊。

⑥钢板对接接料焊缝,板单元间纵、横向对接焊缝的盖面焊道采用埋弧自动焊焊接,焊接设备型号为ZD5(D)-1250等。

⑦其他焊缝均采用CO_2气体保护半自动焊,焊接设备型号为KRU500、YD-500FR等。剪力钉焊接采用电弧螺柱焊专用焊机焊接。

(3)焊接材料

根据钢板材质选择与母材相匹配的焊接材料,焊接材料符合表8-4的规定。

焊接材料统计表　　　　表8-4

名　称	型　号	标准名称	标准编号
CO_2焊实心焊丝	ER50-6	《熔化极气体保护电弧焊用非合金钢及细晶粒钢实心焊丝》	GB/T 8110—2020
CO_2焊药芯焊丝	E500T-1 E501T-1	《非合金钢及细晶粒钢药芯焊丝》	GB/T 10045—2018
CO_2焊药芯焊丝	E309LT1-1 E347T1-1	《不锈钢药芯焊丝》	GB/T 17853—2018
埋弧焊丝	H08mn2E H08mnA	《埋弧焊用热强钢实心焊丝、药芯焊丝和焊丝-焊剂组合分类要求》	GB/T 12470—2018
埋弧焊剂	SJl01q	《埋弧焊用非合金钢及细晶粒钢实心焊丝、药芯焊丝和焊丝-焊剂组合分类要求》	GB/T 5293—2018

用于试验的钢材和焊材的质量证明书应齐全、数据合格,并按规定取样复验合格。

(4)焊前预热及道间温度

Q345qD钢板焊前预热及道间温度如表8-5所示。

焊前预热及道间温度 表8-5

材　　质	板厚(mm)	预热温度(定位焊、CO_2气体保护焊、埋弧自动焊)(℃)	预热范围(mm)	道间温度(℃)
Q345qD钢板	≤30	≥5	—	5~200
	>30	80~120	≥100	80~200
321-Q345qDi复合钢板		≥5		5~100

注：上述预热板厚以板厚组合中厚板为准。采用火焰预热。加热范围为焊缝及两侧80~100mm范围内。测温点距离焊缝中心50~80mm。

(5)试板焊接

试验焊工应从从事本工程的合格焊工中挑选，焊工应有6个月以上从事焊接工程的工作经历，并有2个月以上连续焊接经历。焊接前通知旁站监理，在试板上写号，按照规定进行打磨除锈，达到规定厚度后进行预热。焊接过程中详细记录焊工姓名、预热温度、焊接电流、焊接电压、焊接速度、层间温度以及环境温度和环境湿度等。

(6)焊缝质量要求

①焊缝外观检查。

对焊缝进行外观检查，不得有裂纹、焊瘤、表面气孔、夹渣、弧坑、电弧擦伤、未熔合等缺陷，外观质量应符合《公路桥涵施工技术规范》(JTG/T F50—2011)表19.6.1的规定。

②焊缝无损检验。

焊缝焊接24h，且经外观检验合格后，应进行无损检验。无损检验应满足以下质量要求：

a.对接焊缝：U形肋嵌补段对接焊缝(D13、D14)磁粉探伤，《焊缝无损检测 焊缝磁粉检测验收等级》(GB/T 26952—2011)2X级合格；不锈钢复合板对接焊缝(D8、D15、D16)射线探伤，《金属熔化焊焊接接头射线照相》(GB/T 3323—2005)Ⅱ级合格；其他接头均为超声波探伤，《铁路钢桥制造规范》(Q/CR 9211—2015)Ⅰ级合格。

b.全熔透角焊缝：顶板U形肋熔透角焊缝(R10)磁粉探伤，《焊缝无损检测 焊缝磁粉检测验收等级》(GB/T 26952—2011)2X级合格，超声波相控阵检测，《无损检测 焊缝磁粉检测》(JB/T 6061—2007)Ⅱ级合格；其他接头均为超声波探伤，《铁路钢桥制造规范》(Q/CR 9211—2015)Ⅰ级合格。

c.坡口部分熔透角焊缝：底板U形肋嵌补段角焊缝(P5、P6)磁粉探伤，《焊缝无损检测 焊缝磁粉检测验收等级》(GB/T 26952—2011)2X级合格；复合板U形肋角焊缝(P7)渗透探伤，《焊缝无损检测 焊缝渗透检测验收等级》(GB/T 26953—2011)Ⅱ级合格；其他接头均为超声波探伤，《铁路钢桥制造规范》(Q/CR 9211—2015)Ⅰ级合格。

d.T形接头角焊缝：均为磁粉探伤，《焊缝无损检测 焊缝磁粉检测验收等级》(GB/T 26952—2011)2X级合格。

③焊接接头机械性能的要求。

a.焊缝强度：焊缝的屈服强度和抗拉强度不低于母材标准值。

b.焊缝金属伸长率：不低于母材标准值。

c.接头韧性：-20℃下KV2(施加的冲击荷载与焊接接头厚度之比)不低于47J。

d.接头弯曲：对接接头弯曲180°，试样受拉面上的裂纹总长不大于试样宽度的15%，且单个裂纹长度不大于3mm。

e. 接头硬度：不大于380HV10。

接头机械性能试样的制取及试验：

接头机械性能试验项目及试样数量如表8-6所示。

接头机械性能试验项目及试样数量　　表8-6

试件形式	试验项目	试样数量(个)
对接接头试件	接头拉伸(拉板)试验	1
	焊缝金属拉伸试验	1
	接头侧弯试验①	1
	低温冲击试验②	6
	接头硬度试验	1
熔透角接试件	焊缝金属拉伸试验	1
	低温冲击试验②	6
	接头硬度试验	1
坡口角接试件、T形角接试件	焊缝金属拉伸试验	1
	接头硬度试验	1

注：①对接接头侧弯试验中弯曲角度 $\alpha = 180°$。当试板厚度为10mm及以下时，可以用正、反弯各一个代替侧弯。

②对接接头及熔透角接低温冲击试验缺口在焊缝中心及熔合线外1.0mm处各开3个。

每一组试板进行一次宏观断面酸蚀试验，试验方法应符合《钢的低倍组织及缺陷酸蚀检验法》(GB/T 226—2015)的规定，单道焊缝的成型系数应为1.3~2.0。另外，通过断面检查，还应满足以下要求：

a. 对接焊缝和熔透角焊缝必须全熔透。

b. 坡口部分熔透角焊缝的有效深度达到设计要求，底板U形肋坡口角焊缝的熔透深度不小于U形肋板厚的80%。

c. T形接头角焊缝焊角尺寸达到设计要求。

根据武穴长江公路大桥钢箱梁和钢锚梁设计图，对焊接接头进行归类，分为对接焊缝、全熔透角焊缝、坡口部分熔透角焊缝和T形接头角焊缝，主要焊缝类型如表8-7所示。

主要焊缝类型统计表　　表8-7

序号	焊缝类型	焊缝名称	焊接位置	板厚(mm)
1	对接焊缝	钢板对接接料焊缝	平位	12/16/20/20/30/40
		顶板单元间纵向对接焊缝	平位	16/18/20
		底板单元间纵向对接焊缝	平位	16/18/20/22
		横隔板间对接焊缝	立位	12/16/20/24/30
		中间横梁下翼缘板与底板对接焊缝	平位	24/32
		节段间顶、底板对接焊缝	平位	16/18/20/22
		节段间外腹板对接焊缝	立位	36/30
		节段间内腹板对接焊缝	立位	14/16/18/20/24

续上表

序号	焊缝类型	焊缝名称	焊接位置	板厚(mm)
1	对接焊缝	节段间U形肋嵌补段对接焊缝	平位/立位	8
		节段间板肋嵌补段对接焊缝	平位/立位	14/16/18/20/24
		节段间泄水槽对接焊缝	平位/立位	8+3
2	全熔透角焊缝	边腹板与顶板间熔透角焊缝	平位	16/18/20
		边腹板与底板间熔透角焊缝	平位	36/30
		中腹板与顶板间熔透角焊缝	仰位	14/16/18/20/24
		中腹板与底板间熔透角焊缝	平位	18/20/24
		横隔板与边腹板间熔透角焊缝	立位	12/16/20/24/30
		支座横隔板与底板间熔透角焊缝	平位	24/30
		阻尼器与钢箱梁底板间熔透角焊缝	仰位	60
		锚板、承压板与腹板间熔透角焊缝	平位	40/48
		钢锚梁锚下承压板与腹板间熔透角焊缝	平位	40
		钢锚梁腹板与底板间熔透角焊缝	平位	32/36/40/45
		钢牛腿座板、托架板与预埋钢板间熔透角焊缝	平位	40/32
		U形肋与顶板间熔透角焊缝	平位	8
3	坡口部分熔透角焊缝	底板单元上U形肋坡口角焊缝	平位	8
		钢箱梁内腹板与底板间坡口角焊缝	平位	14/16/18/20/24
		横隔板与顶板、底板、腹板间坡口角焊缝	平位/立位	12/16/20/24/30
		钢箱梁锚箱锚拉板与承压板间坡口角焊缝	平位/立位	40/48
		钢箱梁锚箱上的加劲肋坡口角焊缝	平位	30
		钢锚梁顶板与纵向拉板间坡口角焊缝	平位	30
		钢锚梁上的加劲板坡口角焊缝	平位	25/30
		锚固加劲构造与外腹板间坡口角焊缝	立位	16/24
		钢混结合段T形肋与顶板、底板间坡口角焊缝	平位	16/20/22
		钢混结合段钢格室腹板与顶板、底板间坡口角焊缝	平位/立位	20/22/30
		端部承压板与顶板、底板、腹板间坡口角焊缝	平位/立位/仰位	30
4	T形接头角焊缝	顶板、底板、腹板上板肋T形角焊缝	平位	14/16/20/24
		横隔板与顶板、底板、腹板间T形角焊缝	平位/立位	12
		横隔板上的加劲肋T形角焊缝	平位/立位	10/12/16/20
		钢牛腿上的加劲肋T形角焊缝	平位/立位	20

根据本项目的焊缝类型,拟采用的焊接方法、焊接位置和焊接材料等,确定了38组焊接工艺评定试验项目,其中对接焊缝16组,全熔透角焊缝10组,坡口部分熔透角焊缝7组,T形接头角焊缝5组。按照《公路桥涵施工技术规范》(JTG/T F50—2011)和《铁路钢桥制造规范》(Q/CR 9211—2015)的规定,首次采用的钢材和焊接材料必须进行评定,已评定并批准的工艺,

可不再评定。本桥焊接工艺评定试验引用了港珠澳大桥和武汉白沙洲大桥的试验结果。

(7)圆柱头焊钉焊接工艺评定试验

对材质为ML15A1的圆柱头焊钉进行焊接工艺评定试验,按照《铁路钢桥制造规范》(Q/CR 9211—2015)的要求,每组试验焊接6个焊钉,外观检查合格后,选取其中3个进行30°弯曲试验,另外3个进行接头拉伸试验。

(8)焊接工艺评定报告内容

焊接工艺评定报告的内容应包括:母材和焊接材料的牌号、规格、化学成分和力学性能等,试板图,试件的焊接条件、施焊日期、工艺参数,焊缝外观和无损检验结果,力学性能试验和宏观断面酸蚀试验结果,结论及评定人员签字。

8.5 钢箱梁涂装

钢箱梁涂装包括钢箱梁外表面和内表面、高强螺栓、U形肋、桥面附属结构、防撞护栏等方面的涂装,不同部分的涂装要求和工艺均不同,具体各构件和各部分涂装方案如表8-8所示。

涂装方案统计表　　　　　　　表8-8

部位	涂装体系及用料	技术要求	场地
钢箱梁(除桥面)外表面、桥面系等附属钢结构外表面、风嘴内外表面、未封闭的内表面	表面净化处理	无油、干燥	厂内
	二次表面喷砂处理	Sa3级,R_z60~100μm	厂内
	电弧喷铝	干膜厚度≥200μm	厂内
	环氧封闭漆	用量0.08kg/m²,无厚度要求	厂内
	环氧云铁厚浆中间漆	干膜厚度≥1×80μm	厂内
	脂肪族聚氨酯面漆	干膜厚度≥1×40μm	厂内
	脂肪族聚氨酯面漆	干膜厚度≥1×40μm	现场
钢箱梁内表面(湿度应小于50%)	二次表面喷砂处理	Sa2.5级,R_z50~80μm	厂内
	环氧富锌底漆	干膜厚度≥2×40μm	厂内
	环氧厚浆漆	干膜厚度≥2×80μm	厂内
钢桥面	手工动力除锈	St2(未锈蚀部位拉毛、锈蚀部位除锈)	厂内
	醇溶性无机硅酸锌车间底漆	锈蚀部位涂装	厂内
	环氧铁红防锈漆(临时防护)	干膜厚度≥2×40μm	厂内
	全自动抛丸处理	Sa2.5级,R_z25~60μm	现场
	环氧富锌底漆	干膜厚度≥2×40μm	现场
高强螺栓连接摩擦面	二次表面喷砂处理	Sa3级,R_z60~100μm	厂内
	电弧喷铝	干膜厚度≥200μm	厂内
高强螺栓连接部位外表面		螺栓、螺母、垫圈等先除锈除油,清洗皂化膜	
	电弧喷铝	干膜厚度≥200μm	厂内

续上表

部位	涂装体系及用料	技术要求	场地
高强螺栓连接部位外表面	环氧封闭漆	用量0.08kg/m²,无厚度要求	厂内
	环氧云铁厚浆中间漆	干膜厚度≥1×80μm	厂内
	脂肪族聚氨酯面漆	干膜厚度≥1×40μm	厂内
	脂肪族聚氨酯面漆	干膜厚度≥1×40μm	现场
顶板形肋、板肋的拼接缝	在拼接缝的两端先用泡沫塑料等填充物塞紧,留30mm深度,再用弹性腻子填实,然后做最外层涂装		
防撞护栏	表面净化处理	无油、干燥	厂内
	热浸锌	干膜厚度≥1×90μm	厂内
	环氧云铁厚浆中间漆	干膜厚度≥1×80μm	厂内
	脂肪族聚氨酯面漆	干膜厚度≥1×40μm	厂内
	脂肪族聚氨酯面漆	干膜厚度≥1×40μm	现场
其他附属结构	表面净化处理	无油、干燥	厂内
	热浸锌	干膜厚度≥1×90μm	厂内

8.5.1 涂装工艺评定试验

涂装作业开始前,选择一块适当面积的试板,按钢箱梁涂装方案进行钢箱梁内表面、外表面、摩擦面涂装体系的涂装工艺评定试验,以检验所确定的施工工艺和参数的正确性和完善程度。钢箱梁涂装工艺评定试验信息如表8-9所示。

钢箱梁涂装工艺评定试验表 表8-9

项目	工艺名称	工艺参数	施工要求	检测项目	目标值
表面清理	除油、除杂物		除油、除杂质	外观	无可见油污及杂质
喷砂/抛丸	喷砂除锈及表面粗糙化	喷射角65°~70°,喷射距离300~400mm,压缩空气压力≥0.5MPa	一次扫过达到要求	表面清洁度图谱对照/表面粗糙度测量	达规定要求
摩擦面喷铝	电弧喷涂	喷射角60°~80°,喷射距离250~300mm,压缩空气压力≥0.5MPa,喷涂电压24~36V,喷涂电流100~300A	喷涂达到规定要求	膜厚	≥200μm
				外观	无缺陷
				抗滑移系数出厂值	≥0.55
				抗滑移系数现场检验值(6个月内)	≥0.45
喷铝	电弧喷涂	喷射角60°~80°,喷射距离250~300mm,压缩空气压力≥0.5MPa,喷涂电压24~36V,喷涂电流300~500A		膜厚	≥200μm
				外观	无缺陷
				附着力(拉开法)	达规定要求

续上表

项 目	工艺名称	工艺参数	施工要求	检测项目	目 标 值
底漆、封闭漆、中间漆	高压无气喷涂	空气压力0.5~0.6MPa,富锌类采用23Z25型喷嘴,中间漆等采用14B25型喷嘴,喷距300mm,搭接1/3	高压无气喷涂,喷涂时采用湿膜卡控制厚度	干膜测厚	内表面"85-15"规则
					外表面"90-10"规则
				附着力(划格法)	达规定要求
				附着力(拉开法)	达规定要求
				外观	无缺陷
喷脂肪族聚氨酯面漆	高压无气喷涂	空气压力0.5~0.6MPa,采用10C20型喷嘴,喷距300mm,搭接1/3		干膜测厚	90%≥设计值,其余10%≥设计值的90%
				附着力(划格法)	达规定要求
				附着力(拉开法)	达规定要求
				外观	无缺陷

8.5.2 涂装前准备

(1)涂装平台搭设

钢箱梁涂装施工前,根据钢箱梁的结构特点搭设便于操作的稳固施工平台。平台搭设确保全部内、外等表面喷砂、喷漆正常进行,同时便于灰尘的清理和空气的流通。

(2)表面清理与结构处理

钢箱梁涂装前需要对结构进行处理,并对表面进行清理,使表面清洁与平整,以保证涂装的效果与质量。

表面清理:在进入喷砂房前,先在临时存放点进行表面清理。清扫钢结构表面的浮尘和附着物,清除表面油污、氧化皮及杂质。

结构处理:喷砂除锈二次涂装前须对构件表面进行检查,并做出标识,采用手动或电动工具按表8-10的要求对不利于涂装的部位进行打磨清理,必要时需先进行补焊。补焊、打磨清理后用吸尘器等将所有尘、渣从钢结构表面清除。

补焊、打磨标准如表8-10所示。

补焊、打磨标准　　　　表8-10

序号	部 位	焊缝及缺陷部位的打磨标准	评定方法
1	自由边	1.打磨锐边或其他边角,使其圆滑过渡,最小曲率半径为2mm; 2.圆角可不处理	目测
2	飞溅	1.用工具除去飞溅物; 2.钝角飞溅物可不打磨	目测
3	焊缝咬边	超过0.8mm深或宽度小于深度的咬边需采取补焊或打磨修复	目测

续上表

序号	部位	焊缝及缺陷部位的打磨标准	评定方法
4	表面损伤	超过0.8mm深的表面损伤、坑点或裂纹必须采取补焊或打磨修复	目测
5	手工焊缝	表面不平度超过3mm的手工焊缝或焊缝有夹杂物的,需用磨光机打磨至表面平整度小于3mm	目测
6	自动焊缝	一般不需特别处理	目测
7	正边焊缝	带有铁槽、坑的正边焊缝应按"焊缝咬边"的要求进行处理	目测
8	焊接弧	按"飞溅"和"表面损伤"的要求进行处理	目测
9	割边表面	打磨至凹凸度小于1mm	目测
10	厚钢板边缘切割硬化层	当打砂粗糙度达不到设计要求时,用砂轮磨掉0.3mm	目测

(3) 涂装环境检测

钢箱梁的涂装对周边环境较为敏感,如空气相对湿度、温度、风速、雨、雪等因素均可造成涂装质量不合格,因此需对涂装环境进行严格控制。厂内涂装与现场涂装环境具体要求如表8-11所示。

涂装环境要求表　　　　表8-11

项 目	控制要求	检测方法	位 置
空气相对湿度	涂装房内≤85%	用干湿球温度计测量再查表换算,或直接用仪器测量空气相对湿度	厂内
钢板表面温度	空气露点温度3℃以上	用钢板温度仪测量	厂内
空气露点	—	用露点测试仪测量或由空气温度和空气相对湿度查表求出	厂内
空气相对湿度	≤85%	用干湿球温度计测量再查表换算,或直接用仪器测量空气相对湿度	现场
钢板表面温度	空气露点温度3℃以上	用钢板温度仪测量	现场
空气露点	—	用露点测试仪测量或由空气温度和空气相对湿度查表求出	现场

8.5.3　钢箱梁厂内涂装

(1) 钢箱梁隐蔽部位预涂装

在合适的施工条件下,对喷砂报检合格的风嘴进行电弧喷铝施工,干膜厚度不小于200μm,电弧喷涂时严格按工艺参数进行,使铝层均匀,不得漏喷,喷铝后清除大熔滴等缺陷。然后进行环氧封闭漆喷涂施工,用量按0.08kg/m²控制(不计膜厚)。对风嘴内表面进行环氧云铁厚浆中间漆的预涂施工,施工过程中随时用湿膜卡检测湿膜厚度,使干膜厚度达到 $80\mu m$,总干膜厚度不小于 $280\mu m$。对检查合格的风嘴内表面进行第一道脂肪族聚氨酯面漆的预涂。施工过程中随时用湿膜卡检测湿膜厚度,使干膜厚度不小于 $40\mu m$(累计干膜厚度不小于 $320\mu m$),后进行养护。

(2)钢箱梁(除桥面)外表面、桥面系等附属钢结构外表面、风嘴内外表面、未封闭的内表面涂装

①喷砂除锈。

梁段下胎后,对梁段外表面进行表面清理,彻底清除表面的油污、杂质,搭设施工平台后将梁段转运至喷砂房进行喷砂除锈处理。

梁段喷砂前对已涂装部位进行保护(采用包裹、封闭等方法),根据设计要求喷砂至摩擦面、外表面表面清洁度 Sa3 级,外表面粗糙度 $R_z60\sim100\mu m$;采用大功率吸砂机进行吸砂吸尘处理,使工件表面彻底清洁。

钢板表面清洁度采用清洁度对照图谱检测,钢板表面粗糙度采用粗糙度比较样块或粗糙度检测仪进行检测,自检、专检合格后报监理验收。

②电弧喷铝施工。

在合适的施工条件下,对喷砂报检合格的梁段外表面(含摩擦面)进行电弧喷铝施工,干膜厚度不小于 $200\mu m$。电弧喷涂时严格按工艺参数进行,使铝层均匀,不得漏喷,喷铝后清除大熔滴等缺陷。

③环氧封闭漆涂装。

对环焊缝部位、摩擦面进行保护,预涂、喷涂一道环氧封闭底漆,要求涂层均匀,不得漏喷,用量按 $0.08kg/m^2$ 控制(不计膜厚),喷后防护;封闭层附着力按《色漆和清漆拉开法附着力试验》(GB/T 5210—2006)的规定进行检验,严格控制环氧封闭漆的单位用量,以确保涂层整体质量。

④环氧云铁厚浆中间漆涂装。

对环氧封闭漆层进行检查,清理漆雾和涂层表面缺陷,检测施工环境,对环氧封闭漆验收合格的外表面进行一道环氧云铁厚浆中间漆的预涂和喷涂,施工过程中随时用湿膜卡检测湿膜厚度,使干膜厚度不小于 $80\mu m$(累计干膜厚度不小于 $280\mu m$)。

处理外表面环氧云铁厚浆中间漆涂层的表面缺陷,并认真检测累计干膜厚度。局部不够厚的部分及时补涂,使其检验合格。自检、专检合格后报监理验收。

⑤第一道脂肪族聚氨酯面漆涂装。

在合适的环境条件下,对报检合格的箱梁外表面进行第一道脂肪族聚氨酯面漆的预涂和喷涂。喷涂施工过程中随时用湿膜卡检测湿膜厚度,使干膜厚度不小于 $40\mu m$(累计干膜厚度不小于 $320\mu m$)。喷涂时做到涂层表面平整、均匀,颜色基本一致。

全面检测涂层总厚度、外观质量和涂层附着力,使涂层总厚度不小于 $320\mu m$;颜色达到色卡要求,漆膜无流挂、针孔、气泡、裂纹等缺陷;涂层附着力达到规定要求。

(3)钢箱梁内表面(湿度小于50%)涂装

①内表面喷砂除锈。

梁段下胎后,对梁段内表面进行清理,彻底清除表面的油污、杂质、盐分,搭设施工平台后

将梁段转运至喷砂房进行喷砂除锈处理。

根据设计要求喷砂至清洁度 Sa2.5 级,粗糙度 $R_z 50\sim80\mu m$;采用大功率吸砂机进行吸砂吸尘处理,使工件表面彻底清洁。

②内表面底漆预涂。

梁段喷砂报检合格后转运至涂装房。在合适的施工条件下,对梁段整体边角、焊缝等薄弱部位进行预涂、喷涂施工。

③内表面环氧富锌底漆喷涂。

摩擦面喷铝与保护(含端焊缝保护)以及梁段预涂施工结束后,立即进行内表面第一道环氧富锌底漆($\geq 40\mu m$)喷涂施工,施工过程严格按工艺参数进行。

对第一道环氧富锌底漆进行自检,清理流挂、针孔等涂层缺陷,自检漆膜厚度。合格后检测施工环境,符合要求时,立即进行内表面第二道环氧富锌底漆($\geq 40\mu m$)预涂、喷涂施工,施工过程严格按工艺参数进行。自检、专检合格后报监理人员验收。

④内表面上部(含侧面)环氧厚浆漆预涂、喷涂。

内表面环氧富锌底漆验收合格后,检测施工环境,符合要求时,对内表面上部(含侧面)(腹板距底板 50cm 以上)进行 2 道环氧厚浆漆$[\geq(2\times 80)\mu m]$的预涂、喷涂。施工过程中严格执行涂装工艺,并随时用湿膜卡检测湿膜厚度,使干膜厚度不小于 $160\mu m$(累计干膜厚度达到 $240\mu m$)。

涂层实干后检测涂层总厚度、外观质量,固化后检查涂层附着力;内表面涂层总厚度不小于 $240\mu m$;外观质量要求漆膜均匀、平整,无流挂、针孔、气泡、裂纹等缺陷。自检、专检合格后报监理人员验收。

⑤内表面施工平台拆除,下部环氧厚浆漆预涂、喷涂。

内表面上部(含侧面)环氧厚浆漆报检合格后拆除脚手管施工平台,拆除时需认真仔细,以防脚手管对已涂工作面造成损伤。对内表面下部脚手管支点位置进行真空回收,喷砂除锈,清洁度达到 Sa2.5 级,粗糙度 $R_z 50\sim80\mu m$;清洁后补涂 2 道环氧富锌底漆(不小于 $80\mu m$);对钢箱梁内表面下部进行检查,清理漆雾,检测膜厚,合格后进行下部 2 道环氧厚浆漆的预涂、喷涂;施工过程中严格执行喷漆工艺,并随时用湿膜卡检测湿膜厚度,使干膜厚度不小于 $160\mu m$(累计干膜厚度达到 $240\mu m$)。

全面自检钢箱梁内表面干膜总厚度、外观质量和涂层附着力。确保涂层表面均匀、平整、颜色一致,无漏涂、流挂、裂纹等表面缺陷;涂层总厚度不小于 $240\mu m$;涂层附着力达到规定要求。

(4)钢桥面涂装

①表面清理。

梁段下胎后,对钢桥面进行清理,彻底清除表面的油污、杂质、盐分。

②表面处理。

表面清理后对锈蚀部位进行打磨除锈至表面清洁度 St2 级,未锈蚀部位进行拉毛处理,并清洁。自检、专检合格后报监理人员验收。

③锈蚀部位进行醇溶性无机硅酸锌车间底漆涂装。

表面处理报检合格后,对锈蚀部位补涂醇溶性无机硅酸锌车间底漆。

④环氧铁红防锈漆涂装。

严格按喷漆工艺,进行桥面第一道环氧铁红防锈漆(≥40μm)的喷涂施工;对钢桥面第一道环氧铁红防锈漆进行清理,打磨漆雾和清除涂层表面缺陷,并检测膜厚。在合适的环境条件下,对钢桥面进行第二道环氧铁红防锈漆的预涂和喷涂,施工过程中随时用湿膜卡检测湿膜厚度,使干膜厚度不小于40μm,并认真检测累计干膜厚度。局部不够厚的部分及时补涂,使其合格。

(5)高强螺栓连接摩擦面涂装

①喷砂。

根据设计要求喷砂至摩擦面表面清洁度Sa3级,粗糙度$R_z 60\sim100\mu m$;用大功率吸砂机进行吸砂吸尘处理,使工件表面彻底清洁。

②电弧喷铝。

电弧喷铝厚度不小于200μm。电弧喷涂时严格按工艺参数进行,使铝层均匀,不得漏喷。喷铝后清除大熔滴等缺陷。

(6)原搁墩处涂装

①表面清理。

梁段移墩后的支点不应在原搁墩处。对原搁墩处进行表面清理,彻底清除表面的油污、杂质。

②喷砂除锈。

梁段喷砂前对已涂装部位进行保护(采用包裹、封闭等方法),根据设计要求喷砂至摩擦面、外表面表面清洁度Sa3级,外表面粗糙度$R_z 60\sim100\mu m$;周边涂层打磨出坡度。采用大功率吸砂机进行吸砂吸尘处理,使工件表面彻底清洁。

钢板表面清洁度采用清洁度对照图谱检测,钢板表面粗糙度采用粗糙度比较样块或粗糙度检测仪进行检测。

③电弧喷铝施工。

在合适的施工条件下,对喷砂报检合格的梁段外表面(含摩擦面)进行电弧喷铝施工,铝层厚度不小于200μm。电弧喷涂时严格按工艺参数进行,使铝层均匀,不得漏喷。喷铝后清除大熔滴等缺陷。

喷铝结束后对杆件上摩擦面采用白铁皮或三合板进行防护。

④环氧封闭漆涂装。

预涂、喷涂一道环氧封闭漆,要求涂层均匀,不得漏喷,用量按$0.08kg/m^2$控制(不计膜厚),喷后防护;封闭层附着力按《色漆和清漆 拉开法附着力试验》(GB/T 5210—2006)的规定进行检验,严格控制环氧封闭漆的单位用量,以确保涂层整体质量。

⑤环氧云铁厚浆中间漆涂装。

对环氧封闭漆层进行检查,清理漆雾和涂层表面缺陷,检测施工环境,对环氧封闭漆验收合格的原搁墩处外表面进行一道环氧云铁厚浆中间漆的预涂和喷涂。施工过程中随时用湿膜卡检测湿膜厚度,使干膜厚度不小于80μm(累计干膜厚度不小于280μm)。

清理外表面环氧云铁厚浆中间漆涂层的表面缺陷,并认真检测累计干膜厚度。局部不够厚的部分及时补涂至合格。

⑥脂肪族聚氨酯面漆的涂装。

在合适的环境条件下,对原搁墩处进行第一道脂肪族聚氨酯面漆的预涂和喷涂。喷涂施工过程中随时用湿膜卡检测湿膜厚度,使干膜厚度不小于 $40\mu m$(累计干膜厚度不小于 $320\mu m$)。喷涂时做到涂层表面平整、均匀,颜色基本一致。

全面检测涂层总厚度、外观质量和涂层附着力,使涂层总厚度不小于 $320\mu m$,颜色达到色卡要求,漆膜无流挂、针孔、气泡、裂纹等缺陷。

(7)防撞护栏涂装

①表面清理。

彻底清除表面的油污、杂质。

②热浸锌处理。

清洁后进行热浸锌处理,使干膜厚度不小于 $90\mu m$。

③环氧云铁厚浆中间漆涂装。

热浸锌处理后进行拉毛处理,然后进行环氧云铁厚浆中间漆涂装。涂装时严格按工艺参数进行,使干膜厚度不小于 $80\mu m$。

④脂肪族聚氨酯面漆涂装。

对环氧云铁厚浆中间漆层进行检查,清理漆雾和涂层表面缺陷,检测施工环境,环氧云铁厚浆中间漆验收合格后进行第一道脂肪族聚氨酯面漆的预涂和喷涂,使干膜厚度不小于 $40\mu m$。

(8)检查车涂装

①表面清理。

彻底清除表面的油污、杂质。

②喷砂。

根据设计要求喷砂至表面清洁度 Sa2.5 级,粗糙度 $R_z 40 \sim 80\mu m$;用大功率吸砂机进行吸砂吸尘处理,使工件表面彻底清洁。

③环氧富锌底漆涂装。

喷砂施工结束后,进行环氧富锌底漆($\geqslant 80\mu m$)喷涂施工,施工过程严格按工艺参数进行。

④环氧云铁厚浆中间漆涂装。

环氧富锌底漆涂装施工结束后,进行第一道环氧云铁厚浆中间漆($\geqslant 80\mu m$)喷涂施工,施工过程严格按工艺参数进行。

对第一道环氧云铁厚浆中间漆进行自检,清理流挂、针孔等涂层缺陷,自检漆膜厚度。合格后检测施工环境,符合要求时,立即进行第二道环氧云铁厚浆中间漆($\geqslant 80\mu m$)预涂、喷涂施工,施工过程严格按工艺参数进行。

⑤脂肪族聚氨酯面漆涂装。

对环氧云铁厚浆中间漆层进行检查,清理漆雾和涂层表面缺陷,检测施工环境,环氧云铁厚浆中间漆验收合格后进行第一道脂肪族聚氨酯面漆的预涂和喷涂,使干膜厚度不小于 $40\mu m$。自检、专检合格后报监理人员验收。

8.5.4 钢箱梁现场涂装

(1)高强螺栓连接部位(螺栓终拧后)涂装
①表面清理。
此部分油污较多,清理过程中需认真仔细,确保表面无油污。采用专用清洗剂。
②表面处理。
用专用打磨机将螺栓、螺帽、垫圈的外露部位以及摩擦面有锈蚀的部位打磨至表面清洁度St3级,其他栓接外露面进行拉毛处理,高强螺栓边角打磨时需认真仔细。
③环氧富锌底漆涂装。
对周边涂层实施保护,对螺栓、螺帽、垫圈的外露部位进行1道环氧富锌底漆的涂装,使干膜厚度不小于80μm。涂装时,注意对高强螺栓头部及螺母、垫圈和U形肋手孔内部等难涂部位,都必须刷涂到位,不要漏涂。
④环氧云铁厚浆中间漆涂装。
对栓接部位外露面(含高强螺栓头部及螺母、垫圈)进行2道环氧云铁厚浆中间漆的涂装施工,使干膜厚度不小于150μm(累计干膜厚度不小于230μm)。
全面自检内表面焊缝及栓接部位外露面的涂层总厚度、外观质量和涂层附着力。

(2)现场内焊缝涂装
①表面清理。
清除焊缝表面的油污、焊缝处的探伤耦合剂及其他污物。
②打磨除锈。
进行打磨除锈至表面清洁度达到St3级;周边涂层用打磨机打磨出坡度,显示不同漆层的层面,并进行清洁。
③环氧富锌底漆涂装。
对周边涂层实施保护,对钢箱梁内焊缝进行第一道环氧富锌底漆的刷涂,使干膜厚度不小于40μm。
涂层实干后,清除表面缺陷,自检膜厚;合格后进行第二道环氧富锌底漆的刷涂,使干膜厚度不小于40μm(累计干膜厚度不小于80μm)。
④环氧云铁厚浆中间漆涂装。
对环氧富锌底漆层进行清理,打磨漆雾和清除涂层表面缺陷,并检测膜厚;在合适的环境条件下,进行第一道环氧云铁厚浆中间漆的涂装;施工过程中随时用湿膜卡检测湿膜厚度,使干膜厚度不小于80μm。
涂层实干后,清除表面缺陷,自检膜厚;合格后进行第二道环氧云铁厚浆中间漆的刷涂,使干膜厚度不小于80μm(累计钢箱梁内焊缝干膜厚度≥240μm)。

(3)现场外焊缝涂装
①表面清理。
清除焊缝表面的油污、焊缝处的探伤耦合剂及其他污物。

②表面处理。

采用白铁皮等对周边涂层进行保护,对钢箱梁外焊缝喷砂除锈至表面清洁度 Sa3 级,粗糙度 R_z60~100μm;周边涂层用打磨机打磨出坡度,显示不同漆层的层面。

③电弧喷铝。

对周边涂层实施保护,对钢箱梁外焊缝进行电弧喷铝,使干膜厚度不小于 200μm;喷后清除大溶滴等缺陷。

④环氧封闭漆涂装。

喷涂环氧封闭漆 1 道,按喷漆工艺进行操作,要求涂层均匀,不得漏喷,用量按 0.08kg/m² 控制(不计膜厚)。喷后防护。

⑤环氧云铁厚浆中间漆涂装。

在合适的施工条件下对钢箱梁外焊缝进行一道环氧云铁厚浆中间漆的刷涂,使干膜厚度不小于 80μm(累计干膜厚度不小于 280μm)。

⑥脂肪族聚氨酯面漆涂装。

环氧云铁厚浆中间漆报检合格后,对钢箱梁外焊缝进行第一道脂肪族聚氨酯面漆的刷涂,使干膜厚度不小于 40μm(累计干膜厚度不小于 320μm),全面检测涂层总厚度(不小于 320μm)、外观质量和涂层附着力。

(4)涂层损伤修补涂装

①复合涂层损伤面修复。

对未损伤至底材的区域:去油后对周边涂层实施保护,对损坏区域采用打磨机打磨;周围涂层打磨出坡度,磨出不同漆层的层面,用刷涂方法补涂相应涂层的涂料。

对大面积损伤至底材的部位:去油后喷砂除锈至清洁度 Sa3 级,粗糙度 R_z50~100μm;周围涂层打磨出坡度,磨出不同漆层的层面,对周边涂层进行保护,电弧喷铝不小于 200μm。喷后进行外表面相应涂层的涂装。

②涂料涂层损伤面修复。去油后对周边涂层实施保护,对损坏区域采用打磨机打磨(锈蚀部位打磨除锈至清洁度 St3 级);周围涂层打磨出坡度,磨出不同漆层的层面,用刷涂方法补涂相应涂层的涂料。

(5)全桥最后一道面漆涂装

①表面清理、处理。

全桥修补涂装结束后,对全桥外表面涂层进行清洁、活化处理。

用毛刷等工具清除钢结构表面的污物、残渣等,有油污处用稀释剂擦洗,用砂纸打毛油漆表面,再用抹布擦净表面灰尘。

②面漆涂装。

对钢结构进行拉毛和活化处理后,尽快涂装第二道脂肪族聚氨酯面漆,先在焊缝、边角等小部位不平处用毛刷预涂面漆,再用高压无气喷涂机整体喷涂面漆。

a. 根据工程量、天气状况适时适量配制涂料,严格按配合比进行调配,并根据气温等情况加入适量稀释剂,均匀搅拌后进行施工。

b. 对边角处预涂面漆,预涂结束后进行大面积的喷涂,喷涂过程中随时用湿膜卡检测湿膜厚度,使干膜厚度达到要求,颜色均匀,美观大方。

c. 钢结构外表面整体喷涂脂肪族聚氨酯面漆一道,使干膜厚度不小于40μm。

全面检测涂层总厚度、外观质量和涂层附着力。使涂层总厚度不小于360μm;颜色达到色卡要求,漆膜无流挂、针孔、气泡、裂纹等缺陷;根据《公路桥梁钢结构防腐涂装技术条件》(JT/T 722—2008)规定,涂层附着力按《色漆和清漆 拉开法附着力试验》(GB/T 5210—2006)采用拉开法检测,要求涂层附着力符合规定要求。

(6)钢桥面铺装前涂装施工

①全自动抛丸施工。

抛丸处理前需进行表面清理。表面清理包括钢材表面油污的检查及清除,粉尘记号、油漆等表面附着物及杂物的清除。表面清理的质量直接影响抛丸处理后的表面质量,对基材与涂层之间的结合力有重大影响,因此要做到无油、无杂质。

按施工布置及操作顺序进行钢桥面大面积抛丸除锈施工,要求抛丸部位达到清洁度Sa2.5级,粗糙度$R_z 25 \sim 60 \mu m$。喷砂后清砂、吸尘,使钢板表面清洁无尘。

a. 进入已抛丸现场的人员要穿戴干净的手套、鞋套,并备擦汗毛巾,防止污染清洁表面。

b. 每天通过可移动抛丸防护棚对工作面周边进行防护。

c. 抛丸后的灰尘要定期收集,集中妥善放置,及时处理,严禁随意抛撒,污染环境。

②底漆施工。

喷砂报检后,进行2道环氧富锌底漆的喷涂施工。严格按环氧富锌底漆施工工艺喷涂,喷枪与被喷表面之间保持适当的最小距离,且喷涂时喷头始终与待涂表面保持90°,做到涂层分布均匀,不产生流挂、漏喷、干喷、龟裂等缺陷。喷枪移动时,与上道漆膜有三分之一重叠。使干膜厚度达到规定要求($\geqslant 80\mu m$)。

9 钢箱梁安装

9.1 钢箱梁概况

主梁采用质量轻、抗风性能好、造型美观的扁平钢箱梁。主跨标准段为分离式双边箱断面,两边箱之间以横梁相连接。考虑压重的需要,北边跨尾索区钢梁底面采用封闭截面,为单箱三室断面。钢箱梁由顶板、底板、内腹板、外腹板、横隔板(横梁)、风嘴、索梁锚固构造等组成。钢箱梁以顶板上缘线、底板上缘线为基准的轮廓高3.8m,全宽38.5m(包括2×2.5m锚索区及风嘴),至主塔区缩窄为36.0m。斜拉索锚固于风嘴处的外腹板上。钢箱梁主体结构采用Q345qD,风嘴等附属结构采用Q235C,钢箱梁吊点、前支点、后锚点、检查车轨道、临时匹配采用Q345D。钢箱梁标准断面如图9-1所示。标准梁段示意如图9-2所示。

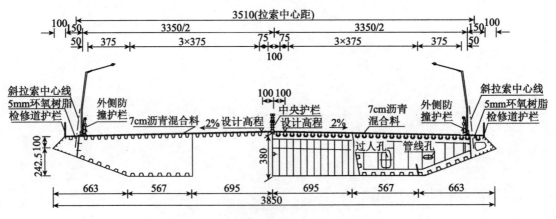

图9-1 钢箱梁标准断面图(尺寸单位:cm)

本标段北跨和中跨主梁均为钢箱梁,总长774m,划分为A、A′、B、B′、C、D、E、F1、F2、F3、G、H、I共13种梁型,合计59个节段。梁段划分如表9-1所示。

表9-1 梁段划分表

梁段类型	A	A'	B	B'	C	D	E	F1	F2	F3	G	H	I
梁段数量	33	13	19	1	2	2	1	1	1	1	6	1	1
外腹板厚/水平肋厚(mm)	36/24	30/24	36/24	36/24	36/24	36/24	36/24	36/24	36/24	36/24	36/24	36/24	36/24
内腹板厚/水平肋厚(mm)	14/14	14/14	16/16	20/20	18/16	18/16	24/20	14/14	24/20	14/14	14/14	24/20	20/20
横梁类型横隔板厚(mm)/横梁腹板厚(mm)/下翼缘板板厚(mm)	HL1/12/12/24 HL2/16/16/32 HL2'/20/16/32	HL1/12/12/24 HL2/16/16/32	HL1/12/12/24 HL2/16/16/32	HL1/12/12/24 HL2/16/16/32	HL1/12/12/24 HL2/16/16/32	HL1/12/12/24	HL1/12/12/24 HL3/30/24/32 HL4/24/24/32	HL5'/12/12 HL5"/12/12 HL6/16/16	HL5/12/12 HL7/30/24	HL5/12/12 HL6/16/16	HL5/12/12 HL6/16/16	HL5/12/12 HL8/24/20 HL9/16/16
顶板厚/U形肋厚(mm)	16/8	16/8	18/8	20/8	20/8	20/8	20/8	16/8	16/8	16/8	16/8	16/8	16/8
水平底板厚/U形肋厚(mm)	18/8	18/8	20/8	20/8	20/8	20/8	20/8	18+14/8	18+14/8	18+14/8	18+14/8	18+14/8	18+14/8
斜底板厚/U形肋厚(mm)	16/8	16/8	18/8	20/8	22/8	22/8	22/8	16/8	16/8	16/8	16/8	16/8	16/8
梁段长度(m)	15	15	15	15	13.6	8.4	9.6	12	7.6	13.4	9	7.4	7.2
梁段吊装质量(t)	302.9	301.0	317.8	332.1	307.9	209.1	294.7	260.6	200.0	264.3	196.3	182.1	203.7
施工方式	桥面起重机	桥面起重机	桥面起重机	浮式起重机+桥面起重机	浮式起重机+桥面起重机	浮式起重机+桥面起重机	浮式起重机+桥面起重机	桥面起重机	桥面起重机	桥面起重机	桥面起重机	桥面起重机	桥面起重机

图 9-2　标准梁段示意图

9.2 项目自然条件

9.2.1 水文情况

桥位水位、流量、过水断面和流速之间的关系,详见表 6-1。

本项目钢箱梁采用桥面起重机安装,桥址处汛期水流流速达 3.0m/s,流速较大,不利于钢箱梁运输船抛锚定位。桥址处汛期主要为 6—8 月,其余时间段内均无较大影响。

9.2.2 地质条件

桥址区覆盖层主要为第四系冲积层(Q_4^{al})、残坡积层(Q_4^{el+dl}),下伏基岩为志留系坟头群(S_2^{fn})页岩、泥盆系五通组(D_3^w)砂岩夹页岩。主桥 12~15 号墩均为冲洪积层,上层覆盖层主要为粉质黏土,下部为粉细砂、卵砾石,河床覆盖层厚 16.7~24.4m,岩性为粉细砂。底部主要为中风化页岩,局部夹粉砂岩。项目部对桥址区河床高程进行了测量,各墩位河床高程如图 9-3 所示。

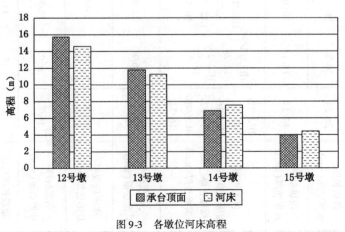

图 9-3　各墩位河床高程

根据施工工期安排,计划于 2020 年 9 月进行边跨墩顶梁段及边跨合龙段安装。结合该时期平均水位与河床高程,对此时段各墩位处长江水深进行统计,如表 9-2 所示。

8—9 月年平均水深统计表　　　　　　　　　　　　　　　　　　表 9-2

8 月	平均水位(m)	河床高程(m)	水深(m)
13 号墩	14.11	11.27	2.84
14 号墩	14.11	7.52	6.59
15 号墩	14.11	4.43	9.68
9 月	平均水位(m)	河床高程(m)	水深(m)
13 号墩	16.37	11.27	5.1
14 号墩	16.37	7.52	8.85
15 号墩	16.37	4.43	11.94

从表 9-2 中可以看出,13 号墩 9 月水深为 5.1m,边跨墩顶梁段重 203.7t,运梁船满载吃水深度为 2m 左右,空载吃水深度为 1m 左右,则此时运梁船运梁时的吃水深度为 1.1m 左右,因此边跨处水深能够满足运梁要求。

9.2.3　主要配置资源情况

钢箱梁吊装人员配备如表 9-3 所示。

钢箱梁吊装人员配备表　　　　　　　　　　　　　　　　　　表 9-3

序号	工　种	人数(人)	操 作 内 容
1	浮式起重机船员	18	负责浮式起重机驾驶操作,吊装时根据现场条件进行观测指挥,并且记录吊装时起吊数据
2	桥面起重机操作者	30	负责桥面起重机的操作,同时在起吊时观测起吊过程和记录起吊数据,确保吊装安全
3	起重工	6	指挥和监督整个吊装过程,确保吊装安全
4	焊工	30	负责钢箱梁的焊接,焊工除持有特种证外,还需通过现场焊接专项考核
5	电工	2	确保施工过程的用电顺畅及用电安全
6	安全员	2	负责整个施工过程中的安全工作,发现隐患,及时处理
7	测量员	10	负责整个施工过程中的测量检测,确保吊装定位准确
8	信号指挥员	4	负责整个吊装过程中的通信指挥,确保通信畅通,现场采用对讲机作为通信工具
人数合计(人)			102

将所有原材料厂家资质材料报驻地办审核、指挥部审批。选定合格的材料供应商,所有原材料在使用前按技术规范进行相关试验,并向监理部门报批;制订材料进场使用计划;施工前合理安排材料进场,做好备料工作;对进场材料采取有效保护措施。主要施工材料计划如表 9-4 所示。

主要施工材料汇总表 表9-4

序号	类别	数别	数量	长度(m)	质量(t)	备注
1	永久结构	钢箱梁	57片	770.2	16233.3	不含中跨合龙段
2		铁砂混凝土	1034.2m³			
3		检修车	3台			
4	临时结构	P1020×12钢管		1381.2	412.012	0号块支架、临时墩、边跨墩顶支架
5		P500×8钢管		1726.6	167.4802	
6		2.6×0.6m组合梁	4根	96		
7		H型钢		36	7.4484	
8		H型钢		220	14.41	

施工机械主要为钢箱梁运输、钢箱梁吊装、斜拉索安装机械，包括运梁驳船、浮式起重机、桥面起重机、塔式起重机等。具体机械设备配置如表9-5所示。

主要机械设备统计表 表9-5

序号	分类	名称	型号	规格	数量	备注
1	钢箱梁安装设备	运梁驳船	鄂蓝天9号	2500t	1艘	
2			鄂银河1688	2000t	1艘	
3			远顺6	1660t	1艘	
4		浮式起重机	众威818	800t	1台	
5		塔式起重机	ZSL500	500t·m	2台	
6		桥面起重机	BL220	220t	4台	
7		电焊机		20kW	20台	
8		千斤顶		150t	4台	
9		扭力扳手			8台	紧固螺栓
10		拌和机	HZS120		2台	铁砂混凝土
11		混凝土搅拌运输车		10m³	5台	
12	其他设备	发电机		1250kW	1台	

9.3 塔区梁段安装

9.3.1 塔区支架施工

钢箱梁塔区包括NB1、NT1、NT0、NT2、NZ1共5节梁段，其基本参数如表9-6所示。

塔区梁段参数表 表9-6

编号	NB1	NT1	NT0	NT2	NZ1
长度(m)	13.6	8.4	9.6	8.4	13.6
吊装质量(t)	307.9	209.1	294.7	209.1	307.9

(1) 支架安装

在主塔下横梁两侧采用钢管桩搭设塔区存梁支架,塔区钢箱梁采用浮式起重机从北塔大里程(南)侧吊装,利用千斤顶将 NT0 牵引就位,其余梁段利用浮式起重机直接吊装到位。

塔区存梁支架自钢围堰顶面向两侧各伸出 2 根 P1020×12 钢管,顶面为 2600mm×600mm 复合主梁,其一端置于斜向伸出的钢管桩上,另一端置于下横梁两侧面支撑牛腿上,两复合梁之间采用 HN800×300×14/26 的 H 型钢连接,共同作为塔区梁滑移轨道。支架采用 P500×8 钢管设置平联与斜撑,两侧钢管平联与中间下横梁支架钢管之间通过焊接连接,钢围堰顶面钢管对应区域的内壁与下横梁竖向支架通过斜撑连接加固,使整个支架与钢围堰连接为整体,确保整体稳定性。塔区存梁支架结构如图 9-4 所示。

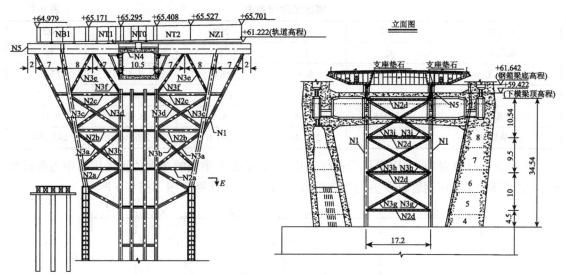

图 9-4 塔区存梁支架示意图(单位:m)

安装支架钢管前先对钢围堰顶面钢管对应区域进行加固处理。钢围堰壁厚 1.8m,在钢管所在区域钢围堰顶部两道水平环板之间设置 4 块 16mm 厚的钢板,与钢围堰内、外壁板焊接为整体,然后在顶面焊接一块边长 1.2m、厚 20mm 的正方形钢板作为钢管支撑的焊接平台。钢围堰顶面加固结构如图 9-5 所示。

(2) 支架预压

为了确保钢管支架的承载能力与变形能力,同时考虑支架预压的便捷性,选择下游小里程侧钢管为预压对象,采用挂设水袋的方法进行预压。

①预压荷载。

塔区 5 节梁段分为 C、D、E 三种类型,支架仅考虑单边 NB1、NT1 梁段自重荷载,该梁段风嘴均未安装,其自重如表 9-7 所示。

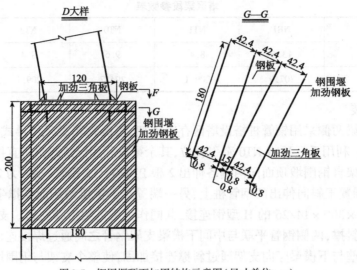

图 9-5　钢围堰顶面加固结构示意图(尺寸单位:cm)

塔区梁段自重表　　　　　　　　　　　表 9-7

梁段编号	NB1	NT1	NT0	NT2	NZ1
梁段类型	C	D	E	D	C
梁段长度(m)	13.6	8.4	9.6	8.4	13.6
含风嘴质量(t)	307.9	209.1	294.7	209.1	307.9
风嘴质量(t)	15.416	8.66	5.1	8.66	15.416
无风嘴质量(t)	292.484	200.44	289.6	200.44	292.484

取主梁为计算对象,采用梁单元进行计算,按照主梁上垫块的布设位置采用集中力荷载加载,考虑不利工况,在钢管桩及剪力牛腿位置采用铰接,其计算简图如图 9-6 所示。

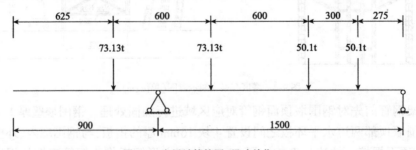

图 9-6　主梁计算简图(尺寸单位:cm)

支点反力计算简图如图 9-7 所示。

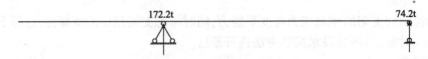

图 9-7　支点反力计算简图

根据计算结果,钢管顶部竖向力为 172.2t。

②水袋挂设与加载。

根据计算出的竖向力,选择小里程上游侧钢管为预压钢管。将 4 个 50t 水袋挂设于钢管桩顶面的复合梁上。在复合梁顶面布置 3m 长双拼 HN800×300 型钢,然后两端各挂设 2 个 50t 的水袋。根据支架结构以及水袋装水后的尺寸布置水袋,如图 9-8 所示。

水袋挂设与加载过程中应注意以下几点:

a. 复合梁顶面焊接型钢时,在型钢下部复合梁对应位置必须采用钢板加强;

b. 挂设钢丝绳时在型钢边缘部位采用 20mm 厚橡胶垫包裹,防止钢丝绳磨损;

c. 加水前对水袋位置进行检查,避免因钢管表面焊接的角钢、钢筋等对水袋造成损害而漏水;

d. 加水前对水泵性能、流量、扬程进行检查,同时准备流量计,准确计量水袋内的进水量;

e. 上下游两侧各布置一台水泵,两侧同时加水,随时检查流量计读数,必须保证两侧水袋内的水质量一致,避免出现偏载;

f. 加载前测试人员在复合梁前端测量变形,加水按照 0→50%→80%→100% 的分级加载方式进行,每级加载到位后静置 15min,检查支架结构,测量复合梁变形;

g. 加载完成后两侧同时放水卸载,必须保证同步卸载,防止发生偏载。

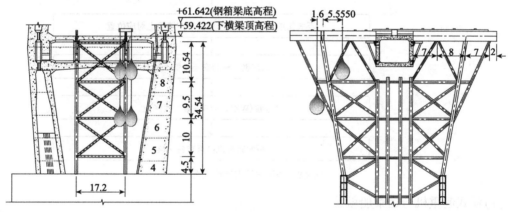

图 9-8　预压水袋布置图(单位:m)

9.3.2　塔区梁段吊装

塔区 NB1、NT1、NT0、NT2、NZ1 五个梁段均利用 800t 浮式起重机吊放至存梁支架上。根据支架结构及施工现场实际情况,浮式起重机自阳新侧按照 NT0→NT2→浮式起重机停靠武穴侧→NT1→NB1→浮式起重机停靠阳新侧→NZ1 的顺序依次将梁段吊送至支架上。其中 NT0 由千斤顶拖拽滑移至设计位置,NT2 直接吊放至设计位置。然后浮式起重机停靠武穴侧,将 NT1 和 NB1 吊放至支架对应位置。与此同时通过三向千斤顶调整 NT0 空间位置,并完成塔梁临时锚固。之后浮式起重机移至阳新侧将 NZ1 梁段吊放至设计位置。通过三向千斤顶调节 NT1、NT2、NZ1、NB1 四个梁段的空间位置并完成匹配焊接,然后将 1 号索(WZ1、WB1)安装到位,并完成第一次张拉。利用浮式起重机将提前拼装好的桥面起重机(未安装吊杆和吊具)吊送至钢箱梁上,然后利用塔式起重机安装吊臂和吊具等。具体安装步骤如图 9-9 所示。

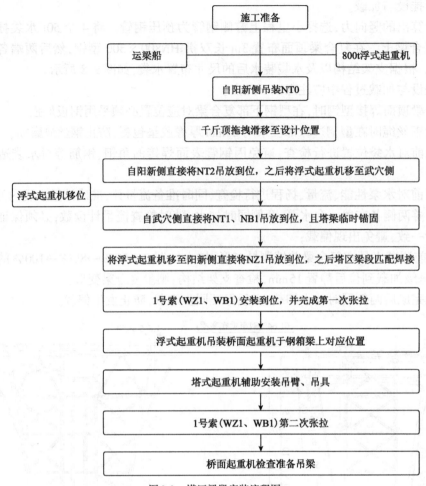

图 9-9 塔区梁段安装流程图

(1) 浮式起重机与运梁船就位

塔区 NB1、NT1、NT0、NT2、NZ1 梁段采用 800t 浮式起重机进行吊装。运梁船将梁段运输到施工水域后在吊装现场附近水域临时抛锚等候,待浮式起重机抛锚及相关吊梁准备工作完成后按船机调度指令及时进驻吊装施工现场抛锚就位。之后通过绞锚将钢箱梁定位至浮式起重机吊钩正下方,待浮式起重机将钢箱梁吊离运梁船甲板后,松开运梁船锚绳,使运梁船离开浮式起重机吊装水域,然后浮式起重机落梁至支架上。

拟采用的浮式起重机型号为"众威818"(800t 起重船),外形尺寸为 76m×26.6m×5.6m,自航 2400 马力,相关参数如表 9-8 所示。

众威 818 起重船参数表 表 9-8

角度 (°)	主钩			副钩		
	荷载(t)	净高(m)	幅度(m)	荷载(t)	净高(m)	幅度(m)
70	800	65	28.8	300	75	36.6
65	600	62.3	35	300	72.4	42.9

续上表

角度 (°)	主钩			副钩		
	荷载(t)	净高(m)	幅度(m)	荷载(t)	净高(m)	幅度(m)
60	500	59	40.9	270	68.4	49.4
55	400	55.2	46.4	190	63.8	55.6
50	300	50.9	51.6	120	58.7	61.4
45	200	46.2	56.4	70	53.1	66.6

注：净高指钩头至水面高度，幅度减去8.8m为舷外距。

根据浮式起重机的吊重情况，结合施工工期安排，塔区梁段计划于12月底吊装，此时桥址处长江水位较低，水位高程9～10m，不满足"主钩+吊具"的吊装方案。为了保证钢箱梁的正常安装，需要考虑使用具有更强起重能力的浮式起重机或者减小钢箱梁的质量，由于该浮式起重机为当时长江上起吊能力最强的浮式起重机，因此结合浮式起重机起重能力，在钢箱梁安装到位后再于现场安装塔区5片梁风嘴。根据去除风嘴后的钢箱梁质量，为了保证在极端低水位情况下的梁段顺利吊装，结合浮式起重机起吊能力，塔区梁段均采用"副钩+钢丝绳"的方法。去除风嘴后，塔区5片梁质量统计如表9-7所示。

为了保证钢箱梁吊装过程中吊耳的受力满足要求，将原有吊耳位置向桥轴线侧移动7.8m，调整后中心间距10m，利用桥面起重机后锚点16个，新增吊耳24个。吊耳耳板厚度增加至36mm，宽度增加至600mm。同时为了进一步增强吊耳稳定性，利用25a工字钢在横桥向和顺桥向将吊耳连接为整体，确保起吊过程中吊耳的强度与稳定性。

钢箱梁NT0、NT2、NZ1梁段均从阳新侧起吊至存梁支架上，NT1、NB1梁段从15号墩武穴侧起吊至存梁支架上。浮式起重机行驶至桥位后沿桥轴线走向停泊，前后抛八字锚，浮式起重机抛锚区域前后各150m，上下游侧各100m；在10m水位时，桥址处水流速度2.0m/s，且区域内覆盖层为20余米厚的砂层，有利于抛锚定位。根据该浮式起重机其他同类型桥梁吊装经验，该流速情况下抛八字锚能够保证整个钢箱梁起吊过程的稳定性。

运梁船尺寸为64m×16m×5m，载重为1000t，自上游黄石运输至桥位处，垂直于桥轴线方向停泊于15号墩与浮式起重机之间，前后抛八字锚，抛锚区域为船舶前后各100m。

抛锚时浮式起重机先进行抛锚定位，运梁船后抛锚，运梁船锚绳位于浮式起重机锚绳上方，因此浮式起重机与运梁船锚绳无相互干扰情况。

塔区梁段吊装时浮式起重机与运梁船抛锚定位示意如图9-10所示。

(2)钢箱梁起吊

浮式起重机与运梁船均就位后，可开始准备钢箱梁的起吊。钢箱梁起吊前需要保证：

①天气状况良好，无大雾、大雨天气，视线良好；

②浮式起重机性能一切正常，所有吊前检查均完善，确认无异常情况；

③确认吊具、转换接头、钢丝绳均完好无损，安装到位；

④通信设备调试正常，对讲机电量充足，通话清晰，无串台等异常情况；

⑤支架上方人员到位，设备检验正常，垫块高程确认无误。

钢箱梁吊装顺序：NT0→NT2→NZ1→浮式起重机停靠武穴侧→NT1→NB1。

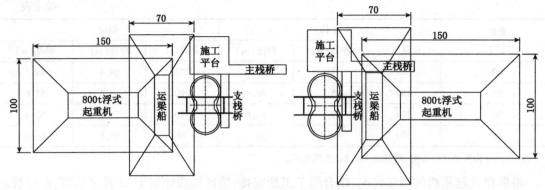

图9-10 抛锚定位示意图(尺寸单位:m)

9.3.3 梁段滑移定位

(1) 钢箱梁滑移

NT0钢箱梁下放至存梁支架上,在钢箱梁底部滑轨上放置4个"滑靴",在另一侧支架上设置反力架,通过4束钢绞线配合空心千斤顶使滑靴带动钢箱梁一同在滑轨上滑移至指定对应位置。滑靴采用三拼25a工字钢焊接,底部与顶部采用20mm厚钢板,底部保持水平,顶部设置2%的纵坡,在底面固定一块0.35m×0.6m的MGE滑板,减小滑靴与滑轨之间的摩擦力。为了保证同侧两个滑靴同步移动,通过100×10角钢连接为整体,同时在顶面固定一块2.3m×0.4m的防滑橡胶块以增大钢箱梁与滑靴之间的摩擦力,确保滑靴与钢箱梁在整体滑移过程中不出现相对位移。滑靴布置如图9-11所示。

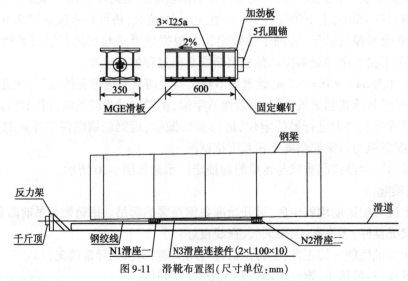

图9-11 滑靴布置图(尺寸单位:mm)

穿心千斤顶通过反力架固定,如图9-12所示。

(2) 钢箱梁精确调位

当零号块所有梁段均完成初定位后,即开始进行梁段的精确调位工作。

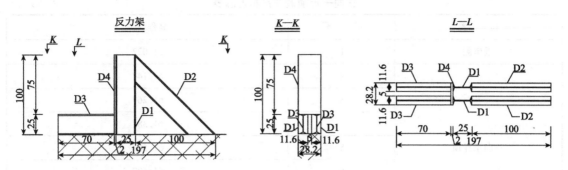

图9-12 反力架结构示意图(尺寸单位:cm)

调整顺序:NT0→NT1 + NT2→NB1 + NZ1。

优点:NT0梁段调整完毕后,立即将NT0梁段与支架锚固起来;锚固完毕后以NT0梁段为基准段调整NT1、NT2梁段;NT1、NT2梁段调整完毕后同样与支架锚固起来;然后两边同步调整NB1、NZ1梁段。

调整方法:梁段调整采用12台250t的三向千斤顶进行,NT0、NT1、NT2底面各布置4台,这三个梁段匹配焊接完成后再进行NB1、NZ1梁段调整。三向千斤顶可在顶起时双向移动,可任意调整钢箱梁的空间位置。其技术参数:顶升质量250t,平移顶水平推力为60t,纵向位移量150mm,横向位移量50mm,顶升高度280mm。这种千斤顶使用起来十分方便。

梁段调整直接在主梁上进行,将千斤顶放在主梁上,千斤顶顶口应尽量顶在钢箱梁底板与U形肋交点处,并加垫两块20mm厚钢板及橡胶皮(防止底板变形或划伤涂装层)。12台千斤顶应同时顶升,尽量减小各支点反力,直至钢箱梁被顶起,然后按照先调整轴线,再调整里程,最后调整高程的顺序调整梁段,直至梁段高程、四角相对高差、轴线符合设计及监控要求,后将该梁段与已装梁段焊接。对于NT0梁段,精确调位完毕后需进行临时固定,防止在进行其他梁段调整时由于碰撞等原因而使其位置发生变化。待所有梁段精确调位完毕后将零号块梁段与零号块支架临时固结。

利用分布在复合梁上的三向千斤顶同时对塔区梁段进行空间位置调整。利用垫块逐步将塔区梁段调整到设计位置与高程。塔区梁段垫块及三向千斤顶布置如图9-13所示,三向千斤顶调整高程汇总如表9-9所示,三向千斤顶结构如图9-14所示。

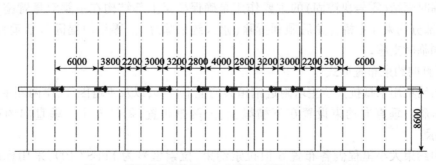

图9-13 塔区梁段垫块及三向千斤顶布置图(尺寸单位:mm)

三向千斤顶调整高程汇总表　　　　　　　　表9-9

位　置	编　号	高程(m)
近岸侧	1	61.027
三向千斤顶	2	61.147
	3	61.267
	4	61.387
	5	61.507
	6	61.627
	7	61.747
	8	61.867
离岸侧	9	61.987

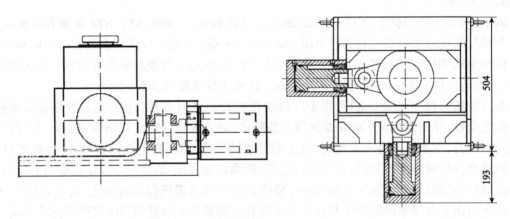

图9-14　三向千斤顶结构图(尺寸单位:mm)

9.3.4　塔梁临时固结及纵向限位

塔梁临时固结(零号块锚固)的主要作用是确保桥梁上部结构在主梁双悬臂施工过程中绝对安全,部分约束在主桥合龙后顺利拆除(永久约束除外)。零号块锚固包括垂直向约束、纵向限位和临时支座。

(1)垂直向约束布置形式

垂直向约束用来抵抗大桥主塔附近钢箱梁的上下位移,以及主塔因江、岸两侧主梁不平衡而引起的偏斜。垂直向约束设置在下横梁上,分两排布置,每排6个。垂直向约束布置如图9-15所示。

垂直向约束大小里程侧各布置6根拉索约束,拉索型号为LPES7-109,采用标准强度为1770MPa的平行钢丝。每根竖向拉索的设计预张力为3940kN,实际张拉力以监控单位下达的监控指令为准。拉索通过顶面与钢箱梁底耳板销接,底面锚头穿过下横梁后锚固于下横梁底面。竖向拉索大样如图 9-16 所示。

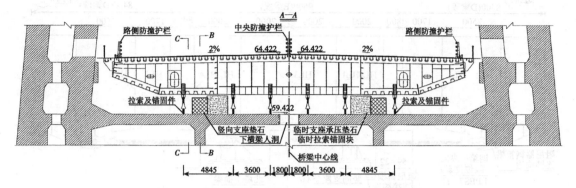

图 9-15　垂直向约束布置图(尺寸单位:mm;高程单位:m)

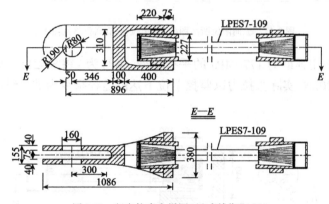

图 9-16　竖向拉索大样图(尺寸单位:mm)

(2)纵向限位布置形式

纵向限位布置在四块临时拉索锚固块中,临时拉索锚固块布置在下横梁上,如图 9-17 所示。

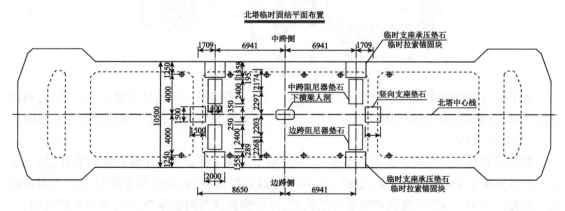

图 9-17　临时拉索锚固块布置图(尺寸单位:mm)

纵向限位拉索通过阻尼器钢箱梁连接构造与钢箱梁相连，如图 9-18 所示。

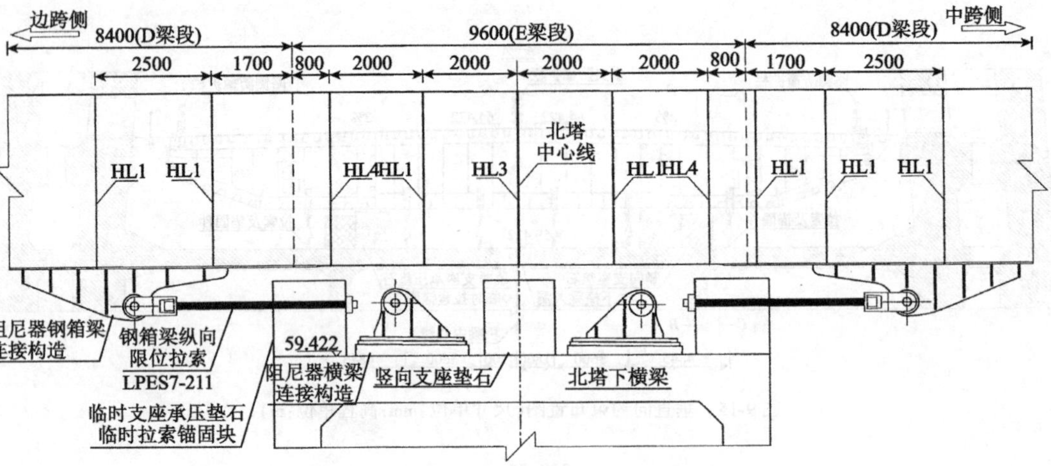

图 9-18 纵向限位断面图(尺寸单位:mm;高程单位:m)

纵向限位拉索采用强度为 1770MPa 的平行钢丝，型号为 LPES7-211。单个纵向限位拉索的设计预张力为 7630kN，实际张拉力以监控单位下达的监控指令为准。纵向限位拉索大样如图 9-19 所示。

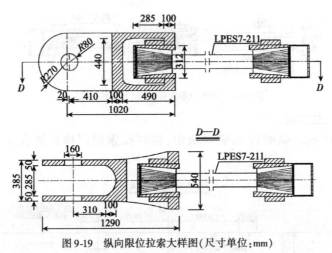

图 9-19 纵向限位拉索大样图(尺寸单位:mm)

由于纵向限位拉索兼具中跨合龙时顶推的作用，其采用张拉杆张拉至设计张拉力后，利用锚固螺母锚固，中跨合龙前利用千斤顶张拉和放张调整合龙口宽度，以达到顶推合龙的目的。

(3)临时支座

钢箱梁通过竖向拉索锚固于下横梁上，梁底与下横梁之间设置 4 个竖向临时支座，每个支座上面设置两个 25cm 高的钢凳，顶面与钢箱梁通过螺栓连接，底面焊接于临时支座预埋钢板上。钢凳由 HN400×200 型钢和钢板焊接构成，每个钢凳顶面钢板厚 20mm，下设 6 根型钢。

在临时支座上预留直径 35cm 的孔道，纵向拉索穿过孔道锚固于临时支座上。由于纵向拉索锚固张拉力较大，拉索对临时支座底部产生较大的弯矩，对支座及横梁受力不利，为了防止临时支座根部被拉裂,在拉索两侧各设置 4 根 ⌀32 精轧螺纹钢将两侧支座对拉,以抵抗部分拉索产生的弯矩。竖向临时支座结构如图 9-20 所示。

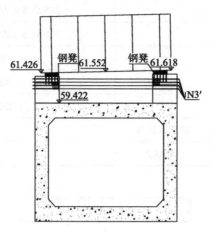

图 9-20　竖向临时支座结构图(高程单位:m)

9.4　桥面起重机安装及试运行

9.4.1　桥面起重机现场拼装

塔区梁段吊装完后,NT1、NT0、NT2、NB1、NZ1 五个梁段完成永久连接,完成塔梁临时锚固,1 号索(WZ1、WB1)安装到位并完成第一次张拉后,利用浮式起重机将桥面吊装至钢箱梁对应位置,最后完成桥面起重机拼装。桥面起重机拼装流程如图 9-21 所示。

桥面起重机轨道长 18m,占用宽度为 8.5m。斜撑长 19.2m,立杆长 14.5m,吊臂长 19.8m,均采用 Q435b 型钢材加工。各主桁架杆件之间均采用销轴连接,利用一台 50t 汽车式起重机配合安装各杆件及提升系统。桥面起重机技术参数信息如表 9-10 所示。

桥面起重机技术参数表　　　　　表 9-10

项　目		参　数
起重量		220t
工作幅度		7~16.6m
起升高度	轨上	1.0m
	轨下	65m
工作速度	起升	1.0m/min
	变幅	0.6m/min
	运行	0.5m/min

续上表

项 目		参　数
变幅钢丝绳		34NAT 6×36SW + IWR1770SZ(ZS)728
起升钢丝绳		34NAT 6×36SW + IWR1770SZ(ZS)728
风压		工作风速 20m/s
自重		约 148t(含吊具)
电制		三相交流电 380V 50Hz
额定起重量时梁段承受的载荷	前支点反力	$F_1 \approx 270t$
	后锚拉力	$F_2 \approx 110t$

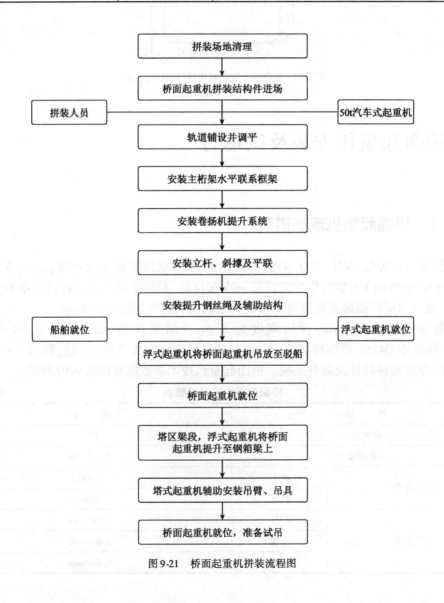

图 9-21　桥面起重机拼装流程图

提升系统为卷扬机配钢丝绳,桥面起重机提前在14号墩和15号墩施工平台上各拼装两台,拼装完成后先由浮式起重机将桥面起重机送至平板驳船上,运送至存梁支架处,再由浮式起重机吊送至钢箱梁上完成安装。

现场拼装步骤如下:

①目测所有待拼零件是否异常,润滑脂是否加注,毛刺等异物是否清除,安全措施是否齐备。

②在试车场摆放两组纵移滑道梁,并在纵移滑道梁顶面涂满润滑脂。在纵移滑道梁上安装4个可调支撑顶,左右两个顶面高程误差不大于2mm。

注意:摆放两组纵移滑道梁处的地面应平整。两组梁之间中心距离为4890mm。

③按总图及主框架结构图所示定位尺寸,先在可调支撑顶上拼装主框架下弦和下弦的联系框架。也可先将可调支撑与下弦形成整体,再在滑移轨道上拼装主框架的下部结构。

④在主框架下弦尾部安装2台卷扬机(钢丝绳已全部缠绕在卷扬机上)并连接固定牢靠。

⑤拼装主框架的立杆、斜撑及联系框架。

⑥塔区梁段1号索(WZ1、WB1)安装完成且第一次张拉完成后,先利用浮式起重机将桥面起重机自14号墩和15号墩施工平台吊送至平板驳船上,然后运输至存梁支架处,再由浮式起重机吊送至塔区梁段上安装。桥面起重机提升时自重约100t,根据浮式起重机起重能力可一次性吊放到位。

⑦拼装吊杆、吊具及联系框架,此时完成主框架,完成桥面吊机安装。

⑧在主框架上弦杆的滑道方钢上涂满润滑脂,安装纵向调节机构及定滑轮组。

⑨安装纵移机构及导向轮(导向轮已焊于主框架上弦内侧牛腿上)。

⑩安装司机室、泵站、液压及电控系统(在厂内主要定位安装司机室、泵站及配电柜)。

⑪安装动滑轮组(动滑轮组先用导链葫芦挂在主框架上弦杆上)。

⑫穿钢丝绳。

⑬安装吊具。

⑭安装挂梯及维修平台。

⑮调试及试运行,在吊装NB2、NZ2梁段时,先将梁体起吊20cm,测量、监测起重机支点处的高程,如果未发现异常,则可以正常使用。

9.4.2 桥面起重机整体吊装

北塔钢箱梁安装采用4台桥面起重机。每台桥面起重机轨道长18m,占用宽度为8.5m。斜撑长19.2m,立杆长14.5m,吊臂长19.8m,自重100t。拟采用众威818浮式起重机的副钩进行整体吊装施工。

(1)桥面起重机整体吊装吊耳布置情况

桥面起重机底盘的前后主横梁上设置有四个用于整体吊装的焊接板式吊耳,吊耳在工厂内已完成焊接安装,吊耳焊缝按全熔透焊缝进行控制,布置尺寸如图9-22所示。

（2）桥面起重机整体吊装钢丝绳选择

在桥面起重机整体吊装过程中，根据桥面起重机的重心情况以及吊耳布置情况来选择吊装钢丝绳的长度，根据每根吊装钢丝绳的受力，选择吊装钢丝绳的直径及卸扣的规格。桥面起重机吊装钢丝绳的长度及吊装夹角情况以作图法进行计算，布置情况如图9-23所示。

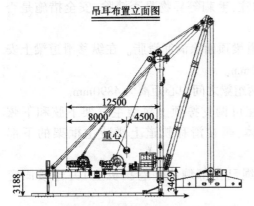

图9-22 桥面起重机吊耳布置图（尺寸单位：mm） 图9-23 桥面起重机吊装钢丝绳立面布置图（尺寸单位：mm）

后吊绳的长度按15m确定，卸扣长度按0.4m考虑，以此为基准计算前吊绳的长度。采用作图法进行计算，具体如图9-24所示。

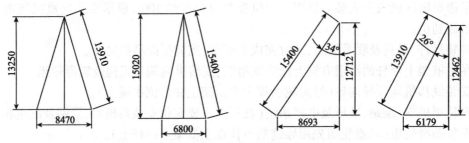

图9-24 吊装钢丝绳长度及角度计算图（尺寸单位：mm）

后吊绳的长度按15m确定，卸扣长度按0.4m考虑时，前吊装绳长度13.51m；按此吊装绳长度计算空间吊装夹角，根据作图计算结果，后吊装绳夹角约34°，前吊装绳夹角约26°。

桥面起重机整体吊装质量约132t，根据重心位置及吊耳、吊装绳布置情况，计算吊装绳及吊耳受力。

前吊装绳拉力计算：$F_1 = \dfrac{132 \times 9.81}{2 \times \cos 26°} \times \dfrac{8}{12.5} = 461(\text{kN})$。

后吊装绳拉力计算：$F_2 = \dfrac{132 \times 9.81}{2 \times \cos 34°} \times \dfrac{4.5}{12.5} = 281(\text{kN})$。

吊装钢丝绳的安全系数按6考虑，则吊装钢丝绳所需的最小破断拉力应大于：$F_0 = F_1 \times 6 = 2766 \text{kN}$。

吊装绳选用 $6 \times 37W - 1550 - 70$ 的钢丝绳，其直径为70mm，最小破断拉力为3080kN，满足吊装需求。

吊装用卸扣采用55t标准起重卸扣。

(3)桥面起重机整体试提升

桥面起重机在整体吊装上桥前,先进行整体吊装试提升。在不改变吊装钢丝绳长度的前提下,通过调整桥面吊装吊臂的角度,将桥面起重机基本吊平。基本吊平后,采用临时卡板将桥面起重机吊臂临时固定,防止吊装过程中吊臂角度发生改变;并对桥面起重机上的各活动部件进行临时固定和绑扎。

①中跨桥面起重机吊装。

浮式起重机从15号墩起吊桥面起重机。由于15号墩平台空间不足,不能满足浮式起重机在15号墩区域内调整桥面起重机位置的要求,因此浮式起重机从桥面起重机的正后方起吊桥面起重机;并在浮式起重机上拉缆风绳,防止桥面起重机在起吊过程中发生转动。

浮式起重机起吊桥面起重机,采用自航的形式,移至小里程侧,吊装上桥。

桥面起重机吊装时,水位按7.8m考虑,浮式起重机吊臂仰角按70°考虑,此时浮式起重机理论吊高75m(距水面);根据作图放样,中跨桥面起重机吊装上桥时,吊装至吊点距主塔中心线14m位置,桥面起重机结构全部投影于桥面,此时浮式起重机吊臂至支架最外沿安全距离约0.77m;桥面起重机底面距钢箱梁顶面净空1.5m。

浮式起重机先吊装中跨上游侧桥面起重机上桥,然后吊装中跨下游侧桥面起重机上桥。桥面起重机上桥后,自走行至中跨设计位置,进行锚固站位。

②边跨桥面起重机吊装。

为保证浮式起重机从15号墩起吊桥面起重机时,浮式起重机与14号墩平台和主栈桥互不干涉,浮式起重机起吊14号主栈桥位置的桥面起重机,并在浮式起重机上拉缆风绳,防止桥面起重机在起吊过程中发生转动。浮式起重机吊装完成14号墩平台上靠大里程侧的桥面起重机后,靠小里程侧的桥面起重机自走行至浮式起重机满足起吊要求位置。

浮式起重机起吊桥面起重机,采用自航的形式,移至小里程侧,吊装上桥。

桥面起重机吊装时,水位按7.8m考虑,浮式起重机吊臂仰角按70°考虑,此时浮式起重机理论吊高75m(距水面);根据作图放样,边跨桥面起重机吊装上桥时,吊装至桥面起重机设计站位位置;桥面起重机底面距钢箱梁顶面净空2.55m;桥面起重机顶部至浮式起重机副臂距离1.74m。

桥面起重机吊装时,为保证桥面起重机吊臂与浮式起重机吊臂互不干涉,浮式起重机应与桥面起重机采用30°夹角控制。此时还需复核浮式起重机吊臂与钢箱梁及支架的相对位置。

浮式起重机处于此吊装工况时,浮式起重机吊臂外轮廓最大位置至钢箱梁顶面边缘平面距离约2.34m,至支架大梁顶面边缘平面距离约3.95m。

浮式起重机吊装下游侧桥面起重机时,为保证桥面起重机吊臂与浮式起重机吊臂互不干涉,浮式起重机同样应与桥面起重机采用30°夹角控制。此时还需复核浮式起重机吊臂与斜拉索之间的位置关系。

根据浮式起重机吊臂与斜拉索平面位置和立面位置的作图放样,浮式起重机吊臂与斜拉索不存在相互干涉情况。

9.4.3 桥面起重机荷载试验

钢箱梁起重机拼装好后,应进行行走、吊装试运行。试吊时钢箱梁装在驳船上,用桥面起重机进行试吊,吊起高度可控制在使钢箱梁完全悬空,并持荷一定时间,吊重应较标准钢箱梁重量、起吊量大并考虑一定的安全系数。桥面起重机安装完成后,正式起吊梁段前,按照最大起重量的1.25倍进行荷载试验,检验桥面起重机的加工与拼装质量以及各参数指标。

试吊荷载分以下几级进行试验:空载运行→加载50%→加载80%→加载100%→加载110%→加载125%。

(1) 空载试验

①起重机整体抬起、下降试验,调平试验:检验起重机顶升液压系统工作是否正常,抬起、下降过程是否平衡,有无倾斜现象;调平时是否平稳、准确、便捷。

②行走试验:检验行走液压系统工作是否正常,行走过程是否畅通、平稳,是倾斜,走道是否有卡滞、不同步现象。

③起升试验:检验起重机两个吊钩上升、下降速度是否一致,能否满足同步要求;卷扬机四台联动、两台联动、单独动作及各卷扬机紧急制动情况是否达到设计要求;起升高度限位器及制动器动作是否灵敏、可靠。

(2) 荷载试验加载方法

钢箱梁运输至桥位处后,在NB2、NZ2钢箱梁顶面各布置两个100t水袋,NB2、NZ2梁段重322t,每个水袋先加水23.3t,待动载试验完成后再加水至46.6t。保证上下游两侧水袋位置对称,进行试吊前按照设计荷载在水袋内加等量的水。

①50%额定荷载静载试验。

钢箱梁单节最大质量为332.1t。启动起重机,当提升荷载至166.05t时,持荷15min进行静载试验,检查卷扬机制动系统是否正常。

②80%额定荷载静载试验。

启动起重机,当提升荷载至265.7t时,持荷时间不少于15min进行静载试验,检查有无异响,检查卷扬机的制动器工作是否正常。

③100%额定荷载静载试验。

启动起重机,当提升荷载至332.1t时,持荷时间不少于15min进行静载试验,检查有无异响,检查卷扬机的制动器工作是否正常。

④110%额定荷载动载试验。

启动起重机,当提升荷载至365.31t时,将钢箱梁提升至距离运梁船甲板30cm左右,持荷时间不少于15min,按照起重机吊重曲线,桥面起重机变幅幅度6~13m,角度在60°~73°之间,同时检查有无异响,检查有无溜钩,检查钢丝绳是否跳槽,检查吊具、吊耳情况,检查各构件有无明显变形、连接螺栓有无松动、主要焊缝有无裂缝等。检查无误后,由现场总指挥下达指令开始进行动载试验,主塔区实行断电操作,模拟施工过程中突然断电的情况,检验设备制动系统工作情况,确保施工过程的安全性。完成动载试验后再对桥面起重机制动系统进行检查。

⑤125%额定荷载静载试验。

接好水泵,再次往水袋内加水至46.6t(按照水泵流量换算为加水时间),持荷时间不少于30min进行静载试验。检查有无异响,检查有无溜钩,检查钢丝绳是否跳槽,检查吊具、吊耳情况,检查各构件有无明显变形、连接螺栓有无松动、主要焊缝有无裂缝等。

9.5 标准梁段安装

9.5.1 标准梁段吊装步骤

桥面起重机安装调试完成后,在桥塔两侧对称、同步进行标准梁段的悬拼施工。标准梁段的悬拼施工顺序为:运梁船抛锚定位→桥面起重机扁担梁与钢箱梁连接起吊→钢箱梁精确定位→钢箱梁临时匹配→梁段间螺栓连接→挂索并第一次张拉→前移桥面起重机就位→斜拉索第二次张拉→吊装下一梁段。

运梁船初步定位后,桥面起重机下放扁担梁吊具至运梁船上方,在距钢箱梁顶面约50cm处,运梁船经过二次精确定位后,将吊具与吊耳顺利销接,启动提升系统将钢箱梁节段平稳提升至桥面高度。为避免梁段间相互碰撞,待装梁段与已装梁段之间保留约10cm的间隙,当钢箱梁被吊至桥面高度时,通过调整扁担梁上的C形夹位置,来改变吊点中心与梁段重心的相对距离,从而改变待装梁段的坡度;然后调节卷线盘撬座的位置,使待装梁段与已装梁段紧密接触,而后安装临时匹配件,待夜间温差较小时进行梁段精匹配。

钢箱梁标准梁段吊装步骤如图9-25所示。

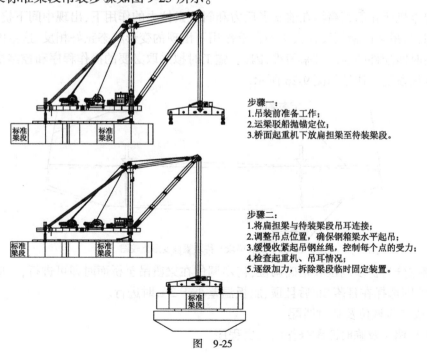

步骤一:
1.吊装前准备工作;
2.运梁驳船抛锚定位;
3.桥面起重机下放扁担梁至待装梁段。

步骤二:
1.将扁担梁与待装梁段吊耳连接;
2.调整吊点位置,确保钢箱梁水平起吊;
3.缓慢收紧起吊钢丝绳,控制每个点的受力;
4.检查起重机、吊耳情况;
5.逐级加力,拆除梁段临时固定装置。

图 9-25

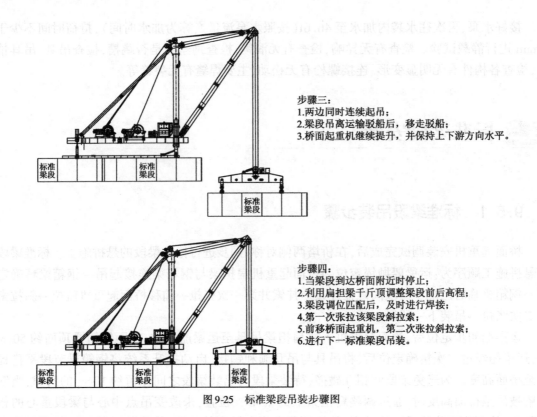

图 9-25 标准梁段吊装步骤图

9.5.2 标准梁段调位及匹配

桥面起重机所在的钢箱梁在前支点反力和斜拉索拉力的作用下,出现中间下挠、两边上翘的临时状态,与吊装的钢箱梁在大钩和自重作用下出现的变形状态正好相反,这些因素均给梁的调位及临时匹配件的连接带来困难,因此,施工时拟采取必要的操作程序和控制措施。已装梁段与待装梁段变形比较如图 9-26 所示。

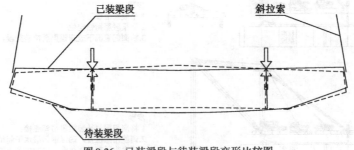

图 9-26 已装梁段与待装梁段变形比较图

梁段调位分为初步调位和精确调位,初步调位在梁段吊至桥面时即可进行,一般在白天完成;精确调位则选择在日落 2h 后且顶、底板温差小于 2℃时进行。

(1)梁段初步调位及临时匹配

梁段初步调位及临时匹配操作的主要程序:

①用装置于扁担梁上的水平千斤顶调整待装梁段的纵向坡度,使其与已装梁段对应位置上下接口的缝隙宽度大致相等,即与已装梁段的纵坡基本一致。

②继续提升梁段,调整高程,使其与已装梁段的表面大致齐平。

③利用装置于桥面起重机前端的纵向调位千斤顶驱使钢箱梁纵向移动,使待装梁段向已装梁段缓慢靠拢。

④利用两个手拉葫芦将已装梁段和待装梁段交叉连接,调整钢箱梁的横向位置,使待装梁段与已装梁段的轴线对齐。

⑤根据需要微微起降扁担梁,使待装梁段与已装梁段纵隔板处的顶板面对齐,同时微微调整扁担梁上的水平千斤顶,使梁段间上下接口的缝隙宽度基本一致。

⑥将梁段纵隔板处匹配件通过螺栓连接,锁定卷扬机,并用手拉葫芦临时固定,至此,梁段初步调位及匹配完成。

(2)梁段精确调位及匹配

根据监控要求,对待装梁段进行局部测量(相邻梁段对应测点的平面位置及高程),并测试相关索的索力,若不满足要求,则进行调整,调整由桥面起重机、斜拉索张拉设备完成。对出现在两梁段间两侧锚腹板处的高差,通过千斤顶进行调平;对不影响匹配件连接的出现在局部板间的错台,可由施焊单位通过打码进行调平。

当梁段调位验收合格后,及时交付施焊单位焊接。腹板调位示意如图9-27所示。

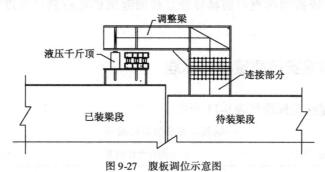

图9-27 腹板调位示意图

待装梁段与已装梁段通过精确调位并达到监控单位精度要求后,立即安装临时匹配件,通过临时匹配件控制梁段间顶、底板间隙来达到桥梁线形的要求。钢箱梁临时匹配件由160×16角钢焊接于钢箱梁对应位置,已装梁段和待装梁段之间通过M24高强螺栓连接。进行梁段线形调整时,由施工监控单位根据各梁段位置及焊缝收缩量最终确定顶、底板间隙调整量。

钢箱梁顶、底板及腹板焊接完成并满足要求后,切除临时匹配件。切除时,采用氧割沿角钢底面钢板预留5mm左右,切除后采用砂轮机打磨光滑。临时匹配件结构示意如图9-28所示。

9.5.3 梁段焊接连接、起重机前移

钢箱梁精确定位后,将相邻两节钢箱梁在顶板处用螺栓连接,并对称安装临时连接件、全截面焊接,之后拆除临时连接件、挂索并进行斜拉索的第一次张拉。

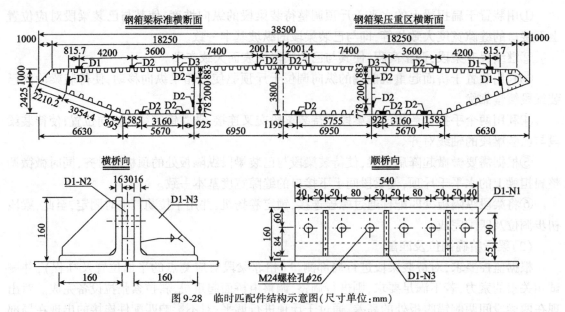

图 9-28 临时匹配件结构示意图(尺寸单位:mm)

依次解除钢箱梁与扁担梁间的连接、提升扁担梁、解除起重机后锚点的约束后,按照"顶升桥面起重机→前移行走轨道→锚固轨道→落放桥面起重机→顶推前移桥面起重机→锚固桥面起重机"的顺序完成桥面起重机前移作业。桥面起重机走行到位后进行斜拉索的第二次张拉。

9.5.4 钢箱梁安装质量检验标准

钢箱梁安装质量检验标准如表 9-11 所示。

钢箱梁安装质量检验表　　　　　表 9-11

序号	检查项目		规定值或允许偏差	检查方法和频率
1	轴线偏位	$L \leq 200m$	$\leq 10mm$	全站仪:每段测 2 处
2		$L > 200m$	$\leq L/20000$	
3	索力		满足设计和施工控制要求,且最大偏差$\leq 10\%$设计值	测力仪:测每索
4	梁锚固点高程	梁段	满足施工控制要求	水准仪:测每个锚固点或梁段顶面 2 处
5		合龙后 $L \leq 200m$	$\pm 20mm$	
6		$L > 200m$	$\pm L/10000$	
7	塔顶偏位		满足设计及施工控制规定	全站仪:测塔顶各边中点
8	梁顶四角高差(mm)		≤ 20	水准仪:测四角
9	相邻节段对接错边(mm)		≤ 2	尺量:测每段接缝最大处
10	焊缝尺寸		满足设计要求	量规:检查全部,每条焊缝检查 3 处

续上表

序号	检查项目	规定值或允许偏差	检查方法和频率
11	焊缝探伤	满足设计要求	超声法:检测全部。射线法:按设计要求;设计未要求时按10%抽查,且不少于3条
12	高强螺栓扭矩	±10%	扭力扳手:检查5%,且不少于2个

注:L 为梁段长度。

9.6 临时墩梁段安装

钢箱梁随着悬臂端的加长,受水平风荷载的影响,会出现移位的情况,导致定位精度无法保证,因此在距离北塔桥墩中轴线146m处搭设一处抗风临时墩,临时墩与钢箱梁的连接采用吊带软连接的方式。钢箱梁吊装至9号节段时,利用桥面50t汽车式起重机完成钢箱梁与临时墩的连接,保证钢箱梁处于稳定状态。临时墩平面布置如图 9-29 所示,临时墩结构如图 9-30 所示。

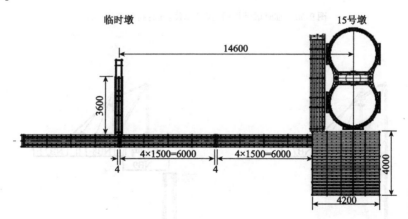

图 9-29 临时墩平面布置图(尺寸单位:cm)

临时墩顶梁段涉及 NB9 梁段,利用桥面起重机先将 NB9 梁段提升放置于墩顶并通过桥面起重机变幅将梁段向小里程侧偏移,再提升 NB9 梁段与 NB8 梁段匹配焊接。具体吊装过程如下:

①将运梁船停于临时墩大里程侧,起吊 NB9 梁段,如图 9-31 所示;

②当 NB9 梁段提升至临时墩顶面以上后,通过桥面起重机变幅将梁段向小里程侧偏移,如图 9-32 所示;

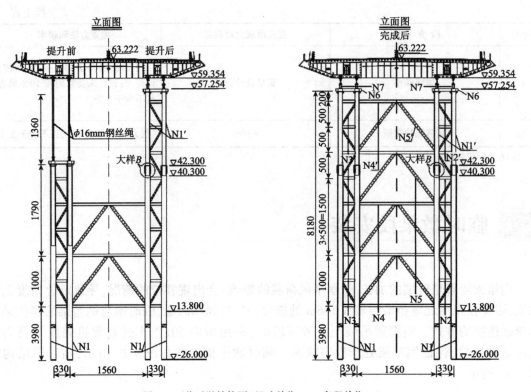

图 9-30 临时墩结构图(尺寸单位:mm;高程单位:m)

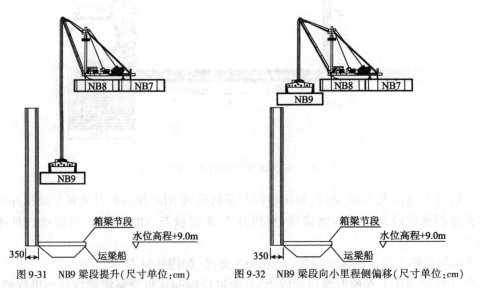

图 9-31 NB9 梁段提升(尺寸单位:cm)　　图 9-32 NB9 梁段向小里程侧偏移(尺寸单位:cm)

③再次提升 NB9 梁段并与 NB8 梁段匹配焊接,如图 9-33 所示。

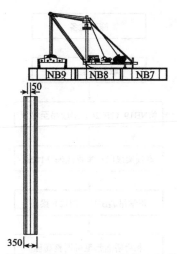

图 9-33　NB9 梁段再次提升,并与 NB8 梁段匹配(尺寸单位:cm)

待 NB9 梁段安装完成且斜拉索第二次张拉完成后,利用桥面汽车式起重机将 P820×10 钢管提升至设计高程,与 P1020×12 钢管焊接固定,然后焊接平联及斜撑。

钢管接长及平联焊接完成后,将钢箱梁底部临时连接吊耳与 HN800×300 型钢枕头梁上的连接板通过钢丝绳连接,完成钢箱梁临时墩安装。临时墩连接如图 9-34 所示。

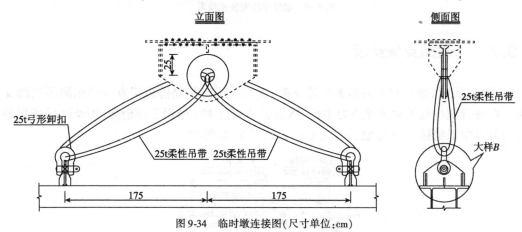

图 9-34　临时墩连接图(尺寸单位:cm)

9.7　墩顶梁段安装

边跨 14 号和 13 号墩顶梁段主要涉及 NB19+BH1、NB26+BH2 梁段,先利用桥面起重机变幅将墩顶梁段 NB19 和 NB26 提升吊放至墩顶,并向小里程侧偏移 10cm,再提升 BH1 和 BH2 梁段并与已装梁段匹配焊接。待焊接完成后利用桥面起重机缓慢提升,使已装梁段前端高程与墩顶梁段高程达到要求后,利用墩顶设置的 4 台三向千斤顶将墩顶梁段向已装梁段平移,与已装梁段匹配后进行焊接,完成墩顶梁段安装。墩顶梁段安装流程如图 9-35 所示。

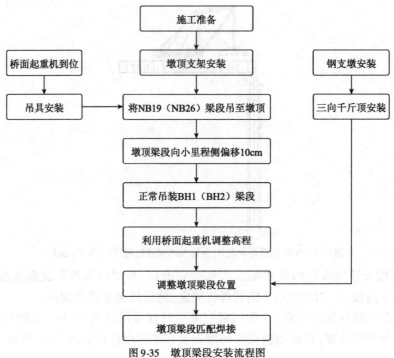

图 9-35 墩顶梁段安装流程图

9.7.1 墩顶支架安装

13 号墩顶进行梁段存放前需要安装支架，支架采用与跨堤桥边跨直线段相同的三脚支架结构。在进行墩身施工时预埋剪力牛腿，然后安装双拼 40a 槽钢三角桁架，桁架在后场拼装完成后与剪力牛腿销接。13 号墩临时支架示意如图 9-36 所示。

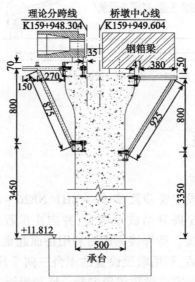

图 9-36 13 号墩临时支架示意图(尺寸单位:cm;高程单位:m)

14号墩顶NB19梁段长7.6m,重200t。在钢箱梁吊装前为了保证安装稳定性,墩顶托架采用HN350×175型钢与墩顶预埋钢板焊接完成。14号墩顶托架示意如图9-37所示。

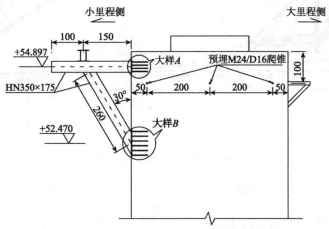

图9-37 14号墩顶托架示意图(尺寸单位:cm;高程单位:m)

9.7.2 墩顶梁段吊装

当NB18(NB25)梁段及斜拉索安装完成后,利用桥面起重机变幅将NB19(NB25)梁段吊放至墩顶,并向小里程侧偏移10cm。此时桥面起重机大臂仰角42°,根据桥面起重机吊重曲线,桥面起重机起重能力为300t,NB19梁段自重200t,满足起吊要求。桥面起重机吊重曲线如图9-38所示,墩顶梁段吊装示意如图9-39所示。

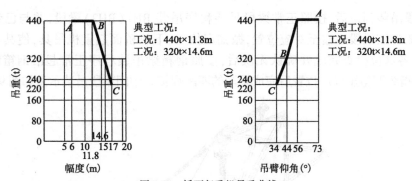

图9-38 桥面起重机吊重曲线

为了保证墩顶梁段放置稳定性,以及进行梁段高程及位置调整,在墩顶设置4个支撑钢凳,作为临时支点。钢凳均采用4根竖向放置的HN350×175型钢,上下均焊接20mm厚钢板,在钢板顶面设置20mm厚橡胶垫,保护钢箱梁底板涂装。墩顶钢凳示意如图9-40所示。

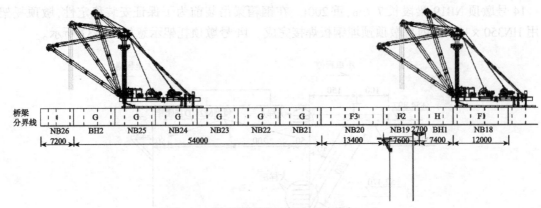

图 9-39　墩顶梁段吊装示意图(尺寸单位:mm)

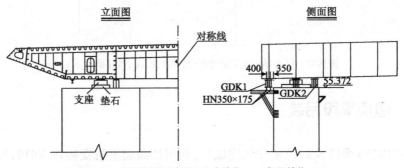

图 9-40　墩顶钢凳示意图(尺寸单位:cm;高程单位:m)

9.7.3　BH1(BH2)梁段吊装

墩顶梁段吊装到位后,按照正常梁段吊装程序吊装 BH1(BH2)梁段,并与已装梁段匹配焊接。运梁船将该梁段运输至对应位置,抛锚定位后,下放桥面起重机吊具,使其与钢箱梁顶面吊耳连接,各部位检查完成并确认无误后,按照钢箱梁吊装程序正常起吊钢箱梁至设计高程,按照监控指令调整至设定位置后完成梁段的匹配焊接。中间梁段吊装示意如图 9-41 所示。

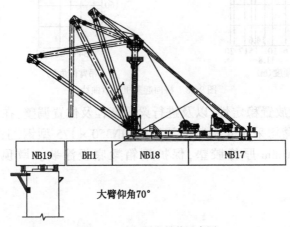

图 9-41　中间梁段吊装示意图

9.7.4 墩顶梁段调整施工

中间梁段安装到位且环焊缝施工完成后,根据监控单位提供的计算结果,此时已装梁段端头高程比设计高程高出 15cm 左右。为了保证待装梁段与已装梁段之间的高程差值满足要求,先用桥面起重机大臂下放吊具,在吊具与墩顶梁段安装好后,再启动提升卷扬机使桥面起重机向上提升待装梁段,使已装梁段高程下降,待与墩顶梁段高程基本一致后,利用墩顶安装的 4 台三向千斤顶调整墩顶梁段位置,主动与已装梁段匹配,当位置精度达到要求后,按照正常梁段安装程序进行打码焊接,完成墩顶梁段安装。墩顶千斤顶布置示意如图 9-42 所示。

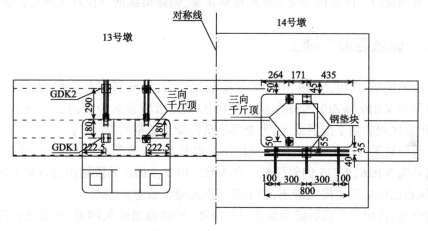

图 9-42 墩顶千斤顶布置示意图(尺寸单位:cm)

9.7.5 边跨墩顶支座安装

边跨 13 号(14 号)墩顶梁段与 BH2(BH1)匹配到位,且码板全部焊接到位后,开始进行边跨墩顶支座安装。按照设计文件,由专业厂家将加工完成的支座运输至现场,在墩顶梁段安装之前将支座放置于墩顶支座垫石上,并将锚固螺栓放入螺栓孔内。支座均为球形钢支座,13 号墩支座尺寸为 1440mm × 2600mm × 430mm,14 号墩支座尺寸为 1490mm × 2800mm × 520mm,支座参数如表 9-12 所示。

支 座 参 数 表   表 9-12

参　　数		13 号墩支座	14 号墩支座
尺寸(mm × mm × mm)		1440 × 2600 × 430	1490 × 2800 × 520
竖向承载力(kN)		10000	17500
设计向上抗拉力(kN)		1000	1000
设计正常位移量	顺桥向(mm)	±850	±850
	横桥向(mm)	±7	±7
设计摩擦系数		≤0.03	≤0.03
设计转角(rad)		0.02	0.02

支座安装前对所有预埋孔进行清理，保证预埋孔内无石、砂、杂物、水等，然后将支座放置于垫石上。待墩顶梁段与合龙段完成匹配并打码固定后，在支座底部安装4个螺旋千斤顶将支座顶起，然后根据梁底锚固孔位置，对支座上钢板进行预偏，并将锚固螺栓穿过梁底与支座锚固孔，再将支座与钢箱梁底部顶紧并将锚固螺栓安装到位。

支座确认安装到位后，将现场木模板按照垫石尺寸切割成形，进行模板安装。检查模板与垫石之间的密贴性，确保所有缝隙均已封堵，然后在桥面拌和支座灌浆料，利用橡胶软管将灌浆料放入支座模板内。

支座完成灌浆后，为了防止钢箱梁桥面施工荷载对支座产生扰动，进行桥面施工时严禁施工荷载进入墩顶梁段。同时确保支座纵向滑移正常，钢箱梁纵向移位对支座无影响。

9.7.6 配重混凝土施工

①北主桥钢锚梁 NZ19、NB19、BH1 梁段吊装就位后，调整斜率和高程，完成永久连接，第一次张拉编号为 WB19、WZ19 的斜拉索。在 14 号辅助墩墩顶梁段箱内进行第 1 次永久压重（浇筑设计压重区间的第 1 层混凝土，为全部压重混凝土数量的 50%）；

②北主桥钢箱梁 NZ26、NB26、BH2 梁段吊装就位后，调整斜率和高程，完成永久连接，第一次张拉编号为 WB26、WZ26 的斜拉索。在 NB25、BH2、NB26 梁段箱内进行第 1 次永久压重（浇筑设计压重区间的第 1 层混凝土，为全部压重混凝土数量的 50%）；

③中跨合龙，桥面起重机拆除后对主梁与桥塔、桥墩施加永久约束，完成北边跨压重区域钢箱梁内的第 2 次永久压重。

根据钢箱梁施工图纸，压重采用铁砂混凝土。具体压重量及压重时间由监控单位确定。

压重荷载为：

NB18、BH1、NB19、NB20：50t/m；

NB21、NB22、NB23、NB24：10t/m；

NB25、BH2、NB26：40t/m。

混凝土在拌和站进行拌和后，利用拖泵泵送至对应位置后浇筑。由于混凝土采用泵送，需在钢箱梁顶板开孔。根据钢箱梁结构，开孔位置均避开顶板U形肋，开孔尺寸为 300mm×200mm。在钢箱梁内舱按照设计尺寸将混凝土模板提前安装到位，根据监控指令及时浇筑配重混凝土。钢箱梁顶板开孔布置如图 9-43 所示。

配重混凝土采用铁砂混凝土，重度不小于 $35kN/m^3$。项目部试验室根据设计要求和混凝土泵送要求进行混凝土配合比试配，使混凝土达到设计和泵送要求。具体配合比如表 9-13 所示。

压重施工注意事项：

①混凝土吊运过程中避免污染其他钢箱梁；

②钢箱梁底板U形肋之间填满混凝土，并进行振捣，保证混凝土振捣密实；

③混凝土浇筑前要确定浇筑混凝土方量，以及对应浇筑高度，并提前做好标记；

④混凝土浇筑严格按照设计要求进行分层，避免一次浇筑过高导致钢箱梁底板发生变形。

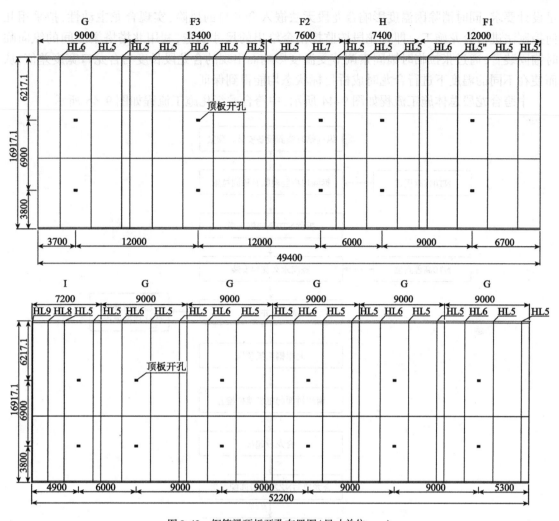

图 9-43 钢箱梁顶板开孔布置图(尺寸单位:mm)

铁砂混凝土配合比　　　　　　　　　　表 9-13

原料	水泥	矿粉	粉煤灰	黄砂	铁砂	铁矿石	水	外加剂
数量(kg/m³)	267	72	72	591	299	2161	174	2.94
来源	亚东	九江中冶	国电谏壁	洞庭湖	外购	外购	自来水	苏博特

9.8 中跨合龙段施工

根据施工计划,主桥中跨合龙时间为 10 月下旬,根据历年 10 月下旬温度统计情况,合龙温度取 20℃,与设计基准温度 15℃相差 5℃。为保证成桥后主梁应力状态、线形、塔偏等均满足设计要求,同时消除因温度影响合龙段无法嵌入合龙口的风险,实现合龙主动性,拟采用几何控制法进行合龙施工。即合龙段按监控指令给出的尺寸制造,利用北塔塔梁之间的纵向临时锚固装置,通过张拉临时锚固索调节受温度影响而出现的合龙段长度与合龙口宽度差值,从而使在不同的温度下进行合龙时成桥目标状态均能得到保证。

中跨合龙段总体施工流程如图9-44所示,中跨合龙细化施工流程如图9-45所示。

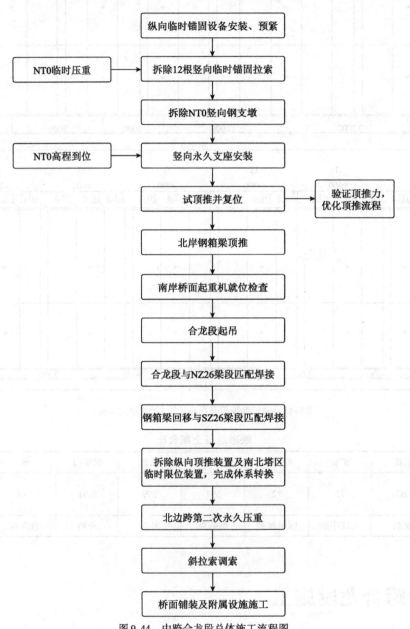

图9-44 中跨合龙段总体施工流程图

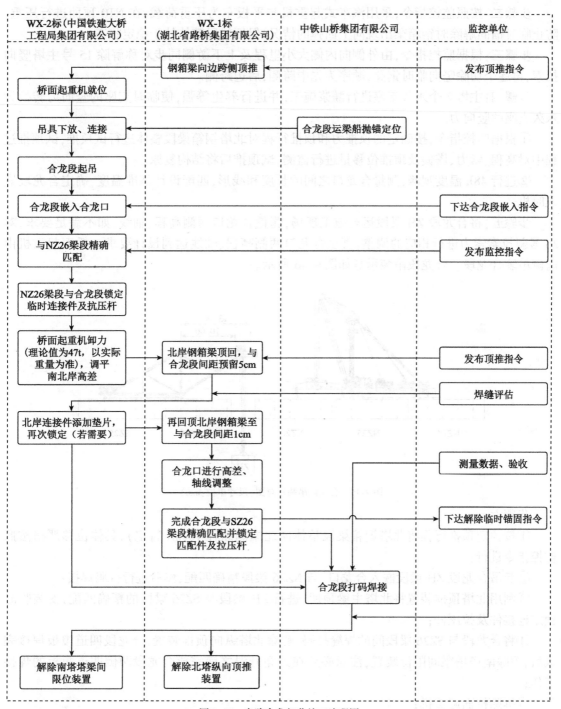

图 9-45 中跨合龙细化施工流程图

施工工序如下：

步骤一：在完成 24 号斜拉索二次张拉之后，监控单位发布合龙段 ZH 梁段的预制指令。

步骤二：按照监控指令，采用汽车式起重机与平板车为压重荷载，在NT0顶面进行压重，防止临时锚固解除时钢箱梁出现向上回弹的情况，保证梁段整体处于稳定状态。

步骤三：根据监控指令，由外侧向内侧大小里程及上下游侧同步对称解除15号主塔竖向拉索，再逐个切除竖向临时钢凳，顺序为先中跨侧，后边跨侧。

步骤四：主塔2个永久支座进行灌浆施工，并进行养生等强，使临时支座的竖向力转换为永久支座的竖向力。

①根据监控指令，按确定的顶推力和顶推行程对北塔钢箱梁段整体进行试顶推，试顶推过程中对高程、索力、塔偏及顶推位移量进行监测，试顶推后将结构复原。

②进行48h温度观测，测量合龙口之间的长度和线形，匹配设计基准温度，确定合龙段嵌入时机。

步骤五：将合龙段ZH梁段运至施工现场，测量合龙口两侧高程、轴线，如不满足要求，对26号斜拉索索力进行相应的调整，直至合龙口两侧高程、轴线达到设计要求。桥面起重机由南侧吊装合龙段。合龙段吊装示意如图9-46所示。

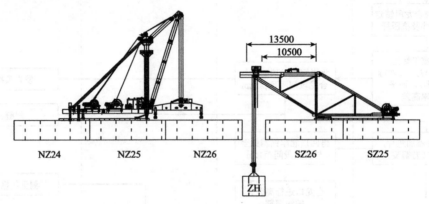

图9-46 合龙段吊装示意图(尺寸单位：mm)

步骤六：

①按预定顶推行程将北塔钢箱梁段整体向北岸侧纵移10cm(暂定)，具体位移严格按照监控指令进行；

②起吊合龙段ZH梁段嵌入合龙口，与NZ26梁段精确匹配，然后进行打码焊接；

③利用北塔顶推装置将北塔主梁顶回，进行ZH梁段与SZ26梁段的精确匹配，安装临时锁定连接件及拉压杆；

④将合龙段与SZ26梁段间的焊缝打码，解除北塔纵向顶推装置，合龙段四道腹板焊接完成后，解除南塔塔梁间限位装置，注意必须在天亮升温之前完成合龙段两侧四道腹板的焊接工作；

⑤拆除桥面起重机；

⑥北边跨钢箱梁第二次压重；

⑦根据监控指令进行调索；

⑧进行桥面铺装，然后进行桥面系等后续施工。

9.8.1 钢箱梁顶推

根据计算数据,不同的顶推行程所需要的顶推质量不同,为了保证顶推过程中的安全性,每次顶推量控制在2cm以内,通过控制千斤顶的顶推质量来确保整个顶推过程的稳定性。不同顶推行程对应顶推质量如表9-14所示。

不同顶推行程对应顶推质量统计表   表9-14

顶推行程(cm)	1	2	3	4	5
顶推质量(t)	510.2	519.0	526.8	534.6	542.4
顶推行程(cm)	6	7	8	9	10
顶推质量(t)	550.2	557.9	565.7	573.5	581.3
顶推行程(cm)	11	12	13	14	15
顶推质量(t)	590.1	598.8	609.6	618.3	630.0

顶推结束,主塔钢箱梁体系转换也完成。此时需检验北塔钢箱梁梁段整体移梁系统的受力性能,故对其展开试验,步骤如下:

步骤一:测量队对北塔钢箱梁梁段整体进行测量放样,记录数据。

步骤二:将张拉千斤顶、撑脚、张拉杆等安装到位,其中边跨侧千斤顶安装之前先将油缸行程顶出15cm。

步骤三:张拉中跨侧千斤顶,由于顶推主梁的启动力为510t,将单个千斤顶按每50t一级分级张拉并持荷300t。为了控制顶推过程中的位移量,此时将边跨侧千斤顶张拉至80t,再使锚固螺母后退并将其与临时支座的间隙控制在2cm以内,受力简图如图9-47所示。

图9-47 受力简图(1)

步骤四:将边跨侧千斤顶卸力,并做好千斤顶的固定措施,防止千斤顶在卸力过程中松弛脱落,按照每10t一级分级卸力。每级卸力钢箱梁将发生1cm位移,同步使边跨侧螺母缓慢后退,直至钢箱梁无法移动,达到新的平衡状态,受力简图如图9-48所示。

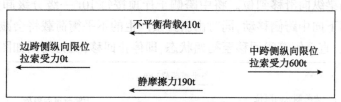

图9-48 受力简图(2)

步骤五:采用相同的方法张拉中跨侧千斤顶,卸力边跨侧千斤顶,根据监控单位提供的数据,移梁150mm,顶推力为630t,按照每30t一级分级对钢箱梁进行张拉,使中跨侧千斤顶持荷

350t，受力简图如图9-49所示。

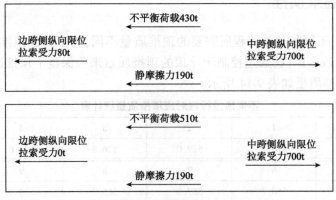

图9-49 受力简图(3)

步骤六：钢箱梁滑移到位后，将两侧拉索锚固螺母紧贴临时支座，然后中跨侧张拉千斤顶按每50t一级分级卸力，使锚固系统达到平衡状态，受力简图如图9-50所示。

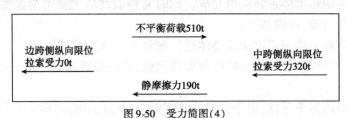

图9-50 受力简图(4)

9.8.2 钢箱梁复位

移梁试验完成后，需将钢箱梁顶推回原设计位置。

步骤一：同钢箱梁移梁试验一致，且能够保证将钢箱梁向中跨侧顶推50mm施工工况的实现；将中跨侧张拉千斤顶油缸行程顶出15cm，安装千斤顶、撑脚及张拉杆；将边跨侧千斤顶剩余行程收回，安装千斤顶、撑脚及张拉杆。

步骤二：张拉中跨侧千斤顶，使中跨侧拉索平行钢丝预紧，并使中跨侧锚杯螺母后退，使螺母与临时支座垫石间距为2cm。

步骤三：张拉边跨侧千斤顶，此时由于钢箱梁的不平衡荷载大于静摩擦力，逐渐放松中跨侧千斤顶可使钢箱梁纵向滑移到位。将中跨侧千斤顶按每10t一级分级卸力，此时钢箱梁将在边跨侧拉力作用下向中跨侧移动，同时由斜拉索产生的不平衡荷载将会减小，同步使中跨侧锚杯螺母缓慢后退，直至钢箱梁回移至初始状态，即停止回移，受力简图如图9-51所示。

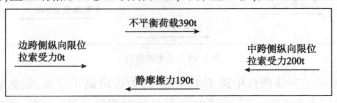

图9-51 受力简图(5)

步骤四：通过测量确认钢箱梁满足复位要求后，卸除千斤顶的顶推力，解除钢箱梁顶推装置。

9.8.3 合龙段起吊

南岸桥面起重机为 WD220-C 型桅杆式桥面起重机，在 SZ26 梁段钢箱梁吊装完成、对应斜拉索张拉结束后需要对桥面起重机的吊具进行更改，将标准段吊装时所用吊具中间的横梁拆除，将两侧短横梁对接（所用螺栓为 10.9S 高强螺栓，不可重复使用），满足合龙段 ZH 梁段的吊装要求。桥面起重机起吊合龙段示意如图 9-52 所示。

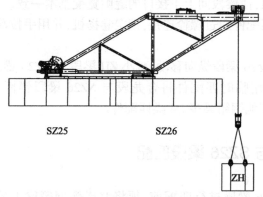

图 9-52 桥面起重机起吊合龙段示意图

合龙段 ZH 梁段吊装时桥面起重机后锚点位于 SZ25 梁段钢箱梁向塔侧第二道横隔梁处，前支点位于 SZ26 梁段钢箱梁向塔侧第二道横隔梁处。满足后锚点锚固位置及前支点支撑位置要求。

按照预定的顶推行程，利用顶推千斤顶将北塔钢箱梁梁段整体向北岸侧顶推纵移，确保合龙段 ZH 梁段能嵌入中跨合龙口。起吊作业指挥人员相互联络，确认各起吊检查项目正常后，同时指挥 2 台起重机连续进行提升作业，一次将钢箱梁吊离运梁船，桥面起重机进入正常吊装状态，将合龙段 ZH 梁段嵌入合龙口。

9.8.4 合龙段与 NZ26 梁段匹配

(1) 梁段压重

根据监控数据及计算结果，当合龙段由南岸侧桥面起重机起吊后，南岸侧 SZ26 梁段端口高程比 NZ26 梁段高程低 125mm，由于合龙段检修小车轨道伸出梁段两端部 50cm，为了保证合龙段先与 NZ26 梁段顺利匹配，采用在 NZ25、NZ26 梁段压重的方式，将 NZ26 梁段端部高程压低 15~20cm。压重方式为自边跨侧将 2 台 50t 汽车式起重机开往指定梁段，单台自重 45t，配合桥面起重机吊具 20t，可满足监控单位 100t 的压重要求。为了保证合龙段匹配具备足够的空间，同时利用 YB26、YZ26 斜拉索将 SZ26 梁段端部高程向上调整 10cm 左右，再考虑轨道与梁底之间的 15cm 间隙，可确保合龙段与 NZ26 梁段的正常匹配焊接。

(2)梁段初步调位

①用装置于扁担梁上的水平千斤顶调整待装梁段的纵坡,使其与已装梁段对应位置上下接口的缝隙宽度大致相等,即与已装梁段的纵坡基本一致。

②继续提升梁段,调整高程,使其与已装梁段的表面大致齐平。

③利用装置于桥面起重机前端的纵向调位千斤顶驱使钢箱梁纵向移动,使待装梁段向已装钢箱梁缓慢靠拢。

④利用两个手拉葫芦将已装梁段和待装梁段交叉连接,调整钢箱梁的横向位置,使待装梁段与已装梁段的轴线对齐。

⑤根据需要微微起降扁担梁,使待装梁段与已装梁段纵隔板处的顶板面对齐,同时微微调整扁担梁上的水平千斤顶,使梁段间上下接口的缝隙宽度基本一致。

⑥将梁段纵隔板处匹配件通过螺栓连接,锁定卷扬机,并用手拉葫芦临时固定,至此,梁段初步调位及匹配完成。

合龙段ZH梁段朝NZ26梁段纵向移动,减小ZH梁段与NZ26梁段的缝隙宽度,待缝隙宽度满足焊接要求后,立即用临时匹配件将合龙段与NZ26梁段锚固。合龙段临时匹配件有D1~D4共四种类型,比其他钢箱梁多D4类匹配件。

9.8.5 合龙段与SZ26梁段匹配

由于在合龙段与SZ26梁段进行匹配前,须将北岸侧钢箱梁上的压重取消,在合龙段与NZ26梁段匹配并完成腹板的码板后,根据计算结果,先撤走一台配重用的汽车式起重机,使合龙段端部高程比SZ26梁段略高(3~5cm)。此时在合龙段端部焊接四道搭接件,待NZ26-ZH的四道腹板焊缝焊接完成后,利用桥面起重机卸力使合龙段通过搭接件搭接于SZ26梁段上,使ZH梁段与SZ26梁段高程达到自平衡状态。搭接件采用HN35×175型钢,长1m,在中腹板两侧各焊接两道搭接件,结构示意如图9-53所示。

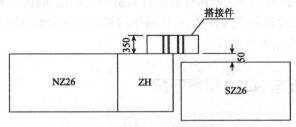

图9-53 搭接件结构示意图(尺寸单位:mm)

当搭接件与SZ26梁段完成贴合后,两侧钢箱梁高程可达到自平衡状态,即焊接两侧钢箱梁高程可达到基本一致,剩余轴线和转角偏位调整与NZ26梁段匹配方法相同,先利用交叉布置的手拉葫芦将两侧梁段中腹板大致对齐,然后利用反向千斤顶将轴线对准,再利用桥面起重机卸力使北岸梁段承受一半合龙段重量(以实际高程情况为准),调整两侧钢箱梁高差。当腹板高差基本一致后,立即将合龙段与SZ26梁段之间的匹配件及刚性拉压杆安装到位,完成合龙段匹配。

9.8.6 合龙段焊接

合龙段与已装梁段匹配完成后,立即开始码板焊接。根据施工要求,先焊接合龙段与已装梁段之间的四道腹板焊缝,四道腹板焊缝的焊接工作必须于一个夜间完成。由于焊接工作量较大,焊接现场必须保证两套完整的焊接作业班组,且单侧四道焊缝须于 5h 内完成。根据要求,现场配备焊接人员不少于 30 人。

码板采用 10mm 左右钢板与焊缝两侧钢箱梁焊接固定,保证两侧焊缝宽度满足要求,焊缝在焊接过程中处于无应力状态。

腹板、底板焊接均采用人工焊接,其中 NZ26-ZH 焊缝焊接时间宜控制在 5h 左右,ZH-SZ26 焊缝焊接完成时间不能超过第二天早上八点(即一天内气温开始上升前完成)。顶板采用半自动埋弧焊机焊接。

9.8.7 临时约束解除与体系转换

合龙段两侧腹板焊缝焊接在一个夜间完成,由监控单位评估南北塔处临时锚固设施的拆除时机,并下达监控指令,解除主塔处钢箱梁临时约束,完成钢箱梁的体系转换。在主桥合龙段焊接完成后,拆除桥面起重机及其他临时设施,完成北边跨钢箱梁内的第二次永久压重,进行合龙通测,最后一次调整索力,安装桥面系、塔梁阻尼器。

10 斜拉索安装

10.1 施工概述

北塔单侧索面共26根斜拉索,双侧52根斜拉索,全桥共计104根斜拉索,均为镀锌低松弛高强度(标准强度1770MPa)平行钢丝斜拉索,斜拉索分为LPES7-109、LPES7-127、LPES7-139、LPES7-163、LPES7-187、LPES7-211、LPES7-223、LPES7-241八种规格,统计如表10-1所示。

斜拉索规格数量统计表   表10-1

序号	斜拉索规格	斜拉索编号	裸索直径(mm)	斜拉索外径(mm)	数量(根)
1	LPES7-109	WB2、WB3、WZ2、WZ3	81.7	99	8
2	LPES7-127	WB4~WB7、WZ4~WZ6	91.9	109	14
3	LPES7-139	WB1、WB8、WB9、WZ1、WZ7~WZ10	93.1	111	16
4	LPES7-163	WB10~WB12、WZ11~WZ14	100	118	14
5	LPES7-187	WB13~WB15、WB19、WZ15~WZ17	106.2	125	14
6	LPES7-211	WB16、WB20、WZ18~WZ20	113.9	133	10
7	LPES7-223	WB17、WB18、WZ21、WZ22	117.8	137	8
8	LPES7-241	WB21~WB26、WZ23~WZ26	120.5	139	20
合计					104

斜拉索中最短的为WZ1号索,最小长度为138.08m,重6.496t;最长的为WZ26号索,最大长度为441.908m,重35.038t。成桥恒载塔端最大索力为4666.5kN,梁端最大索力为4521.1kN。

所有斜拉索均按照"先塔后梁"的顺序进行挂设,张拉顺序为"梁端压锚,塔端张拉"。15号主塔104根斜拉索中除WB1~WB3、WZ1~WZ3共计12根斜拉索锚固在主塔内混凝土齿块上外,其余斜拉索均锚固在预埋于主塔内的钢锚梁上。

斜拉索安装施工内容主要包括索股转运吊装、展索、挂设、张拉、索力调整、临时减振与永久减振设备安装等工序。施工时根据斜拉索长度、质量、牵引力以及张拉空间等要求综合考虑,选定合适的牵引、张拉方式。结合本桥实际情况与计算结果,将斜拉索安装施工工艺分为三类:短索施工、中长索施工、长索施工。

根据设计提供的索力及斜拉索相关资料,对每对斜拉索张拉端螺母旋平锚杯时的牵引力进行计算,以监控单位提供的数据为准,确定软牵引钢绞线数量及牵引力的控制值;同时对每根索各牵引阶段的牵引力进行同步监控,根据牵引空间距离、索力确定软牵引钢绞线长度,以综合选择安装方案和设备。斜拉索挂索索力按式(10-1)计算:

$$\Delta L = L_0 - L + \frac{\omega^2 L_\text{x}^2 L_0}{24T^2} - \frac{TL}{AE} \qquad (10\text{-}1)$$

式中: ΔL——斜拉索锚头至锚垫板端部中心距离,m;

L_0——上下两端索孔锚板中心的几何距离,m;

L——斜拉索长度,m;

$\frac{\omega^2 L_\text{x}^2 L_0}{24T^2}$——斜拉索垂度修正值;

ω——斜拉索单位长度质量,kg/m;

L_x——斜拉索水平投影长度,m;

T——斜拉索挂索牵引质量,t;

$\frac{TL}{AE}$——斜拉索伸长量修正值;

A——斜拉索横截面面积,m^2;

E——斜拉索弹性模量,Pa。

在斜拉索挂索各阶段牵引力的作用下,计算的索力值如表10-2、表10-3所示。

斜拉索两端带帽索力计算表 表10-2

斜拉索编号	索力(t)	斜拉索编号	索力(t)	斜拉索编号	索力(t)	斜拉索编号	索力(t)
WB1	5.8	WB14	124.0	WZ1	6.1	WZ14	112.5
WB2	9.2	WB15	149.1	WZ2	8.9	WZ15	130.1
WB3	14.8	WB16	144.6	WZ3	13.0	WZ16	141.0
WB4	17.4	WB17	139.1	WZ4	17.4	WZ17	158.0
WB5	27.0	WB18	175.4	WZ5	24.1	WZ18	164.6
WB6	35.6	WB19	168.2	WZ6	32.3	WZ19	178.6
WB7	46.7	WB20	193.4	WZ7	41.1	WZ20	198.1
WB8	46.5	WB21	194.9	WZ8	50.0	WZ21	205.6
WB9	61.9	WB22	204.8	WZ9	59.0	WZ22	219.0
WB10	63.0	WB23	219.4	WZ10	40.6	WZ23	236.8
WB11	72.6	WB24	234.7	WZ11	73.7	WZ24	243.3
WB12	95.5	WB25	244.0	WZ12	90.2	WZ25	243.6
WB13	102.3	WB26	252.6	WZ13	101.4	WZ26	240.8

梁端锚杯螺母到位索力计算表　　　　　　　　　　　　　　　　　　　　　　　表 10-3

斜拉索编号	索力(t)	斜拉索编号	索力(t)	斜拉索编号	索力(t)	斜拉索编号	索力(t)
WB1	52.5	WB14	214.6	WZ1	66.8	WZ14	193.7
WB2	64.2	WB15	245.1	WZ2	61.3	WZ15	216.4
WB3	81.7	WB16	235.3	WZ3	65.9	WZ16	225.2
WB4	59.0	WB17	216.2	WZ4	60.8	WZ17	242.9
WB5	97.0	WB18	270.6	WZ5	81.5	WZ18	251.1
WB6	111.4	WB19	243.2	WZ6	99.9	WZ19	264.7
WB7	127.6	WB20	279.3	WZ7	113.5	WZ20	285.7
WB8	112.2	WB21	277.3	WZ8	124.5	WZ21	293.0
WB9	139.1	WB22	286.5	WZ9	133.6	WZ22	305.2
WB10	133.7	WB23	302.7	WZ10	65.8	WZ23	324.4
WB11	145.1	WB24	319.4	WZ11	149.5	WZ24	327.0
WB12	182.6	WB25	327.4	WZ12	173.6	WZ25	321.3
WB13	184.8	WB26	334.4	WZ13	184.1	WZ26	311.7

当梁端牵引力为 40t 时，塔端锚头与锚垫板之间距离 ΔL 如表 10-4 所示。

塔端锚头与锚垫板之间距离(40t 牵引力)统计表　　　　　　　　　　　　　　表 10-4

斜拉索编号	锚头与锚垫板之间距离(m)	斜拉索编号	锚头与锚垫板之间距离(m)	斜拉索编号	锚头与锚垫板之间距离(m)	斜拉索编号	锚头与锚垫板之间距离(m)
WB1	-0.20	WB14	2.21	WZ1	-0.18	WZ14	2.20
WB2	-0.15	WB15	2.72	WZ2	-0.15	WZ15	2.62
WB3	-0.10	WB16	3.99	WZ3	-0.13	WZ16	4.00
WB4	-0.14	WB17	5.13	WZ4	-0.14	WZ17	5.26
WB5	-0.03	WB18	6.14	WZ5	-0.06	WZ18	6.05
WB6	0.04	WB19	5.03	WZ6	0.02	WZ19	4.96
WB7	0.14	WB20	7.31	WZ7	0.08	WZ20	7.35
WB8	0.20	WB21	10.68	WZ8	0.22	WZ21	10.89
WB9	0.36	WB22	12.00	WZ9	0.34	WZ22	12.41
WB10	0.60	WB23	13.45	WZ10	0.44	WZ23	14.00
WB11	0.82	WB24	15.00	WZ11	0.81	WZ24	15.76
WB12	1.13	WB25	16.63	WZ12	1.09	WZ25	17.63
WB13	1.76	WB26	18.37	WZ13	1.79	WZ26	19.64

根据斜拉索长度、质量、角度、牵引力等因素，按照不同施工工艺，将斜拉索分为四组。

(1) 1 号~5 号索

1 号~5 号索(WB1~WB5,WZ1~WZ5)，最大起吊重量不超过 10t，长 170m 左右，带帽索力均小于 30t，可直接由塔式起重机提升至塔端临时挂索固定，然后桥面由卷扬机直接牵引入锚就位，再由塔端安装张拉杆进行斜拉索张拉。

(2) 6 号~12 号索

6 号~12 号索(WB6~WB12,WZ6~WZ12)相对较长，最大起吊重量约 14t。先在塔端安装1.7m接长杆,塔端挂设锚固,然后梁端直接用卷扬机接钢丝绳牵引入锚(牵引力40t),最后进行塔端张拉。

(3)13号~20号索

13号~20号索(WB13~WB20,WZ13~WZ20)较长,最大起吊重量约24t。在塔端安装1.7m接长杆,塔端挂设锚固,梁端锚头处安装15ϕ^s15.2型钢绞线的接长杆(接长杆长1.7m),牵引千斤顶将接长杆引出后(牵引力150t)再利用接长杆将梁端入锚,最后进行塔端张拉。

(4)21号~26号索

21号~26号索(WB21~WB26,WZ21~WZ26)较长,最大起吊重量35t,最大索长441.908m。根据牵引挂索索力计算结果,在斜拉索塔端安装1.7m接长杆后进行临时锚固,在梁端锚头处安装19ϕ^s15.2型钢绞线的接长杆(接长杆长1.7m),牵引千斤顶将接长杆引出后(牵引力200t)再利用接长杆将梁端入锚,最后进行塔端张拉。

斜拉索施工工艺流程如图10-1所示。

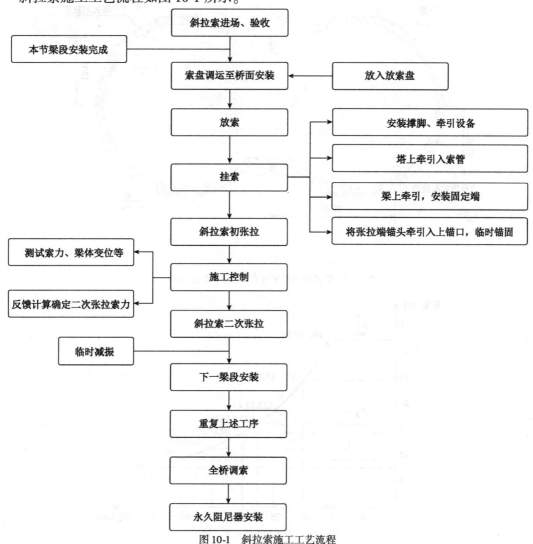

图10-1 斜拉索施工工艺流程

10.2 斜拉索安装主要设备

(1)塔式起重机

15号主塔上下游两侧各设置一台ZSL500动臂起重机,可将部分斜拉索吊送至桥面,吊送叉车、汽车式起重机、放索小车、钢丝绳、卷扬机等斜拉索施工设备、物资。根据其吊重曲线,采用双钩时在16m半径内的额定起重能力为32t。塔式起重机平面布置及吊重曲线如图10-2、图10-3所示。

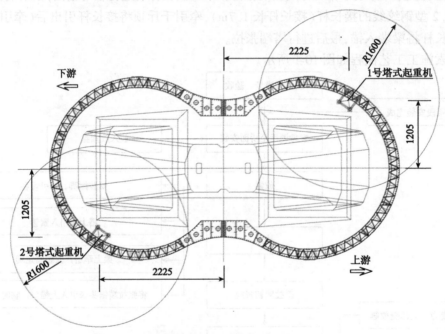

图10-2 塔式起重机平面布置(尺寸单位:mm)

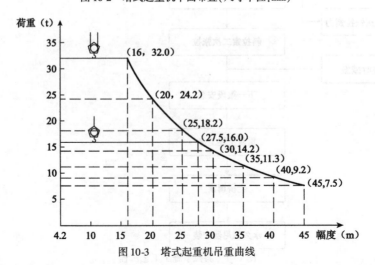

图10-3 塔式起重机吊重曲线

(2)桥面吊索桁车

吊索桁车布置于下游侧 WB2 与 WB3 斜拉索之间,吊索桁车中心线距离主塔中心线 47m。在 WB4 斜拉索安装完成、桥面起重机前移到位后进行桥面吊索桁车的拼装。由于受钢箱梁锚固端、桥面吊索桁车影响,对应 WB3 梁段的风嘴在斜拉索张拉完毕、桥面吊索桁车拆除之后安装。

5 号~26 号索采用固定式桥面吊索桁车起吊至梁面,吊索桁车最大起重吨位 60t。吊索桁架顺桥向跨度 6m,横桥向跨度 19.5m,高 12m,悬出梁侧 7m。吊索桁车主承重、立柱采用双拼 HN400×200 型钢,其他斜腿采用 HN400×200 型钢,起吊横梁采用 4 根 HN400×200 型钢,平联及斜撑采用双拼 25a 工字钢,起吊卷扬机选用 Jm8 卷扬机,采用 40t 滑车组,走 5 线,在主承重梁顶设置轨道及 4 台 15t 单轨平车(自带制动系统),通过平车带动卷扬机行走,实现索盘的平移。吊索桁车总体结构如图 10-4 所示。

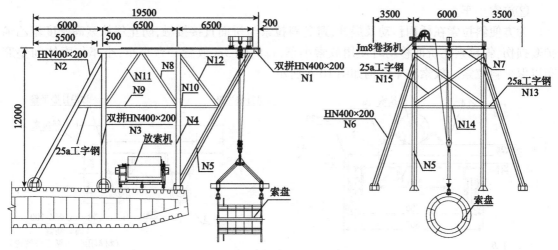

图 10-4 吊索桁车结构(尺寸单位:mm)

(3)斜拉索桥面运输设备

钢箱梁拼装至 4 号梁段时,采用一台载重能力不小于 60t 的运索平板车,在桥面上进行斜拉索运输。斜拉索放置于平板车上,平板车前端与卷扬机钢丝绳连接,利用桥面卷扬机带动平板车前行。梁面运索平板车如图 10-5 所示。

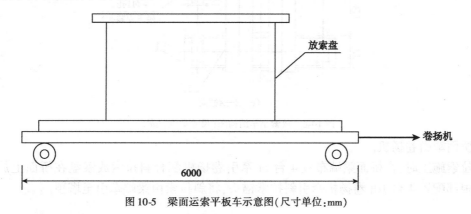

图 10-5 梁面运索平板车示意图(尺寸单位:mm)

(4)汽车式起重机

在1号斜拉索安装并完成第一次张拉后,利用塔式起重机将一台50t汽车式起重机提升至桥面,利用50t汽车式起重机进行梁端索盘锚杯吊装、桥面卷扬机移位、梁端牵引时索体空中吊装等工作。

(5)桥面放索设备

①放索盘。

斜拉索包装时采用盘装,放索时采用卧式放索盘放在牵引平板车上,利用卷扬机控制索盘转动速度及牵引位置,确保斜拉索放索安全顺利地进行。放索前需要对索盘进行相应的定位并限制展索速度,不宜过快,否则容易造成斜拉索高密度聚乙烯护套损伤,并安装放索限位架,由螺栓连接于放索机尾部,放索时可控制斜拉索,确保斜拉索在前行过程中不会左右摆动,防止放索小车侧翻而损伤斜拉索。

②放索小车。

为方便斜拉索在桥面移动及展开,避免斜拉索与桥面直接接触,防止斜拉索高密度聚乙烯护套损伤,斜拉索在桥面移动时使用放索小车,每间隔3m放置一台小车,小车与索体间垫麻布以保护斜拉索。放索小车结构如图10-6所示。

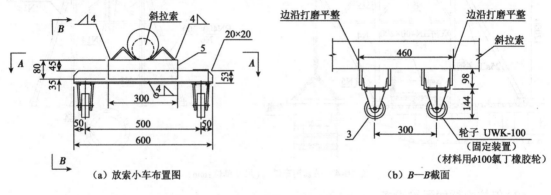

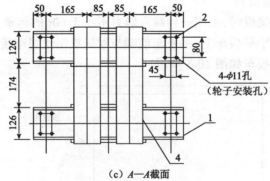

图10-6 放索小车结构图(尺寸单位:mm)

③桥面牵引卷扬机。

斜拉索施工时,在桥面梁端布置4台5t牵引卷扬机配合斜拉索放索盘在桥面上放索,另外在塔根部配置4台10t卷扬机牵引斜拉索锚头,将斜拉索由梁端牵引至塔顶。

(6)塔端牵引设备

①塔顶门架。

为了配合斜拉索提升和牵引,在塔柱封顶前需要预埋塔顶门架预埋件,待主塔封顶后完成塔顶门架及提升卷扬机的安装。

塔顶布置4台10t卷扬机作为起吊动力装置,另外布置1台5t卷扬机用于斜拉索挂索牵引施工。

主塔施工时在塔顶预埋8块厚20mm、0.6m×0.6m的钢板,底面采用16根Φ25螺纹钢筋锚固于主塔混凝土内。门架立杆、横梁等主桁采用双拼HN400×200型钢焊接,平联和斜撑采用HN400×200型钢。门架总体高3m,横桥向宽2m,顺桥向长22m。塔顶门架结构如图10-7所示。

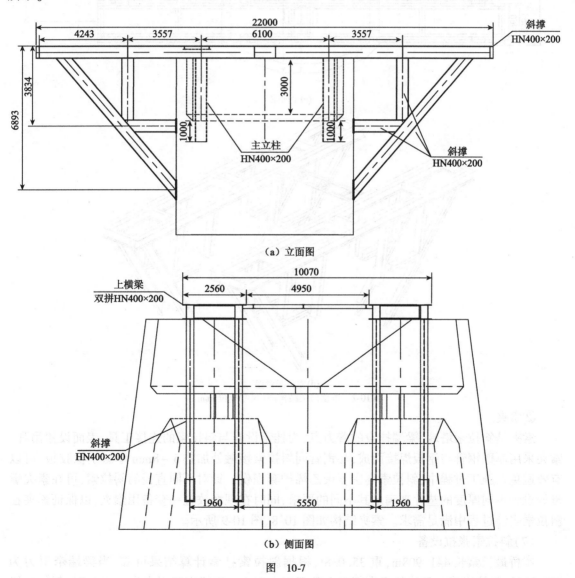

图 10-7

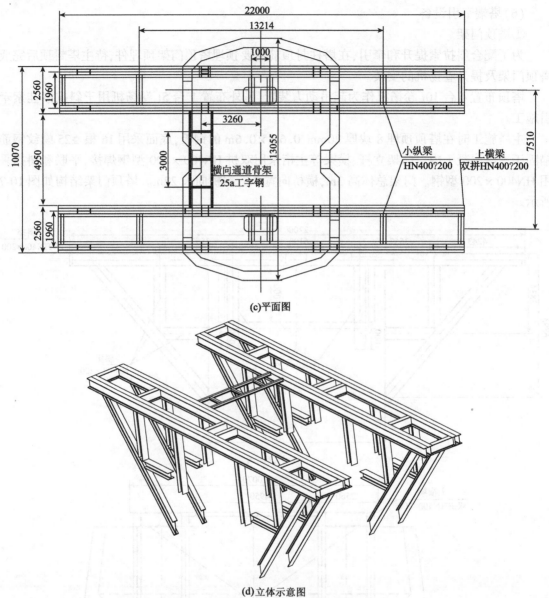

(c)平面图

(d)立体示意图

图 10-7 塔顶门架结构图(尺寸单位:mm)

②索夹。

索夹是斜拉索塔端、梁端挂设的着力点,为挂索设施与斜拉索的连接工具,表面设置吊耳。索夹采用厚壁钢管与钢板焊接而成,在钢管同斜拉索接触处加垫5~8mm厚氯丁橡胶板,可以有效避免在施工过程中,斜拉索高密度聚乙烯护套损伤。针对不同直径的斜拉索,可在索夹螺母处设置不同厚度的垫片来满足其不同的要求,同时在现场放置一套备用索夹,以保证索夹在斜拉索安装过程中满足需求。索夹结构如图10-8、图10-9所示。

(7)斜拉索张拉设备

本桥最长索长441.908m,重35.038t,根据斜拉索挂索计算结果可知:当梁端牵引力为500kN时,斜拉索锚头至锚垫板端部中心距离均小于4m;当梁端牵引力为600kN时,斜拉索锚头至锚垫板端部中心距离均小于3m。因此,使用5m长硬牵引张拉杆即可满足施工需要。

(a) 塔端索夹平面图　(b) $A—A$截面　(c) $B—B$截面

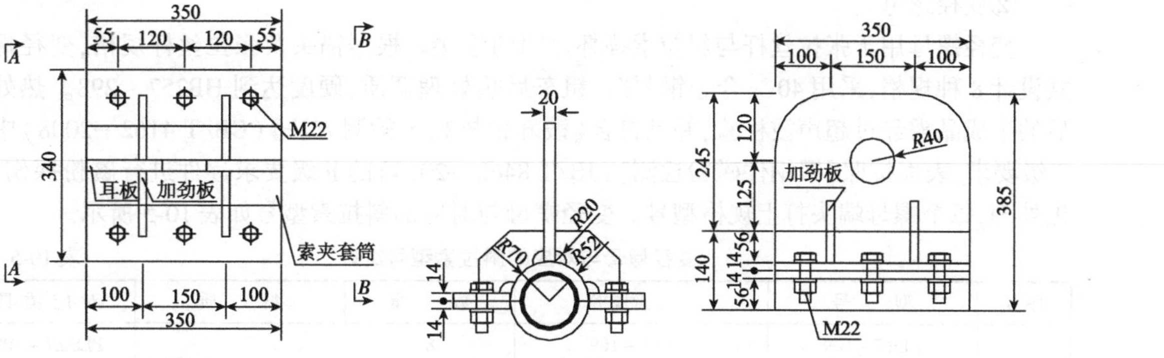

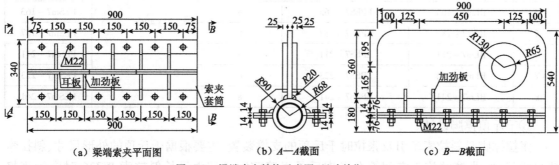

图10-8 塔端索夹结构示意图(尺寸单位:mm)

(a) 梁端索夹平面图　(b) $A—A$截面　(c) $B—B$截面

图10-9 梁端索夹结构示意图(尺寸单位:mm)

硬牵引张拉系统由穿心千斤顶、压力传感器、张拉杆及张拉杆螺母、变径螺母、锚杯螺母、锚杯及撑脚等组成,如图10-10所示。

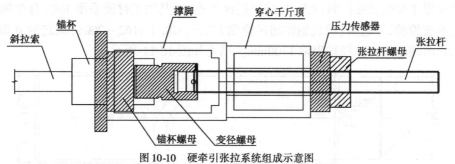

图10-10 硬牵引张拉系统组成示意图

①穿心千斤顶及压力传感器。

根据斜拉索的张拉控制力选择穿心千斤顶,为减小施工过程中的误差、确保千斤顶的使用安全,将斜拉索的张拉控制力控制在千斤顶额定张拉力的50%~85%范围内。本桥斜拉索设计成桥恒载索力为217.7~475.7t,故每塔配置YCW650B千斤顶4台(用于塔端张拉)和YCW350B千斤顶4台(用于梁端牵引)。采用与千斤顶配套的油泵。

选择650t压力传感器与穿心千斤顶配套使用,实时控制其张拉力。该款压力传感器为智能温度型,传感器内部记忆了传感器编号、标定值等参数,可直接快速显示和记录测量力值,并根据测量温度进行校正。

②变径螺母。

变径螺母用于张拉丝杆与斜拉索锚杯之间的连接。根据锚头及张拉丝杆规格,变径螺母共设计8种规格,采用40Cr合金钢制造,粗车后热处理调质,硬度达到HB257~298。热处理后的半成品需经过超声波检验,并且符合《锻轧钢棒超声检测方法》(GB/T 4162—2008)中的B级要求,表面按照《锻钢件磁粉检测》(JB/T 8468—2014)的Ⅱ级要求逐件进行磁粉探伤,发黑处理,每个螺母端头打上规格型号。变径螺母与对应的斜拉索型号如表10-5所示。

变径螺母与对应的斜拉索型号统计　　　　表10-5

序号	型号	斜拉索规格	数量	材质	对应锚具
1	BLm7-109	LPES7-109	8	40Cr	PESm7-109
2	BLm7-127	LPES7-127	8		PESm7-127
3	BLm7-139	LPES7-139	8		PESm7-139
4	BLm7-163	LPES7-163	8		PESm7-163
5	BLm7-187	LPES7-187	8		PESm7-187
6	BLm7-211	LPES7-211	8		PESm7-211
7	BLm7-223	LPES7-223	8		PESm7-223
8	BLm7-241	LPES7-241	8		PESm7-241

③千斤顶撑脚设计。

张拉撑脚是斜拉索牵引及张拉时千斤顶的支撑装置,主要根据千斤顶的外形尺寸、斜拉索锚垫板尺寸、张拉端施工空间综合考虑后予以确定。塔端由最长斜拉索WZ26对应的规格LPES7-241配套的锚具及变径螺母控制,设计承压800t;梁端撑脚设计承压350t。

④张拉杆及其螺母。

张拉杆用于牵引及张拉斜拉索,杆间采用接头连接,其加工材质采用40Cr合金钢,锻打后需经过超声波检验,并达到《锻轧钢棒超声检测方法》(GB/T 4162—2008)规定的B级标准。

斜拉索塔端施工张拉杆长度取1700mm。结构如图10-11所示。

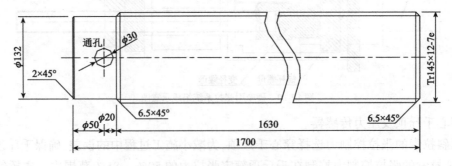

图10-11　塔端张拉杆构造示意图(尺寸单位:mm)

张拉杆螺母外径340mm,高145mm,内螺纹为梯形螺纹,规格为Tr145×12。螺母采用40Cr合金钢制造,锻打后需经过超声波检验,并达到《锻轧钢棒超声波检测方法》(GB/T 4162—2008)规定的B级标准。塔端张拉杆螺母结构如图10-12所示。

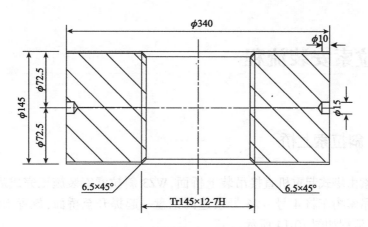

图 10-12　塔端张拉杆螺母结构示意图(尺寸单位:mm)

⑤牵引连接头。

牵引连接头为塔端挂索时 5t 卷扬机钢丝绳与斜拉索锚杯之间的牵引连接构件,采用 40Cr 合金钢制作,要求与张拉杆连接头加工工艺及性能一致,每种规格连接头需加工两个。

⑥梁底移动平台。

斜拉索梁端牵引安装时必须由施工人员在主梁下外部进行操作,采用钢管支架搭设梁底施工移动挂篮,支承、行走采用型钢底座、由桥面卷扬机牵引。梁底移动平台布置如图 10-13 所示。

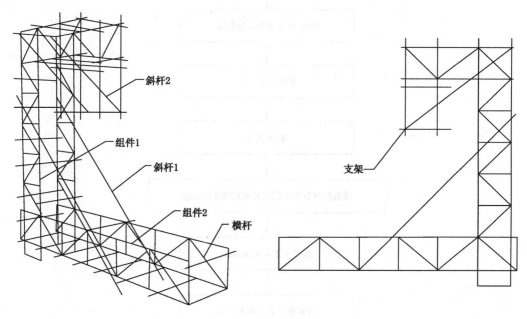

图 10-13　梁底移动平台布置

⑦塔内施工平台。

为了在塔内挂索、张拉,需要搭设塔内施工平台,塔内施工平台可用型钢钢跳板搭设。

10.3 斜拉索安装流程

10.3.1 斜拉索上桥

1号~4号索由塔式起重机直接吊装上桥面，WZ3斜拉索安装施工完成后拼装梁面吊索桁车，采用梁面吊索桁车将4号~26号索连同钢盘一起提升至桥面，放置于卧式放索盘上。斜拉索上桥施工流程如图10-14所示。

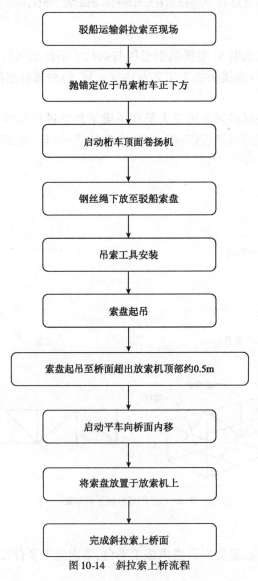

图10-14 斜拉索上桥流程

10.3.2 斜拉索桥面运输

斜拉索上桥面后,采用平板车将斜拉索索盘拉至相应索导管附近。斜拉索桥面运输如图 10-15 所示。

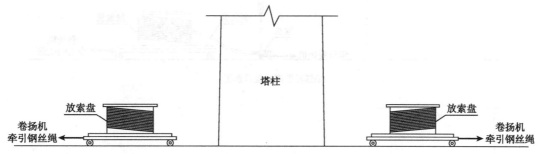

图 10-15 斜拉索桥面运输示意图

10.3.3 桥面放索

在进行斜拉索安装前必须保证每根斜拉索在桥面完全、充分展开,以保证在斜拉索挂设与张拉过程中不出现扭转。

用平板车将斜拉索索盘运输至塔端对应索导管下方,进行斜拉索桥面放索。卧式放索盘由斜拉索生产厂家提供,具备全套放索功能,在卧式放索盘后配置一台 5t 卷扬机配合索盘放索,控制放索速度。

用汽车式起重机配合放索盘使斜拉索锚杯脱离索盘并放置在锚杯行走小车上,安装提吊头,用桥面卷扬机将锚杯牵引至主塔根部。然后使钢箱梁顶面布置的放索卷扬机通过钢丝绳与放索盘前端连接,启动放索卷扬机牵引放索盘缓慢前行至整根斜拉索完全展开。在牵引过程中,桥面上每间隔 3m 放置一台运索小车,小车下设滚轮,小车上设置挡板和木槽,使斜拉索与小车间不产生位移,同时在斜拉索与小车间设置麻袋隔离,以保护斜拉索 PE 层。斜拉索桥面放索如图 10-16 所示。

10.3.4 斜拉索塔端挂设

进行斜拉索挂设前再次确认斜拉索放索已完成,于桥面呈自然、充分展开状态。锚杯螺母及软牵引撑脚在锚固区就位,牵引卷扬机钢丝绳由塔柱内腔,通过撑脚、螺母及套管延伸至塔外桥面。

用压套、钢绞线、工具锚及夹片做斜拉索张拉端软牵引,在距锚杯与塔顶对应斜拉索导管长度处安装吊点包箍,吊点包箍应有足够的长度及强度,包箍与斜拉索之间应能产生足够的摩擦力,以防止包箍受力滑移。起重索需要的力较大,吊点处弯折角度大,包箍与斜拉索之间应垫一层稍厚的橡胶片,且橡胶片应稍伸出包箍两头,包箍处索体用大布包扎。

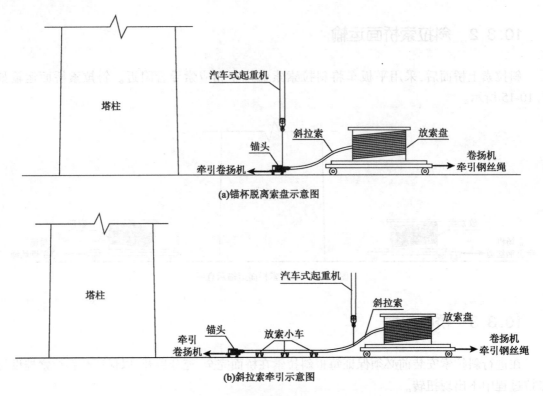

图 10-16 斜拉索桥面放索示意图

软牵引连接完成后,塔内牵引卷扬机钢丝绳连接斜拉索张拉端软牵引钢绞线,软牵引钢绞线进入套管;塔外卷扬机钢丝绳连接吊点包箍,在空中牵引斜拉索至相应套管附近,此时斜拉索在梁端配合放索,软牵引撑脚内腔工具锚穿过索导管及螺母并锚固在撑脚上。斜拉索快放完时,用汽车式起重机将索头从索盘上吊起,放出锚杯,并将锚杯放至行走小车上。为保证斜拉索 PE 层不受破坏,在吊点处用麻布包扎,使用软吊带吊装。

根据斜拉索质量、斜拉索角度、斜拉索长度及塔式起重机起重能力,1 号～5 号索由塔式起重机直接挂索,对于 6 号～26 号索,利用门架顶面卷扬机起吊配合塔式起重机卷扬机进行塔端挂索。

首先利用卧式放索盘将斜拉索移至主塔附近对应位置并固定,然后将斜拉索拉出一定长度,与索前端锚头距离一般为索导管的长度加 1m。在斜拉索上选择吊点,吊点一般选在索的自然弯曲点(系指索在无回弹力状态下的最小弯曲长 $L = \pi R$,R 为弯曲半径)。吊点选择除应考虑索管长度和方便拆卸吊具的长度外,最小长度不小于索的弯曲直径,即 $\pi R \geq L \geq 2R$。索导管长度统计如表 10-6 所示。

索导管长度统计表(单位:mm)   表 10-6

斜拉索编号	WB1	WB2	WB3	WB4	WB5	WB6	WB7	WB8	WB9	WB10	WB11	WB12	WB13
索导管长度	10657.8	6372.8	4670.9	2498.2	2146.9	1916.5	1755.5	1640.2	1547.8	1479.3	1423.4	1375.9	1340.9
吊点与锚头距离	11657.8	7372.8	5670.9	3498.2	3146.9	2916.5	2755.5	2640.2	2547.8	2479.3	2423.4	2375.9	2340.9

续上表

斜拉索编号	WB14	WB15	WB16	WB17	WB18	WB19	WB20	WB21	WB22	WB23	WB24	WB25	WB26
索导管长度	1308.9	1282	1262.3	1242.9	1226.7	1216.3	1206.3	1200.5	1195.6	1190.4	1185.6	1181.6	1177.9
吊点与锚头距离	2308.9	2282	2262.3	2242.9	2226.7	2216.3	2206.6	2200.5	2195.6	2190.4	2185.6	2181.6	2177.9
斜拉索编号	WZ1	WZ2	WZ3	WZ4	WZ5	WZ6	WZ7	WZ8	WZ9	WZ10	WZ11	WZ12	WZ13
索导管长度	10603.4	6328.8	4631.9	2471.3	2123.4	1893.3	1734	1616.7	1526.8	1456.8	1403	1357.3	1321
吊点与锚头距离	11603.4	7328.8	5631.9	3471.3	3123.4	2893.3	2734	2616.7	2526.8	2456.8	2403	2357.3	2321
斜拉索编号	WZ14	WZ15	WZ16	WZ17	WZ18	WZ19	WZ20	WZ21	WZ22	WZ23	WZ24	WZ25	WZ26
索导管长度	1290.9	1266.2	1244.8	1226.1	1211.5	1197.6	1184.9	1174.9	1165.3	1157.6	1150.4	1144.4	1139.4
吊点与锚头距离	2290.9	2266.2	2244.8	2226.1	2211.5	2197.6	2184.9	2174.9	2165.3	2157.6	2150.4	2144.4	2139.4

在选择好的吊点处安装索夹,在安装索夹前为保护好斜拉索的高密度聚乙烯护套,必须在索夹内加垫1cm厚的橡胶垫,索夹的每颗螺帽必须用扳手拧紧以防打滑。在索较重时,紧挨已安装好的索夹,在其靠近锚头端再加上一个索夹作为保险索夹。在起吊之前必须试吊2次,然后用塔式起重机或塔顶吊架的起重机提升斜拉索。索夹示意如图10-17所示。

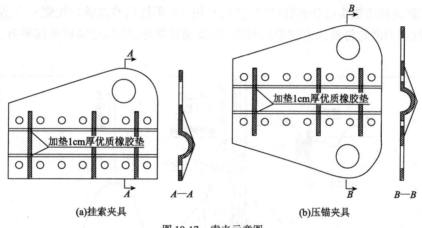

(a)挂索夹具　　　　　　　　　　(b)压锚夹具

图10-17　索夹示意图

在斜拉索的挂索施工中,采用塔式起重机与塔顶牵引卷扬机配合起吊挂索。在起吊过程中,提升头和塔式起重机的提升速度要协调一致,当快要到达索导管口时,由专人指挥,让塔式起重机和卷扬机配合一致,尤其是操作卷扬机的人员应严格听从指挥,以防起吊过快,锚头撞到索导管上刮伤丝头,或卷扬机用力过大,将钢丝绳拉断或使塔式起重机受力过大。通过塔式起重机升降调整锚头高度,塔顶卷扬机牵引导向,相互配合,缓慢地将索牵引进索导管,将锚头拉出锚垫板,拧上螺帽,此时螺帽拧平即可,取下提升头,装上变径接头和张拉杆。塔内螺帽拧好,塔式起重机在外面慢慢松钩,使索保持自然下垂状态,然后取下塔式起重机钩上的钢丝绳和卡环,在取夹板时,操作人员一定要拴好安全带,因索夹分2块,每块都较重,应先将松紧螺栓松开,旋转一定角度,取一半放进吊笼后再取另一半,防止索夹、螺帽、扳手等掉下。

斜拉索塔端挂设步骤如下:

步骤一:利用塔顶门架上的卷扬机,将距斜拉索锚头后端一定距离的夹具吊起,同时用塔式起重机将斜拉索锚头起吊至塔端管道口附近,如图10-18所示。

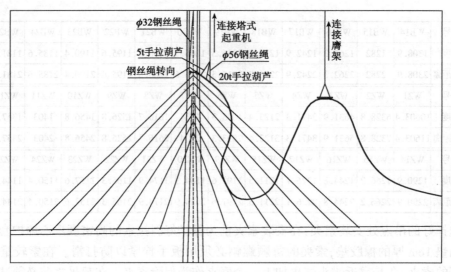

图10-18 斜拉索挂设步骤一

步骤二：利用塔顶5t卷扬机自塔内下放钢丝绳，从对应斜拉索导管内穿出并与斜拉索锚头连接，当塔式起重机将锚头吊至索管口附近时，利用20t手拉葫芦调整斜拉索至合适角度后，塔顶卷扬机通过转向滑轮将斜拉索拉出锚垫板，安装锚杯螺母，使其与锚杯端部平齐，如图10-19所示。

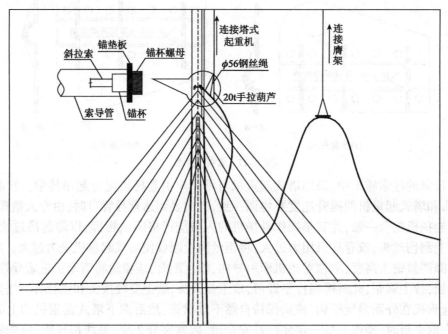

图10-19 斜拉索挂设步骤二

步骤三：拆除塔内卷扬机钢丝绳与锚头连接，塔顶门架卷扬机下放斜拉索至桥面进行桥面展索，同时塔端锚头安装变径螺母、张拉杆、撑脚、千斤顶等，做好塔端牵引张拉准备工作，如图10-20所示。

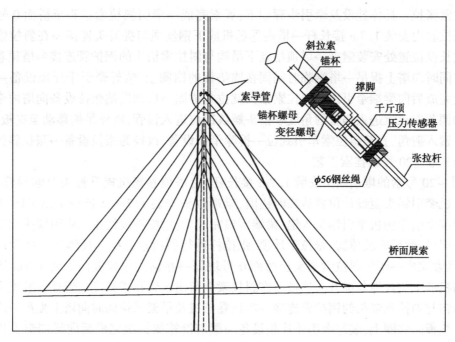

图 10-20 斜拉索挂设步骤三

(1) 1 号～5 号索挂索工艺

1 号～5 号索为短索,质量较轻,索夹安装好后,由塔式起重机提升锚头至索导管附近,在塔内锚垫板上安装 5t 卷扬机配合钢丝绳牵引进入索导管,待锚头伸出锚垫板后,拧紧锚头螺母,安装张拉杆和张拉设备进行斜拉索张拉。其塔端挂设步骤为:在塔端斜拉索锚头张拉腔内安装好张拉杆→在斜拉索上留出塔端锚管长度处安装好索夹→利用塔内放置的卷扬机经相应锚孔、锚圈放下钢丝绳与张拉杆端连接→塔式起重机吊钩吊起斜拉索至装有索夹位置→塔式起重机吊起斜拉索直至斜拉索全部展开→梁端卷扬机向梁端牵引梁端拉索锚头,同时塔式起重机吊钩下降→塔内卷扬机向塔内牵引→塔上临时锚固→梁端 50t 汽车式起重机配合牵引顶压梁端锚头入锚→塔内千斤顶牵引张拉。拉索连接示意如图 10-21 所示。

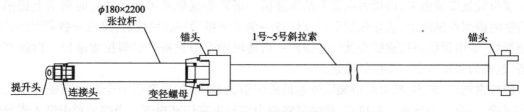

图 10-21 拉索连接示意图

(2) 6 号～12 号索挂索工艺

6 号～12 号索采用钢丝绳接长斜拉索,即以软牵引的方式完成塔端挂设和张拉。在塔端安装 1.7m 接长杆并临时锚固,先由塔顶卷扬机提升锚头至索导管口附近,塔内卷扬机提升钢丝绳带动锚头至设计位置后在塔端临时锚固,梁端由卷扬机牵引锚头入锚并锚固,梁端压锚完成后,塔端钢绞线张拉牵引锚头出锚垫板并安装锚杯螺母,然后安装撑脚、张拉千斤顶、张拉杆进行斜拉索张拉。具体挂设及牵引步骤如下：展索完成→牵引斜拉索锚头至桥面0号块处→在锚头张拉腔内安装1.7m接长杆→塔内卷扬机放下钢丝绳与提升头连接→在斜拉索上留出锚管孔道长度位置处安装索夹→塔顶吊点下吊钩与斜拉索锚头的钢护管连接→塔顶卷扬机及吊架吊钩同时向塔上提吊→塔端临时锚固在锚垫板的锚圈上，装好牵引千斤顶设备→梁端钢箱梁拼接完成后向梁端牵引顶压斜拉索锚头就位并锚固→启动塔端张拉设备向塔内牵引斜拉索→吊钩调节斜拉索进入锚管的角度→锚头螺纹部位进入锚管，塔外吊钩移动至夹板处，继续调节斜拉索入射角，直至斜拉索牵引到位→拆除牵引设备，改换为张拉设备→张拉斜拉索。

(3) 13号~20号索挂索工艺

13号~20号索的塔端锚头安装1.7m接长杆，由塔顶卷扬机提升锚头至索导管口附近，塔内卷扬机牵引锚头至设计位置后临时锚固，梁端锚头安装1.7m接长杆+15ϕ^s15.2型钢绞线连接梁端牵引卷扬机牵引锚头入锚，梁端压锚完成后，塔端钢绞线张拉牵引锚头出锚垫板并安装锚杯螺母，然后安装撑脚、张拉千斤顶、张拉杆进行斜拉索张拉。具体塔端挂设及牵引步骤如下：展索完成→牵引斜拉索锚头至桥面0号块处→在锚头张拉腔内安装1.7m接长杆→塔内卷扬机放下钢丝绳与提升头连接→在斜拉索上留出锚管孔道长度位置处安装索夹→塔顶吊点下吊钩与斜拉索锚头的钢护管连接→塔顶卷扬机及吊架吊钩同时向塔上提吊→塔端临时锚固在锚垫板的锚圈上，装好牵引千斤顶设备→梁端钢箱梁拼接完成后向梁端牵引顶压斜拉索锚头就位并锚固→启动塔端张拉设备向塔内牵引斜拉索→吊钩调节斜拉索进入锚管的角度→锚头螺纹部位进入锚管，塔外吊钩移动至夹板处，继续调节斜拉索入射角，直至斜拉索牵引到位→拆除牵引设备，改换为张拉设备→张拉斜拉索。

(4) 21号~26号索挂索工艺

21号~26号索为长索，索体较重，锚头到位牵引力较大，而在牵引力一定时所需要的牵引长度较大，因此采用软硬结合的牵引方式完成斜拉索塔端挂设与张拉，即先在斜拉索塔端锚头处安装接长杆，然后在接长杆尾部通过连接器接长相应长度的钢绞线，以增加斜拉索长度，按照软牵引方式进行塔端斜拉索牵引，待接长杆拉出锚垫板并装好锚固螺母后，更换硬牵引千斤顶，将锚头牵引到位并完成张拉。其塔端挂设及牵引步骤如下：展索完成→牵引斜拉索锚头至桥面0号块处→塔内卷扬机放下钢丝绳与1.7m接长杆提升头连接→在斜拉索上留出锚管孔道长度位置处安装索夹，塔顶吊点放下吊钩连接→塔顶卷扬机及吊架吊钩同时向塔上提吊→塔端临时锚固在锚圈上，装好张拉千斤顶设备→梁端钢箱梁拼装完成后，梁端安装牵引接长杆和钢绞线，牵引顶压斜拉索锚头就位并锚固→启动塔端牵引设备牵引斜拉索就位→拆除牵引设备，改换为张拉设备→张拉斜拉索。

斜拉索越长、越重，拉索时塔端塔外卷扬机牵引力越大，如果牵引力全部由高密度聚乙烯护套承受，很有可能导致其被拉裂，此时可将牵引夹具夹在锚杯根部。当锚杯牵引进入索导管后，用葫芦式起重机吊起锚杯位置调节夹具，拆除牵引夹具，然后将卷扬机吊点转移至调节夹具位置。

10.3.5 斜拉索梁端入锚

斜拉索与钢箱梁之间的锚固形式为钢锚箱式，锚固点位于钢箱梁风嘴处的外腹板上，锚固点距离钢箱梁顶面1100mm,锚固点处设置一块80mm厚的钢板,与受力钢板之间通过工艺措施保证密贴,斜拉索在钢箱梁外腹板平面内投影与外腹板顶面之间的夹角为27.4028°~82.6739°,所有拉索锚固结构均由钢箱梁加工制造单位在工厂内加工焊接完成后运输至现场进行安装。斜拉索梁端钢锚箱结构如图10-22所示。

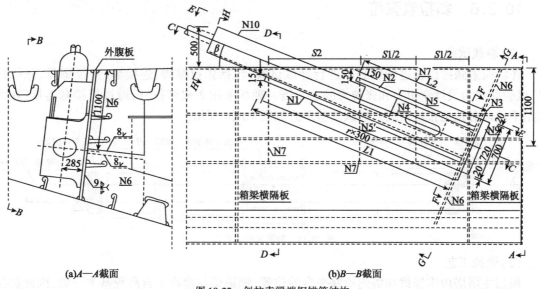

图 10-22　斜拉索梁端钢锚箱结构

梁端压锚时根据索长和牵引力值将斜拉索分为短索、中长索和长索三类,根据牵引力的不同,分别安装入锚牵引卷扬滑轮组。利用桥面50t汽车式起重机调整斜拉索入锚角度。斜拉索梁端入锚流程如图10-23所示。

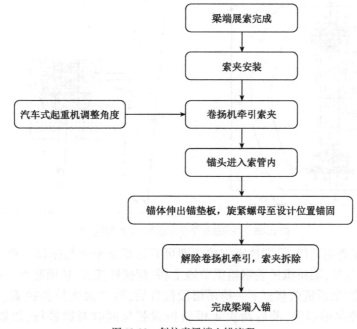

图 10-23　斜拉索梁端入锚流程

后期随着斜拉索的加长,自重变大,入锚牵引力变大,导致斜拉索的入锚角度难以控制,在梁端索导管处需增加一组移动式门形架,用于挂设手拉葫芦等牵引装置,辅助斜拉索梁端入锚。

10.3.6 斜拉索张拉

(1)静载试验

在斜拉索张拉设备进场后必须进行静载试验,包括张拉撑脚、连接套、变径螺母、张拉杆等,试验荷载为设计牵引力和张拉力的1.2倍。现场采用2根张拉杆,通过连接套连接,在两端用千斤顶对拉至张拉荷载。静载试验示意如图10-24所示。

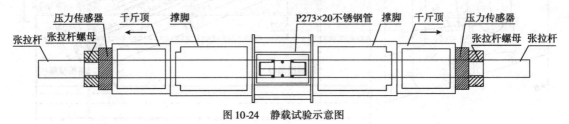

图10-24 静载试验示意图

(2)张拉工艺

根据主塔塔内钢锚梁和塔内检修平台的位置,钢锚梁与检修平台高程基本一致,因此斜拉索张拉将塔爬梯和钢锚梁作为操作平台,将千斤顶放置于撑脚上,利用千斤顶张拉斜拉索至张拉荷载。塔内操作平台示意如图10-25所示。

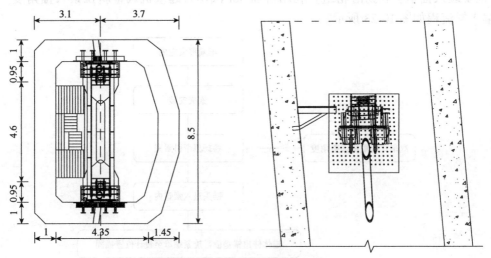

图10-25 塔内操作平台示意图(尺寸单位:m)

斜拉索张拉在塔端进行,梁端挂索完成后即可开始塔端牵引与张拉。根据钢箱梁悬臂状态,斜拉索分两次张拉,架桥机吊装钢箱梁节段上桥,焊接连接后,桥面起重机前移之前完成斜拉索的第一次张拉;架桥机前移至下一待吊梁段位置后,第二次张拉斜拉索。斜拉索每次张拉吨位由施工监控单位提供,前后两次4根斜拉索张拉同时对称进行,以防止主塔承受过大的弯曲应力。为了降低温度、日照对张拉和梁体高程的影响,斜拉索第二次张拉定于晚上9:00至第二天日出前完成。张拉过程采用分级张拉,以10t为一级缓慢进行,并做好张拉记录。

张拉采用应力应变双控措施,以控制拔出量为主,控制张拉力为辅。张拉时施工监控单位测定索力,与油表读数相互校核,确保索力误差最终控制在2%以内。斜拉索张拉过程中必须同时进行高程、塔柱变形观测并与设计变位值校核,主塔两侧对称的斜拉索应同步张拉,并记下当天的温度。为了便于现场控制斜拉索张拉力,对主塔52根斜拉索进行了张拉拔出量计算,现场根据拔出量来控制张拉力,具体拔出量由监控单位提供。

①接通油泵和YCW650千斤顶的油管,检查精密压力表是否与千斤顶相符,在未张拉之前,可以在空载的情况下活动两个行程,确保千斤顶在张拉时无任何问题。

②启动油泵,在张拉过程中,成品索缓慢上升。与此同时,应将成品索的锚圈缓慢地下旋,使其不至于离锚垫板过远。

③当达到设计、监测监控单位给定的张拉吨位后,应先稳住油压,检查索力值是否正确。然后旋紧螺母,使螺母能与锚垫板充分地结合。

④卸除油压。回油、关机、断电,完成张拉的全过程。

斜拉索张拉流程如图10-26所示。

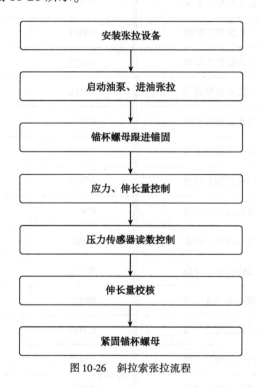

图10-26 斜拉索张拉流程

(3)张拉空间

15号主塔斜拉索均在塔内张拉,采用3D软件对张拉空间进行了模拟,张拉时大小里程张拉杆之间、张拉杆与上层钢锚梁之间的关系共分为四种情况:不过孔、可过孔、过孔前相互碰撞、过孔后相互碰撞。各锚点处的相互关系统计如表10-7所示。

张拉杆之间及张拉杆与上层钢锚梁之间关系统计表　　　　　　　　表10-7

编　号	碰撞情况	编　号	碰撞情况
IPS4	不过孔	IPM4	不过孔
IPS5	不过孔	IPM5	不过孔
IPS6	不过孔	IPM6	不过孔
IPS7	不过孔	IPM7	不过孔
IPS8	可过孔	IPM8	可过孔
IPS9	可过孔	IPM9	可过孔
IPS10	可过孔	IPM10	可过孔
IPS11	可过孔	IPM11	可过孔
IPS12	过孔后相互碰撞	IPM12	过孔后相互碰撞
IPS13	过孔后相互碰撞	IPM13	过孔后相互碰撞
IPS14	过孔后相互碰撞	IPM14	过孔后相互碰撞
IPS15	过孔后相互碰撞	IPM15	过孔后相互碰撞
IPS16	过孔后相互碰撞	IPM16	过孔后相互碰撞
IPS17	过孔后相互碰撞	IPM17	过孔后相互碰撞
IPS18	过孔后相互碰撞	IPM18	过孔后相互碰撞
IPS19	过孔前相互碰撞	IPM19	过孔前相互碰撞
IPS20	过孔前相互碰撞	IPM20	过孔前相互碰撞
IPS21	过孔前相互碰撞	IPM21	过孔前相互碰撞
IPS22	过孔前相互碰撞	IPM22	过孔前相互碰撞
IPS23	过孔前相互碰撞	IPM23	过孔前相互碰撞
IPS24	过孔前相互碰撞	IPM24	过孔前相互碰撞
IPS25	过孔前相互碰撞	IPM25	过孔前相互碰撞
IPS26	过孔前相互碰撞	IPM26	过孔前相互碰撞

验证了张拉空间大小,结果表明塔内张拉空间能够满足1.7m接长杆的要求,张拉空间数据统计如表10-8所示。

张拉空间数据统计表　　　　　　　　　　表10-8

编　号	张拉空间距离(mm)	编　号	张拉空间距离(mm)
IPS4	1978	IPM4	1982
IPS5	2048	IPM5	2055
IPS6	2125	IPM6	2135
IPS7	2327	IPM7	2341
IPS8	1907	IPM8	1924
IPS9	1980	IPM9	2001
IPS10	2051	IPM10	2079
IPS11	2124	IPM11	2155
IPS12	2200	IPM12	2235
IPS13	2269	IPM13	2313
IPS14	2342	IPM14	2390
IPS15	2415	IPM15	2463
IPS16	2476	IPM16	2537
IPS17	2544	IPM17	2612
IPS18	2609	IPM18	2676
IPS19	2654	IPM19	2746
IPS20	2700	IPM20	2817
IPS21	2731	IPM21	2878
IPS22	2757	IPM22	2943
IPS23	2785	IPM23	2999
IPS24	2812	IPM24	3056
IPS25	2836	IPM25	3107
IPS26	4734	IPM26	5218

说明：第26对为IPS26(IPM26)点沿牵引线方向到塔壁距离。

10.3.7　长索防退扭

因斜拉索内部的钢丝存在大约3°的扭转角，故斜拉索在张拉时会产生反向扭转力，该扭转力达到一定程度后势必在张拉端释放出来,此力矩将带动张拉千斤顶的顶升装置一起旋转,损坏千斤顶,同时也极易导致安全事故发生。因此必须对设备进行改进,避免此类现象发生。

扭转力矩大小与索型号以及索张力有关,索型号大,钢丝层数多,扭转力大,索张拉吨位大。根据每层钢丝理论角度 θ、每层钢丝理论受力 N、每层钢丝绕转半径 R,钢丝层数为 m,利用扭转力矩公式 $T = \sum_{i=1}^{m} N_i R_i \sin\theta_i$ 计算出本项目斜拉索扭转力矩。

为了防止斜拉索在挂设过程中扭转,在千斤顶与张拉杆之间设置一块 16mm 厚的环形防扭钢板,内半径 $r=0.15$m,外半径 $R=0.2$m,与千斤顶之间采用螺栓锚固,钢材之间摩擦系数 $\mu=0.25$。根据各型号斜拉索挂设时的牵引力,利用公式 $T = \dfrac{2\mu N(R^3 - r^3)}{3(R^2 - r^2)}$ 计算。

增加防扭装置后可以防止斜拉索在挂索过程中扭转。

斜拉索加扭或者退扭对施工及结构危害较大。规格较大的斜拉索若无防扭装置,一旦退扭,退扭圈数多,索长度以及钢丝应力变化较大,破坏性大。因此在索生产以及施工过程中需采取相应的防治措施。

①斜拉索包装时,尽可能采用较大的索盘卷装斜拉索,减少索绕盘产生的加扭应力。

②斜拉索在桥面展索、空中挂索阶段,尽量将索绕盘时产生的加扭力释放。

③斜拉索牵引阶段,采用软硬结合的牵引方式,尽量减少钢绞线受力,防止索反扭时导致钢绞线扭转。

④斜拉索硬牵引与张拉阶段限制索扭转。斜拉索扭转时会带动张拉杆以及张拉杆螺母同时转动,千斤顶油缸与张拉杆螺母之间的摩擦力太小,不能克服较大扭力矩,需采用防扭转装置,通过张拉杆螺母与承压板之间的摩擦力克服索扭转,承压板将扭转力传递给千斤顶。

10.3.8 斜拉索减振与防护

(1)临时减振

在钢箱梁的悬拼过程中,斜拉索的风振非常明显,直接影响钢箱梁悬拼时的控制,因此,施工过程中,可在斜拉索下端设置临时减振装置,即在索体上夹一夹具,通过钢丝绳、张拉杆拉在桥面上,此方法简单有效。

(2)永久减振

当斜拉索二次张拉完成且全桥合龙,完成了调索工作后,再安装永久减振器及桥面护罩。斜拉索采用内置式、外置式阻尼器和索体气动措施并用的减振方案。内置式阻尼器在全部斜拉索的塔端和部分斜拉索的梁端安装,外置式阻尼器只在较长的斜拉索梁端安装。阻尼器在梁端的布置方案为:WB1~WB4 和 WZ1~WZ4 斜拉索采用内置式阻尼器,其余采用外置式阻尼器且仅在斜拉索梁端安装。阻尼器安装如图 10-27 所示。

(3)PVF 氟化膜保护胶带缠包

斜拉索架设完毕,护套表面清洁并修补后,现场以不小于 50% 的重叠面螺旋缠包一层

PVF氟化膜保护胶带。所有缠包工作由4台爬升机器人完成,要求缠包结实无褶皱,完全贴敷于斜拉索护套表面。

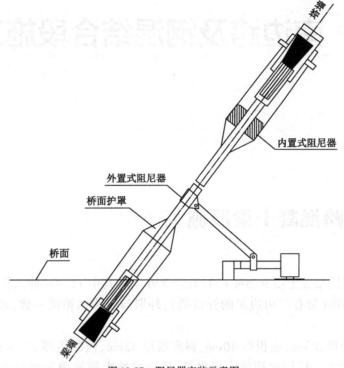

图 10-27 阻尼器安装示意图

注:全桥使用内置式阻尼器208套,外置式阻尼器208套。

11 南边跨及钢混结合段施工

11.1 南边跨混凝土梁段施工

主桥南边跨跨径布置为:3×75m+11.4m=236.4m,其中11.4m伸入主跨梁段,为PK断面预应力混凝土箱梁(带有三角边箱的开口梁),外形与中跨钢箱梁一致,采用C55高性能混凝土。

标准梁段顶板厚35cm,底板厚40cm,斜底板厚35cm,内腹板厚55cm;塔区和支点区各部位板厚均相应增大。横桥向箱梁底板水平,桥面横坡由箱梁顶板斜置而成。塔处设置横隔板一道,厚2.5m;两个南辅助墩顶及南过渡墩顶处各设置横隔板一道,厚3.0m;与钢混结合段相连接的横隔板厚1.4m,其余横隔板箱内厚45cm、箱外厚35cm,顺桥向横隔板标准间距为7.5m(塔区间距5.5m)。南边跨混凝土标准梁横断面设计如图11-1所示。混凝土箱梁梁段划分如图11-2所示。

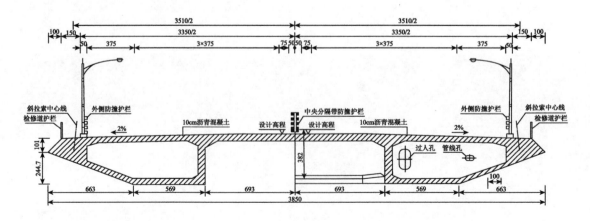

图11-1 南边跨混凝土标准梁横断面设计图(尺寸单位:cm)

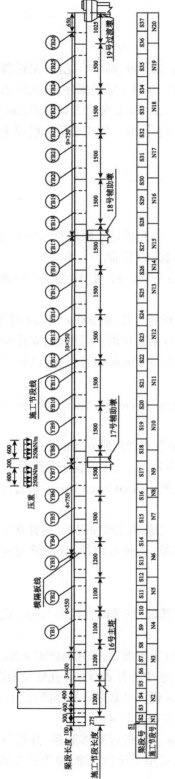

图11-2 混凝土箱梁梁段划分

11.1.1 施工流程

混凝土箱梁采用分段分节(跳仓)现浇工艺施工,分成四个施工段、两个合龙段(湿接缝),每个施工段分若干节浇筑。施工段和合龙段按由19号过渡墩至16号主塔的顺序,其长度依次为83.15m(1号施工段)、2.1m(1号合龙段)、72.9m(2号施工段)、2.1m(2号合龙段)、73.0m(3号施工段)、4.75m(4号施工段与钢混结合段2m一起浇筑)。共划分20个施工节段。混凝土梁段施工流程如图11-3所示。

11.1.2 支架施工

根据箱梁双边箱结构,横桥向布置7根钢管立柱,中腹板、斜腹板处4根钢管采用$\phi1200 \times 16mm$钢管,中间空室、两侧风嘴、中室处3根钢管采用$\phi820 \times 10mm$钢管。

平联钢管采用$\phi500 \times 10mm$钢管,斜撑采用$\phi351 \times 8mm$钢管。17号、18号、19号墩处部分立柱支撑在承台预埋板上,其余均采用钻孔基础。

在钢管立柱顶(3根$\phi820 \times 10mm$钢管)、扁担梁顶(腹板处4根$\phi1200 \times 16mm$钢管)设置2HN900×300型钢主梁,立柱下设置桩基础及系梁,施工时系梁顶面预埋钢板,立柱与预埋钢板焊接。相邻立柱间设置$\phi500 \times 10mm$钢管横联以及$\phi351 \times 10mm$钢管斜撑,以保证整个支架的稳定性。

纵向主梁采用贝雷梁,采用2排1组形式,其间距为90cm、45cm、22.5cm三种,横向共计70片。

分配梁采用22b工字钢,顺桥向布置间距0.75m,隔板位置布置间距0.5m。

纵向铺设10cm×10cm方木,搭接布置,腹板位置布置间距0.3m,其余位置布置间距0.4m。

为抵抗节段跳仓法施工加载时产生的不均衡荷载,腹板处4根$\phi1200 \times 16mm$钢管顶下方2.9m处横桥向开口设置扁担梁、钢楔块、横向分配梁。

主塔下牛腿范围内箱梁采用钢管落地支架,在承台第二次施工时预埋钢板,钢管立柱与预埋钢板焊接。在已施工牛腿顶面布置2根36工字钢作为垫梁,其他贝雷片、分配梁与南边跨布置相同。

支架施工:

支架钢管除位于承台区域内外,其他钢管基础均采用桩基础,桩基础直径为1.3m,嵌入中风化基岩1m,采用冲击钻成孔。

桩顶采用系梁连接,系梁断面尺寸2.0m×1.5m,系梁顶设置预埋板,采用$\phi1500 \times 20mm$圆形钢板,按1道环形布置12根钢筋(长50cm,采用穿孔塞焊),板中心开$\phi400mm$孔便于振捣。

为保证箱梁外观,底板模板通长一次性搭设,采用20mm优质竹胶板。纵向铺设10cm×10cm方木,搭接布置,腹板位置布置间距0.3m,其余位置布置间距0.4m。

边室及风嘴下采用厂家定制桁架式钢模板,面板厚6mm。模板可整体卸落,并沿纵向设置滑道,采用卷扬机牵引至下一节段。该模板竖向及横向均采用千斤顶支撑,便于模板卸落滑移。同时模板在对应的斜拉索锚固块处预设孔洞。

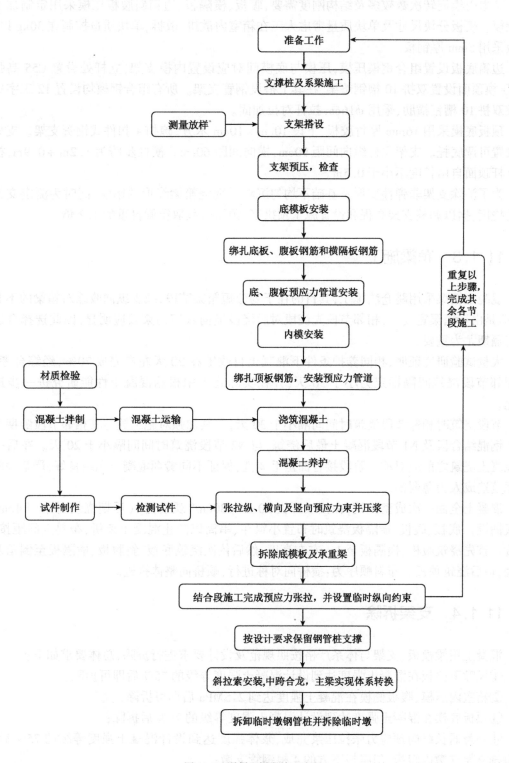

图 11-3 混凝土梁段施工流程

考虑内模周转次数较多及结构刚度需要，腹板、横隔板、边箱斜腹板压模采用定制加工组合钢模。模板分块尺寸及单块质量考虑人工在箱室内散拼、散拆，单块质量控制在30kg以内，面板采用5mm厚钢板。

边箱底板设置组合钢模压模，压模与底模间对应设置内模支架，立杆处设置C55高强垫块，压模顶面设置双拼10槽钢垫梁，在其上搭设钢管支架。所有组合钢模均设置12工字钢竖肋及双拼10槽钢横肋，采用ϕ16cm拉杆对拉加固。

顶板底模采用16mm厚竹胶板，下设10cm×10cm木方、碗扣+扣件式钢管支架。支架底部设置可调底托。支架立杆纵向间距90cm，横向间距60cm。横杠步跨为1.2m+0.9m，控制其立杆顶面自由长度不小于0.5m。

为了消除支架非弹性变形及基础不均匀沉降对现浇箱梁线形的影响，同时为测定支架的弹性挠度，据以调整支架高程和设置施工预拱度，预压荷载取箱梁自重的1.2倍。

11.1.3 箱梁施工

混凝土箱梁采用跳仓法施工，其目的在于划分短箱梁节段，减少纵向收缩对箱梁的不利影响；但是由于箱梁宽度大，相邻节段先浇段对后浇段横向收缩约束效应明显，因此选择合适浇筑间隔期尤为重要。

大量试验研究证明，相同养护条件下混凝土自收缩在20天左右完成70%，经综合考虑，将相邻节段浇筑间隔期定为小于30天，并在实际施工中根据混凝土性能研究进一步进行优化。

节段浇筑时相邻节段浇筑时间间隔小于30天，尤其加强对施工缝与其相邻节段龄期差控制。钢混结合段及N1节段混凝土最后浇筑，与N2节段浇筑时间间隔小于20天。在后一阶段混凝土浇筑之前应对前一阶段接合面凿毛清洗，保证不同龄期混凝土黏结良好，严禁因施工不规范造成人为薄弱面。

混凝土全面一次成型浇筑，在顶板开设30cm×30cm"观察窗"（后期浇筑时采用4mm厚钢板铺设），底板、腹板、横隔板浇筑时布置小料斗、串筒以防止混凝土离析，布料点间距按3m布置。首先浇筑腹板、横隔板至1m左右高度，然后依次浇筑底板、斜腹板、横隔板至倒角及风嘴处，最后浇筑顶板。布料顺序为：横桥向对称进行，顺桥向整体推进。

11.1.4 支架拆除

混凝土箱梁模板、支架与体系严格按照规范及设计要求进行拆除，总体要求如下：
①风嘴下模板在混凝土强度达到设计混凝土强度等级的75%后即可拆除；
②箱室内压模、腹板侧模在混凝土强度达到2.5MPa后即可拆除；
③顶板底模在混凝土强度达到设计混凝土强度等级的75%后拆除；
④一跨通长纵向预应力张拉压浆完成，浆体强度达到设计混凝土强度等级的75%后，保留每排支架支墩内腹板、斜腹板下方的4根钢管支墩；
⑤跨间斜拉索张拉完成后，方可拆除保留支墩，拆除顺序为由跨中向两侧进行。

11.2 钢混结合段施工

据现场实际情况,钢混结合段 SJ 钢梁段采用浮式起重机整体吊装至已搭设膺架施工工艺。考虑吊装施工区域水深不足,钢箱梁运输船舶无法驶入施工区域,同时由于梁段自重加吊具重量超过 200t 且吊距较远、吊幅较高,采用 800t 大型浮式起重机进行吊装,高水位时进行吊装施工。

钢混结合段长 5.8m,采用了有格室的后承压板构造,格室长 2.0m,高 0.8m,标准宽 0.6m、0.79m,钢格室腹板上设置 PBL 剪力键,格室内填充 C55 微膨胀混凝土。钢格室通过钢箱梁加强段与钢箱梁连接,钢箱梁加强段长 3.0m,采用在 U 形肋中间加设 T 形加劲的方式。为保证混凝土浇筑时在钢格室内能够自由流动,在钢格室顶板上开设浇筑孔,腹板上设置连通孔;为使钢箱梁与混凝土箱梁紧密结合,采用预应力钢束进行连接。

钢混结合段是钢箱梁施工的起步梁段,其定位精度对后续梁段的安装十分重要,其施工流程具体如下:

①南边跨混凝土箱梁施工 N3 段后,应对 N3、N4 梁段进行线形测量,掌握边跨混凝土箱梁的线形情况。

②对钢混结合段的钢箱梁 SJ 梁段进行初步调整。在施工 N2 梁段前,采用理论计算值,对钢箱梁 SJ 梁段的空间位置进行调整,综合上一步的监控测量数据结果,再通过 N1、N2 梁段逐渐调整,以混凝土箱梁来适应钢箱梁 SJ 梁段的位置。

③按既定的施工工艺完成 N2 梁段的现浇混凝土箱梁施工,在施工中应特别注意严格按照监控单位的监控数据、指令等进行梁体模板线形和轴线的调整,使南边跨混凝土箱梁的线形平顺地与钢箱梁梁段相接。

④绑扎钢混结合段钢筋,按既定工艺完成 N1 梁段的混凝土箱梁施工。N1 梁段纵向预应力张拉完成后,完成塔梁临时约束(纵向临时限位填塞物)。

⑤对钢箱梁 SJ 梁段进行精确调整。在施工 N1 梁段前,根据监控单位提供的南、北两岸钢箱梁 SJ 梁段的定位数据,完成南边跨 SJ 梁段的精确定位。在调整 SJ 梁段的过程中,两岸必须进行对视测量,确保轴线与设计线一致。SJ 梁段精确调整定位后,采取有效措施临时将支架和 SJ 梁段进行固定,避免在后续浇筑混凝土的施工过程中,SJ 梁段位置发生变化。

⑥浇筑 N1 梁段及 SJ 梁段钢格室混凝土,根据设计要求,在混凝土强度达到设计强度的 90% 时,解除 SJ 梁段与支架间的临时固定措施,再张拉钢混结合段预应力筋。

⑦通过监控单位对 SJ 梁段和南边跨混凝土箱梁的线形进行全桥线形通测,尤其是 SJ 梁段的端面倾角,得到钢混结合段施工完成后的阶段竣工线形。

11.2.1 钢混结合段施工工艺

SJ 梁段精确调整到位后,即进行 N1 梁段模板调整、钢筋及预应力束安装。钢混结合段模板结构、钢筋、混凝土及预应力张拉施工工艺均与南边跨现浇箱梁一致，这里不再重复。施工中应注意：

①混凝土应采取整幅、分层、左右两侧对称的方法浇筑，先浇筑水平底板，再浇筑斜底板和中腹板，最后浇筑顶板。浇筑的同时填充 SJ 梁段钢格室混凝土，并安排专人检查钢格室填充密实情况，随时封堵浇筑孔和排气孔。

②由于混凝土强度高，胶凝材料用量大，同时施工时为高温季节，故混凝土易产生温度裂缝，施工过程中应采用大体积混凝土施工时采取的各类降温措施，如集料遮阳覆盖、拌和水加冰降温；混凝土浇筑安排在夜间，避开高温时段；混凝土初凝后，表面用土工布覆盖，同时安排专人进行洒水养护，防止表面产生干缩裂缝；在结合段上搭设保温棚，并延长侧模板拆除时间，对混凝土表面进行保温，严格控制混凝土内外表面温差小于 25℃。

11.2.2 钢箱梁存梁支架施工

16 号墩承台和下塔柱施工时，安装好钢管桩和连接系预埋件，为存梁支架搭设做好准备。钢箱梁存梁支架搭设工艺与南边跨混凝土现浇梁支架搭设工艺相同，如图 11-4 所示。

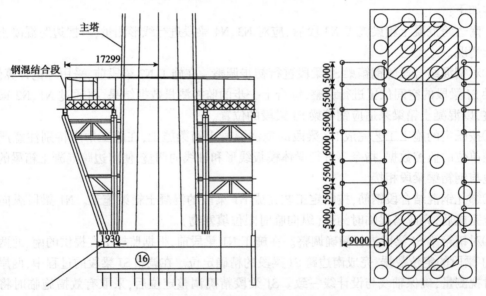

图 11-4 存梁支架结构图（尺寸单位：mm）

12 钢桥面铺装施工

12.1 钢桥面铺装结构类型

12.1.1 钢箱梁行车道铺装结构

大桥钢箱梁桥面铺装采用上层40mm高弹性改性沥青SMA-13混合料+下层30mm环氧沥青混合料EA-10铺装方案,具体如图12-1所示。

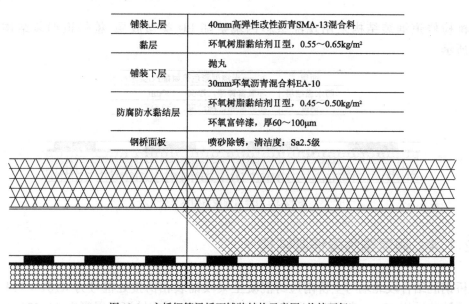

图12-1 主桥钢箱梁桥面铺装结构示意图(热拌环氧)

12.1.2 中央分隔带铺装结构

大桥钢箱梁中央分隔带护栏基座断开处采用环氧砂浆铺装,中央分隔带结构示意如

图12-2所示。

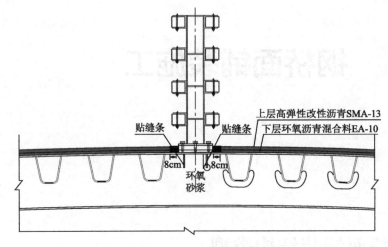

图12-2 中央分隔带结构示意图

①铺装层：铺设75mm环氧砂浆（宽度55cm）；
②防水黏结层：环氧树脂防水黏结层，0.45~0.50kg/m²；
③钢桥面板表面经喷砂除锈处理至清洁度Sa2.5级，粗糙度R_z为60~100μm。

12.1.3 检修道铺装结构

大桥检修道铺装结构采用现浇型彩色聚氨酯PU类塑胶层，检修道铺装结构示意如图12-3所示。

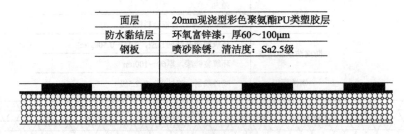

图12-3 检修道铺装结构示意图

12.1.4 钢混结合段铺装结构

大桥钢混结合段北端与主桥南边跨混凝土梁段铺装相衔接处桩号为K161+114.904，混凝土箱梁铺装采用40mm高弹性改性沥青SMA-13+60mm改性沥青混凝土AC-20C，钢箱梁桥面铺装采用40mm高弹性改性沥青SMA-13+30mm环氧沥青混凝土EA-10，钢混结合段设置5.15m过渡段，以便30mm环氧沥青混凝土EA-10向60mm改性沥青混凝土AC-20C铺装过渡，过渡段终点桩号为K161+120.054。同时在环氧沥青混合料EA-10与改性沥青混凝土AC-20C相接处设置横向施工缝，具体如图12-4所示。

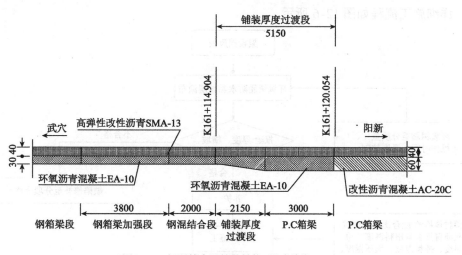

图 12-4　钢混结合段铺装结构(尺寸单位：mm)

12.1.5　主桥南边跨混凝土箱梁铺装结构

大桥主桥南边跨混凝土箱梁桥面铺装，行车道采用 40mm 高弹性改性沥青 SMA-13 + 60mm 改性沥青混凝土 AC-20C 铺装方案，混凝土桥面板粗糙化处理采用抛丸，铺装总厚度 100mm。主桥南边跨混凝土箱梁铺装结构示意如图 12-5 所示。

铺装上层	40mm高弹性改性沥青SMA-13
黏层	改性乳化沥青黏结层
铺装下层	60mm改性沥青混凝土AC-20C
防水黏结层	热融沥青碎石
	底涂层
混凝土面板	抛丸

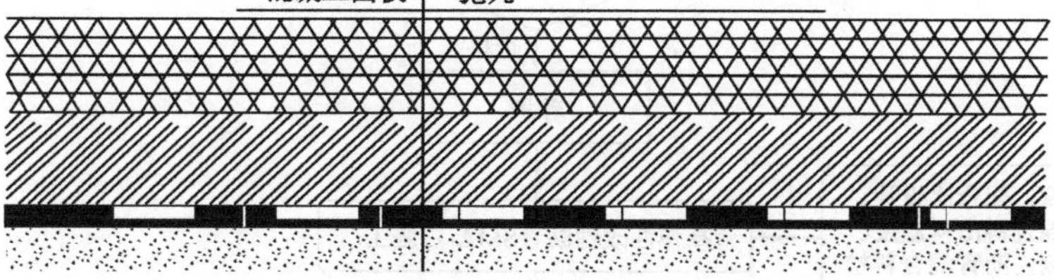

图 12-5　主桥南边跨混凝土箱梁铺装结构示意图

本部分仅叙述难度大、质量较难控制的钢桥面铺装的施工，其他铺装结构施工可参考其他项目。

12.2　钢桥面铺装施工流程

钢桥面铺装施工流程主要包括：架设挡风板→环氧树脂防水黏结层涂布→下层 30mm 环氧沥青混凝土摊铺施工→抛丸→环氧树脂黏层涂布→上层 40mm 高弹性改性沥青 SMA-13 摊

铺施工。详细施工流程如图12-6所示。

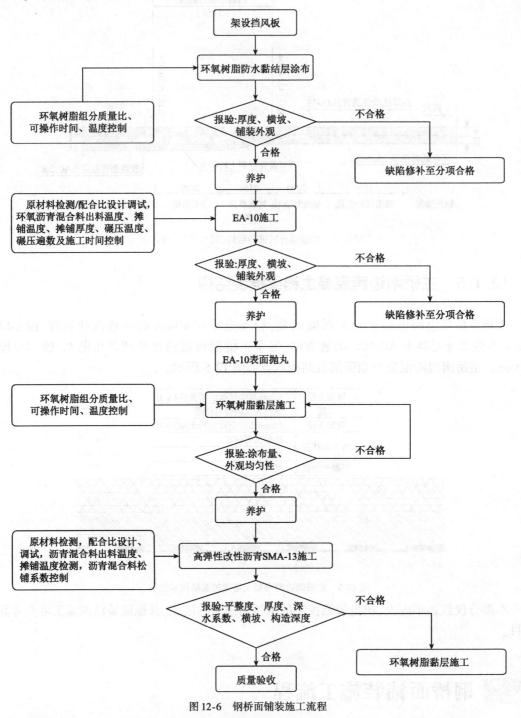

图12-6 钢桥面铺装施工流程

大桥桥面铺装施工预计在11月,且桥面离江面较高,风比较大。为避免混合料在施工过程中降温过快,影响施工质量,在两侧检修道护栏处和中央分隔带护栏处分别设置宽3m、高2m的挡风板,在混合料的施工过程中起到挡风保温的作用,以保障桥面铺装施工质量。

12.3 环氧树脂防水黏结层/黏层涂装施工

12.3.1 材料性能

桥面铺装环氧树脂防水黏结层/黏层材料由环氧树脂(主剂)和固化剂两部分组成,按质量比50:50掺配混合后使用,材料技术要求如表12-1所示。

环氧树脂防水黏结层/黏层材料技术要求　　　　表12-1

试验项目	技术要求	试验方法
拉伸强度(23℃)	≥3.0MPa	《建筑防水涂料试验方法》(GB/T 16777—2008)
断裂延伸率(23℃)	≥100%	
不透水性(0.3MPa,24h)	不透水	
吸水率(7d,25℃)	≤0.3%	《塑料吸水性的测定》(GB/T 1034—2008)
黏结强度(与钢板,25℃)	≥3.0MPa	《公路钢桥面铺装设计与施工技术规范》(JTG/T 3364-02—2019)
黏结强度(与保护层,25℃)	≥1.5MPa	
剪切强度(与环氧沥青混合料保护层)	≥1.2MPa	

12.3.2 施工工艺

(1)气候要求

①施工前准确掌握未来24h的天气预报,尽量避免在降雨时段施工和养护。

②为防止桥面上凝聚的水分破坏黏层和钢板间的黏结力,严禁在下雨、下大雪、结露等不利气候条件下施工。

③防水黏结层/黏层的施工环境温度不低于10℃且钢板表面温度高于空气露点温度3℃以上,空气相对湿度不高于85%。

(2)防水黏结层/黏层施工步骤

①界面清理。

黏层施工前,先用软扫帚与强力式背包鼓风机清洁钢板及铺装下层上的尘埃、杂物;如果有油污,须用适当浓度(足以洗去油污)的非离子型肥皂水溶液清洗(用长柄鬃毛刷)。突出桥面的其他结构物侧面也清洗干净。清洗后彻底进行烘干,保证干燥并不再受污染。每次的清洁范围略大于此后黏结料的喷洒范围。

②黏结料拌和。

环氧树脂黏结料由主剂和固化剂组成,使用前按主剂:固化剂=50:50(质量比)倒入混合容器,用手持电动搅拌器搅拌120s左右。如果主剂和固化剂的保管场所或施工现场温度低于20℃,采用车载式胶罐(含独立加热保温罐),提前将主剂、固化剂分别加入罐车内进行加热,加热到(25±3)℃后使用。黏结料的配制速度尽量与施工速度匹配,尽量避免因一次性混合过多而长期搁置,从而影响施工的和易性。

③防水黏结层/黏层涂布。

a. 防水黏结层/黏层采用人工辊涂方式进行施工。为精确控制环氧黏结剂的涂布量,施工前在全桥范围内每间隔10m标注一个控制点,用以在施工过程中随时计算和校准黏结剂的涂布量。必须严格按照标准距离进行均匀辊涂,以防止多涂或漏涂情况发生。

b. 操作人员注意安全,穿戴好风镜、防尘面罩、围巾、橡胶手套及围裙等,保证皮肤不直接与外部空气接触。所有进入施工现场的人员必须穿戴鞋套、佩戴面罩,防止污染作业面及人体汗水滴入作业面。

c. 防水黏结层用量为0.45~0.50kg/m²。

d. 待环氧铺装层表面抛丸后进行黏层的涂布,黏层的涂布量按照试验段确定的涂布量进行控制。

e. 在与构造物接触处,环氧黏层要沿构造物立面涂刷至3cm。

f. 防水黏结层/黏层的涂布施工分两班组由南向北呈梯队作业,现场人员、设备配备如表12-2所示。第一班组先进行施工,施工100m后第二班组开始作业,施工示意如图12-7所示。

防水黏结层/黏层施工现场人员、设备配置　　　　　表12-2

序号	人员、设备	数 量
1	技术员	4名
2	涂胶工	10名
3	辅助工人	10名
4	吹风机	2台
5	搅枪	4台

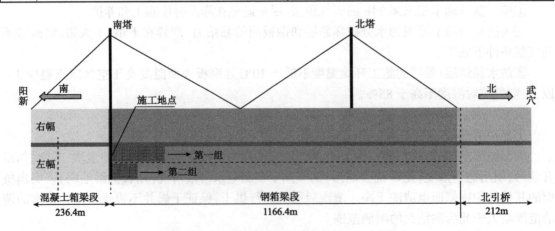

图12-7　环氧树脂防水黏结层/黏层涂布施工示意图

g. 每次施工过程中须统计对比施工中黏结剂用量及已施工总面积,及时计算出平均喷涂量,若有偏差,及时调整。

h. 每名涂胶工的涂胶效率按200m²/h计算,大桥主桥钢桥面整幅防水黏结层/黏层的施工约9h完成。

i. 从主剂和固化剂混合后到施工结束所需时间必须在以下可使用时间的范围内。黏结剂可使用时间如表12-3所示。

环氧树脂防水黏结材料可使用时间　　　　表12-3

混合液温度(℃)	20	30	40
可使用时间(min)	45	20	5

④防水黏结层养护。

a. 涂刷后,对防水黏结层全部封闭进行养护,直到确定环氧树脂已达到所需固化程度(用手指按压黏层,黏层呈不黏手的状态,即指干状态)。

b. 在养护期间严禁任何人员、机械、车辆在已施工的防水黏结层上通行。

c. 如果养护状态达到要求,按照通常的施工方法进行下面层的铺装,如果还没达到则继续养护;但养护时间过长会导致黏结力下降,一旦超过有效期,需补涂黏结剂;当预测施工当日或养护过程中有下雨可能时则停止施工。黏层的养护天数及有效黏结时间如表12-4所示。

黏层养护天数及有效黏结时间　　　　表12-4

日最高气温(℃)	养护天数(d)	有效黏结时间(d)
40~50	0.5	1.5
30~40	1	2
20~30	1	3
10~20	2	6

(3)其他要求

①在上层铺筑施工之前,任何车辆与人员不得进入黏层区域。

②严禁在作业区内吐痰、吸烟。

③不带擦汗毛巾的不得进入作业区,严格禁止人体汗水滴入作业区;不将水源带进作业区;不在作业区内饮水;设立专人检查桥面水分,并对发现的水分立即采用鼓风机吹干。

12.4 环氧沥青混凝土施工

12.4.1 环氧沥青混凝土原材料

(1)环氧沥青混合料

环氧沥青混合料是一种三组分材料,由基质沥青、环氧树脂和固化剂组成。环氧树脂和固化剂按照56:44的比例混合后所形成的混合物,再与沥青按照50:50的比例混合后形成环氧沥青混合料。环氧沥青混合料的技术指标如表12-5所示。

环氧沥青混合料技术指标 表12-5

试 验 项 目	技 术 指 标	试 验 方 法
拉伸强度(23℃)	≥2.5MPa	《建筑防水涂料试验方法》
断裂延伸率(23℃)	≥100%	(GB/T 16777—2008)
吸水率(7d,25℃)	≤0.3%	《塑料吸水性的测定》(GB/T 1034—2008)
热熔性(300℃)	不熔化	将小试件放置在300℃的热板上

(2)集料

①粗集料。

粗集料采用坚硬、耐磨、无风化、洁净、颗粒形状好并与结合料有较好黏结性能的玄武岩等高质量的石料,环氧沥青混凝土用粗集料技术指标如表12-6所示。

环氧沥青混凝土用粗集料技术指标 表12-6

试 验 项 目	技 术 指 标	试 验 方 法
抗压强度(MPa)	≥120	T 0221①
洛杉矶磨耗值(%)	≤22	T 0317②
压碎值(%)	≤12	T 0316③
磨光值 PSV	≥42	T 0321④
针片状含量(%)	≤5	T 0312⑤
与沥青的吸附性(级)	5	T 0616⑥
吸水率(%)	≤1.5	T 0307⑦
含水率(%)	≤0.5	T 0305⑧
视密度(g/cm^3)	≥2.6	T 0304⑨
坚固性(%)	≤5	T 0314⑩
软石含量(%)	≤2.5	T 0320⑪

注:①单轴抗压强度试验。
②粗集料磨耗试验(洛杉矶法)。
③粗集料压碎值试验。
④粗集料磨光值试验。
⑤粗集料针片状颗粒含量试验(游标卡尺法)。
⑥沥青与粗集料的黏附性试验。
⑦粗集料吸水率试验。
⑧粗集料含水率试验。
⑨粗集料密度及吸水率试验(网篮法)。
⑩粗集料坚固性试验。
⑪粗集料软弱颗粒试验。

②细集料。

细集料具有一定棱角性,坚硬、洁净、干燥、无风化,无杂质和其他有害物质,其技术指标如表12-7所示。

环氧沥青混凝土用细集料技术指标 表12-7

试 验 项 目	技 术 指 标	试 验 方 法
吸水率(%)	≤1.5	T 0330①
含水率(%)	≤0.5	T 0332②

续上表

试验项目	技术指标	试验方法
表观密度(g/cm³)	≥2.6	T 0328③
坚固性(%)	≤5	T 0340④
砂当量(%)	≥65	T 0334⑤
亚甲蓝值(g/kg)	≤2.5	T 0349⑥

注:①粗集料密度及吸水率试验。
　②细集料含水率试验。
　③细集料表观密度试验(容量瓶法)。
　④细集料坚固性试验。
　⑤细集料砂当量试验。
　⑥细集料亚甲蓝试验。

(3)填料

填料采用由石灰岩石料磨制而成的矿粉,不含泥土杂质和团粒,要求干燥、洁净,技术指标如表12-8所示。

环氧沥青混凝土用矿粉技术指标　　　　表12-8

试验项目		技术要求	试验方法
视密度(g/cm³)		≥2.50	T 0352①
粒度范围(%)	<0.3mm	≥90	T 0351②
	<0.075mm	≥85	
亲水系数		≤1	T 0353③
含水率(%)		≤1	T 0343④
安定性		不变质	T 0355⑤
塑性指数		≤4	T 0354⑥

注:①矿粉密度试验。
　②矿粉筛分试验(水洗法)。
　③矿粉亲水系数试验。
　④细集料含水率快速试验(酒精燃烧法)。
　⑤矿粉加热安定性试验。
　⑥矿粉塑性指数试验。

12.4.2　环氧沥青混合料施工配合比设计

①环氧沥青混合料目标配合比的设计与校验采用《公路钢桥面铺装设计与施工技术规范》(JTG/T 3364-02—2019)附录K规定的"环氧沥青混合料配合比设计方法"。

②环氧沥青混合料配合比设计过程中要注意检验环氧沥青混合料、集料、矿粉等原材料,保证满足设计要求,环氧沥青混合料级配曲线及油石比的确定要考虑满足密实和表面抗滑性能的要求,设计空隙率控制在1%~2%之间,对环氧沥青混合料的高温稳定性、抗水损害性及低温弯曲变形性能进行检验,确保各项指标满足设计要求。

③环氧沥青混合料属于一种悬浮密实结构,较传统沥青混合料 AC-10 密实,混合料配合比设计采用 EA-10 专用工程级配范围,环氧沥青混合料油石比范围 6.0% ~ 7.0%。环氧沥青混合料级配规定如表 12-9 所示。

环氧沥青混合料级配规定　　　　　　　　　　　　表 12-9

筛孔(mm)	13.2	9.5	4.75	2.36	1.18	0.6	0.3	0.15	0.075
通过筛孔的质量百分比(%)	100	95~100	65~85	50~70	39~55	28~40	21~32	14~23	7~14

环氧沥青混合料的技术指标如表 12-10 所示。

环氧沥青混合料技术指标　　　　　　　　　　　　表 12-10

设计指标		技术指标	试验方法
击实次数(次)		双面各 50	T 0702①
空隙率(%)		1~2	T 0705②
马歇尔稳定度(kN)	60℃,固化	≥40	T 0709③
马歇尔流值(mm)		1.5~5.0	
70℃动稳定度(次/mm)		≥6000	T 0719④
冻融劈裂强度比(%)		≥80	T 0729⑤
弯曲极限应变(-10℃,50mm/min)		≥3×10^{-3}	T 0715⑥

注:热拌环氧沥青混合料养护温度为(60±1)℃,养护时间为 4d。
①沥青混合料试件制作方法(击实法)。
②压实沥青混合料密度试验(表干法)。
③沥青混合料马歇尔稳定度试验。
④沥青混合料车辙试验。
⑤沥青混合料冻融劈裂试验。
⑥沥青混合料弯曲试验。

环氧沥青混合料配合比设计流程如图 12-8 所示。

12.4.3　环氧沥青混凝土施工前准备工作

①环氧树脂添加。环氧材料分为 A(主剂)、B(固化剂)组分,采用机械方式完成环氧材料的混合和添加,能有效保证环氧树脂的充分混合,同时保证与沥青投放的同步性,确保投放时间的一致性。

环氧树脂搅拌添加系统与沥青拌和站进行配套,可随时满足并配合 4000 型沥青拌和站的生产。

②环氧黏结料加热方案。环氧黏结料在常温下黏度较大,在生产前需加热到 50~60℃。环氧黏结料采用方铁桶包装,由于环氧 A、B 剂的添加有严格的比例要求,所以采用隔离的空间分别进行储存和加热。本项目采用全封闭彩板房加热空间,彩板房使用热鼓风机进行空气循环加热。升温加热房如图 12-9 所示。为减少环氧树脂材料从保温房中取出后的温度散失,采用环氧树脂保温储罐进一步对环氧树脂做加热保温,环氧树脂保温储罐如图 12-10 所示。

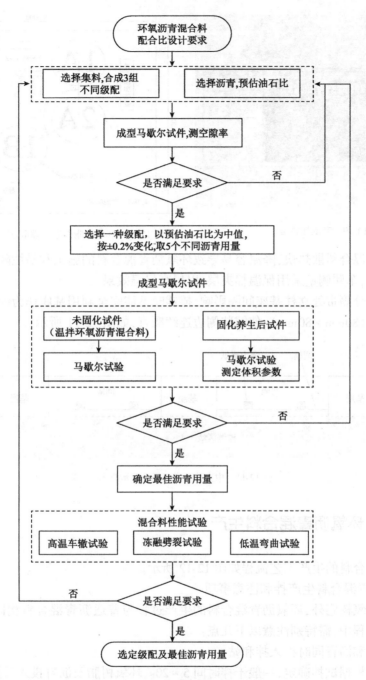

图 12-8 环氧沥青混合料配合比设计流程

③配合 4000 型沥青拌和站,每盘生产环氧沥青混合料 3.5t。环氧沥青混合料的可施工时间要求控制在 120min 以内,每辆运输车计划装载 9 盘,以缩短生产占用时间,同时轻载以保证运输时间,压缩出更多时间用以施工。

④为了保障车辆运输的可靠性,需对运输车的轮胎及各转动部位渗油情况进行检查。运输前更换磨损、有隐患的轮胎,对车辆进行二保。

图12-9 升温加热房

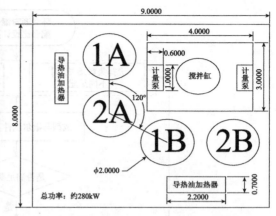

图12-10 环氧树脂保温储罐示意图(尺寸单位:m)

⑤环氧沥青混合料散热快,降温容易导致环氧沥青混合料的施工和易性降低,每辆车装料后覆盖两层棉被,车厢侧壁采用保温棉夹层,以提高保温效果。

⑥因受中央分隔带处立柱基座间隔影响,摊铺时不能完全利用基座作为铺装侧限,在基座间隔处设置侧模(80mm×80mm),使铺装侧边连续顺直,如图12-11所示。

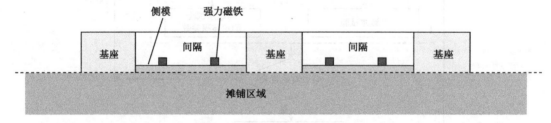

图12-11 中央分隔带侧模设置示意图

12.4.4 环氧沥青混合料生产

环氧沥青混合料的生产工艺流程如图12-12所示。

(1)环氧沥青混合料生产拌和注意事项

除需添加环氧树脂外,环氧沥青混合料的生产过程与普通沥青混合料相同。在环氧沥青混合料的生产过程中,需特别注意以下几点:

①环氧树脂和沥青同时投入拌和站。

②拌和时间根据试拌确定,一般干拌时间5~20s,环氧树脂及沥青投入后拌和45~50s。

③出料温度一般设定在170~185℃。环氧沥青拌和站出料口设置红外测温仪,生产中对每盘混合料温度进行检测。若气温较低且运输至现场时间较长,设定温度偏向上限;反之则适当降低出料温度。

④若混合料出料温度低于165℃或高于190℃,则予以废弃处理,并及时查明原因,进行调整。

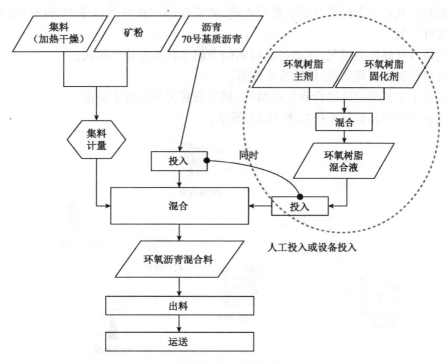

图12-12 环氧沥青混合料的生产工艺流程

⑤运料车装满后从车厢侧壁插入温度计(运料车车厢的侧壁上留有插孔,插孔位于货舱底板以上30cm±5cm,距货舱两端各60cm±10cm以上及货舱中部)。送料单上还要填写第一盘料及最后一盘料的装料时刻。

将环氧树脂通过环氧树脂添加系统加入拌和站时注意:
①选择在容易投入的地方设置投入口。
②为了降低环氧树脂和固化剂的黏性,使它们充分拌和,防止拌和时的黏度过大,事先要把树脂、固化剂加热到50~60℃。
③环氧树脂由主剂和固化剂按质量比56∶44配合,事先称量并拌和好,并与基质沥青同时投入拌缸。
④环氧沥青中按质量比基质沥青占50%,环氧树脂占50%。
⑤每日生产完成后(或者停机超过1h)需要采用丙酮或者其他同类别化学药剂对设备进行清洗,防止设备投入环氧树脂固化后把齿轮黏住造成堵塞。

(2)环氧沥青混合料生产拌和监管

基于混合料的重要性,在确保环氧树脂、矿料等材料自身质量的前提下,混合料配合比设计正确(尤其是油石比)、各原材料配料准确(如主剂与固化剂)、拌和时间与温度的准确控制尤为重要。为保证混合料的生产质量,本项目在环氧沥青混合料的生产过程中设置监管系统对混合料的生产拌和进行监管。该系统在混合料生产拌和过程中可实现:
①实时监控每盘混合料的级配、油石比、温度、拌和时间等质量指标。
②随时查看生产情况,并通过专家系统进行动态质量分析,实时动态分析混合料的级配、油石比等指标波动情况。

③按照时间及各类条件进行历史数据查询,数据存储在独立数据库中,可长期保存,实现生产数据的可追溯。

④分析每盘材料误差情况,明确各类材料的节超支状况并导出报表。

⑤核算每种材料消耗情况,辅助成本核算。

⑥统计每个工程部位的混合料使用情况,辅助查看工程量施工进度。

沥青混合料拌和站监管系统如图12-13所示。

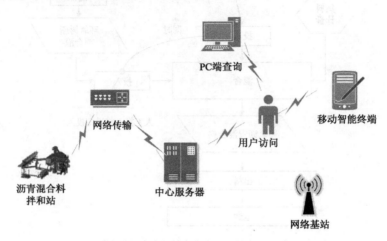

图12-13 沥青混合料拌和站监管系统

12.4.5 环氧沥青混合料运输

①事先检查运输车有无漏油、漏水现象,对车辆水箱、底盘、空调排水口、轮胎放水口等容易漏水、漏油部位,需人工用彩条布紧密呈十字形包裹。运输车在运输过程中严禁开车载空调。

②所有运输车辆在施工前一天必须将车轮、底盘及车厢里附着的泥土等杂物彻底清理干净,并安排专人对车辆的清洁状况进行检查。

③为防止混合料与运料车车厢黏着,凡车厢内与混合料接触的部位,需预先涂一层薄的植物油作为隔离剂。

④装料顺序:环氧沥青混合料采用"先后再前"的方式进行装料,遵循先拌和先摊铺的原则。

⑤为防止装料车里的环氧沥青混合料温度下降过快,每台车装料后覆盖两层棉被,车厢侧壁采用保温棉夹层,以提高保温效果。环氧沥青混合料不得局部裸露在外。

⑥当运料车中途因故停车,立即打电话通知抢运人员组织抢运。

⑦当运料车到达桥面上,进入运料车等待区域时,安排专人对车辆的清洁状况进行检查,并用鼓风机对车辆轮胎和底盘进行清理。读取在拌和站处就插入混合料中的温度计的读数,取三个温度计读数的平均值,并推导该车料的允许容留时间,在规定的时间内摊铺,并在规定的温度以上完成压实。

⑧运料车进入钢桥面施工段前,在混凝土桥面上掉头,然后倒车进入施工区域。

12.4.6　环氧沥青混合料摊铺

(1)环氧沥青混合料摊铺施工前应达到的要求

①施工前所有施工机械、小型机具均已做好检修保养工作以及应急措施,条件允许情况下进行预案演练,以达到施工要求的效果。

②做好施工机械、小型机具操作人员的定岗、定责以及相关作业人员交底教育。

(2)环氧沥青混合料摊铺步骤

①环氧沥青混合料采用2台福格勒S2100-3L摊铺机梯队全幅摊铺施工,并用非接触式平衡梁找平仪按厚度控制。对于可加热的振动熨平板及振动夯等初步压实、熨平装置,摊铺机每天进行摊铺工作前1h预热到120℃以上。摊铺宽度为内侧7.5m,外侧8.5m,外侧摊铺机先进入作业区域。前摊铺机作业后,摊铺层纵向接缝上应呈斜坡,纵向搭接宽度不小于10cm,两台摊铺机距离控制在3~5m。

②采用非接触式平衡梁(SAS系统)控制厚度与平整度,在摊铺前先用3m直尺测量桥面钢板上的纵向平整度,若纵向平整度为1~3mm则摊铺基准可取原桥面板,否则采取放桩放尺的方式。

③在桥头伸缩缝(或接缝)处开始摊铺时或桥头摊铺层与伸缩缝(或接缝)衔接时,在摊铺机两侧设置长度不小于20m的导梁引导摊铺,并按设计要求调整导梁的高程,控制好摊铺厚度,使桥面铺装与伸缩缝衔接平顺,不影响行车舒适度。

④设专人计算并控制摊铺速度,根据供料能力及各运料车送料单的"容许卸料时间范围"及时进行调整,以控制不停机、不超时、力求匀速摊铺为原则,摊铺速度控制在2~2.5m/min,摊铺过程中禁止突然加速。

⑤摊铺过程中每10m测一组松铺厚度,中途少做变动,必要时加以调整,务求平顺,以求不影响平整度。螺旋布料器中的料位以略高于螺旋布料器2/3为宜,避免摊铺层出现离析,另外螺旋布料器尽量放置在最低处,防止产生过多固化冷料。

⑥机械摊铺过程中,不用人工反复修整,但当出现断面不符合要求、局部缺料、局部混合料明显离析、表面明显不平整等问题时需进行人工修整,在施工技术人员专门指导下调整、局部换料,仔细修补,同已铺混合料接顺,不留明显印迹,不出现明显差异。摊铺过程中设专人对螺旋布料器及料斗中的固化冷料进行清理。将摊铺过程中产生的废料、固化冷料集中放在小推车中,然后集中清理出施工现场。摊铺过程中如果突然下雨,应立即停止施工,并清除未压实成型的混合料,未铺料必须全部废弃。

(3)铺装摊铺监控

混合料的摊铺环节对于铺装施工质量影响较大,一是摊铺温度决定了铺装碾压的初始温度状态,二是摊铺速度对于由摊铺的夯锤振击引起的铺装初始压实度影响较大。因此,围绕着混合料的摊铺环节的监管,主要包括对摊铺速度、温度、作业里程等信息的监管。现场摊铺机安装示意如图12-14所示。

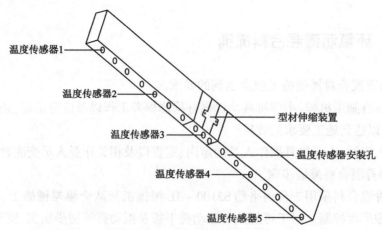

图12-14 现场摊铺机安装示意图

该系统在铺装摊铺过程中可实现：
①实时观测摊铺机的行走速度、阶段的摊铺里程；
②实时观测混合料铺面的温度及整个断面的温度分布情况；
③采集数据存储于设计的独立数据库中，可长期存储于服务器；
④随时根据摊铺机编号、桩号等条件，查询摊铺作业状态，包括摊铺具体位置、摊铺轨迹等信息。

12.4.7 环氧沥青混合料碾压

(1)碾压机具及碾压方案

环氧沥青混合料的碾压采用试验段确定的碾压设备组合及碾压工艺。

(2)碾压温度

初压开始时混合料的内部温度不低于155℃，复压开始时混合料的表面温度不低于110℃，终压开始时混合料的表面温度不低于90℃。

(3)碾压工艺

碾压时压路机驱动轮面向摊铺机，由低到高，依次连续均匀碾压，相邻碾压面重叠1/3轮宽，碾压过程中压路机不在铺装层上转向、掉头，压路机起动、停止时必须缓行，不准紧急制动。压路机要加油、加水或必须停机时，须将压路机停在已冷却的路面上。工人站在压路机前后加装的框架平台上用拧干的拖把涂抹少量植物油到压路机表面以防止压路机粘起混合料。

对碾压顺序、压路机组合、碾压遍数、碾压速度及碾压温度设专岗管理和检查、记录，坚决杜绝面层漏压。

对边缘、角落等压路机难以压实的部位，需采用小型压路机及手扶式振动平板夯夯实。

(4)注意事项

①碾压机紧跟摊铺机，碾压带重叠1/3轮(或轮组)宽。
②为了防止混合料降温过快，初压时压路机必须待追近摊铺机时才可以后退。碾压的控制速度，以不产生横向裂纹和推移为原则。
③压路机的折回处不在同一横断面上。

④在满足温度前提下,可适当增加碾压遍数,终压后如果发现表面仍有横向微纹,要立即用轮胎压路机碾压。

⑤在满足温度前提下,可适当增加碾压遍数,配备足够数量的压路机,保证在允许的时间内完成压实工作。

⑥碾压过程中随时关注铺装是否产生鼓包现象,若产生鼓包,立即用直径3mm的钢针由包顶插入放气(插2个或3个孔),并重新压实。

(5)铺装智能压实监管

智能压实的关键在于压实机械的轨迹监管,信息监管系统通过自建定位参考基站,为安装在压实机械上的定位流动站提供位置差分信息,实现压实设备厘米级定位,进而获得碾压速度、碾压温度、碾压遍数等参数,以此来判断材料的压实状态,实现以下功能:

对工程建设业主单位、质量管理人员:①通过PC端、移动智能终端等远程查看每个标段工地的施工状况,包括当天施工段落、投入机械数量等信息,实现无死角的质量巡查;②可查阅任意桩号段落的压实质量,包括压实遍数、压实轨迹、完成压实遍数的时间、压实速度等信息,客观评价各标段的施工质量。

压实机械操作人员利用安装在驾驶室内的互联反馈系统,了解施工段落出现"漏压、超压"的具体位置,指导其进行操作。

对施工项目管理人员:①利用信息监管系统统计每天的施工段落长度,准确地进行施工进度测算;②可对单台施工机械的工作状态进行评价,比如每天碾压距离、振动状态的碾压距离、开始与结束的工作时间、怠工的时长、出现"漏压"的概率值等信息,对工程机械进行有效的管理,剔除对质量贡献较小的单台设备,提高管理水平。

智能压实信息监管系统如图12-15所示。

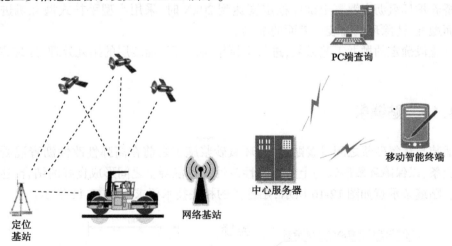

图12-15 智能压实信息监管系统

12.4.8 桥面接缝处理

(1)施工缝的设置原则

①纵缝:采用全幅摊铺施工,不存在纵向施工缝。

②横缝:原则上不设置横向施工缝。但按本项目4000型拌和站每小时环氧混合料产量150t计算,全幅铺装所需混合料的生产需要10h左右。考虑受温度、湿度等环境条件的限制,当天可施工时间约7h,无法完成全幅铺装作业,需要留一道横向施工缝,施工缝预留在南塔往北650~700m段落处,具体位置还需根据施工当日实际情况进行确定,设置在两横隔板中间的位置。

(2)施工缝的处理

①环氧沥青混凝土横缝采用45°~60°的斜接缝。

②接缝面涂刷环氧树脂黏结剂,以提高接缝处的防水性能。

③切缝前要预先画好线,沿线切割。

④施工缝切割时间通过试切确定。即当铺装碾压完1~2h后切缝,不使用切缝机在画线外侧被切除的铺装上试切。若发现切缝平顺,则不再拉料,切割面光洁平整时,即可开始正式切割。

⑤铺装层切缝深度根据铺装厚度合理控制,不能碰伤钢板。

⑥切缝后,即用适当的工具将铺装的多余部分撬走,并用细铜丝刷刷除不稳定的颗粒,用较宽的鬃毛刷扫清灰尘,必要时用湿拖把擦拭。

12.4.9 养护

在铺装完1~3天内要派专人24h不断地检查是否有鼓包出现。对发现的鼓包用手持电钻钻孔放气后,用注射器或其他类似器具将现配环氧树脂黏结剂注入鼓包内,将表面多余的黏结剂刮走。

环氧沥青混合料的强度随着树脂的固化反应发生而增加。在固化反应不足的铺装初期,为了防止重载车对铺面造成破坏,需封闭交通进行养护。

当随桥养护环氧沥青混凝土试件稳定度达到20kN时,采用小型手扶式抛丸机进行环氧铺装层表面抛丸,清除环氧铺装层表面的油膜。

根据试验段确定的抛丸工艺参数,进行主桥钢桥面环氧铺装层的抛丸处理,处理完成后做好保洁。

12.4.10 贴缝条

沥青铺装与环氧砂浆之间设置贴缝条,环氧砂浆施工之前在高弹性改性沥青混凝土侧壁上设置贴缝条,以保障环氧砂浆与上层高弹性改性沥青混凝土之间形成良好的结合,达到防排水的目的。贴缝条示意如图12-16所示,贴缝条的相关技术要求如表12-11所示。

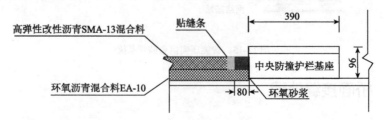

图12-16 贴缝条示意图(尺寸单位:mm)

贴缝条技术要求 表 12-11

试验项目	技术要求	试验方法
软化点(℃)	≥90	T 0604①
弹性恢复率(25℃)(%)	≥10	T 0662②
低温柔度(-20℃,30min,$R=15mm$)	无裂纹	《塑性体改性沥青防水卷材》(GB 18243—2008)
厚度(mm)	≥4	

注：①沥青针入度试验。
②沥青弹性恢复试验。

12.5 高弹性改性沥青 SMA-13 施工

12.5.1 高弹性改性沥青 SMA-13 混合料原材料

(1)高弹性改性沥青混合料

上面层改性沥青混合料采用高弹性改性沥青 SMA-13，其技术要求如表 12-12 所示。

高弹性改性沥青 SMA-13 技术要求 表 12-12

试验项目	技术指标	试验方法
针入度(25℃,100g,5s)(0.1mm)	60~80	T 0604①
动态剪切模量 $G^*/\sin\delta \geq 1.0$kPa(℃)	≥82	T 0628②
针入度指数 PI	≥-0.4	T 0604①
延度(5cm/min,5℃)(cm)	≥40	T 0605③
蠕变劲度≤300MPa(℃)	≤-22	T 0627④
软化点(环球法)(℃)	≥85	T 0606⑤
运动黏度(135℃)(Pa·s)	≤3.0	T 0625⑥
闪点(℃)	≥240	T 0611⑦
溶解度(%)	≥99	T 0607⑧
25℃弹性恢复(%)	≥90	T 0662⑨
储存稳定性离析,48h 软化点差(℃)	≤2.5	T 0661⑩
RTFOT 后残留物		
质量变化(%)	-1.0~+1.0	T 0610⑪
25℃针入度比(%)	≥65	T 0604①
5℃延度(cm)	≥25	T 0605③

注：①沥青针入度试验。
②沥青流变性质试验(动态剪切流变仪)。
③沥青延度试验。
④沥青弯曲蠕变劲度试验(弯曲梁流变仪法)。
⑤沥青软化点试验(环球法)。
⑥沥青旋转黏度试验(布洛克菲尔德黏度计法)。
⑦沥青闪点与燃点试验(克利夫兰开口杯法)。
⑧沥青溶解度试验。
⑨沥青弹性恢复试验。
⑩聚合物改性沥青离析试验。
⑪沥青旋转薄膜加热试验。

(2)集料

①粗集料。

采用石质坚硬、清洁、不含风化颗粒或近立方体颗粒的由反击式破碎机轧制的玄武岩碎石,粒径大于2.36mm。粗集料技术要求如表12-13所示。

高弹性改性沥青SMA-13用粗集料技术要求　　　表12-13

试验项目	技术指标	试验方法
表观相对密度	≥2.6	T 0304①
洛杉矶磨耗损失(%)	≤28	T 0317②
石料压碎值(%)	≤12	T 0316③
石料磨光值	≥42	T 0321④
坚固性(%)	≤12	T 0314⑤
针片状含量(%)	≤12	T 0312⑥
其中粒径大于9.5mm(%)	≤12	
其中粒径小于9.5mm(%)	≤10	
吸水率(%)	≤1.5	T 0304①
沥青的黏附性(级)	≥5	T 0616⑦
软石含量(%)	≤3	T 0320⑧
水洗法<0.075mm颗粒含量(%)	≤1	T 0310⑨

注:①粗集料密度及吸水率试验(网篮法)。
　　②粗集料磨耗试验(洛杉矶法)。
　　③粗集料压碎值试验。
　　④粗集料磨光值试验。
　　⑤粗集料坚固性试验。
　　⑥粗集料针片状颗粒含量试验(游标卡尺法)。
　　⑦沥青与粗集料的黏附性试验。
　　⑧粗集料软弱颗粒试验。
　　⑨粗集料含泥量及泥块含量试验。

②细集料。

采用坚硬、洁净、干燥、无风化、无杂质并有适当级配的人工轧制的机制砂,石质为石灰岩或者与粗集料材质相同,不采用料场的下脚料。细集料技术要求如表12-14所示。

高弹性改性沥青SMA-13用细集料技术要求　　　表12-14

试验项目	技术指标	试验方法
表观相对密度	≥2.6	T 0328①
坚固性(>0.3mm部分)(%)	≤12	T 0340②
砂当量(%)	≥60	T 0334③
亚甲蓝值(g/kg)	≤2.5	T 0349④
棱角性(流动时间)(s)	≥30	T 0345⑤

注:①细集料表观密度试验(容量瓶法)。
　　②细集料坚固性试验。
　　③细集料砂当量试验。
　　④细集料亚甲蓝试验。
　　⑤细集料棱角性试验(流动时间法)。

(3) 填料

采用石灰岩碱性石料经磨细得到的矿粉。矿粉必须干燥、清洁。为确保沥青面层的质量，拌和机回收的粉料不能用于拌制沥青混合料。高弹性改性沥青 SMA-13 用矿粉技术要求如表 12-15 所示。

高弹性改性沥青 SMA-13 用矿粉技术要求　　　　　表 12-15

试验项目		技术指标	试验方法
表观相对密度		≥2.50	T 0352[①]
含水率(%)		≤1	T 0104[②]
粒度范围(%)	<0.3mm	≥90	T 0351[③]
	<0.075mm	≥80	
外观		无团粒结块	—
亲水系数		≤1	T 0353[④]
塑性指数(%)		≤4	T 0354[⑤]
加热安定性		实测记录	T 0355[⑥]

注：① 矿粉密度试验。
　　② 酒精燃烧法。
　　③ 矿粉筛分试验(水洗法)。
　　④ 矿粉亲水系数试验。
　　⑤ 矿粉塑性指数试验。
　　⑥ 矿粉加热安定性试验。

(4) 聚合物纤维

高弹性改性沥青 SMA-13 混合料采用聚合物纤维稳定剂，掺量为 0.3%。纤维稳定剂主要用于改善沥青混合料性能，吸附沥青，减少析漏。其技术指标要求如表 12-16 所示。

高弹性改性沥青 SMA-13 用聚合物纤维技术要求　　　　　表 12-16

试验项目	技术指标	试验方法
纤维长度(mm)	4~6	《预应力钢筒混凝土管》(GB/T 19685—2017)
纤维直径(mm)	0.010~0.025	《化学纤维　短纤维长度试验方法》(GB/T 14336—2008)
抗拉强度(MPa)	≥500	《纺织品　卷装纱　单根纱线断裂强力和断裂伸长率的测定(CRE 法)》(GB/T 3916—2013)
断裂伸长率(%)	≥8~12	
耐热性(210℃,2h)	体积无变化	《沥青路面用纤维》(JT/T 533—2020)
含水率(%)	<2	T 0104[①]

注：① 酒精燃烧法。

12.5.2　高弹性改性沥青 SMA-13 配合比设计

(1) 目标配合比设计

高弹性改性沥青 SMA-13 混合料目标配合比的设计与校验按《公路沥青路面施工技术规范》(JTG F40—2004)附录 C 规定的"SMA 混合料配合比设计方法"进行。高弹性改性沥青 SMA-13 混合料矿料级配范围如表 12-17 所示。

高弹性改性沥青 SMA-13 混合料矿料级配范围　　　　　　表 12-17

筛孔(mm)	13.2	9.5	4.75	2.36	1.18	0.6	0.3	0.15	0.075
通过筛孔的质量百分比(%)	90~100	50~75	20~34	15~26	14~24	12~20	10~16	9~15	8~12

高弹性改性沥青 SMA-13 混合料采用马歇尔试验配合比设计方法,要求混合料设计空隙率为3%~4%,在此基础上根据规定的试验条件要求,进行车辙试验、浸水马歇尔试验和冻融劈裂试验等检验,各项技术指标满足设计要求后方可进行高弹性改性沥青 SMA-13 混合料的生产配合比调试及试拌试铺工作。高弹性改性沥青 SMA-13 混合料技术要求如表12-18所示。

高弹性改性沥青 SMA-13 混合料技术要求　　　　　　表 12-18

设计项目	技术要求	试验方法
马歇尔试件击实次数(次)	双面各75	T 0702①
空隙率(%)	3~4	T 0708②
矿料间隙率 VMA(%)	≥16.5	T 0708②
沥青饱和度(%)	75~85	T 0708②
稳定度 MS(kN)	≥6	T 0709③
车辙试验动稳定度(70℃)(次/mm)	≥4000	T 0719④
马歇尔残留稳定度(%)	≥85	T 0709③
冻融劈裂试验残留强度(%)	≥85	T 0729⑤
-10℃低温弯曲极限应变(×10^{-6})	≥3500	T 0728⑥
粗集料骨架间隙率 VCA_{mix}	≤VCA_{DRC}	T 0708②
谢伦堡沥青析漏试验的结合料损失(%)	≤0.1	T 0732⑦
肯塔堡飞散试验的混合料损失(20℃)(%)	≤15	T 0733⑧
渗水系数(mL/min)	≤80	T 0971⑨
构造深度(mm)	≥0.7	T 0731⑩

注:①沥青混合料试件制作方法(击实法)。
②压实沥青混合料密度试验(体积法)。
③沥青混合料马歇尔稳定度试验。
④沥青混合料车辙试验。
⑤沥青混合料冻融劈裂试验。
⑥沥青混合料弯曲蠕变试验。
⑦沥青混合料谢伦堡沥青析漏试验。
⑧沥青混合料肯塔堡飞散试验。
⑨沥青路面渗水系数测试方法。
⑩沥青混合料表面构造深度试验。

(2)生产配合比设计

①确定各热料仓矿料和矿粉的用量。必须从二次筛分后进入各热料仓的矿料中取样进行筛分,根据筛分结果,通过计算,使矿质混合料的级配符合目标配合比设计级配规定,并特别注

意控制 0.075mm、2.36mm、4.75mm 和 9.5mm 的筛孔通过量,使其接近目标配合比设计级配,以确定各热料仓和矿粉的用料比例,供拌和机控制室使用。同时反复调整冷料仓进料比例,以确保供料均衡。

②确定最佳油石比。取目标配合比设计的最佳油石比 OAC 和 OAC ± 0.3% 三个油石比,取以上计算的矿质混合料,用试验室的小型拌和机拌制高弹性改性沥青 SMA-13 混合料,按目标配合比设计方法制备马歇尔试件测定生产级配高弹性改性沥青 SMA-13 混合料空隙率 VV、矿料间隙率 VMA 及沥青饱和度 VFA 等体积参数,并验证在设计的生产配合比下得到的高弹性改性沥青 SMA-13 混合料的水稳定性是否满足设计要求,最终选定最佳油石比。

12.5.3　高弹性改性沥青 SMA-13 拌和生产

①严格控制沥青和集料的加热温度以及沥青混合料的出厂温度。热混合料成品在贮料仓储存后,其温度下降不超过 10℃。沥青混合料的施工温度控制范围如表 12-19 所示。

高弹性改性沥青 SMA-13 混合料施工温度要求(℃)　　　　表 12-19

温度类型	温度要求(℃)
沥青加热温度	160 ~ 170
集料温度	190 ~ 210
混合料出厂温度	170 ~ 185,超过 195 废弃
混合料运输到现场温度	≥170
摊铺温度	≥160
开始碾压混合料内部温度	≥150
复压最低温度	≥130
碾压终了表面温度	≥90

注:碾压温度是指碾压层内部温度。

②拌和时间由试拌确定。高弹性改性沥青 SMA-13 混合料干拌时间控制在 5 ~ 10s,湿拌时间控制在 40 ~ 45s,必须使所有集料颗粒全部裹覆沥青胶结料,并以沥青混合料拌和均匀为度。

③高弹性改性沥青 SMA-13 混合料拌和时聚合物采用人工投放方式,保证投放精确。

④技术人员目测检查混合料的均匀性,及时分析异常现象。如混合料有无花白、冒青烟和离析、析漏等现象。

⑤严格控制油石比和矿料级配,每台拌和机开拌后每天上午、下午各取一组混合料试样做马歇尔试验和抽提筛分试验,检验油石比、矿料级配和高弹性改性沥青 SMA-13 的物理力学性质。

沥青用量与设计值的允许误差为 ±0.2%。

矿料级配与生产设计标准级配的允许差值如下:

0.075mm 直径允许级配误差 ±3%。

≤2.36mm 直径允许级配误差 ±3%。

≥4.75mm 直径允许级配误差 ±4%。

⑥混合料不在贮料仓中长时间储存,以不发生沥青析漏为度,且不储存过夜。

⑦每天结束后,利用拌和站使用的各仓料数量进行总量控制。根据各仓用量及各仓筛分结果,在线检查矿料级配;计算平均施工级配和油石比,与设计结果进行校核;以每天产量计算平均厚度,与桥面铺装设计厚度进行校核。

⑧高弹性改性沥青 SMA-13 混合料的生产与施工均采用环氧沥青混合料施工过程中所用的信息化智能化监管系统进行监管。

12.5.4　高弹性改性沥青 SMA-13 运输

①运料车装满后从车厢侧壁插入温度计[运料车车厢的侧壁上留有插孔,插孔位于货舱底板以上(30±5)cm,距货舱两端各(60±10)cm 及货舱中部],检测沥青混合料的出厂温度和运到现场温度。

②拌和机向运料车放料时,汽车前后移动,分三堆装料,以减少粗集料的分离现象。

③计划投入沥青混合料运输车 20 辆,运料车从北岸沿摊铺方向将沥青混合料倒入摊铺现场,摊铺机前方安排不少于 5 辆运料车等候卸料。

④运料车用完整无损的双层篷布覆盖,卸料过程中继续覆盖,直到卸料结束取走篷布,以资保温、防雨和避免污染环境。

⑤连续摊铺过程中,运料车在摊铺机前 10～30cm 处停住,不撞击摊铺机。卸料过程中运料车挂空挡,靠摊铺机推动前进。

12.5.5　高弹性改性沥青 SMA-13 摊铺

①摊铺前完成桥面高程复测并用水准仪对沥青摊铺顶面高程进行放样。

②高弹性改性沥青 SMA-13 混合料摊铺施工采用两台摊铺机前后错开 3～5m,呈梯队同步摊铺,内侧8.5m,外侧7.5m,外侧摊铺机先进入作业区域,前摊铺机作业后,摊铺层纵向接缝上呈斜坡,后面摊铺机跨缝 5～10cm 摊铺。

③摊铺前摊铺机受料斗需涂刷薄层隔离剂或防黏结剂(通常为食用植物油),提前 0.5～1h 预热熨平板,温度不低于 100℃,摊铺时熨平板采用中强夯等级,使铺面的初始压实度不小于 85%。摊铺机熨平板必须拼接紧密,不许存有缝隙,防止卡入粒料在铺面上拉出条痕。

④调整摊铺机到最佳工作状态,包括调试好螺旋布料器两端的自动料位器,并使料门开度、链板送料器的速度和螺旋布料器的转速相匹配。

⑤摊铺机缓慢、均匀、不间断地摊铺。摊铺速度控制在 2～3m/min,并根据拌和机的产量、摊铺厚度予以调整,通常不超过 3m/min,允许放慢到 1～2m/min。除特殊情况外,每天只在收工时停机一次。

⑥高弹性改性沥青 SMA-13 混合料采用非接触式平衡梁控制摊铺厚度和平整度。高弹性改性沥青 SMA-13 混合料松铺系数根据试铺段确定。

⑦摊铺时螺旋布料器的料量高于螺旋布料器中心,这样能保证熨平板的挡料板前的混合料在摊铺范围内均匀分布,避免摊铺层出现离析现象;随时分析、调整粗细料,使其均匀。

⑧机械摊铺的混合料未压实前,施工人员不得进入踩踏。一般不需要人工反复整修,只有在特殊情况下,才允许在现场主管人员指导下,用人工找补或更换混合料,缺陷较严重时予以铲除,并调整摊铺机或改进摊铺工艺。

⑨摊铺时摊铺机料斗中剩余不少于 1/3 的热料时,下一辆运料车即开始卸料,做到连续供料,并避免粗料集中。

12.5.6　高弹性改性沥青 SMA-13 碾压

①高弹性改性沥青 SMA-13 混合料的压实以使用钢轮压路机为主,采用试验段确定的碾压设备组合及碾压工艺。碾压过程中若发现有沥青玛蹄脂上浮,应停止碾压,不在低温状态下反复碾压,防止磨掉石料棱角、压碎石料、破坏石料嵌挤。

②压路机应以均匀速度碾压,在初压和复压过程中,压路机并列呈梯队压实,压路机轮迹重叠 1/3 ~ 1/2 碾压宽度。喷涂隔离剂或涂抹少量植物油,以不粘轮为度,禁止使用柴油和机油的水混合物进行喷涂。

③高弹性改性沥青 SMA-13 混合料摊铺后紧跟碾压,碾压的长度控制在 20 ~ 30m。由专人负责指挥协调各台压路机的碾压路线和碾压遍数,使摊铺面在较短时间内达到规定压实度,且碾压温度符合表 12-19 的规定。压路机折返呈梯形,不在同一断面上折返。

④对边缘、角落等压路机难以压实的部位,需采用小型压路机及手扶式振动平板夯夯实。

⑤路面压实完成 24h 后,才允许施工车辆通行。

第4篇

施工测量与控制篇

第小篇

地工測量と法則篇

13 施工测量

13.1 主桥控制网

13.1.1 基本情况

采用同等精度复测的原则,平面控制网采用国家 GPS 二等的标准;高程控制采用国家二等水准的标准。

平面坐标系统:采用大桥工程独立坐标系统,其中参考椭球使用北京 54 坐标系;中央子午线为 115°30′,投影面高程为 65m。

高程基准:1985 国家高程基准。

本项目所采用测量仪器设备主要包括 GPS 接收机、全站仪、水准仪、水准尺等,具体如表 13-1 所示。

测量仪器设备统计表　　　　　　　　表 13-1

仪器设备名称	型号	编号	技术指标	单位	数量	备注
GPS 接收机	天宝 R4	493857 446927 446926	$(1+1\text{ppm}\times D)\text{mm}$	台	9	平面坐标测量
	科力达 K9-T	4293 7764 8193 8183	$(2.5+1\text{ppm}\times D)\text{mm}$			
全站仪	徕卡 TCRA1201+R1000	264976	$1\text{mm}+1\text{ppm}$	套	1	精密测距、测角
数字水准仪	天宝 DiNi 03	742291	0.3mm/km	台	1	二等水准测量
水准尺				把	2	二等水准测量
对讲机				个	6	

续上表

仪器设备名称	型号	编号	技术指标	单位	数量	备注
车辆				台	1	
尺垫				把	2	

13.1.2 平面控制网及高程基准点复测

(1)平面控制网复测

本次平面控制网复测与中国铁建大桥工程局集团有限公司联测,采用 GPS 静态定位观测方法观测,采用 2 台天宝 R4 GPS 接收机和 4 台科力达 K9-T GPS 接收机进行同步观测,按二等控制网的要求实施,架设 GPS 接收机 6 台,北岸设 4 个站点,南岸设 2 个站点,6 个点同时设站,一站观测 4 个时段,一个时段同步观测 4h 以上。本次 GPS 观测采用大地四边形作为基本图形,以网连接形式布测。

平面控制网复测具体技术参数如表 13-2 所示。

技术参数　　　　　　　　　　　　　表 13-2

序号	项目	技术指标	
		二等	四等
1	卫星截止高度角(°)	≥10	≥15
2	同时观测有效卫星数(个)	≥4	≥4
3	平均重复测站数(次/每点)	4	2
4	时段长度(min)	≥240	≥60
5	数据采样率(Hz)	15	15
6	时段中任意卫星有效观测时间(min)	≥15	≥15
7	GDOP(几何精度因子)	≤6	≤6

施测前根据预报表和网形设计及测区的具体情况制订详细的作业计划。按二等 GPS 网的要求实施,观测 4 个时段,每个时段观测时间不少于 4h,具体如表 13-3 所示。

观测时刻表　　　　　　　　　　　　表 13-3

序号	时段号	观测日期	观测时间	同步环点
1	001	2020-05-04	10:50—14:55	6 个测点
2	002	2020-05-06	14:50—18:55	6 个测点
3	003	2020-05-06	19:15—23:20	6 个测点
4	004	2020-05-08	9:15—13:20	6 个测点

观测人员严格按照调度表规定的时间进行作业。

每时段开机前及关机后,作业人员按《全球定位系统(GPS)测量规范》(GB/T 18314—2009)附录 D3 的要求量取天线高,两次天线高互差小于 3mm。每次测量天线高在互成 120°角的 3 个方向量取,开机前、关机后的天线高互差在 2mm 以内,取平均值作为该点天线高。若两次测量互差超限,应查明原因,提出处理意见并记入观察记录手簿备注栏中。

观测人员在作业期间不得擅自离开测站,并防止仪器受振动和被移动,防止人和其他物体靠近天线,遮挡卫星信号。在观测过程中不得在接收机附近10m内使用对讲机和50m内使用移动电话。

GPS测量不观测气象元素,只记录天气状况。

GPS观察记录手簿按规定要求进行填写,仪器及天线号、点名、所在地、观测时间、观测状况、同步观测略图、观测者等相关内容应完整记录。

使用高精度全站仪(徕卡 TCRA1201 + R1000)对GPS控制网的外符合精度进行精密测距,采用常规方法加测,精密测边按两个时段进行往返观测,每时段观测三个测回,具体技术要求如表13-4所示。

加测技术要求表　　　　　　　　　　　　　　表13-4

项目	时段	测回数（次）	每测回读数次数（次）	测回差（mm）	测回间较差（mm）	往返测较差（mm）	备注
参数	往返测	6	4	≤5	≤7	$\leq \pm 2(a+b\times D)$	a为标称精度中的固定误差,mm;b为标称精度中的比例误差系数,mm/km;D为测距长度,km

所测边均进行了往返测两个时段观测,测量边长时同步读记测站和镜站的通风干湿表的干、湿温度和气压(测前、测后各1次),用对讲机将镜站的气象观测数据通知测站点记录员。测距完成后要进行边长的气象改正计算。

(2)高程基准点复测

高程基准点复测分为二等常规水准测量和二等跨江水准测量两个部分。根据控制网分布情况,二等常规水准以北岸水准点基点为起算点,通过转站点闭合到水准点基点。

二等常规水准复测合格后,二等跨江水准测量采用三角高程联测。二等跨江水准测量为本次高程基准点复测的重点,根据场地条件、跨江距离等因素,本次采用高精度全站仪三角高程测量法进行二等跨江水准测量,往返对向观测。

水准观测仪器参数设置如表13-5所示,水准观测各项限差指标如表13-6所示。

水准观测仪器参数设置一览表　　　　　　　　表13-5

项目	等级	视线长度（m）	前后视距差（m）	任一测站上前后视距累计差（m）	视线离地面最低高度（m）	重复测量次数（次）
参数	二等	≤50	≤1.0	≤3.0	≥0.3	≥2

水准观测各项限差指标一览表　　　　　　　　表13-6

项目	等级	测段、区段、路线往返测高差不符值(mm)	附合路线闭合差(mm)	环闭合差(mm)	检测已测测段高差(mm)	前后视距差（m）	任一测站上前后视距累计差(m)
参数	二等	$4\sqrt{K}$	$4\sqrt{L}$	$4\sqrt{F}$	$6\sqrt{R}$	≤1.0	≤3.0

注:K表示测段、区段或路线长度,km,当测段长度小于0.1km时,按0.1km计;L表示附合路线长度,km;F表示环线长度,km;R表示检测测段长度,km。

观测数据记录在数字水准仪内存卡上,通过数据传输转入便携式微机中进行成果整理、计算。

外业观测注意事项：

①跨江水准观测在风力微和、气温变化较小的阴天进行，当雨后初晴和大气折射变化较大时，均暂停观测。

②观测前 30min，先将仪器置于露天阴影下，使仪器与外界气温趋于一致。观测时采用测伞遮蔽阳光。

③水准标尺采用专用尺架撑稳，并经常检查，确保圆气泡居中。

④跨江高程传递的专用标志制作、测回数及限差等，严格按《国家一、二等水准测量规范》（GB/T 12897—2006）进行。

⑤仪器调岸时，标尺随同调岸。

⑥一测回观测完成后间歇 15~20min，再开始下一测回的观测。

⑦两台仪器对向观测时，使用对讲机等通信设备，确保两岸同一测回的观测同时开始和同时结束。

13.2 测量措施

现场操作人员提前熟悉栈桥施工图纸、桥梁结构图纸、相关文件，采用最优的测量方法进行施工放样，关键部位要采取一种方法放样，多种方法复核。严格按照设计图纸、相关文件及规范进行计算、精确放样，确保测量结果满足设计要求。施工测量严格按照规范操作，定期检校仪器，保证仪器良好，做好施工观测记录，填好相应的测量成果资料，确保施工测量流程有效推进。保证工程质量的具体措施如下：

①前期每月对栈桥进行一次测量观察，对全桥的沉降、偏位进行记录；待稳定后每半年或洪水期后测量一次。由于栈桥全长只有 481.68m，无须布置观测点，可直接测量。

②保证定期对全桥拼装点、焊点焊缝及各型材进行一次检查，如发现关键焊点焊缝生锈老化、关键型材明显变形，应立即通知项目部，临时封闭交通，采取补强措施。

13.3 15 号墩双壁钢围堰施工测量

根据锚碇布置图及栈桥平台的布置，计算出每个锚的位置以及钢围堰的理论位置。复测控制网建立控制点，用全站仪确定锚位及钢围堰的位置。

在钢围堰上提前标记好钢围堰纵、横轴线控制点，在钢围堰托运至 15 号墩附近紧靠橡胶护舷顶紧后，通过徕卡 TCRA1201 + R1000 全站仪三维坐标初步定位。

钢围堰的精确定位：在第一节双壁钢围堰（24m + 7.15m = 31.15m 高）顶面提前布设 4 个轴线定位点，并计算出这 4 个定位点的设计坐标和设计高程，在第一节双壁钢围堰初定位后,在定位点上装上追踪棱镜,通过测站点的徕卡 TCRA1201＋R1000 全站仪对 4 个点反复测量、及时反馈。将钢围堰移动至设计位置后,及时通过天宝 DiNi 03 数字水准仪观测 4 个点的高程,保证钢围堰顶面平整,利用全站仪测量钢围堰正面和侧面两个面及钢围堰顶面高程来控制垂直度,吊锤球测量复核,然后固定钢围堰。双壁钢围堰定位桩及轴线控制点平面示意如图 13-1 所示。

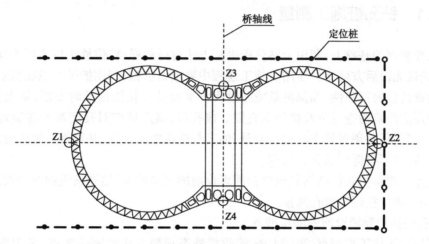

图 13-1　双壁钢围堰定位桩及轴线控制点平面示意图

钢围堰施工监测监控主要指监控钢围堰的平面位置及监测钢围堰倾斜度(钢围堰的定位标准附后)。钢围堰加工制造完成并经验收合格后,在钢围堰顶面设置 6 个高程在同一水平面的观测点,如图 13-2 所示。

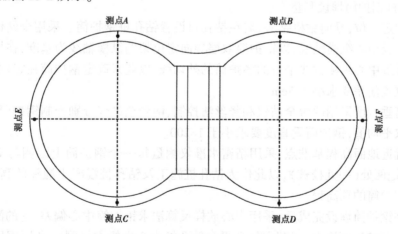

图 13-2　钢围堰顶面观测点布置

钢围堰浮动至现场后,经过锚碇、锚绳、马口和卷扬机组成的定位系统初步定位后,对 4 个观测点进行复测,确定钢围堰的平面位置及倾斜度,与既定位置对比后,对钢围堰位置进行调整,当定位精度满足要求后,根据既定方案对钢围堰进行着床、吸泥下沉等工序。在钢围堰着床、吸泥下沉过程中对钢围堰进行定时监测,确保钢围堰的平面位置和倾斜度满足定位精度要求。

13.4 主桥下部结构施工测量

13.4.1 钻孔桩施工测量

在施工控制网的基础上,利用全站仪极坐标方法进行放样,桩位放出后需用不同放样点位进行校核,确认无误后方可交付使用。施工过程中要埋设护桩,利用护桩可以在桩基施工过程中经常性检查桩位的正确性,确保桩基施工过程中桩位的变化能被及时发现,从而及时调整。钻进过程中还应经常检查桩位及桩的垂直度。成孔后,需严格校对孔底高程并决定终孔。钢筋笼安装完成后,还必须对其中心进行测量,使其与桩位中心一致,并对钢筋笼位置加以固定。终桩时,桩头高程不得低于承台底高程。

钻孔桩施工测量主要包括钻孔桩钢护筒埋设前的测量准备、钻孔桩钢护筒埋设测量、钻机定位、施工中钢护筒控制和成孔测量。

(1) 钻孔桩钢护筒埋设前的测量准备

首先利用首级施工控制点,采用 GPS 接收机静态观测方法加密控制点,采用平差软件计算出其平面坐标及高程,作为放样钻孔桩钢护筒位置的控制点。再用徕卡 TCRA1201 + R1000 全站仪极坐标法放样安装钻孔桩钢护筒双层导向定位架,并在导向定位架及桁架上做好钻孔桩中心方向线标记,准备埋设钻孔桩钢护筒。

(2) 钻孔桩钢护筒埋设测量

① 为了固定桩位,导向钻机钻头,需在钻孔口设置钻孔桩钢护筒。采用全站仪极坐标法放样钻孔桩中心及中心纵横轴线,以钢护筒双层导向定位架的纵横轴线为基准,在导向定位架上放样出与钻孔桩中心纵横轴线平行的各护筒的外切线,以此来确定钢护筒在定位架上的位置,钢护筒平面位置偏差要求小于 5cm。

② 钢护筒垂直度采用两台全站仪和竖丝法控制,两台全站仪分别控制钢护筒的两侧面,测出垂直度后取平均值,钢护筒垂直度要求小于 1/200。

③ 利用就近地面高程基准点,采用精密水准仪测量每一个钢护筒上游侧与下游侧的顶高程,用油漆标记两处(一处校核),以此作为钻孔桩施工及钻孔桩混凝土灌注的高程基准,并定期校核每个钢护筒的顶高程。

④ 钻孔桩钢护筒埋设完成后,采用中心放样反算法求钢护筒中心偏差,它的测量原理是采用全站仪放样钢护筒理论中心(建立钻孔平台钻孔桩中心坐标方格网),利用钢尺量取钢护筒顺桥向与横桥向偏差。

(3) 钻机定位

以精确测定的中心点为基准,利用全站仪、钢尺可建立与桩位对应的几条平行于桥轴线的方向线和几条垂直于桥轴线的方向线,将它们分别标定在施工平台上,这样就建立起了桩位方格网。桩位可以通过互相垂直的两条方向线交会得出,这样就能方便地确定钻机的位置。

首先根据放样的钻孔桩中心纵横轴线初步就位钻机,然后实测钻机转盘中心,调整转盘中心至设计钻孔中心,采用徕卡 TCRA1201 + R1000 全站仪控制钻机钻杆垂直度。钻机平台平整度采用天宝 DiNi 03 数字水准仪施测,同时将高程基准引测至转盘。在钻孔过程中实时监控钻机转盘中心,确保钻孔桩位中心正确。

(4)施工中钢护筒控制

钻孔期间,钢护筒可能会发生偏差。为防止钢护筒偏差对桩基位置产生影响,测量队要不定期对钢护筒位置进行复测。复测方法为:采用 GPS-RTK 复测钢护筒边缘护桩点,同时检查平面位置及高程,对发生问题的钢护筒及时纠正。

冲击钻成孔时间较长,在开钻后每隔一天半进行一次复测。大桥位于长江区域,钢护筒经导向定位架定位,下放埋深够大,钻孔对其影响较小,且旋挖钻成孔速度快,所以可一个平台抽检 3 根或 4 根,均在开钻后一天进行复测。回旋钻成孔速度较慢,所以开钻后要进行多次复测,保证钻机钻杆与桩基中心轴线重合。

(5)成孔测量

①钻孔桩成孔后,清理孔底,利用经过检测的测绳和测锤施测孔底高程,一般施测孔底均匀布设的上、下、左、右及中心五点,精度要求达到 ±10cm。

②终孔高程测定。

终孔高程通过钻杆长度测得,并通过检验过的钢丝测绳测量校核(钢丝测绳标记刻度)。

③钻孔桩成孔垂直度检测。

钻孔桩成孔垂直度检测采用超声孔径测壁仪。

④钻孔桩钢筋笼就位测量。

以钢护筒顶高程及中心纵横轴线为基准精确就位钢筋笼,确保钢筋笼中心与桩位中心一致。

13.4.2 承台施工测量

全站仪放置在承台就近的控制点,用极坐标法放样承台四角坐标或轴线坐标。

承台施工测量主要工作内容为:桩顶高程划定,混凝土面找平,桩位偏差测定,承台细部结构放样,承台顶面高程控制。

①承台定位控制采用徕卡 TCRA1201 + R1000 全站仪极坐标法,以 GPS-RTK 法校核。

②浇筑承台混凝土前,再次校核承台轴线,并以此埋设墩身预埋钢筋,预埋钢筋轴线允许偏差为 ±10mm。

③承台混凝土浇筑施工测量为常规施工测量,其关键是控制混凝土顶面高程。混凝土浇筑临近结束时,进行全断面测量,测出混凝土顶面高程,根据测量结果,对混凝土顶面高程偏低的测点加密测探并增加混凝土浇筑,力求混凝土顶面平整。

④在钢管桩上标示承台轴线,并将轴线标示于钢管桩内壁;采用天宝 DiNi 03 数字水准仪将高程基准自钢管桩顶面引测至钢管桩内壁不同高程处,方便承台细部结构施工测量。浇筑承台混凝土前,再次校核承台轴线,并以此埋设墩身预埋钢筋,预埋钢筋轴线允许偏差为 ±10mm。

对于预埋承台在墩身及上部结构施工过程中的位移观测标志,要求按永久性观测点设置,观测标志伸出承台顶面 1.5m。

13.4.3 主塔施工测量

大桥主桥 15 号主塔为钻石形,包括上塔柱(含塔冠)、上横梁、中塔柱(包含上、中塔柱连接段及中、下塔柱连接段)、下塔柱和下横梁,均采用 C50 混凝土。大桥受地形及施工条件影响,北塔和南塔下塔柱形式及截面尺寸不同。

北塔塔柱顶高程 271.422m,塔柱底中心高程 6.0m,塔座底面高程(承台顶)4.0m。北塔总高 265.422m;其中上塔柱高 84.0m,中塔柱高 131.0m,下塔柱高 50.422m。中塔柱和上塔柱横桥向内外侧斜率相等,均为 1/11.1;下塔柱横桥向的外侧斜率为 1/10.292,内侧斜率为 1/4.993。北塔横桥向最宽处(下横梁位置),宽 51.798m;北塔在桥面以上高度为 206.0m,高跨比为 0.255。

主塔施工测量方案结合施工现场和施工工艺编制。主塔施工测量重点是保证塔柱、下横梁、钢锚箱、索导管等各部分结构的倾斜度、外形几何尺寸、平面位置、高程满足相关规范及设计要求。主塔施工测量难点是在有风振、温差等情况下,确保高塔柱测量控制的精度。其主要工作内容有:劲性骨架定位,钢筋定位,索导管及钢锚梁定位,模板定位,预埋件安装、定位以及塔柱、横梁各节段外形竣工测量等。

①主塔中心点测设及控制。

设置于承台、下横梁以及塔顶等的主塔中心点,采用徕卡 TCRA1201 + R1000 全站仪双极坐标法测量,并采用 GPS 卫星定位静态测量校核。主塔中心点坐标测设精度是控制北塔与南塔桥轴线一致的重要指标,主塔中心里程偏差应符合设计及相关规范要求。

②主塔高程基准传递控制。

由承台上的高程基准向上传递至塔身、下横梁、桥面及塔顶,其传递方法拟以徕卡 TCRA1201 + R1000 全站仪悬高测量和精密天顶测距法为主,以水准仪钢尺量距法和 GPS 卫星定位静态测量校核。

(1)主塔塔柱的测量

塔柱施工首先进行劲性骨架定位,然后进行塔柱主筋框架线放样,最后进行塔柱截面轴线点、角点放样及塔柱模板检查定位与预埋件安装定位,各种定位及放样以采用全站仪三维坐标法为主。

①主塔角点坐标计算。

利用 Excel 编辑公式计算塔柱外轮廓角点设计坐标,然后将电子表格导入手机,外业测量时根据实测塔柱高程,输入 Excel,计算出塔柱设计坐标并输入全站仪,进行测量放样。根据施工现场要求,劲性骨架放样也是先放出塔柱外轮廓设计线形,然后根据设计保护层厚度内移,保证塔柱模板放样精度控制在 ±5mm。

根据施工设计图纸以及主塔施工节段划分,计算主塔截面角点三维坐标,计算成果编制成汇总资料,报项目总工程师及监理工程师审批。

主塔角点坐标计算示意如图 13-3 所示。

②劲性骨架定位。

塔柱劲性骨架是由角钢和钢筋加工制作而成,定位精度要求不高,其平面位置不影响塔柱混凝土保护层厚度即可,放样精度控制在±10mm。

③塔柱主筋框架线放样。

塔柱主筋框架线放样即放样竖向钢筋内边框线,其放样精度要求较高,否则钢筋会影响塔柱混凝土保护层厚度。

④塔柱截面角点放样。

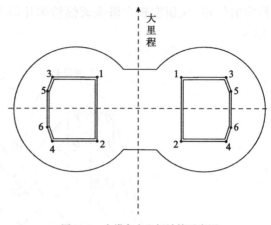

图13-3 主塔角点坐标计算示意图

根据施工图纸事先算出每一节模板顶口的理论坐标,现场用极坐标法放样。做法如下:在每一节模板安装定位前,在劲性骨架四拐处焊上钢板(高程控制比理论模板顶口高20cm),然后选择有利的时段进行放样,模板定位时,操作人员用拉线法配合目视法进行模板定位,等所有工序完成后,准备浇筑混凝土前,用极坐标法直接测出模板顶口的四角点的实际三维坐标,与理论值相比较,如产生的偏差超出相关规范,则进行调整,直到满足相关规范要求。

⑤塔柱模板检查定位。

实测出塔柱模板角点及轴线点三维坐标,对照设计塔柱角点及轴线点坐标及高程,若实测塔柱角点及轴线点三维坐标与设计三维坐标不符,则重新就位模板,调整至设计位置。塔柱壁厚检查采用检定钢尺直接丈量。

塔柱施工过程中,充分考虑模板的刚度、塔柱混凝土浇筑产生的横向弹性变形、混凝土的收缩徐变、基础的沉降以及塔身的竖向弹性压缩变形对模板的影响,通过理论计算和现场观测获得上述数据,在模板定位过程中预留上述影响的预偏量。

各种定位及放样主要采用徕卡 TCRA1201 + R1000 全站仪三维坐标法,将全站仪架设在测站控制点上,双人双仪器设站,采用全站仪直接放样的坐标,计算塔柱的设计坐标,据此对塔柱进行放样。通过对每一节段塔柱模板的反复调整、检测,辅以 GPS 卫星定位测量校核来完成塔柱施工放样。塔柱测量定位检查平面示意如图 13-4 所示。

塔柱施工放样时,按设计及控制部门要求考虑塔柱预偏量。

主塔施工过程中,按设计、监理及控制部门要求,在主塔上埋设变形观测点,随时观测基础变位、混凝土收缩、弹性压缩、徐变、风力及周围温度变化对主塔变形造成的影响。采用徕卡 TCRA1201 + R1000 全站仪三维坐标法监测主塔变形,绘制主塔变形测量图。根据设计、监理及控制部门要求实时进行相应调整,以保证塔柱几何形状及空间位置符合设计及相关规范要求。

下横梁施工完毕,可在下横梁顶布设施工加密控制点。

根据测站仰角大小选择测站,布设于辅助墩、过渡墩、引桥墩施工加密控制点上。

根据施工监测,主塔日变形大于5mm,为实现全天候主塔几何测量控制,加快施工进度,中塔柱以上拟采用在观测爬架上安装追踪棱镜的方法对主塔因温差、风等引起的变形进行实时修正,从而实现主塔全天候精确几何测量控制。中塔柱追踪棱镜安装位置示意见图 13-5。

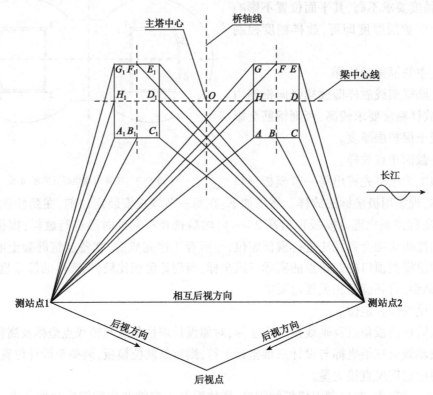

图 13-4　塔柱测量定位检查平面示意图

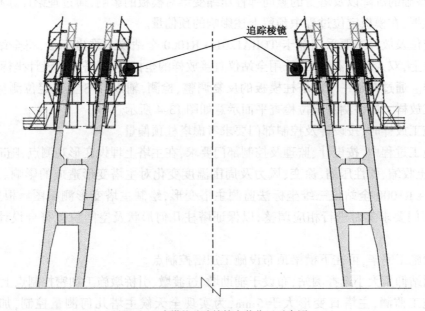

图 13-5　中塔柱追踪棱镜安装位置示意图

在中塔柱与上塔柱合龙段,如果无法从主墩钢吊箱施工加密控制点或大堤加密控制点观测塔柱外形特征轮廓点,则需在塔柱劲性骨架上设置临时加密控制点(安装棱镜),通过夜间对棱镜的监测,对临时加密控制点进行温度、气压以及风力等修正,归算到主塔中性状态,再采用相对测量的方法实现全天候塔柱外形几何测量控制。

(2)下横梁施工测量

根据设计及施工要求,设置下横梁施工预拱度,铺设横梁底模板,在底模板上放样出横梁特征点,并标示桥轴线与塔中心线。待横梁侧模支立后,同样进行横梁顶面特征点及轴线点模板检查定位,调整横梁模板至设计位置,控制横梁模板竖直度或倾斜度。采用天宝 DiNi 03 数字水准仪标示横梁顶面高程控制线。

在浇筑下横梁混凝土过程中,进行横梁位移观测及支架变形观测。

(3)索导管的测量

索导管的定位是斜拉桥施工测量的难点和重点,索导管的测量定位精度也是影响斜拉桥成桥质量的重要因素。

①放样坐标推算。

三维坐标的推算,拟采用两种方法。一种是利用常规的空间几何知识,根据图纸所给参数,推算放样点三维坐标,并编制程序。只要输出索导管编号,即可显示放样点三维坐标。另一种是利用 CAD,作出斜拉桥锚箱、索导管在三维坐标系下的设计图,在放样点上捕捉三维坐标。两种方法互相复核。在实际施工放样时,我们还必须考虑梁体变形及塔柱变形对索导管及锚箱定位精度的影响,以确保待桥梁合龙变形稳定后索导管出口能基本上与设计吻合。

②钢锚梁及索导管定位方法。

首先在塔柱上放出塔柱的纵横轴线以及高程控制线,使用锤球和钢尺对定位架进行粗定位,利用竖向调节螺栓、葫芦等工具不断调整定位架的纵横轴线位置、高度及垂直度,当索导管的三维位置误差小于 10mm 时,将定位架焊接牢固;精密定位时使用全站仪测量定位架的特征点的三维坐标值,以及定位架上索导管的锚固中心点和下管口的三维坐标值,利用微调螺栓不断调整索导管的三维位置,直到满足设计图纸和相关规范要求。钢锚梁安装的关键是控制轴线和高程,使主塔轴线与钢锚梁结构轴线重合,确保索导管相对于钢锚梁及主塔的水平倾角、横向偏角、偏距及中心位置正确。若钢锚梁定位控制测点实测三维坐标与设计三维坐标不符,则重新就位索导管、钢锚梁,调整至设计位置。

③钢锚梁安装定位。

钢锚梁及索导管安装定位是测量控制难度最大、精度要求最高的部分。钢锚梁、索导管安装定位采用徕卡 TCRA1201 + R1000 全站仪三维空间极坐标法,将全站仪架设在承台控制点上,为了减小角度观测误差,采用双后视法设站(一个后视设站,另一个检查),采用全站仪放样三维坐标,以 GPS 卫星定位校核;根据索导管出口及锚固点设计坐标建立斜拉索轴线空间直线数据模型,利用计算机编程并转换武穴长江公路大桥独立坐标系(中央子午线 115°3′、高斯投影面高程 65m),进行测放(利用特定模具)。

④索导管安装定位方法。

采用起重机将索导管大概吊装至放样点 A、B(锚固点和塔壁侧出口在劲性骨架上的平面位置点,比设计高 50~100cm)下方,将线铊悬挂在 A、B 点上,测量线铊底尖至 A、B 点的长度,

即实测 A、B 点高程与锚固点和塔壁侧出口处管中心设计高程的差值 ΔZ、ΔZ_H，用倒链或其他微调工具调整索导管位置，使其锚固点和塔壁侧出口处管中心位置与线铊底尖大概吻合，其对点误差控制在 10mm 以内，并临时固定。

⑤钢锚梁及预埋底座安装前检查。

在钢锚梁及预埋底座吊装之前，采用鉴定钢尺、精密水准仪和全站仪对钢锚梁及预埋底座（包括索导管）的几何尺寸、高程测量观测点、结构轴线测量控制点和标记等进行检查。如果检查有误或误差超过设计及相关规范要求，必须通知有关单位重新选点或整改。

⑥预埋底座及钢锚梁安装定位。

预埋钢锚梁底座按图纸设计位置精确测量定位，浇筑混凝土后，再次对预埋底座平面位置、高程以及平整度等进行测量确定，并进行钢锚梁轴线和边线的放样。

钢锚梁安装定位的关键是控制中心轴线、高程及平整度，使主塔中心线与钢锚梁结构中心轴线重合，钢锚梁平面位置及高程符合设计及相关规范要求。第一节钢锚梁的安装精度直接影响整个钢锚梁的几何线形，要求该节段钢锚梁表面倾斜度偏差小于 1/4000，轴线的平面位置偏差不大于 5mm。第一节钢锚梁用塔式起重机吊至基座上，先安装定位螺栓，再进行微调，使钢锚梁中心线与预埋底座中心线重合，最后复测钢锚梁平面位置、高程及倾斜度。第二节以及以后各节钢锚梁安装时，先用匹配的冲钉精确定位，再进行复测，将误差控制在设计及相关规范允许范围。

a. 由承台上的高程基准向上传递至钢锚梁底座和顶口。其传递方法以全站仪精密天顶测距法为主，以全站仪悬高测量和 GPS 卫星定位静态测量为校核。第一节钢锚梁定位好后，用水准仪和鉴定钢尺将事先用全站仪精密天顶测距法引测的高程基准传递到第一节钢锚梁顶口附近并做好标记，以后每施工一节就用鉴定钢尺将前一节的精密高程基准引至该节的钢锚梁顶口。为消除高程传递的误差累计，每施工 5 节钢锚梁，再采取全站仪精密天顶测距法，用承台上的高程基准点检查调整所引测的高程。全站仪精密天顶测距法传高示意如图 13-6 所示。

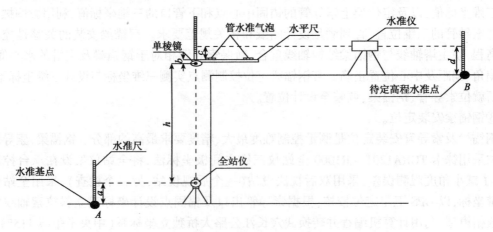

图 13-6 全站仪精密天顶测距法传高示意图

a-全站仪高度；b-单棱镜的半径；c-水准仪后视读数；d-水准仪前视读数；h-全站仪测得的距离

b. 根据施工测量精度要求，首节钢锚梁安装前后必须对主塔监测棱镜、追踪棱镜以及钢锚梁顶临时安装的追踪棱镜进行 24h 或更长时间的监测（数据采集时间间隔 2 分钟），采用徕卡 TCRA1201＋R1000 全站仪进行钢锚梁中心平衡位置测量及解算,以确保钢锚梁安装中心平衡位置准确。钢锚梁上安装的追踪棱镜与平整度控制测量示意如图 13-7 所示。

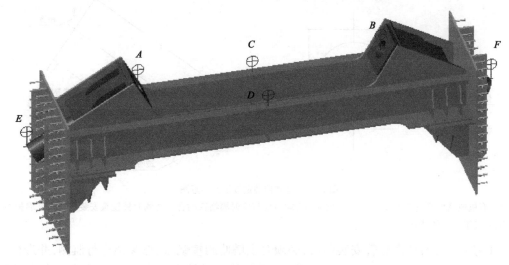

图 13-7　钢锚梁上安装的追踪棱镜与平整度控制测量示意图
C、D-追踪棱镜的点位；A、B、E、F-索导孔点位

c. 钢锚梁定位控制测点(截面角点、轴线点)实测三维坐标与设计三维坐标不符时,应重新调整钢锚梁,将误差调整至允许的范围内,再进行高强度螺栓的安装和施拧工作。将每段钢锚梁索导孔 A、B、E、F 四点的实际测量坐标与设计坐标进行对比,调整钢锚梁的纵向轴线,通过梁顶 C、D 两点的平面高程控制梁的平整度,避免误差向上传递累积。

d. 测站布置:根据对称性及试验,在确保爬架稳定的情况下,可将测站夜间转点至已浇混凝土预埋的强制对中装置上。

e. 要求不同测站必须进行公共点测量(X,Y,Z 较差小于 3mm),同时电梯始终处于底部(承台处),塔式起重机停止作业(无吊物),大臂始终保持平行于桥轴线状态(大臂指向岸侧)。

(4)索导管定位校核

①根据塔柱的施工顺序,1 号～3 号索导管采用定位架分次安装;4 号索导管采用外导管工艺。其余索导管先安装锚箱,然后安装塔柱壁内预留段导管(法兰连接)。

②索导管精密定位。首先调整锚垫板中心位置,将锚固点定位板(模具)放入索导管并临时固定,使其盘面与锚垫板面位于同一平面,此时盘心即为索导管锚固点位置,实测该点三维坐标并将其调整到设计位置;然后将出口定位板放入索导管出管口并临时固定(注意半圆盘标志要尽量与索导管轴线垂直),此时半圆盘盘心即为索导管中轴线上的一点,实测该点三维坐标,反算索导管轴线长度,计算出该长度设计坐标及该点的偏差值,将其微调至合格。由于调整管口时可能引起锚垫板中心位置变化,因此要复测锚垫板中心并再次进行微调,如此反复直至满足限差要求后,将索导管与劲性骨架固结。为防止吊装作业时碰撞已加固的索导管而引起其变位,在进行塔柱混凝土浇筑前要对索导管进行竣工检查。

③1 号～3 号索导管定位以导管中心定位为主,以其他部位定位为辅,并借助自制辅助定位设备或采用反射膜。对于钢锚梁上的索导管出塔点及锚固点,采用钢尺和徕卡 TCRA1201＋

R1000全站仪三维坐标法进行检查校核。自制辅助定位设备示意如图13-8所示。

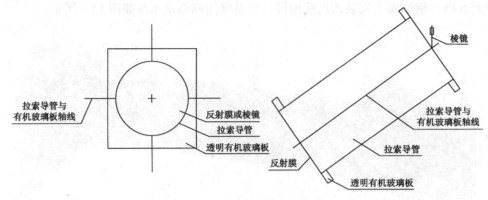

图13-8 自制辅助定位设备示意图

注：观测时有机玻璃板镶嵌于拉索导管上，且拉索导管端口处与反射膜精密贴合。观测时棱镜头安装于有机玻璃板中丝线中心，且棱镜头水平居中。

④1号~3号斜拉索导管安装前后，必须对主塔监测棱镜、追踪棱镜进行监测，并进行斜拉索导管平衡位置测量及解算，以确保1号~3号斜拉索导管安装中心位置准确。在索导管定位前必须实时检测各项轴系误差，以确保设置值为当前状态下的实测值，实际观测过程中，对棱镜均采用正倒镜两测回观测。钢锚梁及预埋钢锚梁底座底面高程、顶面高程、平整度测量采用天宝DiNi 03数字水准仪测量，以徕卡TCRA1201+R1000全站仪三角高程测量校核。

允许误差：

a. 斜拉索锚固点偏差不大于10mm；

b. 斜拉索锚距轴线偏差不大于5mm。

⑤对法兰连接的索导管，必须再次校核，确保索导管的水平倾角、横向偏角、偏距及中心位置正确及垂度修正角正确。实际上钢锚梁上的索导管决定了混凝土内索导管的位置，两者顺直、通畅即可。垂度修正示意如图13-9所示。

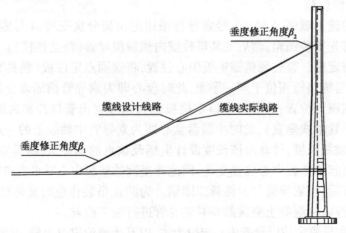

图13-9 索导管垂度修正示意图

⑥测站布置:根据对称性及试验,在确保爬架稳定的情况下,可将测站夜间转点至已浇混凝土预埋的强制对中装置上。

(5) 主塔及钢锚梁倾斜度控制测量

主塔及钢锚梁倾斜度控制采用徕卡 TCRA1201 + R1000 全站仪三维坐标截面中心法,以激光经纬仪和传统线坠测量法校核。

13.4.4 主梁施工测量

(1) 施工辅助测量

①钢箱梁支架钢管桩定位。

钢管桩定位采用打桩船,GPS 定位,以传统光电测量仪器前方交会法校核。

利用 GPS 打桩定位,首先在打桩船的中部两侧安装两个 GPS 天线,以 RTK 方式实时测出打桩船上两固定定位点的三维坐标,利用倾斜传感器监测船体的横、纵倾斜度,经过计算机的计算处理,得出理论水平船位(基准船位)的坐标和方位角,利用倾斜传感器、激光测距仪测定船与打桩架、打桩架与桩中心的几何关系,推算出桩的坐标、倾角和方位角,利用磁编码检测技术进行高程检测。用声波传感器自动记录打桩的锤击数,并计算贯入度。

根据现场施工条件,利用传统光电测量仪器打桩定位,采用两台 J2 经纬仪前方交会法或一台全站仪距离方向法定位钢管桩,钢管桩放样角为方位角,钢管桩控制部位为圆形钢管桩外切线,控制钢管桩偏位以及垂直度。在定位钢管桩过程中,采用测小角反算法估算钢管桩偏位,并以此控制桩位。钢管桩偏位估算值为

$$R = Is/p \tag{13-1}$$

式中:s——测站至钢管桩理论中心距离;

I——钢管桩偏位秒差;

p——常数值,取 206265s。

待平台钢管桩全部沉放完毕后,采用 GPS 测量桩顶偏位、倾角和高程等,编制"沉桩记录汇总表"。

②地形和水文测量。

水下地形测量采用回声测深仪,绘制水下地形图;流速测量采用流速仪;水位观测实行定时观测制,读数至厘米,绘制月、年水位曲线图。

(2) 主梁安装测量

钢箱梁安装、挂索阶段必须对线形、主塔进行监控测量,及时掌握结构实际状态,防止施工中的误差积累,为施工控制提供决策依据,保证成桥线形和结构安全。

主塔区梁段安装测量在 0 号块钢箱梁吊装前,检查钢箱梁的结构轴线以及断面尺寸,放样出塔中心线、桥轴线,根据放样标示的理论位置初步就位 0 号钢箱梁,待 0 号块钢箱梁基本稳定,再采用全站仪三维坐标法结合水准仪几何水准法精确定位 0 号块钢箱梁,控制钢箱梁线形、轴线及横向坡度。

1 号块钢箱梁采用托架支撑,在托架上放样出梁段横纵向轴线、梁底高程,初步就位,精确定位测控方法与 0 号块钢箱梁基本相同。

标准梁段安装测量待 1 号块钢箱梁桥面板安装后进行,将平面及高程控制点测控到 0 号块中心位置,结合测量控制墩作为标准节段安装的平面、线形控制基准。标准节段钢箱梁安装需精确控制桥梁线形、梁段轴线位置及高程。

①线形、桥轴线及主塔变形测量。

钢箱梁安装的基准温度应以设计规定或监理工程师的指示为准,所有施工测量数据及量具应以基准温度为准进行调整。

钢箱梁安装阶段,要求测量不同拼装工序及不同工况下钢箱梁的线形、桥轴线,并同时测量主塔横纵向偏移及扭转,形成规范的记录,做到前馈控制、及时纠偏。测量成果交监控单位复核、监理单位签证,反馈给设计单位及监控组。

a. 线形测量。

钢箱梁线形测量控制观测点布置于桥中轴线及桥中轴线两侧钢箱梁外腹板处,按钢箱梁节段断面,每个断面设置 3 个线形测量控制观测点。具体线形测量控制观测点与边跨、中跨合龙段断面控制观测点可以按设计单位及制作单位提供的观测点布置。钢箱梁线形测量控制观测点示意如图 13-10 所示。

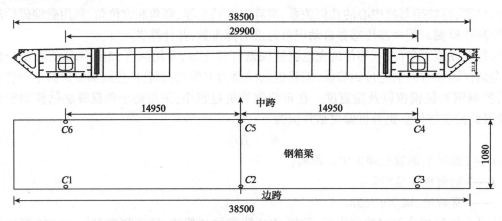

图 13-10　钢箱梁线形测量控制观测点示意图(尺寸单位:mm)
$C2$、$C5$-桥轴线控制点(包括高程);$C1$、$C3$、$C4$、$C6$-高程控制点

线形测量采用天宝 DiNi 03 电子水准仪电子测量法,以徕卡 TCRA1201 + R1000 全站仪三维坐标法校核。

b. 桥轴线测量。

贯通主桥各墩中心,将桥轴线方向线投影到南北主塔下横梁、塔顶的南、北侧面,实现桥轴线测量控制。如果桥轴线不通视,则设置副桥轴线。桥轴线测量控制采用穿线法或经纬仪测小角法。

c. 主塔偏移、扭转变形测量。

主塔施工完毕后,进行一次主塔偏移、扭转变形测量初始值观测。每节段钢箱梁安装均应按设计、监理以及控制部门要求进行主塔偏移、扭转变形测量。主塔偏移、扭转变形测量控制观测点设置于下横梁、上塔柱以及塔顶,共 6 个点,对称布置于桥轴线两侧塔柱处,预埋控制观测点棱镜。

主塔偏移、扭转变形测量采用徕卡 TCRA1201 + R1000 全站仪三维坐标法。

②钢混结合段钢箱梁以及标准节段钢箱梁安装测量。

钢混结合段钢箱梁以及标准节段钢箱梁吊装前,首先检查其几何尺寸、高程测量观测点、结构轴线测量控制观测点等,同时检查标记是否明显、耐久。

a. 钢混结合段钢箱梁安装测量。

根据放样标示的塔中心线、桥轴线初步就位钢混结合段钢箱梁,待钢混结合段钢箱梁基本稳定,再采用徕卡 TCRA1201＋R1000 全站仪三维坐标法精确定位钢混结合段钢箱梁,高程控制采用精密水准仪,控制钢箱梁线形、轴线及纵横向坡度等,浇筑钢混结合段混凝土。

b. 标准节段钢箱梁安装测量。

南主墩、北主墩联测,以确保上部结构安装平面位置、高程基准正确无误。

待钢混结合段钢箱梁固定后,测设墩中心加密控制点,以便进行标准节段钢箱梁安装、桥轴线控制。进行纵向、横向预应力张拉后,安装钢箱梁与主塔间临时约束,采用架桥机安装标准节段钢箱梁。钢箱梁安装节段定位测量示意见图 13-11。钢箱梁安装测量系统布置示意如图 13-12 所示。

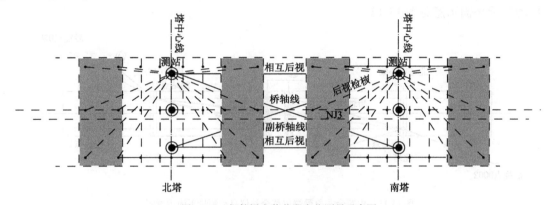

图 13-11　钢箱梁安装节段定位测量示意图

◉-施工加密控制点；·-钢箱梁线形、轴线测量控制测点

注:主墩加密控制点位于 0 号块钢箱梁顶面(或塔柱侧壁)。

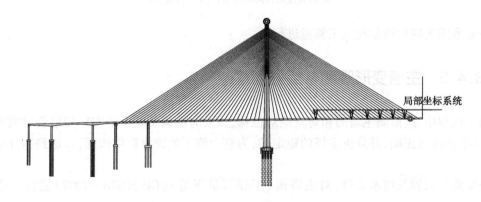

图 13-12　钢箱梁安装测量系统布置示意图

◎-全局主塔 GPS 几何线形测量点(移动站);◉-全局钢箱梁 GPS 几何线形测量点(移动站);▽-全局钢箱梁节段安装几何线形测量点;▼-局部钢箱梁节段安装几何线形测量点

③钢箱梁上索导管校验。

钢箱梁上索导管校验以徕卡TCRA1201+R1000全站仪三维坐标法为主,以GPS卫星定位测量方法校核。

④合龙段及桥面系施工测量。

合龙段钢箱梁安装应根据制造、施工及温度影响等实际情况,测量以下内容:合龙段尺寸,线形,顶板高程,底板高程,上下游外腹板处高程,桥轴线偏移以及主塔变形。同时还要测量合龙口间距,绘制温度-间距曲线,以便准确掌握温度、风力以及合龙口间距之间的关系,然后根据测量资料认真分析研究,经设计、监理以及控制部门确认,最终确定合龙段最佳长度、驳船就位及连接时间,实现合龙。

为保证合龙段钢箱梁安装精度,应贯通测量桥轴线及各墩高程基准。

中跨合龙之前,采用徕卡TCRA1201+R1000全站仪三维坐标法进行梁端位移监测。中跨合龙段钢箱梁安装,应根据制造精度、施工、温度、风力影响等实际情况,对梁端位移进行24h或监理工程师要求的更长时间测量。中跨合龙段梁端位移徕卡TCRA1201+R1000全站仪自动测量平面示意见图13-13。

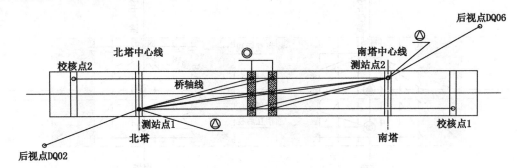

图13-13 中跨合龙段梁端位移全站仪自动测量平面示意图
△-施工加密控制点;◎-梁端位移观测点
注:1.柱墩施工加密点位于0号块钢箱梁上;
2.两台全站仪同时测量,其中一台校核。

桥面系施工测量按常规施工测量进行。

13.4.5 主塔变形观测与数据处理

施工过程中,应监测主塔的相对及绝对位移,以及时准确反映主塔实际变形程度或变形趋势,确保塔顶高程正确,并分析主塔的稳定性,为整个施工的决策提供依据,以达到指导施工的目的。

根据测量仪器及技术条件,对主塔按《工程测量规范》(GB 50026—2007)进行三等变形测量。

(1)三等变形测量的精度要求

沉降观测:观测点测站高差中误差不超过1.50mm;位移观测:观测点坐标中误差不超

过10.0mm。

(2)变形观测点布设

主塔变形观测点布设在横梁、中塔柱及塔顶(埋设变形观测棱镜,采用360°棱镜),变形观测棱镜共6个,对称布置于桥轴线两侧塔柱处。变形观测点既是垂直位移观测点,又是水平位移观测点。

(3)变形测量观测方法

拟采用徕卡TCRA1201+R1000全站仪极坐标法(徕卡TCRA1201+R1000全站仪具有精度高特点,自动照准、自动跟踪功能),并结合GPS静态测量法。

(4)主塔变形观测

测定主塔受温差、风力、风向等因素影响而出现的偏移及其变形摆动规律。

①施工期间主塔变形观测。

主塔施工期间应埋设主塔变形测量监控标志,监测主塔变形,作为主塔施工参考。

②主塔竣工变形观测。

在钢箱梁安装施工前,进行24h全天候主塔变形观测,并同时记录观测时间、温度以及观测时的风力、风向,每小时观测一次,以第一次观测成果为基准值,每次观测值与基准值比较,得出主塔变形横纵向偏移值,从而掌握主塔在日照、温差、风力、风向等外界条件变化影响下的摆动变形规律。

(5)主塔变形测量内业计算及成果整理

主塔变形测量外业观测工作结束后,及时整理和检查外业观测手簿。绘制主塔在主塔施工及钢箱梁安装过程中的变形曲线,为下道工序施工提供可靠的参考依据。

13.4.6 主要施工测量控制技术、控制方法

主要采用以下几种先进的施工测量控制技术、控制方法,相互利用、补充、校核,进行施工测量放样定位及施工测量控制,以满足测量精度及质量要求。

(1)GPS技术

全球卫星定位系统(GPS)先进技术,能突破传统的常规光电测量的作业限制,避免传统的常规光电测量手段对施工测量放样的不利影响。GPS基站布设及控制如图13-14所示。

(2)高精度全天候全站仪——徕卡TCRA1201+R1000全站仪三维坐标技术

徕卡TCRA1201+R1000全站仪具有自动跟踪、照准、锁定棱镜测量功能,即使在黑夜也同样可以进行施工测量放样定位等工作。

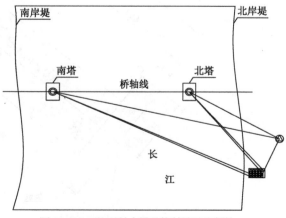

图13-14 GPS基站布设及控制平面示意图
△-GPS基准站;◎-GPS流动站

(3)电子精密水准仪

高程控制采用天宝 DiNi 03 电子水准仪进行电子测量(配条码钢钢尺)。

13.4.7 混凝土箱梁施工测量控制

①测量放出梁纵横轴线及控制高程,指导箱梁的支架施工及模板铺设;

②支架系统预压时,在加载过程中及卸载前后进行沉降观测;

③综合考虑支架变形及预应力张拉,确定模板起拱值,现场指导模板起拱;

④在模板上放出箱梁边线、梁纵横轴线,在钢筋绑扎、内模支立完成后放样桥面计算高程,以控制混凝土浇筑;

⑤箱梁上取观测点,在梁预应力张拉过程中进行变形观测,积累经验数据,及时反馈,调整预应力起拱值;

⑥检查梁的轴线偏位及桥面高程偏差;

⑦现浇段箱梁索导管定位。现浇段箱梁索导管定位以全站仪三维坐标法为主,以其他测量方法作校核。现浇段箱梁索导管定位测点示意如图13-15所示。利用全站仪实测索导管 A、B、C 上任一点的 X 轴坐标,计算相应高程处控制点理论三维坐标,如索导管控制点理论三维坐标与实测三维坐标不符,则重新就位索导管,调整至设计位置。对于不能直接测定的索导管 A、B 点,可根据已测定的点与不能直接测定的索导管 A、B 点的相对几何关系,用边长交会法或对称轴线法求得。

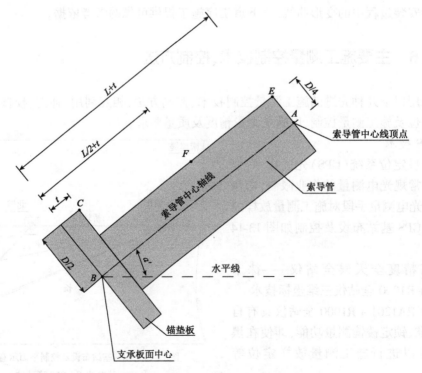

图13-15 现浇段箱梁索导管定位测点示意图

14 施工监控

14.1 施工监控总述

武穴长江公路大桥主桥为钢箱混合梁斜拉桥,属于高次超静定结构。在主体结构施工过程中,受拉索垂度、温度变化、风力、日照、施工临时荷载、混凝土收缩徐变等复杂因素干扰,力与变形关系变得十分复杂。由于上述各种因素的影响,线形、结构内力与设计目标存在难以避免的偏差,每个节点位置的变化都会使施工线形偏离设计值,导致结构内力重新分配。斜拉桥在施工中表现出来的这种理论与实际的偏差具有累积性,如不及时加以有效控制和调整,随着主梁悬臂施工长度增加,主梁高程最终会显著偏离设计目标,造成合龙困难,影响成桥的内力和线形。施工监控通过误差分析、现场结构测试、跟踪计算分析及成桥状态预测等反馈控制手段进行参数修正,分析实际值与理论计算值的偏差,为施工过程提供决策技术依据,有时甚至要根据施工观测应力及位移的情况及时修正施工方案,为结构施工控制提供理论数据,从而正确地指导施工,确保成桥线形、内力与设计目标值相符。实行桥梁施工监控措施,是加强过程安全质量管理、防止重大事故发生的有力手段。

14.1.1 控制基本原则

以无应力状态控制法为理论指导,以桥梁的几何线形为基本控制目标,按照调控斜拉索长度为主、索力为辅的原则进行钢箱梁的施工控制工作。对于南边跨混凝土箱梁,由于其整体刚度很大且施工期支撑在支架上,高程变化很小,索长相对较小,能够准确测量,故以索力控制为主。

14.1.2 主要控制对象

主要控制对象如下:
①主塔节段混凝土浇筑过程的应力与线形,横撑顶推力,上塔柱锚固点高程;架梁期间主

塔的应力与偏位；
　②斜拉索的无应力长度，各阶段的索力；
　③主梁安装的几何位置；
　④主梁各阶段的线形；
　⑤主梁各阶段应力，包括钢箱梁与南边跨混凝土箱梁的应力；
　⑥配重混凝土的浇筑时机。

14.1.3　主要控制工作内容

　①根据结构构件（钢箱梁节段、斜拉索）制造参数及主塔施工完成形态，更新主梁施工控制目标；
　②进行施工控制预测计算，提供控制目标理论值及控制指令；
　③对反馈施工信息进行分析，确定施工误差状态；
　④利用参数识别系统对计算参数进行识别、修正；
　⑤基于评审用的施工误差容许度指标进行预警；
　⑥根据施工控制偏差情况进行计算并合理地采取控制措施。

14.1.4　计算方法及模型

采用无应力状态控制法进行施工阶段的计算。分别采用 MIDAS/Civil、MIDAS/FEA、ANSYS进行计算。MIDAS/Civil 用于整体杆系模型建模、施工阶段计算，是主要的控制软件；MIDAS/FEA 用于南边跨箱梁的节段实体单元模型分析；ANSYS 用于复核整体杆系有限元模型的计算结果。

14.1.5　荷载

（1）恒载
恒载包括一期恒载和二期恒载。
（2）施工阶段临时荷载
施工荷载的大小和位置均会直接影响主梁的理想几何线形，具体实施过程中临时荷载的大小和位置又会直接影响主梁最终的成桥几何线形。故用于计算预计理想线形的施工荷载应严格按照施工阶段临时荷载表格中的内容实施。在实际施工过程中，临时荷载的位置及大小也应严格按照临时荷载相关规定具体实施。

14.2　施工期控制

大跨径斜拉桥悬臂施工期长，结构刚度小，结构状态参数容易受施工误差、临时荷载、环境温度等影响，因施工阶段状态评估需要而进行的施工期测量（监测）受此影响，难度大幅提高。

传统以人工测量为主的测量方式越来越难以适应大跨径斜拉桥的施工控制需要。

大桥在招标阶段即注重全寿命期监测,首要表现形式为将施工监控与健康监测作为一个标段进行招标。大桥监控单位充分利用这一便利条件,将施工控制与健康监测结合,充分利用健康监测设备,为施工期监测服务,提高施工期监测的自动化水平。进一步,监测系统也可进行荷载试验期的监测。另外,施工期较多地采用全站仪等人工测量结果,也实现了对健康监测系统的检验。随着对监测数据的深入分析,对结构特性了解逐步加深,从施工期测量到荷载试验,再到运营期监测,实现各阶段信息的继承与融合。

在全寿命期监测体系下,施工期监测手段包括人工测量和自动化监测,前者测点布置灵活,方便测量绝对值,一套测量设备可以反复使用,设备成本低,但人工成本高,且数据量少;后者测点一般固定,用于相对变化量的监测,且监测设备较为复杂,成本与测点数量相关,一般仅在关键点使用。大桥施工期监测采用全寿命监测体系下的人工测量与自动化监测相结合的方法。

14.2.1 人工测量

(1)塔偏测量

在塔顶与上横梁处各布置1个棱镜,根据已有施工控制网,用全站仪测量棱镜的绝对坐标,从而反映塔偏。

(2)主梁线形测量

主梁线形人工测量采用全站仪和水准仪,测点是关键;测点由样冲点及保护垫片构成,在钢梁组拼最后阶段由制造商安装。

(3)钢箱梁测点布设

考虑施工期的阻挡以及测点的减损,测点布置有冗余。以钢箱梁节段为基本单元,每节段端部2道横隔板横向布设5个测点,即在边腹板、中腹板和中轴线上;其余中间横隔板仅布置中腹板测点。钢箱梁标准节段线形测点布置如图14-1所示。

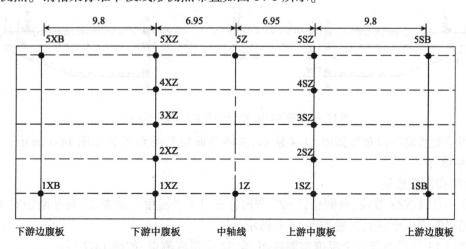

图14-1 钢箱梁标准节段线形测点布置图(尺寸单位:m)

(4)索力测试

索力测试采用频谱法。以雷达索力仪为主，以加速度传感器为辅。雷达索力仪高频采集斜拉索的动位移，经频谱分析得到斜拉索的振动频率，具有高效率、高精度、安全性好等优点，大大提高施工控制中索力的测试质量。

14.2.2 自动化监测

(1)结构应变监测

结构应变采用振弦应变传感器来监测，其中南边跨、主塔的测点与健康监测共用。主梁应变监测断面如图14-2所示；钢箱梁布置11个断面，钢混结合段布置1个断面，南边跨混凝土箱梁布置6个断面。主梁应变测点共176个。

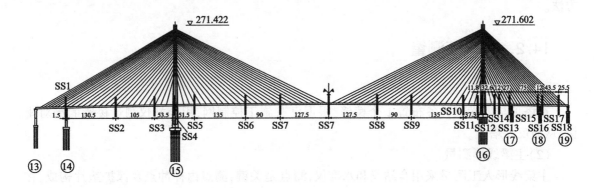

图14-2 主梁应变监测断面(单位:m)

每个钢箱梁断面布置8个应变测点，如图14-3所示。

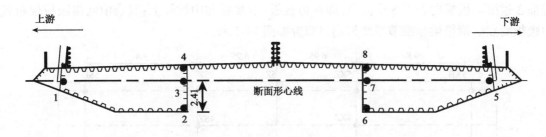

图14-3 钢箱梁断面应变测点布置(尺寸单位:m)

主塔应变监测断面布置如图14-4所示，主塔截面应变测点布置如图14-5所示。主塔应变测点共48个。

(2)结构温度监测

在北侧悬臂NZ3节段、南侧悬臂SZ3节段各布置1个温度监测断面，每个断面有16个测点。钢箱梁断面温度测点布置如图14-6所示。

在北塔13节段布置一个温度监测断面，含32个温度测点，如图14-7所示。

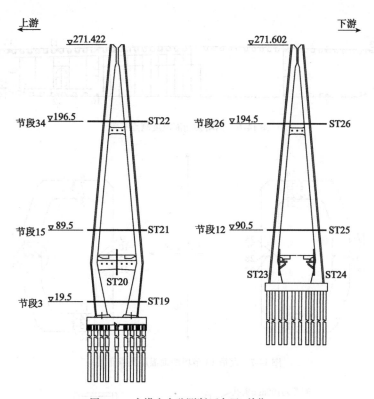

图14-4 主塔应变监测断面布置(单位:m)

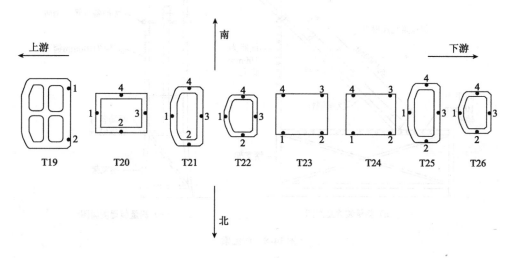

图14-5 主塔截面应变测点布置

(3)测温索

委托斜拉索制造单位加工4根测温索,南北塔每个索面各布置1根,如图14-8所示。

(4)塔偏监测

在南北塔顶各布置1台GNSS接收机,监测塔顶偏位情况。基准站设置在WX-1标项目部。

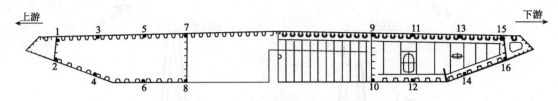

图 14-6 钢箱梁断面温度测点布置

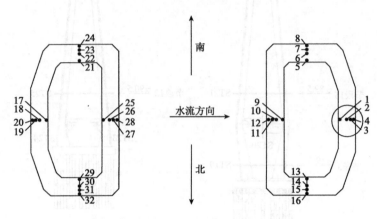

图 14-7 北塔 13 节段断面温度测点布置

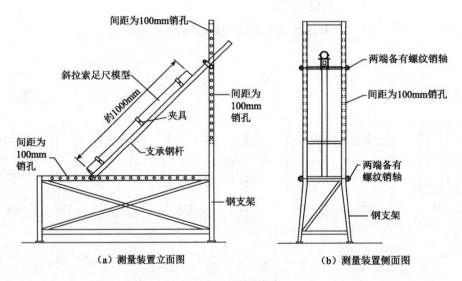

（a）测量装置立面图　　（b）测量装置侧面图

图 14-8 测温索

(5) 主梁位移和挠度监测

在悬臂前端起重机顶部安装 GNSS 接收机，监测悬臂前端位移。全桥共 3 台。

利用健康监测系统的连通管设备监测悬臂施工期间主梁挠度。监测设备的安装与主梁节段的架设同步进行。

(6) 视频监控

在塔顶安装摄像机，可以监控桥面及悬臂前端现场情况。

(7)支座位移监测

利用健康监测系统的支座位移设备,监测塔梁纵向限位解除后的支座位移情况。

14.3 主塔控制

14.3.1 主塔临时横撑的控制

(1)临时横撑控制注意事项

①主塔横撑顶推施工前,由监控单位给出当前横撑的顶推监控指令,所给顶推力考虑温度修正项。

②施工前在横撑杆件上粘贴应变片,以便在顶推过程中测定顶推力。安装应变片过程中,施工单位应提供相应协助。

③选择在温度稳定时进行横撑顶推。顶推过程中,监控单位进行应变监测。顶推过程分级进行,监控单位需提前计算分级顶推力和应变的关系。

④顶推力到位后,需由监控单位根据监测数据进行确认。

(2)临时横撑控制内容

①应力监测。

顶推过程中需对主塔应力和横撑杆件应力进行监测。主塔应力监测通过预埋的振弦应变计进行,横撑杆件应力监测采用电阻应变片进行。横撑杆件应力测点布置于横撑钢管外壁上,横向位置位于上游侧横撑钢管1/4处断面上。

②顶推位移监测。

顶推过程中需对两塔柱的位移进行监测,采用全站仪进行测量。

③顶推口相对位移监测。

横撑顶推过程中,采用百分表监测上下游塔柱相对位移。百分表布设在两撑管与塔柱之间,测量相对位移量,边跨侧撑管布设2个百分表,中跨侧撑管布设2个百分表,共4个百分表。分级顶推过程中,将20%顶推力状态下的百分表读数作为初始值,并分别采集60%、100%顶推力状态下的百分表读数,从而测得顶推过程中两塔肢相对位移。

(3)临时横撑控制成果

由于南北塔主梁以上结构相同,本书对于临时横撑仅以北塔为例进行说明。

①北塔在横撑顶推过程中的横撑钢管应力增量与理论应力增量较为接近,横撑应力增量最大相差0.93MPa,最大绝对应力比为7.7%,两横撑钢管顶推力均值较理论值偏小2.5%。

②北塔在横撑顶推过程中塔肢的横向变位与理论变位相差较小,横撑顶推过程中顶口百分表测得的相对位移与理论值最大差值为1.9mm;在北塔绝对高程150.682m处,北塔实测绝对位移与理论值的最大偏差为2.0mm;塔柱变形较小,处于可控状态。

③北塔横撑顶推前后,塔柱T19断面实测累计应力与理论累计应力最大偏差为0.26MPa。下横梁T20断面处于受压状态。塔柱T21断面实测累计应力与理论累计应力最大偏差为

0.22MPa。北塔全截面受压,结构受力安全。

④上塔柱预抬。

为保证成桥后结构线形及内力符合设计要求,主塔塔端锚固点应设置竖向预抬高。北塔(P15)上塔柱自第33节竖向预抬60mm,南塔(P16)上塔柱自第28节竖向预抬68mm。在主塔锚点1号索位置进行预抬。

⑤北塔锚固点坐标。

北塔边跨左肢锚固点坐标定位结果如图14-9所示。北塔锚固点坐标考虑主塔部分锚垫板厚度变更及主塔锚固点竖向预抬设置。北塔锚固点坐标偏差:里程方向最大偏差值为8mm,偏距方向最大偏差值为9mm,高程方向最大偏差值为9mm。后续斜拉索制造须考虑塔端实际锚固点坐标偏差,对斜拉索制造索长进行修正,降低施工误差对索长和索力的影响。

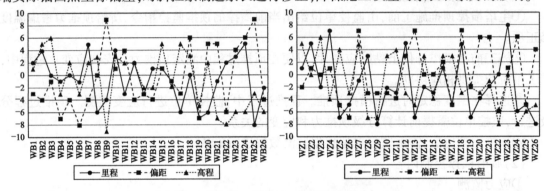

图14-9 北塔边跨左肢锚固点坐标偏差值(单位:mm)

在横撑顶推工况下给出主塔应力,该工况是主塔施工过程中的最不利工况。采用自动化监测手段对主塔关键断面的结构应力进行监测。监测结果表明:施工过程中主塔应力实测值与计算值吻合,结构安全可控。以北塔第六道横撑为例,给出应力监测结果。

a. 横撑应力。

第六道横撑对顶完成之后,对横撑应力进行测量,结果如表14-1所示。

第六道横撑应力(应力增量)　　　　　　　表14-1

测点位置	相对应变	实测相对应力 (MPa)	理论相对应力 (MPa)	实测相对应力 – 理论 相对应力(MPa)	绝对应力比 (%)
A	-164.7	-33.9	-28.7	-28.6	-0.1	0.3
B	-114.0	-23.5				
C	-145.1	-29.9	-26.6	-28.6	2.0	-7.1
D	-112.9	-23.2				

由表14-1可知,横撑应力增量最大相差2.0MPa,最大绝对应力比为-7.1%,两根横撑杆应力均值较理论值偏小3.4%。本次顶推过程中,分析发现顶推口千斤顶行程及楔块尺寸与钢管顶推力不匹配,产生了不利影响,故在后续顶推施工工况中,应减小此类因素带来的影响。

b. 塔柱应力。

第六道横撑顶推前后,北塔T19断面应力的增量如表14-2所示,北塔T19断面应力的累计值如表14-3所示。

北塔 T19 断面应力(应力增量)　　　　　　　表 14-2

测点位置	相对应变	实测相对应力 （MPa）	理论相对应力 （MPa）	实测相对应力－理论 相对应力（MPa）	温度 （℃）
T19-1	−2.9	−0.10	−0.01	−0.09	25.0
T19-2	−4.1	−0.14	−0.01	−0.13	25.0
T19-3	−2.3	−0.08	−0.01	−0.07	25.0
T19-4	−3.5	0.12	−0.01	0.13	25.0

注：受压为负。

北塔 T19 断面应力(累计应力)　　　　　　　表 14-3

测点位置	累计应变	实测应力 （MPa）	理论应力 （MPa）	实测应力－理论应力 （MPa）	温度 （℃）
T19-1	−78.0	−2.69	−2.95	0.26	25.0
T19-2	−84.3	−2.91	−2.95	0.04	25.0
T19-3	−80.6	−2.78	−2.95	0.17	25.0
T19-4	−90.4	−3.12	−2.95	−0.17	25.0

由表 14-3 可知，实测应力与理论应力的差值较小，第六道横撑顶推前后，北塔 T19 断面实测累计应力与理论累计应力最大偏差为 0.26MPa，北塔全截面受压，应力水平较低，结构受力安全。

14.3.2　斜拉索的控制

（1）斜拉索的制造索长

制造索长考虑主塔锚固点定位及定位时温度修正、健康监测需要的锚索计、上塔柱预抬、南边跨预偏等因素，修正索长，给出锚垫板间无应力索长。均在设计基准温度为 15℃ 的条件下给出。充分考虑施工误差的影响，大桥制造索长分五批给出。北塔斜拉索制造索长如表 14-4 所示。

北塔斜拉索制造索长　　　　　　　表 14-4

索编号	索型号	计算索长 S_0(m)	索长调整（m）		制造索长 S_1(m)	
			上游	下游	上游	下游
WB26	241	412.115	0.033	0.032	412.148	412.147
WB25	241	403.065	−0.146	−0.148	402.919	402.917
WB24	241	394.031	−0.089	−0.088	393.942	393.943
WB23	241	385.035	−0.082	−0.089	384.953	384.946
WB22	241	376.053	−0.086	−0.091	375.967	375.962
WB21	241	367.066	−0.097	−0.094	366.969	366.972
WB20	211	355.428	−0.121	−0.121	355.307	355.307
WB19	187	343.962	−0.123	−0.125	343.839	343.837

续上表

索编号	索型号	计算索长 S_0(m)	索长调整(m)		制造索长 S_1(m)	
			上游	下游	上游	下游
WB18	223	332.541	0.100	0.111	332.641	332.652
WB17	223	318.699	−0.076	−0.071	318.623	318.628
WB16	211	304.950	−0.052	−0.053	304.898	304.897
WB15	187	291.324	−0.049	−0.046	291.275	291.278
WB14	187	277.976	−0.057	−0.058	277.919	277.918
WB13	187	264.820	−0.062	−0.060	264.758	264.760
WB12	163	251.764	−0.022	−0.022	251.742	251.742
WB11	163	239.056	−0.027	−0.025	239.029	239.031
WB10	163	226.620	−0.045	−0.045	226.575	226.575
WB9	139	214.558	0.099	0.088	214.657	214.646
WB8	139	203.017	−0.086	−0.086	202.931	202.931
WB7	127	191.496	−0.054	−0.052	191.442	191.444
WB6	127	180.702	−0.061	−0.060	180.641	180.642
WB5	127	170.568	−0.060	−0.055	170.508	170.513
WB4	127	161.324	−0.054	−0.058	161.270	161.266
WB3	109	152.624	−0.050	−0.045	152.574	152.579
WB2	109	145.278	−0.042	−0.039	145.236	145.239
WB1	139	138.734	0.110	0.114	138.844	138.848
WZ1	139	138.103	0.111	0.113	138.214	138.216
WZ2	109	144.293	−0.034	−0.038	144.259	144.255
WZ3	109	151.308	−0.026	−0.022	151.282	151.286
WZ4	127	159.652	−0.026	−0.026	159.626	159.626
WZ5	127	168.635	−0.007	−0.005	168.628	168.630
WZ6	127	178.494	−0.006	−0.005	178.488	178.489
WZ7	139	189.068	−0.028	−0.027	189.040	189.041
WZ8	139	200.299	−0.034	−0.039	200.265	200.260
WZ9	139	211.680	0.146	0.148	211.826	211.828
WZ10	139	223.502	−0.030	−0.028	223.472	223.474
WZ11	163	235.855	−0.020	−0.019	235.835	235.836
WZ12	163	248.441	−0.022	−0.030	248.419	248.411
WZ13	163	261.258	−0.033	−0.023	261.225	261.235
WZ14	163	274.320	−0.033	−0.022	274.287	274.298
WZ15	187	287.636	−0.055	−0.049	287.581	287.587
WZ16	187	301.092	−0.047	−0.049	301.045	301.043

续上表

索编号	索型号	计算索长 S_0(m)	索长调整(m)		制造索长 S_1(m)	
			上游	下游	上游	下游
WZ17	187	314.684	-0.046	-0.049	314.638	314.635
WZ18	211	328.490	0.128	0.119	328.618	328.609
WZ19	211	342.350	-0.058	-0.052	342.292	342.298
WZ20	211	356.297	-0.062	-0.062	356.235	356.235
WZ21	223	370.412	-0.030	-0.024	370.382	370.388
WZ22	223	384.562	-0.035	-0.040	384.527	384.522
WZ23	241	398.831	-0.048	-0.052	398.783	398.779
WZ24	241	413.154	-0.057	-0.056	413.097	413.098
WZ25	241	427.566	-0.113	-0.112	427.453	427.454
WZ26	241	442.051	0.065	0.069	442.116	442.120

(2)成品索弹性模量测试

斜拉索制造单位进行了成品索弹性模量测试,其结果如表14-5所示。测试结果表明成品索弹性模量符合相关规范要求,且数值较为集中。结合其他斜拉桥弹性模量测试结果,本桥采用斜拉索弹性模量为197GPa。

成品索弹性模量测试结果　　　　　　　　　　　　　　　　表14-5

拉索编号	拉索规格	弹性模量(GPa)
YZ02-X	7-109	196
YZ03-X	7-127	198
WB01-S	7-139	197
YZ01-S	7-187	199
YB04-X	7-265	197
YB01-X	7-301	196

(3)斜拉索张拉控制

斜拉索张拉控制理论分析中,北塔斜拉索、南塔中跨斜拉索、南塔边跨1~10号斜拉索索长均采用一次张拉至设计索长,南塔边跨11~26号斜拉索考虑合龙后二次调索,以避免南塔在施工过程中因塔偏过大、塔梁限位支反力过大而产生不利影响。下文提到的施工期二次张拉是指补张拉,即针对张拉误差进行修正。

14.3.3 钢箱梁控制

(1)理论分析

梁承受弯矩,产生挠度和转角变形,恒载弯矩变形通过设置预拱度进行补偿,使得成桥线形满足设计要求。预拱度的设置并不改变主梁的受力,只是对线形的补偿。对于结构体系合理、设计良好的密索体系钢箱梁斜拉桥,恒载状态下主梁的理想受力状态是以受压为主,没有整体大范围的弯矩,只有斜拉索弹性支撑点上的小弯矩;此时主梁没有大的变形。根据成桥状态主梁弯矩计算得到无应力线形,如图14-10所示。可见,无应力线形与设计成桥线形偏差很小。因此,大桥制造线形可以不考虑预拱等调整,直接采用设计成桥线形。施工中应加强过程控制,确保线形平顺。

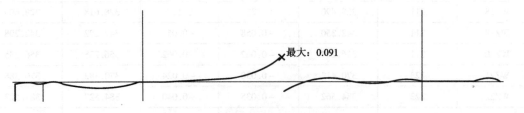

图14-10 大桥钢箱梁无应力线形(单位:mm)

钢箱梁承受轴压力,成桥状态的压缩量需要进行补偿;另外标准梁段长度均为水平投影值,需要考虑纵坡的影响。为制造标准化计,梁段长度的补偿采用平均值。大桥钢箱梁长度补偿如表14-6所示。其中没有考虑环缝焊接收缩量,收缩量由制造商根据经验自行考虑。

大桥钢箱梁长度补偿　　　　　　　表14-6

部位	←──── NT0 ────→		ZH	←──── SJ
每节段调整量(mm)	3.0+2.1=5.1	3.3+0.6=3.9		3.4+0.4=3.8
钢箱梁节段数量	29	27		26
总调整量(mm)	147.9	105.3		98.8

注:NT0表示北塔处钢箱梁段,←表示往北,→表示往南;ZH表示桥中跨中心;SJ表示南塔钢混分界处梁,←表示往北(桥中心);南塔往南是混凝土梁。

(2)钢箱梁线形测量

钢箱梁采用长线匹配法,一般为$N+1$节段的匹配,每次匹配保持一个共用节段作为匹配段。在钢箱梁总拼完成、准备下胎之前,对钢箱梁节段匹配线形进行测量,考虑实际制造误差,使匹配线形误差向目标制造线形修正,从而用于钢箱梁节段架设匹配线形。

由于钢箱梁分轮次进行总拼,各轮次测得的制造线形通过共用节段的匹配,逐步组装为全桥钢箱梁的线形。钢箱梁的总拼顺序与施工组织方案中的架设顺序保持一致,从而确保匹配关系与实桥一致。

制造线形的测量综合采用全站仪、水准仪、钢尺等测量手段,总拼场地测量条件较好,有利于保证测量数据的质量。

(3)起始梁段的定位

北塔钢箱梁塔区梁段包括NB1、NT0、NT1、NT2、NZ1 5节钢箱梁,总重约1300t。在主塔下横梁两侧采用钢管桩搭设存梁支架,采用浮式起重机从北塔大里程侧吊装钢箱梁,再利用千斤顶拖拉就位。

北塔钢箱梁塔区梁段定位误差最大为24mm;在主跨合龙前、北塔竖向临时钢绞线拉索解除后对NT0高程进行调整,确保与设计高程的偏差满足相关规范要求,并考虑后续竖向变形的可能进行了预抬。

(4)塔梁限位构造

横向限位:横向采用圆钢管支撑在钢梁边腹板与塔壁之间,在横向抗风支座安装到位后解除。

竖向限位:采用钢绞线拉索构造,固定端锚固于主梁 NT0 节段,张拉端位于北塔下横梁底部。分大小里程两排,每排横向布置 6 根拉索。竖向临时索控制参数如表 14-7 所示。临时索整体按照先竖向后纵向的顺序进行张拉,同批次索应进行分级张拉控制。

竖向临时索控制参数 表 14-7

小里程编号	11	21	31	41	51	61
小里程索力(kN)	3100	2480	1280	1280	2480	3100
大里程索力(kN)	3100	2480	1280	1280	2480	3100
大里程编号	12	22	32	42	52	62
横桥向距离(m)	10.245	5.4	1.8	1.8	5.4	10.245
单股钢绞线索力(kN)	100	80	80	80	80	100
钢绞线股数	31	31	16	16	31	31

纵向限位:北塔纵向临时限位采用柔性构造,大小里程侧上下游各采用 1 根平行钢丝索。在悬臂拼装施工阶段作为限位构造措施,在合龙顶推时作为顶推张拉构造措施。

纵向临时索为 LPES7-211 平行钢丝,单根索张拉力均为 3500kN。分 7 级进行张拉,每级 500kN;每一级 4 根索均张拉到位后再进行下一级张拉;同一级张拉保持同步。

(5)标准节段的控制

悬拼阶段:南边跨混凝土箱梁以索力控制为主,确保混凝土主梁、临时支架的受力安全;钢箱梁部分以线形控制为主,索力控制为辅,确保悬臂过程整体结构的安全。

主梁合龙后:索力调整,满足整体误差控制目标,如塔偏、线形、索力误差要求。

为确保斜拉索施工过程的安全,斜拉索第一次张拉应"戴帽",即第一次张拉结束后永久螺母开始工作。

控制的主要对象包括主梁安装的几何位置、主梁各阶段的线形、斜拉索锚杯露出量、主塔线形、斜拉索伸长量、主梁应力。

现场施工控制工作的主要内容如下:

①根据结构构件(钢主梁节段、斜拉索)制造参数及主塔施工完成形态,分析对应误差对后续阶段的施工控制的影响程度,跟踪进行施工监控计算;

②进行施工控制预测计算,提供控制目标理论值及监控指令;

③对反馈施工信息进行分析,确定施工误差状态;

④利用参数识别系统对计算参数进行识别、修正;

⑤确定适用的施工误差容许度指标和应力预警机制;

⑥利用施工控制实时计算调整控制目标值。

控制工作程序如下:

标准节段的悬拼阶段主要分三个施工步骤:

第一步:梁段起吊、匹配、焊接;

第二步：斜拉索第一次张拉、起重机前移；
第三步：斜拉索第二次补充张拉。

梁段起吊、匹配、焊接流程如图14-11所示，斜拉索第一次张拉施工监控流程如图14-12所示。

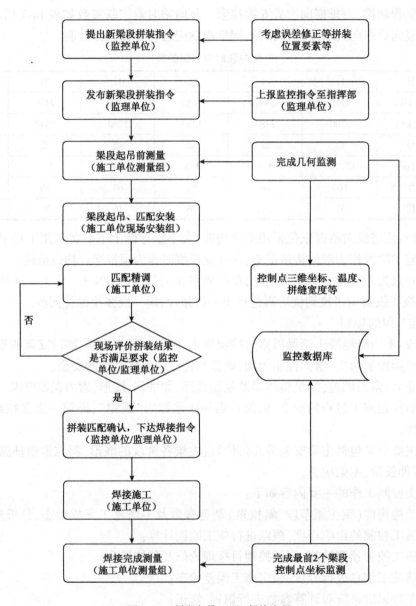

图14-11　梁段起吊、匹配、焊接流程

控制工作操作说明：

①局部测量。

施工最前端的3~5个梁段必须进行局部测量。测量每一梁段的主要线形控制点、新安装梁段主要线形控制点以及桥塔偏位。

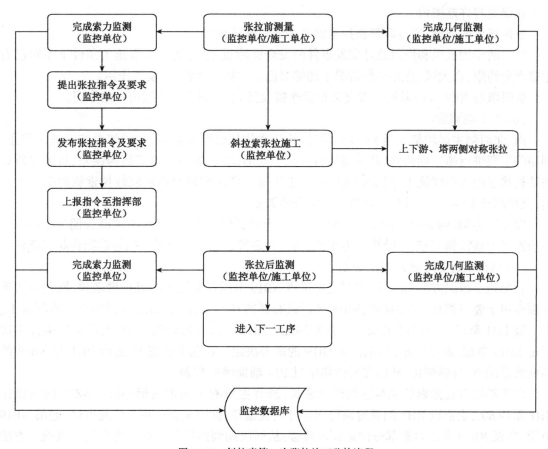

图 14-12 斜拉索第一次张拉施工监控流程

②全局测量。

测量所有已安装主梁梁段的主要线形坐标和桥塔线形,同时记录温度。

a. 温度修正。

在误差评估之前,要根据测量数据进行温度误差修正。结构的每次全局测量必须包括温度测量。下列温度数据会影响结构的几何线形:

桥塔相应于基准温度的温度变化及桥塔的非均匀温度变化(温度梯度);

主梁相应于基准温度的温度变化及梁体的非均匀温度变化(温度梯度);

主梁、桥塔和斜拉索之间的温差。

b. 误差评估。

比较目标数据和测量数据,评估安装误差,可能造成施工误差的原因有:

(a)结构刚度;

(b)钢梁节段质量及施工临时荷载;

(c)不同尺寸(斜拉索长度、主梁的制作尺寸、梁段的焊接位置及桥塔的徐变收缩)边界条件,临时墩的约束,临时支架的接触状态不明确。

c. 误差修正方法。

局部线形的调整:通过调节余下一个或多个节段的焊缝宽度来调整局部线形,但焊缝宽度仍要在误差容许范围内。

整体线形的调整：通过调整斜拉索索力来调整整体线形。

临时墩作为抗风和应对意外突发事件的安全保障设施，能确保正常施工条件下不对已有主梁产生约束，在大风、意外事件情况下能够对已有主梁产生约束、发挥作用。

临时墩与 NB9 节段采用吊带交叉布置连接，起到了限制主梁大幅位移的作用。

(6) 施工期调索

南、北两侧主梁均架设至 17 号节段时，长江水位超过警戒水位，主梁架设施工被迫停止。利用停工期进行施工期调索，消除到目前为止的线形误差、索力误差等结构误差，从而以较好的结构状态进入后续施工，减少合龙后调索工作量。考虑北塔竖向钢绞线拉索临时限位的作用，北塔调整 17~5 号斜拉索；南塔斜拉索全部调整。

以北塔为例，调索后测量结果表明：南北三个悬臂线形平顺，悬臂前端高程偏高 5~7cm，斜拉索索力整体偏差较小，结构应力水平正常，为后续施工控制提供了较好的结构状态条件。

(7) 钢箱梁过 P14 辅助墩的控制

根据施工组织方案，先采用变幅起重机将 NB19 节段吊装至 P14 辅助墩墩顶，墩顶设置千斤顶等用于姿态调整、位移移动，NB19 节段进行预抬和预偏，保证 BH1 节段的正常匹配施工。再吊装 BH1 节段，与 NB18 节段进行正常匹配。BH1 节段环缝焊接完毕，起重机松钩并再次起吊 NB19 节段，起吊力根据 BH1 与 NB19 的高差决定。在起吊状态下，进行 BH1 与 NB19 的匹配线形调整、环缝焊接，从而完成钢箱梁过 P14 辅助墩的控制。

由于斜拉索初张索长基本达到设计索长，悬臂主梁有上抬的变形；另外，NZ19 的质量比BH1 重约 80t，也造成 BH1 侧悬臂高程比设计高程偏高；此时充分利用变幅起重机，起吊 NB19节段，实现 NB19 节段自重部分向悬臂端转移，从而起到调整悬臂侧高程的作用。该施工方法节省了临时配重，对高差的调整较为灵活，在后续 BH2 梁段合龙、主跨 ZH 梁段合龙中都采用了这一方法。

(8) 配重混凝土浇筑

大桥永久配重混凝土采用铁砂混凝土，设计重度为 $3.2t/m^3$。

南边跨 P17 墩顶左右 12m 布置有永久配重，设计混凝土方量为 $86m^3$。在 SZ26 节段起吊前浇筑完毕。

北边跨设计配重混凝土布置如图 14-13 所示，浇筑时机如表 14-8 所示。

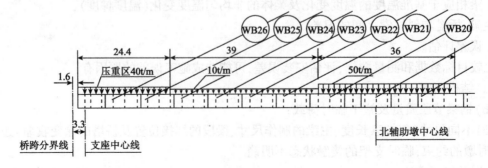

图 14-13 北边跨设计配重混凝土布置(尺寸单位：m)

北边跨设计配重混凝土浇筑时机　　　　　表 14-8

批　　次	仓　　号	总重(t)	浇筑时机
1	27~29	450	WB19 张拉前
21	24~26	315	WB20 张拉前
22	30~34	525	
3	1~5	496	WB26 张拉前
41	6~23	1020	合龙后调索前
42	24~26	135	
43	30~34	225	
总计		3166	

(9) 主跨合龙控制

根据无应力状态控制法，合龙段的无应力参数的确定与实现是控制合龙质量的关键。合龙段的无应力参数包括合龙口的长度和角度。通过合龙段重量加载模拟试验，实际测量合龙段的尺寸参数，并将温度修正至设计基准温度。通过在北塔处顶推调整合龙口的宽度，实现主动合龙。

大桥南侧悬臂比北侧悬臂提前完成 26 号节段的架设。在北侧悬臂 26 号节段架设完成后，需要进行以下准备工作，解除竖向临时拉索：

①NT0 梁段初始定位高程偏低，向上顶升约 30mm；
②进行北塔墩竖向永久支座的安装；
③进行北塔墩横向抗风支座的安装；
④进行纵向限位临时拉索张拉顶推试验，确保能够达到既定的顶推量和可能的回顶量；
⑤进行南塔最后一批临时支架的拆除(脱空)；
⑥全桥通测，掌握合龙前结构状态。

(10) 合龙相关敏感性分析

①支座摩阻力分析。

根据设计要求，新支座摩阻系数不大于 0.03；则根据表 14-9 中的支座反力，北塔侧总支座摩阻力约 370kN，南塔侧总支座摩阻力约 3300kN。南塔侧支座摩阻力远大于北塔侧，这是大桥结构体系设计的必然结果，因此选择在北塔进行顶推。

合龙前各支座反力　　　　　表 14-9

部位	北过渡墩	北辅助墩	北塔墩	南塔墩	南边跨		
编号	P13	P14	P15	P16	P17	P18	P19
支座反力(kN)	4062	6859	1579	43691	19134	31937	15353
总支座反力(kN)	12500			110115			

②顶推反力与顶推位移敏感性分析。

顶推位移每增加 1cm，顶推反力大致增加 100kN，北塔塔偏大致增加 1cm。顶推位移量应根据合龙当天的天气情况进行预测。顶推反力与顶推位移的敏感性分析如表 14-10 所示。

顶推反力与顶推位移的敏感性分析　　　　　表 14-10

顶推位移(cm)	0	10	15	20
顶推反力(kN)	2994	3955	4431	4899
塔偏(m)	-0.264	-0.364	-0.414	-0.464

③合龙口竖向高差调整分析。

合龙口两侧主梁竖向高差的调整量是主要调整量,分析结果见表 14-11。ZH 节段由南侧起重机起吊,起吊挠度为 0.321m;此时合龙口两侧高差为 0.125m。通过南侧 26 号索调索和北侧悬臂前端临时配重,可以满足在 ZH 节段与北侧 NZ26 节段正常匹配施工过程中,南侧 SZ26 节段底板的检修车轨道低于 ZH 节段,以免产生冲突。ZH 节段与 NZ26 节段焊接完毕、主梁回顶进入合龙缝匹配时,使南侧起重机松钩,转移一部分 ZH 节段质量至南侧悬臂,即可调整合龙口两侧主梁竖向高差,这与 P14 墩 BH1 节段合龙一致。

合龙口竖向高差调整敏感性分析　　　　　表 14-11

工况	北	南
起吊前	0.712	0.908
起吊后	0.712	0.587
起吊挠度(m)		-0.321
南北高差(m)		0.125
轨道高度(m)		0.15
YZ26 调索		40mm/53mm
YB26 调索		8mm/36mm
NZ24 节段压重	81mm/45t	

(11)合龙段模拟加载方案

由于南侧悬臂提前进入合龙状态,北侧悬臂 26 号节段架设完毕后需要几天时间进行其他准备工作,在此期间开展合龙段模拟加载试验。采用 2 台后八轮货车,满载后总质量约 100t,与 ZH 节段质量基本一致,从南侧行驶至悬臂前端,模拟 ZH 节段起吊时的结构状态。

实际车辆加载到位后,合龙口两侧高差基本为零。在此结构状态下测量合龙缺口的尺寸,作为确定 ZH 节段长度的依据。

(12)合龙段长度的确定

在模拟加载工况下,测量合龙段长度,并修正基准温度下合龙段长度设计值,作为合龙段长度的配切参数。合龙段长度测量点位包括顶板 11 个测点和底板 4 个测点。

顶板 11 个测点,包括 4 道腹板、中轴线及 6 个桥面测点。实际测量时,均取坡口最前端。比如边腹板为横向坡口,取纵向最前端;桥面板为竖向坡口,取最前端底部作为距离标记点。

底板 4 个测点,设在 4 个匹配件处。实际测量时,取两个相对匹配件的相对面之间的净距离(已进行斜距修正)。

实际北侧回顶后,合龙缝宽分布较均匀,证明加载测试方式给出合龙段尺寸的做法合理。另外,修正至设计基准温度下的合龙段长度与设计长度 4.4m 之间的平均偏差在 2cm 以内,说明关于钢箱梁制造长度补偿量的设置是合理的,钢箱梁制造单位关于环缝焊接收缩量的设置是准确的。

(13)合龙前结构状态

合龙前最大悬臂状态结构应力水平正常,与理论值吻合较好。北侧悬臂主梁高程偏高约2cm,塔偏误差1.3cm,轴线偏差约1cm,结构几何状态良好。南侧悬臂主梁高程偏高约8cm,塔偏误差8cm,轴线偏差约1.5cm,结构几何状态较好。结合合龙相关敏感性分析可知,当前结构状态误差在可控范围内,有利于主跨合龙段的施工。

(14)合龙前连续监测

采用全寿命期监测系统,对合龙前的结构状态进行连续监测。其中部分结果如图14-14～图14-16所示。

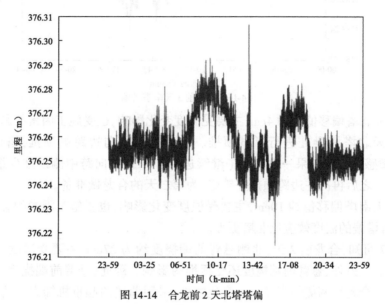

图14-14 合龙前2天北塔塔偏

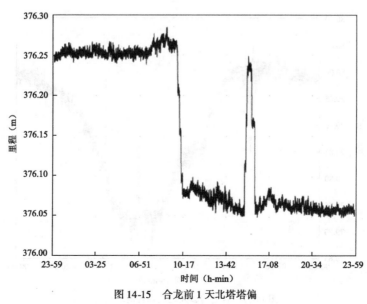

图14-15 合龙前1天北塔塔偏

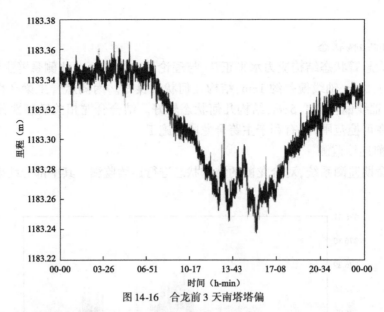

图 14-16　合龙前 3 天南塔塔偏

合龙前 1 天北塔偏移值约为 4cm,主要受温度变化影响,也受施工因素的影响。

合龙前 1 天北塔塔梁处进行了试顶推。上午进行了向边跨侧顶推,塔偏偏向边跨约 17cm,与顶推敏感性分析结果一致。下午继续进行了回顶并向跨中侧顶推少量位移,完成一个来回试顶推。之后再次往边跨顶推并锁定,为第二天的合龙做准备。

合龙前 1 天南塔偏移值约 10cm,主要受温度变化影响,也受施工因素的影响。对比北塔塔偏可知,南塔塔偏的温度效应比北塔更大。

由图 14-17 可知,合龙前 2 天,北侧悬臂前端挠度约为 27cm,主要受温度变化影响,也受施工因素的影响。另外,悬臂前端挠度还受顶推的影响。因此,悬臂前端挠度变化量较大,对温度变化敏感。合龙口两侧的高差处于变化之中,采用前述的起重机卸力方法可以很好地适应高差变化。

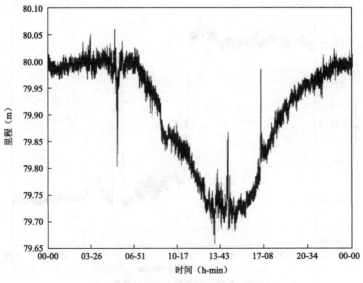

图 14-17　合龙前 2 天北侧悬臂前端挠度

合龙前1天合龙口宽度监测如图14-18所示。24h内合龙口宽度变化量约为16cm；据此确定合龙口顶推宽度为18cm。2020年10月23日试顶推过程中传感器超量程，所以位移曲线较为杂乱。

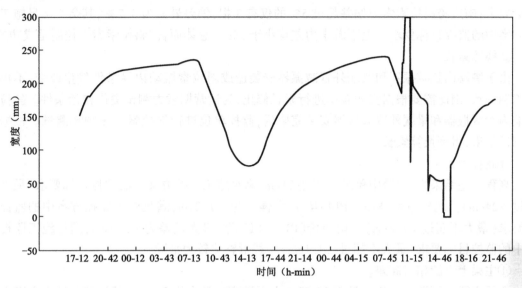

图14-18　合龙前1天合龙口宽度监测图

（15）合龙流程

①桥面无关荷载清理；护栏等二期恒载应均匀布置在其安装位置处，注意上、下游对称布置；北侧中跨桥面起重机拆除运走的重量应进行等量加载，同里程断面上、下游均匀布置；P15永久支座体系转换后，进行纵向临时索张拉行程测试；南塔26号索处4根索千斤顶就位；对合龙口距离、高程、轴线、结构温度等进行24h观测。

②ZH节段早晨起吊；此前，北塔顶推10cm（暂定）；北侧桥面起重机驶入NZ26节段中轴线处；ZH进入合龙口与NZ26匹配，焊接4道腹板焊缝（从底板往顶板方向施焊）；北塔等待货车加载的司机就位，准备随时移动车辆。

③北塔侧回顶前，4道腹板焊缝至少各自完成1/3；北侧桥面起重机向NT0方向行驶，焊接桥面型钢搭接件；之后南岸起重机缓慢松钩，直到ZH落在SZ26上；合龙口两侧上游高差比下游大44mm，ZH下游侧先落在SZ26上；轴线相对偏差在20mm以内；先调整轴线使其对中，再调整上游侧高差。

④ZH与SZ26匹配完成后，使连接杆张拉锁定、匹配件螺栓施拧、型钢搭接件与SZ26桥面焊接，之后立即将北塔临时索索力卸载至0，螺母仍保留，但留出15cm空余段；4道腹板打码、焊接，4道腹板焊缝各自完成1/3时，拆除北塔临时索螺母；4道腹板焊缝焊接完毕，南侧桥面起重机松钩，解除南塔纵向临时约束。继续进行顶板与底板的打码与焊接。

（16）主跨合龙后全桥调索

主梁合龙后，开始进行全桥通测，并进行全桥索力调整；结合现场二期恒载施工情况以及调索前后的通测结果，共进行3次索力调整；到2020年12月2日索力调整完毕。本节给出调索完成后的主要结构参数，由于调索完成时全桥二期恒载基本施工完毕，因此也是初始成桥状态。

(17)索力、索长、高程控制

①成桥索力。

北塔斜拉索及南中跨斜拉索的索力偏差最大为7.8%,全部满足施工监控方案中的监控目标要求;南边跨斜拉索索力偏差超过5%的仅有3根,偏差最大为5.7%,其余均满足施工监控方案中的监控目标要求。上下游索力差均小于3%。总体而言,斜拉索索力控制是成功的。

②换算索长。

由于塔端内置减振器和梁端外置减振器安装造成斜拉索振动边界条件发生改变,不再与施工期一致,因此需要根据实测频率进行索长修正,为运营期索力测试提供初始条件。斜拉索塔端内置减振器和梁端外置减振器安装完毕后,监控单位进行斜拉索自振频率测试。根据频率测试结果,得到换算索长。

③高程偏差。

高程偏差结果为:主跨中跨最大偏差21cm,满足施工监控方案中的监控目标要求(最大不超过±24cm)。北次边跨(P13~P14跨)最大偏差为-7.2cm,满足施工监控方案中的监控目标要求(最大不超过±7.8cm)。南边跨(P16~P19跨)最大偏差为-2.1cm,满足施工监控方案中的监控目标要求(最大不超过±3.1cm)。线形整体较为平顺。

④主梁上下游相对高差。

全桥主梁上下游相对高差见表14-12。上下游高差最大为3.2cm,超过施工监控方案中的监控目标要求(最大不超过±3.0cm)的有两处,但误差均在10%以内,不需要调整施工控制高程,其余梁段上下游相对高差均满足监控目标要求。

全桥主梁上下游相对高差　　　　表14-12

测点位置		高差(mm)
北次边跨	P13P14 跨 1/4	7
	P13P14 跨 2/4	11
	P13P14 跨 3/4	12
北边跨	P14P15 跨 1/8	4
	P14P15 跨 2/8	-8
	P14P15 跨 3/8	10
	P14P15 跨 4/8	-1
	P14P15 跨 5/8	-10
	P14P15 跨 6/8	-11
	P14P15 跨 7/8	-32
中跨	P15P16 跨 1/16	9
	P15P16 跨 2/16	-19
	P15P16 跨 3/16	-19
	P15P16 跨 4/16	-21
	P15P16 跨 5/16	-10
	P15P16 跨 6/16	-17

续上表

测点位置		高差(mm)
中跨	P15P16 跨 7/16	10
	P15P16 跨 8/16	8
	P15P16 跨 9/16	8
	P15P16 跨 10/16	4
	P15P16 跨 11/16	-2
	P15P16 跨 12/16	22
	P15P16 跨 13/16	24
	P15P16 跨 14/16	31
	P15P16 跨 15/16	13

第5篇

总结篇

総括篇

序の篇

15 双壁钢围堰施工总结

15.1 双壁钢围堰下水、浮运、定位

(1)下水前的准备工作

①水文情况。下水前一周开始每天记录下水位置的江河水位、水流速度、水深等情况,并结合往年相关水文情况判断下水当天的情况,确保钢围堰下水时的相关水文情况在设计方案考虑范围内。

②天气情况。确定下水日期后提前一周每天关注天气变化,并与当地气象部门取得联系,对每天天气情况及第二天的天气情况进行滚动播报。重点关注风速、风向、降水、气温等天气情况,确保下水当天风力不超过 3 级,无暴雨、冰雹、气温骤降等突发性恶劣天气。

③河床情况。严格按照预定方案对河床进行清理,可采用长臂挖机或清砂船等设备对原有河床进行清理,并对清理后的河床情况进行探测,与设计方案进行对比,确保钢围堰下水后前端最低点高于河床,防止下水时钢围堰搁浅。

④浮运路线准备情况。钢围堰下水前与当地航道、海事主管部门取得联系,对钢围堰浮运路线进行确认,充分了解整个浮运路线上航道、水运情况,并委托航道、海事主管部门在钢围堰浮运期间对浮运路线进行清理,以及在钢围堰浮运到位后及时恢复航道。

⑤浮运准备情况。钢围堰下水前根据方案联系对应数量的驳船、拖轮,并检查各驳船的资料,保证与方案一致,同时对驳船进行编队,确定各编队的负责人以便及时联系。下水当天所有编队驳船和人员提前到位,按照航道、海事主管部门的要求在指定区域等待,随时开始钢围堰的浮运工作。

⑥墩位处准备情况。在钢围堰到位前,墩位处必须准备好钢围堰到位后的临时锁定装置,如定位卷扬机、卸扣、钢丝绳、拉力器、上下爬梯、搭板、测量仪器等。钢围堰浮运前一天对所有相关设备进行清点,每台卷扬机前配备 1 名操作人员,钢围堰临时锁定后根据测量数据随时对钢围堰姿态进行调整。确定钢围堰靠位桩加固完毕,桩侧钢围堰停靠缓冲装置(橡胶护舷)安装到位。

⑦钢围堰姿态检查。下水前检查钢围堰支垫高度,确保钢围堰支垫高度小于气囊高度的一半,在钢围堰下水当天逐步将底部垫块替换为气囊,同时确认气囊数量与设计方案一致,且

所有气囊无漏气、破损现象。对钢围堰姿态情况进行最后的复核,保证钢围堰处于水平状态,确认钢围堰后部拉缆处于拉紧状态,断缆器连接正常。钢围堰内助浮舱高度应满足要求,确保钢围堰下水后无进水现象。钢围堰外侧与浮运相关的各项连接装置均应安装到位且检验合格。

⑧其他准备情况。所有人员根据不同位置进行分组,并为每个组指定责任人,下水前一天对所有人员的工作进行交底,明确分工,如河床清理组、钢围堰检查组、浮运组(分驳船组和钢围堰组)、外部联络组(对接新闻媒体等)、后勤组、安全组、应急组、综合保障组等,各小组接受总指挥的统一安排和协调。

(2)钢围堰下水与浮运

①所有准备工作全部完成后,断缆人员接收统一指令,将两侧断缆器同时断开,钢围堰在自重作用下在气囊上滑行并冲入水中;

②钢围堰在浮力作用下缓慢上浮至完全漂浮于水面上,待钢围堰基本稳定后开始进行气囊回收,浮运工作同步启动;

③确定好钢围堰前后端,拖轮及平板驳船慢慢靠近钢围堰,顶推拖轮与钢围堰连接完成后,调整钢围堰姿态,使其与航道基本保持平行,顶推拖轮始终处于钢围堰下游,主要依靠拖轮的动力将钢围堰顶推至墩位处;

④在顶推过程中航道和海事主管部门全程护送,拖轮、平板驳船上的工作人员检查钢围堰外部是否有变形、开裂情况,钢围堰顶面的工作人员负责检查钢围堰内部是否存在漏水情况。

(3)钢围堰定位

①钢围堰初步定位。钢围堰应自下游向上游缓慢推至墩位处,在距离定位平台1m左右的位置停止顶推,先将调整装置与钢围堰连接,待拖轮离开后,通过卷扬机调整缆绳的拉力来调整钢围堰的平面位置及水平度。在测量人员开始测量前可根据平台上的标记对钢围堰姿态进行初步调整,保证平面位置偏差在±20cm以内,顶面水平度偏差在±2%以内。

②钢围堰精确定位。由于水位变化会导致缆绳拉力变化,因此钢围堰的精确定位是一个动态调整的过程,技术人员需要每4h记录一次卷扬机处拉力器的读数。利用钢围堰侧面卷扬机调整钢围堰平面位置,利用钢围堰顶面卷扬机调整钢围堰水平度,结合测量数据逐步精确定位钢围堰,保证平面位置偏差在±5cm以内,顶面水平度偏差在±0.5%以内。

15.2 钢护筒打设及钢围堰提升与下放

(1)钢护筒打设

①打设前准备。钢护筒打设前必须保证钢护筒范围内无障碍物,存在助浮舱底板的,必须确认底部钢板全部切割完成,切割完成后再次对钢护筒范围内的区域进行检查,确保钢护筒范围内无任何障碍物。利用钢围堰做好导向装置,同时在钢围堰顶面须设置导向架,采用先钢围堰后桩基的施工工艺,定位钢护筒与钢围堰互为导向,定位钢护筒的垂直度将直接决定钢围堰位置的精度。

②钢护筒打设过程。打入第一根钢护筒时应尽量控制打入速度,把握好节奏,应保持正常打入速度,记录好打入时间、深度、激振功率等,控制好钢护筒垂直度。第一根钢护筒打入完成

后总结打入经验并记录过程控制数据,作为第二根钢护筒打设的依据。对于砂性土、卵石等透水性土层,为了防止桩基施工过程中出现漏浆的情况,钢护筒应打设至岩面。

③钢护筒接高。大直径钢护筒大多采用厚钢板螺旋焊接成型,其壁厚较大(直径3.4m的钢护筒壁厚24mm),由于受起吊高度的限制,每根钢护筒均由多节钢护筒接高而成,其接高时环口焊接的速度将直接影响钢护筒打设的时间,在钢护筒加工时应按照打入顺序对每节钢护筒编号,对应接头处打好坡口,并按照垂直状态将接口打磨平整,现场对接好后可直接焊接。如果钢护筒节段之间不配套,可能导致现场两节钢护筒接口之间平整度差别较大,两侧出现较大的缝隙,大大增加现场焊接工作量,影响施工效率。

(2)钢围堰提升与下放

①提升下放装置。钢围堰提升是为了切除钢围堰内部助浮桁架及底板,减小钢围堰下沉过程中的阻力。双壁钢围堰定位钢护筒打设完成后安装钢围堰提升下放装置,钢围堰的提升与下放一般采用连续千斤顶配合钢绞线或精轧螺纹钢,可根据不同单位的要求和作业队伍的施工习惯按实际需要进行选择。采用钢绞线下放时,须结合实际提升和下放高度及工作长度,使钢绞线下料长度满足要求。千斤顶及钢绞线的数量须考虑最大下放重量,由于钢围堰下放至着床后需要保证一定的入床深度,会在下放前浇筑一定数量的舱壁混凝土,因此要选择合适的千斤顶型号和钢绞线数量。

②钢围堰提升与下放注意事项。为了保证良好的切割环境,钢围堰提升至水面以上不小于0.5m,同时必须保证提升点高于钢围堰重心。采用钢绞线提升与下放时,应先自上至下逐根穿好钢绞线,下锚点工作锚夹片必须夹紧,同时上锚点工作锚夹片在走完每个行程后均应进行检查,确保夹片内部牙口正常,无磨损、裂缝等情况。

15.3 双壁钢围堰加工制造验评标准

(1)施工前期的标准

以下为钢围堰施工前期的制造单位选择、技术准备、制作场地选择、加工胎架条件要求。

①制造单位选择。

钢围堰制造单位应具备相应的钢结构工程施工资质(或船舶建造资质),施工现场质量管理应有相应的施工技术标准、质量管理体系、质量控制及检验制度。

②技术准备。

a.钢围堰制作前,承包人应熟悉和校核全部施工设计图纸,根据图纸要求编制制造加工图和拼装图,确定拟投入的主要管理人员、特种作业人员(如焊工),填写"施工方案及主要工艺报审表"(ZK-008)报监理工程师审批。

b.承包人应依据图纸要求,提供涵盖钢围堰主要焊接接头类型的焊缝清册及焊接工艺评定试验报告,确定工艺参数,报监理工程师认可。

③制作场地选择、加工胎架条件。

钢围堰为大型钢结构,为了便于制造及运输,钢围堰平面分段(或块)、高度分节,划分后即为钢围堰单元块,由内壁板、外壁板、隔舱板及内支撑、竖向加劲肋等部件组焊成型。钢围堰侧板单元块为圆弧形的大型钢结构,为保证其尺寸的准确性并控制焊接质量和变形,必须借助胎架制作。

a.钢围堰制作场地(包括拼装场地)由承包人按制作要求选择,其面积、环境条件和工作台的尺寸、场地硬化、平整度应满足制作要求。

b.胎架应具有足够的尺寸精度、强度、刚度和稳定性,以控制钢围堰单元块在组装、焊接过程中的变形。

c.设置胎架的场地条件应满足在组焊钢围堰单元块的全过程中保证其不变形的要求。

d.胎架数量可根据生产能力及施工工期确定,但不同胎架应力求尺寸精确一致,以保证组焊钢围堰单元块尺寸的一致性。

e.钢围堰单元块试制一件后,应精确测量产品全部外轮廓尺寸,经检查无误后可再制一件,两件经试拼装合格后方可批量生产。试制件数量可根据单元块的不同类型协商确定(圆弧段一个首件,连接部一个首件)。

(2)主要材料进场验收的标准

以下要求适用于主要材料的进场验收。原材料进场验收按进场批次填写"原材料与混合料报验单"(ZK-005),报监理工程师审批后进场。

①钢材。

本项目钢围堰钢材采用 Q235B 型材、板材和 AH32 球扁钢。

a.钢材的品种、规格、性能等应符合现行国家产品标准和设计要求。

检查数量:规范要求按同一厂家、同一材质、同一板厚、同一出厂状态,每 10 个炉(批)号抽检 1 组试件。

检验方法:检查质量合格证明文件、检验报告等,原材料委外送检。

b.钢板厚度、型钢的规格尺寸及允许偏差应符合《热轧钢板和钢带的尺寸、外形、重量及允许偏差》(GB/T 709—2006)中的 B 类公差要求。

检查数量:每一品种、规格的钢材抽查 5 处。

检验方法:用游标卡尺量测,按《钢结构工程施工质量验收规范》(GB 50205—2001)进行检查。

c.钢材的表面外观质量除应符合国家现行有关标准的规定外,尚应符合下列要求:当钢材的表面有锈蚀、麻点或划痕等缺陷时,其深度不得大于该钢材厚度允许负偏差值的 1/2;钢材端边或断口处不应有分层、夹渣等缺陷。

检查数量:全数检查。

检验方法:观察及量测检查。

②焊接材料。

a.焊接材料的品种、规格、性能等应符合《焊接材料质量管理规程》(JB/T 3223—1996)和设计要求。

检查数量:全数检查。

检验方法:检查焊接材料的质量合格证明文件及检验报告等。

b.焊条外观不应有药皮脱落、焊芯生锈等缺陷,焊剂不应受潮结块。

检查数量:按量抽查 1%,且不应少于 10 包。

检验方法：按《钢结构工程施工质量验收规范》（GB 50205—2001）观察检查。

（3）单元块组焊的标准

以下要求适用于单元块组焊（指侧板、底隔舱、连接系单元块的组装和焊接）过程中的质量控制和单元块成品质量验收。

①质量控制。

a. 下料及矫正、加工。

下料前先裁板，采用数控机械裁板，保证下料精度。

（a）放样或号料钢材应与施工设计图要求的规格相符，下料钢材的轧制方向应与其主要应力方向一致。

（b）钢材不平直、锈蚀、有油漆等污物影响号料或切割质量时，应先矫正和清理，再放样或号料。

（c）切割边缘应整齐，无毛刺、反口、缺肉等缺陷，圆弧部位应修磨匀顺。

（d）下料的零件或加工的部件尺寸误差控制应符合表15-1的规定。

尺寸加工误差　　　　　　　　　表15-1

零件或部件	误差控制（mm）
刃脚板	长宽 ±4
侧板、底隔舱壁板	边 ±4
环向筋板	对角线 ±6
底隔舱水平筋板	边 ±4
环向和竖向角钢	长 ±4
隔舱板	边 ±4
底托架工字钢	高宽 ±4

注：误差控制需考虑切割对板材的损耗，损耗为每刀1.5~2mm。

b. 组装和焊接。

（a）组装缝坡口的允许偏差为 ±2°。

（b）各种构件（隔舱板、水平及竖向板肋等）安装位置应准确，允许偏差为 ±2mm。

（c）焊条、焊丝等焊接材料与母材的匹配应符合要求，在使用前，应按其产品说明书及焊接工艺文件的规定进行烘焙和存放。

（d）焊缝表面不得有裂纹、焊瘤、气孔、夹渣、弧坑、电弧擦伤等缺陷。如出现上述情况需要修复处理，应注意同一部位修复不能超过两次，返修后的焊缝按原质量标准进行复验，验证合格后方可使用。

（e）焊缝感观应达到：外形均匀，成型较好，焊道与焊道、焊道与基本金属间过渡较平滑，焊渣和飞溅物清除干净。

（f）钢板对接焊正面焊完后，进行反面施焊前必须清根。

（g）对接焊缝及完全熔透组合焊缝尺寸允许偏差应符合表15-2的规定。

焊缝尺寸允许偏差 表15-2

项　目	允许偏差 Δ(mm)	
	焊缝宽 $b>12$mm 时	焊缝宽 $b\leqslant12$mm 时
对接焊缝	≤3.0	≤2.0

②质量验收。

每单元块制作完成后,施工单位在自验合格的基础上填写"钢围堰(单元块组焊)检验批质量验收记录表"并报验。

a.确保单元块之间拼装平顺,相应单元构件焊接错台小于2mm。

检查数量:所有匹配面。

检验器具:直角尺、钢尺、全站仪、水平尺、塞尺。

b.钢围堰单元块组装尺寸和构件安装位置允许偏差应符合表15-3的规定。

检查数量:全数检查。

检验器具:直角尺、钢尺、全站仪、水准仪、水平尺、塞尺。

单元块尺寸允许偏差 表15-3

项　目	允许偏差(mm)
端口截面几何尺寸(长、宽、对角线)	$D/500$(D为钢围堰外径)
端口高差	±10
节间错台	≤2.0
竖向肋对接错台	≤2.0

(4)钢围堰节段拼装的标准

以下要求适用于钢围堰节段拼装(指底节拼装和中节、顶节接高)质量控制和验收。

①质量控制。

a.底节拼装所用的支承凳和平台应测量找平,使高度误差小于4mm。

b.钢围堰单元块运输、堆放和吊装等过程应防止变形。若造成钢构件变形,应进行矫正。

c.在工地开始焊接前准备好临时工作架、焊接设备、焊接电源、焊接材料、通风设备、CO_2焊所用的防风棚架。

d.组装前必须彻底清除接触面和焊缝边缘每边30mm范围内的铁锈、氧化皮、毛刺、污垢、冰雪等,露出钢材金属光泽。

e.拼装应按工厂试拼装时的标志位置进行,上下对接单元偏差应均匀分布,防止单侧误差超出规定值2mm。

f.室外焊接环境要求:风力小于5级,温度不高于5℃(低合金结构钢)、温度不低于0℃(碳素结构钢),湿度不大于80%,雨天不能焊接;不满足上述环境要求时,应采取措施,直至确实能保证焊缝质量时方可施焊。

g.当钢围堰单元块采用CO_2气体保护焊焊接时,一定要采取防风措施。

②质量验收。

底节组拼完成、标准节接高完成后,施工单位在自检合格的基础上填写"钢围堰(节段拼装)检验批质量验收记录表"并报验。

a. 钢板对接焊缝、隔舱板与面板焊缝和 T 形接头焊缝、拼装的组对焊缝应做超声波探伤检验。(B 级检测Ⅱ级合格,据《钢结构设计规范》(GB 50017—2003),受压结构焊缝等级为Ⅱ级)。

检查数量:钢板对接焊缝、隔舱板与面板焊缝不少于 20% 焊缝长度,T 形接头焊缝、拼装的组对焊缝不少于 50% 焊缝长度。

检验方法:施工单位(或承包方)探伤检验;监理见证检验,检查检验报告。

b. 壁板和隔舱板组对焊缝应进行抗渗透试验(采用煤油渗透法和水密试验)。

检查部位:钢围堰内外壁板和助浮舱。

检验方法:设计吃水深度 3.6m 及浪高 0.4m 范围内采用水密试验检查(逐舱抽水试验),设计吃水深度 4m 以上范围全部采用煤油渗透法检查。施工单位(或承包方)抗渗透试验检测,监理见证检测。

c. 上、下隔舱板对齐,各相邻水平环形板对齐,上、下竖向肋角应与水平环形板焊牢,允许焊接错台 2mm。

检查数量:全部检查。

检验方法:测量、观察。

d. 钢围堰节段拼装允许偏差、检查数量及方法应符合表 15-4 的规定。

钢围堰拼装允许偏差、检查数量及方法   表 15-4

项 目	允许偏差(mm)	检查数量及方法
钢围堰节段内径	±直径/500 且不超过 30,互相垂直的直径差 <20	每节检查 4 处;尺量
垂直度	$h/100$	垂直相交直径位置 4 处;测量
顶平面相邻单元块高差	10	全检;测量
壁板对接错台	≤2	全检;测量
水平环板对接错台	≤2	全面观察、测量
钢护筒限位装置	≤10	全面观察

注:h 为钢围堰高度。

钢围堰整体拼装完成后对钢围堰助浮、浮运、定位下沉等工作所需的辅助件进行检查,检查对象指标及方法应符合表 15-5 的规定。

助浮构件检查对象、指标及方法   表 15-5

项 目	检查对象	检查指标及方法
钢围堰助浮构件	底板、桁架、外托架、连通管、顶推架、平台、爬梯、马口	位置、数量满足设计要求,焊接牢靠;目测

(5)钢围堰下水、浮运前准备工作的标准

以下要求适用于钢围堰下水、浮运前准备工作的质量控制和成品质量验收。

①质量控制。

a. 锚船及铁锚应定位完成。

b. 深水区应提前设置。

c. 钢围堰定位处场地平整应完成。

d. 抽水机、发电机等设备应上钢围堰。

②质量验收。

锚船、铁锚定位测量完成后,施工单位在自检合格的基础上填写"测量放线质量验收记录表"并报验。

a. 锚船及铁锚定位完成,位置符合设计方案要求。

检查数量:全部检查。

检验方法:测量。

b. 钢围堰底场地平整。

检查范围:钢围堰底及钢围堰外 2m 范围。

检验方法:测量。

c. 深水区设置:抽水机、发电机、吸砂泵安装及就位。

检验方法:测量、观察。

(6) 钢围堰定位下沉的标准

以下要求适用于钢围堰定位下沉(指定位、下沉、着床)的过程质量控制和成品质量验收。

①质量控制。

a. 钢围堰下沉前复测其结构尺寸、隔舱位置、垂直度,检查焊缝质量和有无渗漏。

b. 用全站仪测放出钢围堰纵横轴线上四个点,形成十字线,依据纵横十字轴线调整钢围堰下沉过程的平面位置、扭转和垂直度偏差,记录好钢围堰下沉的技术数据。

c. 钢围堰侧壁板上做好武穴长江公路大桥标识(武穴长江公路大桥钢围堰、湖北路桥),做好标尺,注水要均匀、对称。

d. 钢围堰浮运到现场后进行精确定位,插打 12 根钢护筒,利用提升系统提吊钢围堰,切除助浮底板,进行姿态调整后加水下沉使钢围堰着床。

e. 钢围堰着床后及时浇筑刃脚混凝土,在钢围堰内部抽砂下沉,根据姿态逐舱浇筑混凝土。

f. 钢围堰下沉过程中,保持竖直下沉,每下沉 1m 至少检查 1 次;当沉井出现倾斜时及时校正。下沉至设计高程以上 2m 左右时,适当放慢下沉速度并控制井内的除土量和除土位置,使沉井能平稳下沉、准确就位。

g. 钢围堰下沉到位后,按照封底设计方案分舱浇筑封底混凝土。

②质量验收。

钢围堰下沉安装完成后,施工单位填写"钢围堰(下沉定位)检验批质量验收记录表""封底质量验收记录表"并报验。

a. 钢围堰底平面平均高程、封底混凝土厚度、填舱混凝土高度、钢围堰平面位置符合设计方案要求。

检查数量:全部检查。

检验方法:测量。

b. 钢围堰定位允许偏差和检验方法应符合表 15-6 的规定。

钢围堰定位允许偏差和检验方法 表 15-6

项 目	允许偏差(mm)	检 验 方 法
垂直相交直径处垂直度	$h/100$	测量
钢围堰平面位置	150	测量
顶平面最大高差	$1/100 \times$(长或宽)	测量

注：h 为钢围堰高度。

15.4 双壁钢围堰主要工期

2016-11-12—2017-02-27：钢围堰加工制造；
2017-02-28—2017-03-06：钢围堰下水、浮运、定位；
2017-03-07—2017-04-10：定位钢护筒；
2017-04-11—2017-05-01：钢围堰提升与下放；
2017-05-02—2017-06-04：吸泥下沉；
2017-06-07—2017-07-05：钢围堰封底。

16 钻孔灌注桩

16.1 钻机选型总结

桥梁水中基础施工工艺复杂,辅助措施多,工程量大,措施费高;合理选择基础形式和施工工艺,快速有效完成水中基础施工,是桥梁设计施工的关键。基础施工顺利,才能保障桥梁整体按期完工;水中基础工期计划应从紧安排,在资源配置上基础施工要有倾斜措施,并应采取措施尽可能确保基础顺利出水。

桩基础具有承载力大、稳定性好、沉降量小而均匀、抗震能力强、便于机械化施工、适应性强等特点,在工程中得到广泛的应用,根据不同的分类依据,桩基础可以分为不同的类型,如图16-1所示。

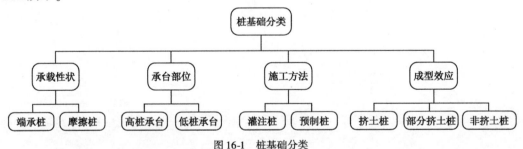

图16-1 桩基础分类

在不同地质下,桩基的选型不同,对应的桩基施工设备也不同,根据桩基分类,其施工设备可分为沉入桩设备和钻孔桩设备两种。

(1)沉入桩施工设备

目前常见的沉入桩施工设备有以下7种:

①静压植桩机。品牌有日本的KOWAN、GIKEN,中国的桩研(大连),适用于钢板桩和钢管桩压入施工。

②国产配重式步履静压桩机。品牌有力源、康达、毅力、新天和等,适用于预制混凝土桩和钢桩压入施工。

③蒸汽锤、空气动力锤、柴油锤。品牌有广东力源等,一般配合桩架和打桩船使用,适用于

预制混凝土桩和钢桩压入施工。其中蒸汽锤和空气动力锤属于已淘汰设备，柴油锤的燃烧不充分，污染环境，目前这三种设备有逐步被液压冲击锤替代的趋势。

④液压冲击锤。品牌有上海永安，一般配合起重机、桩架或打桩船使用，适用于预制混凝土桩和钢桩压入施工。

⑤电振动桩锤。品牌有美国APE、上海永安，适用于钢桩振入施工。

⑥液压振动桩锤。品牌有美国APE、上海永安，适用于钢桩振入施工。

⑦步履式螺杆钻机。适用于预制混凝土桩和钢桩钻孔埋桩施工。

(2) 钻孔桩施工设备

目前常见的钻孔桩施工设备有以下5种：

①回旋钻机。品牌有浙江中锐、中煤钻机、武桥重工、洛阳九久，适合所有地层施工，正反循环皆可，需泥浆护壁；目前最大的回旋钻机钻孔直径为5m。

②冲击钻机。普通正循环冲击钻机全国各地都有生产厂家，适合各种地层，需泥浆护壁；反循环冲击钻机适合覆盖层和中等强度岩层钻进施工。

③旋挖钻机。品牌有德国宝峨、中国中车、徐工集团、三一重工、中联重科，截至2017年中国最大的旋挖钻机是中车TR550，可成孔直径4m；国内旋挖钻机大直径桩施工队伍实力最强的是黑龙江旭腾建筑安装工程有限公司；旋挖钻机配合搓管机可用于岩溶地区和采空区桩基施工；采用宝峨取芯钻头和分级成孔工艺可适应高强度完整岩石的成孔施工，效率高于回旋钻机和冲击钻机。

④潜孔冲击锤。品牌有美国CRI、北京三仁宝业、上海金泰、长沙天和等，潜孔冲击锤具有优异的破岩效率，在硬岩地层中效率最高，需要空压机辅助作为动力，不需要泥浆护壁，单价较高。

⑤全回转钻机。品牌有盾安、中联重科等，施工净高低，全护筒跟进，可以用于低净空条件下补桩加固、拔除旧桩等作业，全护筒跟进可取消泥浆护壁，适合岩溶地区和采空区桩基施工，单价较高。

目前桩基础的直径越来越大，海工环境的桥梁和风电基础越来越多地采用独桩独柱的结构形式，取消了水中承台施工，如海上风电基础、鱼山大桥海中连接线桥墩、平潭海峡大桥大直径桩基承台等。这些需求促进了大直径钻孔设备的发展。如浙江中锐和武桥重工5m以上直径回旋钻机，宝峨飞钻系统（BAUER Flydrill system）等施工设备。

目前韩国和国内有利用履带底盘和泵吸反循环组合式大直径钻杆的反循环钻机，针对大卵石覆盖层成孔效率很高。

针对高强度岩石开发的集束式潜孔冲击锤钻孔方式也是新兴工艺，从石油开采的钻井工艺演化而来，但现阶段动力要求高，费用较高。未来若能发展出液压驱动集束式潜孔冲击锤，将会很好地解决目前高强度岩石钻孔效率低、钻具磨损严重的问题。

16.2 钻进施工总结

在不同地质下，桩基的选型也不同。根据桩基的成桩方法，不同地质的桩基设计和施工方法选择见表16-1。

沉 入 桩 选 型　　　　　　　　　　　　　　表 16-1

编号	1	2	3	4	5	6	7	8	9	备　注
地质	淤泥	软黏	黏土	砂土	填土	碎石	砾石	软岩	风化	
静力压桩	√	√								标准贯入度 $N<20$
锤击沉桩			√	√						
振动沉桩						√	√	√		
钻孔埋桩			√	√	√	√	√	√		覆土较厚时选用

注：1. 锤击沉桩桩锤的选择依据：地质、桩型、土的密实度、单桩竖向承载力。
　　2. 锤击、振动有困难时，射水辅助，黏性土、重要建筑物附近应慎用射水沉桩。
　　3. 沉桩顺序：由中间向两边或四周；先深后浅，先高后低；先大后小，先长后短。
　　4. 终锤控制：视桩端地质而定，一般以控制桩端设计高程为主，贯入度为辅。

根据不同的地质情况，钻孔灌注桩成孔作业应选择不同的工艺，针对不同的情况，其成孔工艺统计如表 16-2 所示。

钻孔灌注桩成孔工艺统计　　　　　　　　　　　　表 16-2

	编号	1	2	3	4	5	6	7	8	9	10
	地质	淤泥	软黏	黏土	砂土	填土	碎石	砾石	软岩	风化	微风化
泥浆护壁	潜水钻	√	√	√	√						√
	正循环回转钻			√	√	√	√	√	√	√	√
	反循环回转钻			√	√	√	√	√	√	√	√
	正循环冲击钻			√	√	√	√	√	√	√	√
	反循环冲击钻			√	√	√	√	√	√	√	√
	泵吸反循环钻机			√	√	√	√	√	√	√	√
	旋挖钻			√	√	√	√	√	√	√	√
干作业	冲抓钻			√	√	√					
	长螺旋钻			√	√	√					
	潜孔冲击锤						√	√	√	√	√
	全回转钻	√	√								
沉管成孔	夯扩			√	√	√					
	振动			√	√	√					

深水钻孔桩为了排渣需要，一般采用泥浆护壁浮渣，气举反循环排渣。当基础水深超过 30m，泥浆比重超过 1.2，出现钢护筒穿底漏浆现象，或者由于反循环补浆不及时，在钢护筒内外产生水头差时，钢护筒有径向失稳的风险。针对深水桩基施工，有一套专门的办法来避免钢护筒径向失稳。

首先要确保钢护筒底口稳定嵌固在岩石里面，避免钢护筒底口串浆；根据岩石破碎情况采取相应措施。当基岩较破碎时，钢护筒采用大吨位振动桩锤，采用引孔跟进方式，钢护筒径厚比在 120 以内，钢护筒顶底口加厚；若基岩比较完整，则采取浮式平台冲击钻预引孔措施，气举反循环清渣后，下放钢护筒，导管水下浇筑底口嵌固混凝土，此时在嵌固端护筒侧壁开圆孔保证混凝土外翻，如果钢护筒施工不用振动桩锤，钢护筒的径厚比可以放宽到 150 以内。建议采用清水钻孔工艺,添加絮凝剂浮渣,气举反循环清孔,泥渣分离器筛出钻渣,及时补水,避免护筒内液面低于外侧水头,也不可超过外侧水头5m以上。通过控制钻孔泥浆比重(采用清水钻孔工艺)确保孔底嵌固效果、控制内外液面高差,避免深水桩基钢护筒径向失稳是行之有效的措施。

16.3 钻孔桩施工工期

由于武穴长江公路大桥15号墩处地质情况复杂,深水基础施工难度大,桩基设计为38根直径3m的超长端承桩,桩长84m,嵌岩深度50m,孔深110m,整个桩基施工期间选择旋挖钻、汽车回旋钻、立式回旋钻3种施工设备。整个桩基施工经历了较长时间,同时也是一个逐步优化施工工艺的过程,具体施工工期如表16-3所示。

15号墩桩基施工工期 表16-3

桩号	钻机及钻头形式	开孔时间	终孔时间	用时(d)	备注
3	中车TR580D旋挖钻机	2017-08-23	2017-10-05	43	普通钻头
14	KTY4000型回旋钻,四翼刮刀钻头	2017-09-18	2017-10-23	35	普通钻头
34	KTY4000型回旋钻,四翼刮刀钻头	2017-10-04	2017-11-08	35	
10	KTY4000型回旋钻,四翼刮刀钻头	2017-10-17	2017-11-19	33	
6	KTY4000型回旋钻,四翼刮刀钻头	2017-10-20	2017-11-22	33	
20	KTY4000型回旋钻,阶梯刮刀钻头	2017-10-25	2017-12-01	37	普通刮刀钻头
38	KTY4000型回旋钻,阶梯刮刀钻头	2017-11-04	2017-11-27	23	
18	KTY4000型回旋钻,阶梯刮刀钻头	2017-11-11	2017-12-19	38	
11	KTY4000型回旋钻,阶梯刮刀钻头	2017-12-05	2017-12-24	19	
8	KTY4000型回旋钻,阶梯刮刀钻头	2017-12-20	2018-01-27	38	
25	KTY4000型回旋钻,阶梯刮刀钻头	2017-12-28	2018-01-18	21	改进截齿钻头
19	KTY4000型回旋钻,阶梯刮刀钻头	2017-12-29	2018-01-15	17	
28	KTY4000型回旋钻,阶梯刮刀钻头	2017-12-30	2018-01-22	23	
22	KTY4000型回旋钻,阶梯刮刀钻头	2018-01-14	2018-02-02	19	
5	KTY4000型回旋钻,阶梯刮刀钻头	2018-01-18	2018-02-04	17	
24	KTY4000型回旋钻,阶梯刮刀钻头	2018-01-27	2018-02-10	14	
29	KTY4000型回旋钻,阶梯刮刀钻头	2018-01-29	2018-02-21	23	
12	KTY4000型回旋钻,阶梯刮刀钻头	2018-01-30	2018-03-04	33	
2	KTY4000型回旋钻,阶梯刮刀钻头	2018-01-31	2018-02-27	27	
31	KTY4000型回旋钻,阶梯刮刀钻头	2018-02-07	2018-02-25	18	
17	KTY4000型回旋钻,阶梯刮刀钻头	2018-02-18	2018-03-05	15	带导向的截齿阶梯钻头
23	KTY4000型回旋钻,阶梯刮刀钻头	2018-02-26	2018-03-15	17	

续上表

桩号	钻机及钻头形式	开孔时间	终孔时间	用时(d)	备注
30	KTY4000型回旋钻,阶梯刮刀钻头	2018-03-03	2018-03-21	18	带导向的截齿阶梯钻头
7	KTY4000型回旋钻,阶梯刮刀钻头	2018-03-05	2018-03-27	22	
9	KTY4000型回旋钻,阶梯刮刀钻头	2018-03-05	2018-03-27	22	
27	KTY4000型回旋钻,阶梯刮刀钻头	2018-03-09	2018-03-23	14	
13	KTY4000型回旋钻,阶梯刮刀钻头	2018-03-09	2018-03-25	16	
15	KTY4000型回旋钻,阶梯刮刀钻头	2018-03-19	2018-04-02	14	
32	KTY4000型回旋钻,阶梯刮刀钻头	2018-03-25	2018-04-12	18	
26	KTY4000型回旋钻,阶梯刮刀钻头	2018-03-29	2018-04-15	17	
21	KTY4000型回旋钻,阶梯刮刀钻头	2018-04-07	2018-04-20	13	
4	KTY4000型回旋钻,阶梯刮刀钻头	2018-04-10	2018-04-24	14	
16	KTY4000型回旋钻,阶梯刮刀钻头	2018-05-08	2018-05-17	9	
1	KTY4000型回旋钻,滚刀钻头	2017-11-05	2017-12-18	43	普通钻头
33	KTY4000型回旋钻,滚刀钻头	2017-11-08	2017-12-19	41	
36	履带式气举反循环回旋钻,筒形刮刀钻头	2018-04-16	2018-05-02	16	带导向的截齿阶梯钻头
35	履带式气举反循环回旋钻,筒形刮刀钻头	2018-04-18	2018-05-05	17	
37	履带式气举反循环回旋钻,筒形刮刀钻头	2018-04-27	2018-05-13	16	

根据项目施工总体部署及现场实际情况,旋挖钻工艺共施工1根桩,回旋钻工艺共施工34根桩,履带式气举反循环工艺共施工3根桩。从表16-3中的钻孔时间可以看出不同的钻孔工艺成孔时间差别较大,结合现场实际施工情况,总结出以下几点:

①项目最开始选择采用两台中车TR580D旋挖钻机施工,在钻进开始时进尺非常顺利,该阶段主要位于黏土及砂土地层,由于主墩处岩面呈25°左右倾斜,岩石主要为层状中风化页岩,根据桩基检测结果,钻孔在倾斜岩面处已出现倾斜,但倾斜度在规定范围内。继续钻进至孔深70~80m处时,由于存在一层厚度在10m左右、强度在80MPa以上的硅质灰岩,出现了硬夹层,在该处钻孔倾斜度出现明显增加直至超过规定值,但仍较顺利地钻至设计孔深,最终桩基成孔垂直度超过1.5‰。桩基孔深110.5m,桩长84m,入岩50m,3m直径桩基一次钻进,旋挖钻整个钻进时间为7d左右,成孔效率很高,适用于本项目地层。由于第一根桩的垂直度不满足要求,项目部针对整个钻进过程进行了较详细的分析、讨论,利用旋挖钻将该桩基回填至岩面处,重新钻进纠偏,同时选择回旋钻进行现场试桩。针对倾斜岩面成孔垂直度控制的方法,后续根据其他类似项目的成功经验,再次分析本项目旋挖钻施工方法,针对倾斜地层或软硬岩石交互地层应采取减压缓慢进尺的方法,针对3m以上的桩基采用分级钻进方法,大直径钻头前设阶梯导向小钻头,确保钻孔的垂直度。

②KTY4000型回旋钻机钻头类型主要分为三种:四翼刮刀钻头、滚刀钻头和阶梯刮刀钻头。其中,四翼刮刀钻头施工4根桩基,滚刀钻头施工2根桩基,阶梯刮刀钻头施工28根桩基。采用滚刀钻头施工的2根桩基用时最长,平均用时42d。采用四翼刮刀钻头施工的4根桩基用时较滚刀钻头短8~10d,平均用时34d,单根桩用时仍较长。采用阶梯刮刀钻头施工的

28根桩,最高用时38d,最低用时9d,且随着施工的不断深入,工艺及钻头不断改进,钻孔用时明显减少,钻孔时长统计如图16-2所示。

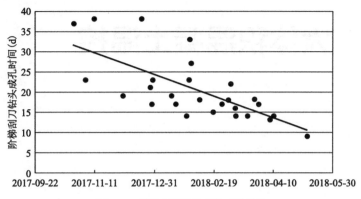

图16-2　阶梯刮刀钻头成孔时间趋势

③在阶梯刮刀钻头施工过程中,采用不同的钻头,其对应的成孔时间均显示出明显的差距。从表16-3中可以看出,前期5根桩采用普通刮刀钻头的回旋钻进工艺,平均成孔时长为31d;采用改进截齿钻头施工时,后续的10根桩基平均成孔时长为21d,减少近10d/根;采用经过优化的带导向的截齿阶梯钻头施工最后13根桩基时,平均成孔时间16d,较前一种钻头成孔时长减少5d/根,比普通的刮刀钻头成孔时间节省约50%,优化效果非常明显。

④根据项目的进度安排,在主墩桩基施工后期,采用履带式气举反循环钻机施工3根桩基,通过前期桩基施工的经验,该钻机使用了与回旋钻相同的带导向的改进截齿阶梯钻头,平均成桩时间16d,与回旋钻工艺的钻孔效率持平,说明了改进后的钻头能在很大程度上缩短成孔时间,而且其总体桩基垂直度控制得更好,同时也说明了钻头对于桩基施工的重要性。

17 大体积混凝土温控

17.1 大体积混凝土温控计算总结

17.1.1 相关规范

①《大体积混凝土施工标准》(GB 50496—2018)。
②《公路桥涵施工技术规范》(JTG/T F50—2011)。
③《大体积混凝土温度测控技术规范》(GB/T 51028—2015)。
④《水运工程大体积混凝土温度裂缝控制技术规程》(JTS 202—1—2010)。
⑤《铁路混凝土工程施工技术指南》(TZ 210—2005)。
⑥《铁路混凝土工程施工技术规程》(Q/CR 9207—2017)。

17.1.2 温控计算相关参数

大体积混凝土温控主要分为三个层次：
层次一：优化配合比
混凝土结构尺寸不大，通过优化配合比以及保温保湿等辅助措施可使混凝土不因温度应力而产生裂缝。
层次二：控制集料温度
在上一层次的基础上，通过加冰水、降低集料温度等手段降低混凝土的初始温度，进而使混凝土不因水化热而产生温度裂缝。
层次三：利用管冷降温
若层次一、层次二措施实施后均不能达到混凝土温度控制的要求，则需要预埋冷却水管，通过冷却水降低混凝土内外温差从而达到混凝土温控的要求。
无论哪个层次均应当根据温控计算的结果，对实际情况做出判断，选择最经济、效果最好的方法保证大体积混凝土不产生温度裂缝。混凝土温控计算通常采用有限元软件进行，主要的计算软件为 MIDAS Civil、MIDAS FEA、ANSYS 等。主要参数包括混凝土材料参数和混凝土接触面参数两个方面,详细参数如图17-1所示。

混凝土材料:
- 比热容、热导率
- 弹性模量
- 热膨胀系数
- 泊松比
- 抗压强度系数
- 初始温度

混凝土接触面:
- 混凝土-空气对流系数
- 混凝土-钢模对流系数
- 混凝土-木模对流系数
- 冷却水对流系数
- 冷却水温度
- 环境温度
- 保温层厚度

图17-1 混凝土主要参数

混凝土材料参数取值(参考)及相关计算方法见表17-1。

混凝土材料参数取值 表17-1

强度等级	比热容 [kJ/(kg·℃)]	热导率 [kJ/(m·h·℃)]	弹性模量 (MPa)	热膨胀系数 (1/℃)	泊松比	抗压强度系数		初始温度 (℃)
						a	b	
C25	0.93	11.376	2.8×10^{4}	1.0×10^{-5}	0.2			
C30	0.948	11.319	3×10^{4}	1.0×10^{-5}	0.2			
C35	0.947	11.257	3.15×10^{4}	1.0×10^{-5}	0.2	4.5	0.95	取混凝土浇筑温度
C40	0.945	11.192	3.25×10^{5}	1.0×10^{-5}	0.2			
C50	0.945	11.128	3.45×10^{5}	1.0×10^{-5}	0.2			

注:1. 混凝土比热容与热膨胀系数可由《大体积混凝土温度应力与温度控制》(第二版)第23页的公式根据混凝土配合比进行计算。
2. 混凝土浇筑温度一般比出机口温度高2~3℃,出机口温度由现场实测。

混凝土绝热温升值一般由试验室测量获得,项目前期缺乏试验数据时根据式(6-6)计算。

根据式(6-6)计算出的绝热温升值,可利用经验公式估算混凝土核心最高温度:

$$T_{(m)} = 0.9 \times T_7 + \text{环境温度} \tag{17-1}$$

式中:$T_{(m)}$——核心最高温度,℃;

T_7——7天绝热温升值,℃。

接触面参数的取值可按如下要求进行。

(1)混凝土保温层厚度。对于表面有保温要求的混凝土,其保温层厚度按照式(6-10)进行计算。

加铺保温层后,混凝土等效放热系数按式(6-11)计算。

根据计算得出混凝土表面等效放热系数为16.02kJ/(m^2·h·℃)。

(2)冷却管计算参数。冷却水管一般采用ϕ50mm、ϕ40mm型铸铁水管,水泵型号和规格可参考下式计算结果进行选择。

忽略热量散失,若混凝土降温的热量完全由冷却水管中的水吸收,则有

$$\frac{1}{4}c_c\rho_c V_c \Delta T_c = c_W \rho_W (Q_W t')\Delta T_W \tag{17-2(a)}$$

$$Q_W = nQ_i \qquad [17\text{-}2(b)]$$

式中：c_c——混凝土的比热容，取 0.97kJ/(kg·℃)；

ρ_c——混凝土的密度，取 2600kg/m³；

V_c——混凝土的体积，m³；

ΔT_c——由冷却水管导致的混凝土降温差，假设为 5℃；

c_W——水的比热容，取 4.2kJ/(kg·℃)；

ρ_W——水的密度，取 1000kg/m³；

Q_W——水泵流量，m³/h；

t'——管道长度，取 84m；

ΔT_W——冷却水管出水口、进水口温差，暂定为 10℃；

Q_i——单根水管流量（其值由式[17-4(a)]确定），m³/h；

n——水管根数，本工程为 50 根。

水泵功率计算公式：

$$P_W = \frac{\rho_W g Q_W H}{\eta} \qquad (17\text{-}3)$$

式中：P_W——水泵功率，kW；

g——重力加速度，9.8m/s²；

H——水泵扬程，暂定 10m；

η——水泵效率，取 75%。

在混凝土浇筑前，预先对冷却水管进行半小时的加压通水试验，保证冷却水管正常工作，同时更有利于混凝土内部降温。当混凝土覆盖冷却水管时即开始通水，水流量由下式计算得出。

$$Q_i = \mu A \qquad [17\text{-}4(a)]$$

$$\mu = \frac{\sqrt{2gH_W}}{1 + \xi + \lambda \dfrac{L}{d}} \qquad [17\text{-}4(b)]$$

式中：Q_i——单根水管流量，m³/s；

μ——管道流量系数，m/s；

A——管道过水面积，m²；

g——重力加速度，9.8m/s²；

H_W——管道作用水头，暂按水泵扬程取 5m；

ξ——管道局部阻力系数，本工程取 0.5；

λ——管道沿程阻力系数，本工程取 0.025；

L——管道长度，取 84m；

d——管道内径，m。

17.2 大体积混凝土施工总结

17.2.1 温控基本原则与标准

混凝土温度控制的原则是：内散外保，先快后慢，温峰过后流量减半。
①控制混凝土浇筑温度；
②尽量降低混凝土的水化热温升，延缓最高温度出现时间；
③通过保温控制温峰过后混凝土的降温速率；
④降低混凝土中心与表面之间、新旧浇筑混凝土之间的温差并控制混凝土表面和大气环境之间的温差。

根据气温、混凝土配合比、结构尺寸、约束情况等，参考《公路桥涵施工技术规范》(JTG/T F50—2011)、《大体积混凝土施工标准》(GB 50496—2018)和《水运工程大体积混凝土温度裂缝控制技术规程》(JTS 202—1—2010)等相关规定，以及已有大体积混凝土施工经验，确定承台混凝土浇筑时温控的主要指标、辅助指标，分别见表17-2、表17-3。同时，为了防止出现温度裂缝，计算时需要保证允许拉应力（基于规范计算）/实际拉应力（有限元软件仿真计算）大于或等于1.4。

承台大体积混凝土温控主要指标　　　　　表17-2

指标	浇筑温度(℃)	内表温差(℃)	降温速率(℃/d)
范围	≥5，≤28	≤25	≤2.0

承台大体积混凝土温控辅助指标　　　　　表17-3

指标	内部最高温度(℃)	混凝土表面与大气温差(℃)	冷却水管进、出水口水温之差(℃)	冷却水与混凝土内部最高温度之差(℃)	养护水与混凝土表面温差(℃)
范围	≤65	≤20	≤10	≤20	≤15

17.2.2 有限元模型

利用有限元软件建立模型计算混凝土水化热时，应根据实际情况获得真实的试验数据，按照上述计算方法及公式计算出软件中需要输入的相关参数。用正确的数据建立计算模型时需要注意以下几点：
①对于较大承台或其他结构物可建立1/4模型，减少计算量的同时便于查看计算结果；
②在承台底部需要建立一层基层结构，以减小承台底部产生的局部应力，存在封底混凝土的应包含在模型中；
③进行模型单元划分时需要提前考虑冷却管的布置，且尽量使划分单元尺寸不大于冷却

管水平间距的一半；

④对于承台与墩柱第一节同时浇筑的情况,在进行网格划分时应先考虑墩柱结构尺寸与形状；

⑤设置模型边界条件时应注意对流边界的激活与钝化；

⑥混凝土中水泥水化反应在48h左右基本完成,混凝土内部温峰也会在浇筑2~3d内达到,因此混凝土施工阶段时间设置上前三天应较密集,后四天按照12h的间隔设置；

⑦大体积混凝土温控计算应分为无管冷和有管冷两个模型对比进行,保证增加管冷的模型能够满足相关规范要求。

17.2.3 温控措施

(1)通过控制混凝土入模温度来控温

控制混凝土入模温度低于28℃,可采取对砂石料架设遮阳棚,降低水泥、粉煤灰等细集料温度,降低拌和用水的温度(如加冰块、使用大型冷却机)等方法,如图17-2所示。

 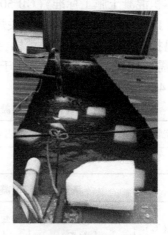

（a）砂石料遮雨、遮阳　　　　（b）控制拌和用水温度

图17-2　控制混凝土入模温度的方法

(2)通过冷却水管来控制

当采用冷却水管对混凝土内部进行降温以减小混凝土内外温差时,应注意以下几点:

①冷却管宜采用导热性能较好的圆形镀锌铁管,直径一般在40~50mm。

②单根管路长度控制在100~150m之间,每根管路均设置一个进水口和一个出水口,进水口采用分水器与水泵连接,出水口连接至水箱。

③冷却管水平中心间距宜在0.8~1.0m之间,竖向中心间距宜控制在1m左右。

④冷却管的安装应与钢筋骨架的安装协同考虑,对于大型承台或基础结构,可利用竖向架立筋(型钢)作为支撑,将冷却管固定;冷却管转弯处宜采用"丝口+胶带"的形式,两头设置直管,中间采用小弯头连接,可以有效防止接头漏水。

⑤相邻两层冷却管的布置方向应相互垂直,每根管路的进、出水口宜尽量位于同侧,进、出

水口在两端位置向上接至承台(基础)顶面并高出承台顶面50cm左右,便于连接水泵、水箱等。

⑥当混凝土覆盖冷却水管时即开始通水,采用循环水使混凝土降温,当水箱内水温较高时(比混凝土温度低10℃左右)应及时向水箱内加水以实时调节冷却水温度。

⑦冷却管内冷却水应处于紊流状态,可按照雷诺数不小于10000来反算冷却水的流速,然后按照流速反算出流量,再参照水泵的功率来控制冷却水管内水的流速。

18 超高塔施工

18.1 下塔柱施工

塔柱混凝土设计强度比承台混凝土高,如果承台浇筑完成并达到一定强度之后再浇筑塔柱混凝土,承台与塔柱之间就存在一个龄期差,会导致混凝土的收缩徐变不一致,同时承台表面尺寸远大于塔柱尺寸,则在结构交界面处先浇筑的承台会对后浇筑的塔柱形成一个较强的约束,在塔柱根部会形成收缩裂缝,对结构不利,因此第一节塔柱应与承台同步浇筑、同步养护。塔柱与承台同步浇筑施工应注意以下几点:

①承台钢筋安装时应同步预埋塔柱钢筋和塔柱劲性骨架,塔柱第一节浇筑高度应控制在 0.5～4.5m,包含塔座高度。

②塔柱和塔座模板安装时在底部应做好压模处理,防止浇筑塔柱混凝土时底部爆模和漏浆,影响混凝土质量。

③当承台混凝土设计强度与塔柱混凝土设计强度不一样时,应先浇筑承台其他区域内的混凝土,最后浇筑塔柱和塔座区域内的承台混凝土。

④塔柱第一节和塔座混凝土标号一般较高,且属于大体积混凝土,应按照大体积混凝土温控标准进行温控计算并制订温控方案,与承台混凝土温控同步实施。

⑤对于向外侧倾斜的塔柱,第一节塔柱浇筑高度较大时,混凝土对外侧模板的侧身压力较大,应注意外侧模板的支撑与固定。

对于下塔柱而言,无论其是内倾还是外倾,根据倾斜角度、塔柱高度计算塔柱根部应力,若发现存在超标的风险,则均应设置辅助设施,减小根部应力。向外侧倾斜的下塔柱施工应注意以下几点:

①对于不超过30m 的下塔柱宜采用液压爬模的模板按照翻模法施工,可不采取辅助措施减小塔柱根部应力。

②对于40m 以上的下塔柱可采用液压爬模施工,根据计算结果,对于向外侧倾斜的下塔柱可采用钢绞线两侧对拉以减小塔柱根部拉应力,钢绞线张拉完成后注意进行防护,防止施工过程中的火花、落物等对钢绞线造成损伤。

③塔柱实心段属于大体积混凝土结构,应按照大体积混凝土施工要求采取温控措施。

18.2 标准塔柱施工

对于一座主塔来说,其工期控制的关键就是标准节段的施工,因为标准节段施工时各方面的施工条件及工艺流程一致,安排好各个环节的作业工序可以达到"流水线"式的施工作业效果,大大提升施工效率,为后续复杂节段施工打下良好的时间基础。标准节段的主要施工工艺包括:钢筋及预埋件安装、液压爬模爬升与安装、混凝土浇筑与养护、混凝土外观处理、附属设施安装等。

(1)钢筋及预埋件安装要点

①塔柱钢筋安装时需要靠劲性骨架进行定位与支撑,针对塔柱的不同倾斜角度,劲性骨架的刚度稍有差别,塔柱劲性骨架一般采用角钢拼装而成,对于塔柱来说,劲性骨架一定程度上增加了其用钢量,会影响塔柱混凝土收缩,产生收缩裂缝。塔柱劲性骨架用钢量应控制在每立方米塔柱混凝土 30 ~ 40kg。

②钢筋应与塔柱各类预埋件同步协同安装,因为一些尺寸较大的预埋件(如深埋锚头、附墙预埋件、主动横撑预埋件、爬模预埋件、电梯预埋件、爬梯预埋件等)必然占用钢筋位置,而塔柱竖向钢筋一般设置为双层,其刚度较大,在钢筋安装时需要提前对预埋件区域钢筋的间距进行调整,使预埋件能够顺利安装。

(2)液压爬模爬升与安装要点

①爬轨和挂座预埋爬锥位置必须准确,爬轨提升前再次检查,提升到位后对所有爬轨位置进行检查,爬升前每个榀爬架的安全带必须挂设到位。

②爬模爬升前按照检查表格各方面检查到位,并要求相关检查人员签字,爬模爬升应尽量选择白天,如果必须于夜间进行爬升,在爬升前爬模上除操作人员外其余人员必须撤离,按照检查清单将所有检查项核查完毕,相关人员签字等手续完成后方可开始爬升。

③开始爬升后所有行动由现场指挥员统一指挥,相关操作和观察人员时刻关注爬模爬升高度及姿态,顶升油缸每完成一个行程均汇报液压油缸工作情况,对于不同步的情况在下一个行程进行调整,出现某一个油缸不工作时必须立即停止爬升,待问题解决后方可继续爬升。

(3)混凝土浇筑与养护要点

①混凝土泵的选择。

先根据实际情况计算出混凝土泵所需要的最大水平输送距离,然后根据公式计算出混凝土泵所需的最大泵送阻力,所选择混凝土泵的最大泵送压力应大于该阻力值且应具备一定的富余系数(一般取 1.1 ~ 1.2)。

混凝土泵最大水平输送距离可由试验确定的取试验数据,也可根据设备性能表(曲线)确定,无相关数据时根据混凝土泵的最大出口压力、配管情况、混凝土性能和输出量等按照下式计算:

$$L_{\max} = \frac{P_e - P_f}{\Delta P_H} \times 10^6 \tag{18-1}$$

式中：$L_{\max}$——混凝土泵最大水平输送距离，m；
　　　P_e——混凝土泵额定工作压力，MPa；
　　　P_f——混凝土泵送系统附件及泵体内部压力损失，按照表18-1估算，MPa；
　　　ΔP_H——混凝土在水平输送管内流动每米产生的压力损失，Pa/m，按照式(18-2)计算。

混凝土泵送系统附件的估算压力损失表　　　　表18-1

附件名称	换算单位	估算压力损失(MPa)
管路截止阀	每个	0.1
分配阀	每个	0.2
启动内耗	每台泵	1.0

$$\left. \begin{array}{l} \Delta P_H = \dfrac{2}{r}\left[K_1 + K_2 \left(1 + \dfrac{t_1}{t_2}\right) v_2 \right] a_2 \\ K_1 = 300 - S_1 \\ K_2 = 400 - S_1 \end{array} \right\} \tag{18-2}$$

式中：r——混凝土输送管半径，m，其规格应根据混凝土粗集料最大粒径、混凝土输出量、输送距离以及拌合物性能等进行选择，应满足表18-2的规定；
　　　K_1——黏着系数，Pa；
　　　K_2——速度系数，Pa·s/m；
　　　S_1——混凝土坍落度，mm；
　　　$\dfrac{t_1}{t_2}$——混凝土泵分配阀切换时间与活塞推压混凝土时间之比，当设备性能未知时，可取0.3；
　　　v_2——混凝土拌合物在输送管内的平均流速，m/s；
　　　a_2——径向压力与轴向压力之比，普通混凝土取0.90；
　　　其余变量意义同前。

混凝土输送管最小内径要求　　　　表18-2

粗集料最大粒径(mm)	输送管最小内径(mm)
25	125
40	150

混凝土泵的额定工作压力应大于按下式计算的混凝土最大泵送阻力：

$$P_{\max} = \frac{\Delta P_H L}{10^6} + P_f \tag{18-3}$$

式中：$P_{\max}$——混凝土最大泵送阻力，MPa；
　　　L——各类布置状态下混凝土输送管路系统的累计水平换算距离，m，各种不同状态下的泵管水平换算长度按照表18-3进行换算；

其余变量意义同前。

混凝土泵管水平换算长度 表 18-3

管类别或布置状态	换算单位	管 规 格		水平换算长度(m)
向上垂直管	每米	管径(mm)	100	3
			125	4
			150	5
倾斜向上管(角度为 α)	每米	管径(mm)	100	$\cos\alpha + 3\sin\alpha$
			125	$\cos\alpha + 4\sin\alpha$
			150	$\cos\alpha + 5\sin\alpha$
垂直向下及倾斜向下管	每米	—		1
锥形管	每根	锥径变化(mm)	175→150	4
			150→125	8
			125→100	16
弯管(弯头张角为 β,≤90°)	每只	弯曲半径(mm)	500	$12\beta/90$
			1000	$9\beta/90$
胶管	每根	长 3~5m		20
布管角度示意图				

②混凝土搅拌运输车的选配。

当混凝土泵连续作业时,每台混凝土泵应配备相应数量的混凝土搅拌运输车,所需数量可按下式计算:

$$N_1 = \frac{Q_1}{60V_1\eta_V}\left(\frac{60L_1}{S_0} + T_1\right) \tag{18-4}$$

式中: N_1——混凝土搅拌运输车台数,按计算结果取整数,小数点以后的部分应进位;

Q_1——每台混凝土泵的实际平均输出量, m^3/h;

V_1——每台混凝土搅拌运输车容量, m^3;

η_V——混凝土搅拌运输车容量折减系数,可取 0.90~0.95;

L_1——混凝土搅拌运输车往返距离, km;

S_0——混凝土搅拌运输车平均行车速度, km/h;

T_1——每台混凝土搅拌运输车总计停歇时间, min。

每台混凝土泵的实际平均输出量可根据混凝土泵的最大输出量、配管情况和作业效率,按下式计算:

$$Q_1 = \eta\alpha_1 Q_{max} \tag{18-5}$$

式中: Q_{max}——每台混凝土泵的最大输出量, m^3/h;

α_1——配管条件系数,可取 0.8~0.9;

η——作业效率,根据混凝土搅拌运输车向混凝土泵供料的间断时间、拆装混凝土泵管和布料停歇等情况,可取 0.5~0.7;

其余变量意义同前。

③混凝土坍落度要求。

对于竖向泵送的混凝土,向上泵送的高度越大,对混凝土坍落度或扩展度的要求越高,不同高度条件下混凝土入泵坍落度应满足的条件如表18-4所示。

混凝土入泵坍落度与最大泵送高度关系表　　　表18-4

最大泵送高度(m)	50	100	200	400	400 以上
入泵坍落度(mm)	100~140	150~180	190~220	230~260	—
入泵扩展度	—	—	—	450~590	600~740

④塔柱混凝土浇筑养护注意事项。

塔柱混凝土浇筑时应注意以下几个方面:

a. 塔柱模板安装前必须对塔柱预埋件数量及位置进行复查;

b. 根据测量结果对模板倾斜度、尺寸等进行复核,满足条件后再次对底部向上1m范围内的固定螺杆进行检查和加固,并检查数量;

c. 混凝土浇筑时下落高度大于3m时必须设置溜槽,必须严格控制浇筑厚度,振动棒应尽量避开预埋件位置;

d. 养护时间不少于24h,冬季气温较低时应延长养护时间;

e. 模板退开后,可利用爬模设置自动喷淋系统;

f. 利用吊装平台,仔细检查塔柱混凝土外观并进行同步处理,若后期采用吊篮施工,则其处理费用将大大提高。

(4)附属设施安装要点及其他注意事项

①主动横撑安装。主动横撑应选择满足压杆稳定性的钢管,一端采用与预埋件焊接固定端形式,另一端采用活络头形式,在顶推到设计顶推力后,采用楔形块将活络端顶紧,可有效减少顶推力的损失。

②塔式起重机附墙安装。塔式起重机附墙位置决定了塔式起重机悬臂的高度,因此在塔柱施工时需要使塔柱的高度小于最大悬臂高度,这样在塔柱施工时可尽量减少塔式起重机附墙安装与塔柱施工之间的干扰,塔式起重机附墙预埋件安装时应尽量提高预埋件的位置精度,且必须控制在附墙杆自身可调的范围内。

③主塔预埋。塔柱施工过程中应充分考虑各种预留、预埋设施,如机电预埋件、预留孔,防雷接地预埋等。机电设备一般放置于主塔横梁内,其设备尺寸较大,为了防止因预留孔尺寸过小导致机电设备无法进入横梁内情况的发生,应提前根据设备尺寸要求与设计单位确认预留孔尺寸。

④塔内爬梯。塔内设施预埋与塔柱同步施工,塔内爬梯的安装也应与塔柱施工同步,可利用爬模平台的便利性完成塔内爬梯的安装,尤其是对于倾斜的塔柱,后期从塔式起重机向下安装平台将大大增加施工难度,同时安装风险极高。

⑤塔内电梯。有横梁的塔柱,塔内永久电梯在横梁处所需的通道尺寸均要提前确定,否

则,后续无法正常通行时再对塔柱进行调整的难度将非常大,若按照尺寸更改梯笼的大小也将是一个费时费力的工程。

⑥塔内清理。塔柱施工时会无法避免地在内舱掉落一些混凝土、木方等杂物,塔柱越高,时间越长,后期清理的难度越大,因此在塔柱施工时应在内平台下方设置一个防落平台,对于掉落的物体及时清理,始终保持塔内舱的整洁。

18.3 上塔柱施工

上塔柱施工工艺与标准塔柱施工工艺基本一致,相比而言增加了钢锚梁安装、环向预应力安装等施工内容,本节只着重说明钢锚梁安装和环向预应力安装施工需要注意的事项,其余施工工艺参考标准塔柱施工。

(1)首节钢锚梁安装

就施工控制而言,每节钢锚梁定位都应是独立的过程,但是从实际施工的角度出发,首节钢锚梁的定位精度将直接影响后续钢锚梁安装定位的精度及施工效率。因为首节钢锚梁安装位于支架上,其位置只能根据测量数据,依靠塔柱钢筋劲性骨架来确定。在首节钢锚梁定位与安装过程中应注意以下几点:

①钢锚梁拼装。钢锚梁在施工平台上进行预拼装,并经过监理、业主的检查验收,测量人员按照设计参数对钢锚梁整体形态进行测量,确定钢锚梁的尺寸满足设计和相关规范要求。

②首节钢锚梁支架。首节钢锚梁支架宜采用由型钢加工而成的 K 形支架,焊接于预埋在主塔内壁的预埋件上,支架刚度宜稍偏大,且注意支架顶面高程应较钢锚梁底面设计高程低 5～10cm,以便于钢锚梁高程及水平位置的调整。

③首节钢锚梁姿态调整。拼装支架安装到位后将首节钢锚梁放置于支架上,根据测量数据在支架上安装高度、平面位置三向调节装置,一般在夜间温度恒定时对钢锚梁位置进行精确调整后将钢锚梁与支架临时焊接固定。

(2)其余钢锚梁安装

①初步定位。首节钢锚梁安装到位后,根据三维模型得出的钢锚梁相对坐标位置,在首节钢锚梁顶面焊接临时限位钢板,作为后续钢锚梁安装时的初步定位参照点,可在全天任何时段进行钢锚梁的安装,其自身位置精度误差不大,可待夜间调整时再对其位置进行精确调整。

②精确定位。由于主塔受日照影响,其向阳面温度高于背阳面,塔柱会向背阳面弯曲,为了保证每节钢锚梁位置的误差控制在最小值,选择在夜间 10:00—次日 4:00 之间进行钢锚梁定位测量,此时测量过程与首节钢锚梁的施工方法相同,即每节钢锚梁的精确定位过程相对独立,确保钢锚梁和索导管位置与设计位置一致。

(3)环向预应力安装

主塔拉索锚固区一般设置有环向的预应力,其预应力布置一般分为"井"字形和"U"形。"井"字形预应力的优点在于钢绞线均为直线,布置、安装和张拉均较方便,但均需要在两端埋设锚头,对塔柱钢筋安装影响较大;"U"形预应力的优点在于一处预应力仅设置两个锚头,对钢筋安装影响相对较小,但预应力布置和张拉有一定困难。

武穴长江公路大桥主塔均布置"U"形预应力,其预应力波纹管宜采用可弯曲的塑料波纹管,在弯曲处可保证其不破损,如果设计或其他方面要求使用金属波纹管,应注意平弯处加强或采用可弯曲的金属波纹管。钢绞线穿过"U"形管时应对其头部进行处理,一般采用较光滑的硬质塑料头套或者采用透明塑料胶带将头部包裹成头套的形式,可以保证钢绞线顺利地穿过波纹管。

18.4 塔柱施工工期

主塔施工工期可根据不同工序的施工时长来进行估算,主要考虑的施工工序包括钢筋安装、液压爬模爬升与安装、钢锚梁安装、大型预埋件安装、混凝土浇筑、主动横撑安装、塔式起重机附墙安装等,根据实际施工时间统计情况,各工序施工效率如下:

钢筋安装:2.5~3t/h;

液压爬模爬升与安装:1d左右;

钢锚梁安装:2h/节;

塔式起重机/主动横撑预埋件安装:2h/个;

混凝土浇筑:下塔柱40m³/h,标准塔柱20m³/h,上塔柱15m³/h;

主动横撑安装:钢管提前准备,晚上安装到位需要4h;

塔式起重机附墙安装:1.5~2d/个。

上述数据是根据15号主塔的实际施工时间总结得出,从总体上看,6m一节的塔柱正常施工时间为4d左右,若存在其他干扰工序(如主动横撑、塔式起重机附墙、钢锚梁安装等),则在此工期上按照工期搭接情况适当增加时间,一节塔柱施工时间应不超过6d,具体施工时间如表18-5所示。

武穴长江公路大桥15号主塔塔柱实际完成时间 表18-5

塔柱节段	施工人员数量(单肢)	钢筋安装时间		液压爬模安装及模板完成时间		混凝土浇筑		
		开始	完成	开始	完成	浇筑时间	用时(h)	混凝土方量(m³)
塔座及下塔柱第1节	15	2018-08-09	2018-08-23	2018-08-23	2018-08-30	2018-08-31	19	1114.37
下塔柱第2节	15	2018-09-04	2018-09-15	2018-09-16	2018-09-23	2018-09-23	16	612.58
下塔柱第3节	15	2018-09-26	2018-10-04	2018-10-04	2018-10-07	2018-10-07	15	487.29
下塔柱第4节	15	2018-10-11	2018-10-16	2018-10-16	2018-10-22	2018-10-22	14	476.19
下塔柱第5节	15	2018-10-24	2018-10-28	2018-10-28	2018-10-31	2018-10-31	14	462.32
下塔柱第6节	15	2018-11-02	2018-11-05	2018-11-05	2018-11-09	2018-11-09	20	331.70
下塔柱第7节	15	2018-11-11	2018-11-16	2018-11-18	2018-11-20	2018-11-21	13	364.64

续上表

塔柱节段	施工人员数量(单肢)	钢筋安装时间		液压爬模安装及模板完成时间		混凝土浇筑		
		开始	完成	开始	完成	浇筑时间	用时(h)	混凝土方量(m³)
下塔柱第8节	15	2018-11-22	2018-11-27	2018-11-29	2018-12-03	2018-12-04	10	376.00
下塔柱第9节（下横梁第一层）	15	2018-12-09	2018-12-21	2018-12-23	2018-01-06	2019-01-19	12	925.74
下塔柱第10节（下横梁第二层）	15	2019-02-25	2019-03-02	2019-03-04	2019-03-09	2019-03-09	8	694.75
中塔柱第11节	15	2019-03-12	2019-03-19	2019-03-19	2019-03-21	2019-03-22	13	355.05
中塔柱第12节	15	2019-03-23	2019-03-27	2019-03-27	2019-03-29	2019-03-29	17	308.58
中塔柱第13节	15	2019-03-30	2019-04-03	2019-04-04	2019-04-05	2019-04-05	8	236.00
中塔柱第14节	15	2019-04-06	2019-04-13	2019-04-13	2019-04-14	2019-04-14	13	236.00
中塔柱第15节	15	2019-04-16	2019-04-18	2019-04-18	2019-04-21	2019-04-21	11	232.00
中塔柱第16节	15	2019-04-22	2019-04-24	2019-04-24	2019-04-26	2019-05-01	11	228.50
中塔柱第17节	15	2019-05-01	2019-05-03	2019-05-03	2019-05-04	2019-05-05	13	228.00
中塔柱第18节	15	2019-05-05	2019-05-07	2019-05-08	2019-05-08	2019-05-09	10	220.00
中塔柱第19节	15	2019-05-09	2019-05-11	2019-05-11	2019-05-12	2019-05-12	12	218.00
中塔柱第20节	15	2019-05-13	2019-05-17	2019-05-17	2019-05-18	2019-05-22	13	215.00
中塔柱第21节	15	2019-05-22	2019-5-24	2019-05-25	2019-05-26	2019-05-26	13	219.30
中塔柱第22节	15	2019-05-27	2019-5-28	2019-05-28	2019-05-29	2019-05-29	10	209.00
中塔柱第23节	15	2019-05-30	2019-05-31	2019-05-31	2019-06-01	2019-06-01	9	201.00
中塔柱第24节	15	2019-06-02	2019-06-03	2019-06-03	2019-06-04	2019-06-05	12	203.50
中塔柱第25节	15	2019-06-05	2019-06-08	2019-06-08	2019-06-08	2019-06-09	13	201.00
中塔柱第26节	15	2019-06-09	2019-06-11	2019-06-14	2019-06-15	2019-06-15	10	196.00
中塔柱第27节	15	2019-06-16	2019-06-20	2019-06-20	2019-06-21	2019-06-22	10	194.50
中塔柱第28节	15	2019-06-23	2019-06-24	2019-06-24	2019-06-25	2019-06-26	9	190.00
中塔柱第29节	15	2019-06-26	2019-06-28	2019-06-28	2019-06-29	2019-06-29	10	189.50
中塔柱第30节	15	2019-06-30	2019-07-02	2019-07-02	2019-07-03	2019-07-03	11	182.50
中塔柱第31节	15	2019-07-09	2019-07-11	2019-07-12	2019-07-13	2019-07-13	11	192.03
中塔柱第32节	15	2019-07-14	2019-07-19	2019-07-20	2019-07-21	2019-07-23	10	150.48
上塔柱第33节	15	2019-07-23	2019-07-28	2019-07-28	2019-07-30	2019-07-30	12	155.39
上塔柱第34节	15	2019-07-31	2019-08-06	2019-08-06	2019-08-11	2019-08-12	12	170.33
上塔柱第35节	15	2019-08-13	2019-08-18	2019-08-18	2019-08-21	2019-08-23	12	154.29
上塔柱第36节	15	2019-08-24	2019-08-27	2019-08-27	2019-08-29	2019-08-30	9	143.71
上塔柱第37节	15	2019-08-31	2019-09-02	2019-09-03	2019-09-04	2019-09-05	7	145.98
上塔柱第38节	15	2019-09-05	2019-09-07	2019-09-07	2019-09-08	2019-09-08	7	140.77

续上表

塔柱节段	施工人员数量(单肢)	钢筋安装时间		液压爬模安装及模板完成时间		混凝土浇筑		
		开始	完成	开始	完成	浇筑时间	用时(h)	混凝土方量(m^3)
上塔柱第39节	15	2019-09-09	2019-09-11	2019-09-11	2019-09-13	2019-09-13	10	144.91
上塔柱第40节	15	2019-09-19	2019-09-22	2019-09-22	2019-09-23	2019-09-23	10	151.91
上塔柱第41节	15	2019-09-24	2019-09-29	2019-09-29	2019-10-01	2019-10-02	10	146.60
上塔柱第42+43节	15	2019-10-02	2019-10-09	2019-10-09	2019-10-12	2019-10-12	21	157.00
上塔柱第44节	15	2019-10-13	2019-10-23	2019-10-23	2019-10-26	2019-10-26	16	168.73
上塔柱第45节	15	2019-10-27	2019-10-31	2019-10-31	2019-11-02	2019-11-02	12	172.88
上塔柱第46节	15	2019-11-03	2019-11-09	2019-11-09	2019-11-11	2019-11-11	12	143.58

19 钢箱梁施工

19.1 塔区梁段安装

19.1.1 塔区梁段支架

塔区钢箱梁长度较大，1号索（WZ1、WB1）未挂设前必须采用支架支撑。对于水中墩，塔区梁段支架一般采用钢管桩配合型钢支撑。在支架的设计与施工过程中应注意以下几点：

①项目前期策划时应统一考虑支架结构形式，在栈桥平台施工时应提前考虑和谋划支架钢管桩的位置，后期可根据项目需要进行支架钢管桩施工，对其他施工工序不造成干扰。

②支架顶面高程控制应根据梁底设计高程、钢梁高程调整空间、支垫高度等多方面因素综合考虑，一般支垫高度应较设计高程大5~10cm，将钢梁高程调整量控制在千斤顶一个行程范围内。

③整个塔区梁段支架应连接为整体，若横梁将支架分隔开，则可利用横梁上的预埋件与支架连接形成稳定结构。

④支架设计时应同步考虑钢梁就位和调整人员操作通道，其通道距离梁底高度宜不小于1.4m。

⑤为了便于后续梁段的正常吊装，支架主梁前端应较钢梁前端短0.5~1.0m。

⑥支架主梁的位置宜尽量设置于钢箱梁纵向内腹板下方，方便梁段姿态调整时千斤顶支撑于腹板位置。

19.1.2 吊装设备

塔区梁段吊装应考虑的因素主要包括梁段重量、桥址所在地区最大起重设备及起重能力、起吊高度、水位、水深等，在设备选型前应对所在水域起重设备进行较详细的调查，鉴于工程项目多，大型浮式起重机的空窗期不一定与项目实际进展对应，因此在详细调查的基础上应提供尽可能多的选择。

确定起重设备后应在图纸上按照设备起重曲线表对所有梁段进行模拟吊装,需要考虑吊具高度、吊绳长度、主幅钩高度等。当因为吊装高度较大,浮式起重机大臂高度受限时,可考虑不用吊具,直接将钢丝绳配合卸扣挂于钢箱梁吊耳上,但是必须对钢箱梁吊耳进行验算,同时还需要对卸扣、钢丝绳进行验算。

19.1.3 梁段就位

塔区梁段就位一般采用大型浮式起重机吊装,可利用浮式起重机直接就位的尽量由浮式起重机一次性就位,当0号梁段无法由浮式起重机直接就位时可采用顶推或滑移的方式在滑移轨道上纵向移动就位。在梁段就位施工过程中应注意以下几点:

①严格按照支架验收表格对支架进行检查验收,对于检查过程中发现的问题必须严格整改到位,并在梁段吊装前重新检查各个主要受力部位。

②对于只有少数梁段需要平移的情况,宜采用滑移法,如果梁段相对较多,可采用步履式顶推法。对于滑移法来说,滑道设置于支架主梁上方,滑道宽度为30cm左右,如果滑道钢板表面锈蚀较多,打磨后表面仍不光滑,可在钢板表面贴一块2mm厚的薄钢板,对接焊接焊点必须打磨平整,同时在表面涂抹一层黄油。

③在滑道两侧设置通长的限位装置,一般采用角钢焊接于轨道两侧,其净间距应比滑块宽度大5cm左右。

④滑块底部宜采用耐压且摩擦系数较小的MGE滑板与滑块螺栓连接,顶面应采用橡胶垫覆盖,在增大滑块与梁底的摩擦力的同时对梁底涂装起防护作用。

⑤钢箱梁底部的滑块应连接为整体,两侧千斤顶同时启动,按照分级加载的原则逐步增加拉力至钢箱梁移动并完成一个行程,同步记录启动力,作为后续控制千斤顶油压力的参考。

⑥钢箱梁前移过程中安排专人观测滑块位置,测量人员实时测量钢箱梁平面位置,确保钢箱梁前行路线准确。

19.1.4 梁段定位

塔区梁段吊装到位后,钢箱梁精准定位应按照先中间再逐次向两边的顺序调整,其中0号梁段的定位精度至关重要。由于受主塔变形、温度变化等因素的影响,为了保证梁段定位的准确性,在精准定位施工过程中应注意以下几点:

①0号梁段调整时宜采用4台三向千斤顶配合钢垫块完成,千斤顶应尽量布置于内腹板与横隔板的交叉位置,垫块布置于千斤顶旁的钢箱梁内腹板下方。

②梁段调整前对钢箱梁整体位置、尺寸等情况进行复测,根据监控指令的目标位置计算出各个千斤顶的调整量(以正负值表示),在晚间10:00—次日4:00或气温恒定时进行调整,到位后用垫块临时抄垫固定。

③对前一天调整好的钢箱梁进行复测,对照目标位置,如出现误差再重新调整,重复测量和调整直至达到要求,控制精度应保证平面位置偏差小于±10mm,角度偏差小于0.5°。

④调整到位后立即将钢箱梁与临时支座上的预埋件焊接固定,其余梁段按照对应方法调整到位后与0号梁段焊接。

19.2 标准梁段安装

标准梁段安装是指采用桥面起重机对称悬臂吊装钢箱梁,施工过程主要包括桥面起重机检查验收、钢箱梁起吊、钢箱梁匹配焊接、斜拉索安装与张拉、钢箱梁焊缝检测、桥面起重机前移等多项工序。整个钢箱梁标准梁段的安装过程需要各个方面的相互配合、协同工作,这样才能在保证安全和质量的前提下以最快的速度完成。

根据武穴长江公路大桥的实际施工经验,一节钢箱梁安装时间为4d左右,包括上述所有施工内容,详细工序的安排及时间点如表19-1所示。

标准梁段安装施工安排　　　　　　　　　表19-1

序号	工　序	施工时间			
		第一天	第二天	第三天	第四天
1	桥面起重机设备安全验收	07:00—08:00	—	—	—
2	吊具下放及船舶定位	08:00—10:00	—	—	—
3	吊具与吊耳连接安装	10:00—11:30	—	—	—
4	梁段起升到位	13:00—15:00	—	—	—
5	粗匹配及焊缝清磨	15:00—20:00	—	—	—
6	精匹配,监控确认数据,下发装焊指令	20:00—次日00:00	—	—	—
7	装焊组码缝及连接板安装	—	00:00—07:00	—	—
8	拉索转移到塔区指定位置及展索	—	07:00—17:30	—	—
9	码缝报检、主焊缝焊接	—	07:00—11:30	—	—
10	匹配件拆除、清磨焊缝	—	13:00—16:00	—	—
11	埋弧焊接	—	16:00—19:00	—	—
12	螺栓施工及焊缝探伤位清磨	—	19:00—次日07:00	—	—
13	上下两端入锚	—	07:00—17:30	—	—
14	焊缝检测、螺栓报检、嵌补下料、片位预修	—	—	07:00—11:30	—
15	嵌补安装、螺栓报检、片位预修	—	—	13:00—16:00	—
16	嵌补焊接	—	—	16:00—19:00	—
17	RT检测拍片	—	—	19:00—次日07:00	—
18	入锚、收索及张拉准备工作	—	—	07:00—17:30	—

续上表

序号	工序	施工时间			
		第一天	第二天	第三天	第四天
19	焊缝清补磨	—	—	—	07:00—11:30
20	焊缝外观报检	—	—	—	13:00—16:00
21	桥面起重机移到下道工序指定位置	—	—	—	16:00—19:00
22	拉索张拉到位	—	—	—	19:00—次日07:00
23	重复第一天工作内容				
每个施工面需装配工及螺栓工12人、焊工及气刨工8人、打磨工3人、班长2人					
合龙梁段U形肋连接板第二天配钻,第三天安装U形肋连接板、螺栓施工,第四天中午螺栓报检					
装焊队伍需提前进场准备防雨防风棚,充分做好雨天施工准备工作					

钢箱梁安装涉及的施工工序多,交叉作业导致协同施工难度大,高空作业施工安全风险大,在施工过程中需要项目部物资、设备供应及时,同时还要做好各作业队伍之间的协调配合工作。钢箱梁安装施工过程中应注意以下几点:

①每次钢箱梁起吊前严格按照桥面起重机验收表格中的项目对桥面起重机进行逐项检查验收,起吊前必须保证桥面起重机后锚点和前支点、钢丝绳、卷扬机制动器、主体结构等均正常。

②长江主航道内运梁船必须抛"八字锚",采用紧缆的方式将运梁船调整至桥面起重机吊钩的正下方,待运梁船停稳后方可将吊具与钢箱梁吊耳连接。

③桥面起重机吊具与钢箱梁吊耳之间宜采用吊带进行软连接,可大大提高吊具的安装效率,在钢箱梁吊装到位进行焊接时应采用防护罩将吊带保护起来,防止焊接产生的火花对吊带造成损伤。

④在钢箱梁吊装方案中应对所有悬臂吊装的钢箱梁重心位置进行计算,在钢箱梁起吊前可提前将吊点调整至合适位置,使钢箱梁起吊后处于水平状态。

⑤对于非标准梁段,经计算无法通过调整吊具扁担梁来使梁段处于水平状态时,应在梁段被吊至桥位后采用配重的方式调整梁段重心,使梁前后端高差不大于梁长的2%。

⑥梁段吊装到位时应略高于已装梁段,利用桥面起重机变幅缓慢梁段高程和角度,在缝宽约5cm时利用倒链慢慢调整梁段位置,安装临时匹配件与已装梁段临时连接。

⑦一般在夜间或温度恒定时进行梁段调整,先按照焊缝宽度要求将内腹板相对位置调整到位,安装少量码板,同时考虑主梁整体线形参数对边腹板和上下环口位置进行调整,达到监控要求后安装码板、焊接钢箱梁。

19.3 墩顶梁段安装

悬臂拼装施工时边跨侧辅助墩、过渡墩、临时墩墩顶梁段安装一般有两种方法:一种是利用大型浮式起重机将提前加工好的墩顶梁段放置于墩顶或支架上,当主梁架设至该位置时设置一个小合龙段,使主梁连接为整体;另一种是通过调整主梁节段长度,仍按照悬臂拼装方法依次拼装,在墩位处利用桥面起重机变幅先将墩顶梁段放置于墩顶,再吊装中间梁段,中间梁段焊接固定后再焊接固定墩顶梁段。

第一种方法在墩顶提前存梁,对梁段尺寸及施工监控要求较高,梁段在墩顶临时存放时间较长,安全风险较大,但对主梁节段划分和工期控制更有利;第二种方法利用桥面起重机变幅依次拼装,主梁节段划分数量较多,但整个主梁施工工艺保持一致,更有利于主梁线形控制,墩顶无须提前存梁,安全风险较小。结合武穴长江公路大桥实际情况,主梁安装采用第二种方法更有利,在施工过程中仍需注意以下几点:

①临时墩的位置应在满足设计要求的前提下,结合梁段划分长度和桥面起重机变幅范围选择,保证墩前、墩后的梁段均能够正常吊装。应在施工方案制订阶段对运梁船、梁段位置、吊装位置等进行实际模拟,确保梁段能够正常吊装。应控制好临时墩的高度,不得影响桥面起重机变幅调整梁段位置。

②当主梁架设至辅助墩或过渡墩处时,若墩顶位置不够需要搭设支架,支架长度应较梁段短20cm左右,以保证中间梁段的正常吊装。

③根据设计图纸,检修小车轨道会超出梁段前端30cm左右,梁段起吊空间应包含前端轨道的长度,如空间不足可提前将轨道切除,或在设计阶段调整轨道的设计。

④墩顶梁段应放置于墩顶临时支座上,且使梁段高程较设计高程低5~10cm,与已装梁段匹配时有两种方法:桥面起重机匹配法、三向千斤顶匹配法。

a. 桥面起重机匹配法。采用桥面起重机匹配法时应根据计算结果提前调整悬臂主梁前端的高程,因为在悬臂较大的情况下,前端下挠较大时会使前端高程低于墩顶梁段设计高程,造成无法完成匹配的情况,所以应结合施工监控数据提前利用斜拉索调整梁段高程,再按照正常梁段施工方法进行匹配焊接。

b. 当采用桥面起重机无法完成匹配时应选择三向千斤顶匹配法。采用配重法将悬臂主梁前端调整至监控要求的高程,然后将临时墩限位拉索拉紧,停止桥面其他施工活动,在夜间温度恒定且风速较小时(此时悬臂端无明显位移),利用墩顶的三向千斤顶调整梁段,使其与悬臂端匹配焊接。

⑤墩顶梁段匹配码板完成后应将三向千斤顶撤除,转换为临时支座受力状态,为防止梁底涂装被破坏,在临时支座顶面设置MGE滑板,以减小梁段与临时支座之间的摩擦力,保证梁段与支座之间的相对位移。

⑥墩顶梁段安装到位后应同步完成墩顶永久支座的安装,支座安装采用"坐浆法",用4个螺旋千斤顶将支座顶起,将支座上钢板与梁底连接固定,在支座下钢板固定螺杆安装完成后安装支座垫石模板,解除支座上下钢板临时限位螺栓,保证支座上钢板可随主梁移动的同时下钢板固定不动,根据监控数据调整支座预偏量后向模板内灌注压浆料,并待强度达到设计强度后撤除临时支座,转换为永久支座受力。

19.4 钢箱梁安装施工工期

武穴长江公路大桥主桥钢箱梁完成时间如表 19-2 所示。

武穴长江公路大桥主桥钢箱梁完成时间　　　　表 19-2

序号	工　序	时　间
1	NT0 吊装	2019-12-30
2	NT1 吊装	2020-01-02
3	NT2 吊装	2020-01-03
4	NT0 与 NT1/NT2 焊接	2020-01-08—01-19 2020-03-18—03-20
5	NZ1 吊装	2020-01-14
6	NZ1 与 NT2 焊接	2020-01-15—01-19 2020-03-19—03-24
7	NB1 吊装	2020-01-15
8	NB1 与 NT1 焊接	2020-01-15—01-19 2020-03-19—03-24
9	NB2/NZ2 吊装	2020-04-09
10	NB2 与 NB1、NZ2 与 NZ1 焊接	2020-04-09—04-15
11	NB3/NZ3 吊装	2020-04-18
12	NB3 与 NB2 焊接	2020-04-19—04-24
13	NZ3 与 NZ2 焊接	2020-04-18—04-24
14	NB4/NZ4 吊装	2020-04-25
15	NB4 与 NB3 焊接	2020-04-26—04-28
16	NZ4 与 NZ3 焊接	2020-04-26—04-28
17	NB5/NZ5 吊装	2020-04-29
18	NB5/NZ5 与 NB4/NZ4 焊接	2020-04-30—05-03
19	NB6/NZ6 吊装	2020-05-04
20	NB6/NZ6 与 NB5/NZ5 焊接	2020-05-04—05-09
21	NB7/NZ7 吊装	2020-05-11
22	NB7/NZ7 与 NB6/NZ6 焊接	2020-05-12—05-14
23	NB8/NZ8 吊装	2020-05-16
24	NB8/NZ8 与 NB7/NZ7 焊接	2020-05-17—05-19
25	NB9/NZ9 吊装	2020-05-21

续上表

序号	工　序	时　间
26	NB9/NZ9 与 NB8/NZ8 焊接	2020-05-21—05-24
27	NB10/NZ10 吊装	2020-05-26
28	NB10/NZ10 与 NB9/NZ9 焊接	2020-05-27—05-29
29	NB11/NZ11 吊装	2020-05-30
30	NB11/NZ11 与 NB10/NZ10 焊接	2020-05-31—06-02
31	NB12/NZ12 吊装	2020-06-03
32	NB12/NZ12 与 NB11/NZ11 焊接	2020-06-04—06-06
33	NB13/NZ13 吊装	2020-06-08
34	NB13/NZ13 与 NB12/NZ12 焊接	2020-06-09—06-11
35	NB14/NZ14 吊装	2020-06-17
36	NB14/NZ14 与 NB13/NZ13 焊接	2020-06-18—06-20
37	NB15/NZ15 吊装	2020-06-26
38	NB15/NZ15 与 NB14/NZ14 焊接	2020-06-27—06-29
39	NB16/NZ16 吊装	2020-06-30
40	NB16/NZ16 与 NB15/NZ15 焊接	2020-07-01—07-03
41	NB17/NZ17 吊装	2020-07-05
42	NB17/NZ17 与 NB16/NZ16 焊接	2020-07-16—07-19
43	NB18/NZ18 吊装	2020-09-05
44	NB18/NZ18 与 NB17/NZ17 焊接	2020-09-05—09-08
45	NB19 吊装	2020-09-11
46	BH1/NZ19 吊装	2020-09-12
47	BH1/NZ19 与 NB18/NZ18 焊接	2020-09-13—09-14
48	NB19/BH1 焊接	2020-09-14—09-16
49	NB20/NZ20 吊装	2020-09-22
50	NB20/NZ20 与 NB19/NZ19 焊接	2020-09-22—09-24
51	NZ21 吊装	2020-09-26
52	NB21 吊装	2020-09-27
	NZ21 与 NZ20 焊接	2020-09-26—09-28
53	NB21 与 NB20 焊接	2020-09-27—09-29
54	NB22/NZ22 吊装	2020-09-30
55	NB22/NZ22 与 NB21/NZ21 焊接	2020-09-30—10-03
56	NB23/NZ23 吊装	2020-10-03
57	NB23/NZ23 与 NB22/NZ22 焊接	2020-10-03—10-06
58	NB24/NZ24 吊装	2020-10-07

续上表

序号	工　序	时　间
59	NB24/NZ24 与 NB23/NZ23 焊接	2020-10-07—10-09
60	NB25/NZ25 吊装	2020-10-11
61	NB25/NZ25 与 NB24/NZ24 焊接	2020-10-11—10-13
62	NB26 吊装墩顶存梁	2020-10-13
63	NB26 与 BH2 焊接	2020-10-17—10-19
64	BH2/NZ26 吊装	2020-10-15—10-17
65	BH2/NZ26 与 NB25/NZ25 焊接	2020-10-15—10-17

参 考 文 献

[1] 交通运输部.公路桥涵设计通用规范:JTG D60—2015[S].北京:人民交通出版社股份有限公司,2015.

[2] 交通运输部.公路钢筋混凝土及预应力混凝土桥涵设计规范:JTG 3362—2018[S].北京:人民交通出版社股份有限公司,2018.

[3] 交通部.公路圬工桥涵设计规范:JTG D61—2005[S].北京:人民交通出版社,2005.

[4] 交通运输部.公路桥涵地基与基础设计规范:JTG 3363—2019[S].北京:人民交通出版社股份有限公司,2020.

[5] 交通运输部.公路桥涵施工技术规范:JTG/T F50—2011[S].北京:人民交通出版社,2011.

[6] 姚玲森.桥梁工程[M].3版.北京:人民交通出版社股份有限公司,2021.

[7] 吉伯海,傅中秋.钢桥[M].2版.北京:人民交通出版社股份有限公司,2020.

[8] 肖汝成.桥梁结构体系[M].北京:人民交通出版社,2013.

[9] 中交第二公路工程局有限公司.公路桥梁施工系列手册:悬索桥[M].北京:人民交通出版社,2014.

[10] 《中国公路学报》编辑部.中国桥梁工程学术研究综述·2021[J].中国公路学报,2021,34(2):1-97.

[11] 王春江,戴建国,臧喻,等.自锚式钢箱梁悬索桥静力稳定性分析[J].桥梁建设,2019,49(2):47-51.

[12] 蔡凡杰,胡厚兰.滑模与爬模施工工艺在桥梁高墩施工中的应用[J].公路,2013(6):68-71.

[13] 黄宏伟,张冬梅,徐凌,等.国内外桥梁深基础形式的现状[J].公路交通科技,2002(4):60-64.

[14] 李军堂,秦顺全,张瑞霞.桥梁深水基础的发展和展望[J].桥梁建设,2020,50(3):17-24.

[15] 薛光雄,沈锐利,先正权,等.悬索桥基准丝股线形的确定与测控[J].桥梁建设,2004(4):4-6,22.

[16] 叶硕.西堠门大桥主缆索股架设施工[J].世界桥梁,2011(3):17-20.

[17] 田永强.五峰山长江大桥主缆索股架设完成[J].世界桥梁,2019,47(3):96-97.

[18] 冯传宝.五峰山长江大桥上部结构施工控制技术[J].桥梁建设,2020,50(1):99-104.

[19] 张晖,徐永明,李志鹏.大跨径悬索桥猫道架设牵引系统施工技术[J].铁道建筑技术,2020(8):112-115.

[20] 李海南,李世举,陈杨永.阳宝山特大桥主缆施工测量控制技术[J].交通世界,2021(17):110-111.

[21] 张德平,徐伟,黄细军,等.赤壁长江公路大桥钢锚梁索塔锚固结构优化设计[J].世界桥梁,2019,47(5):12-16.

[22] 姜华,魏群,彭运动.坝陵河大型悬索桥钢桁加劲梁安装施工新技术[J].华北水利水电学院学报,2010,31(1):37-40.

[23] 住房和城乡建设部.混凝土结构工程施工质量验收规范:GB 50204—2015[S].北京:中国建筑工业出版社,2015.

[24] 住房和城乡建设部.钢筋焊接及验收规程:JGJ 18—2012[S].北京:中国建筑工业出版社,2012.

[25] 建设部.混凝土用水标准:JGJ 63—2006[S].北京:中国建筑工业出版社,2006.

[26] 住房和城乡建设部.预应力筋用锚具、夹具和连接器应用技术规程:JGJ 85—2010[S].北京:中国建筑工业出版社,2010.

[27] 中华人民共和国国家市场监督管理总局,中国国家标准化管理委员会.预应力混凝土用钢绞线:GB/T 5224—2014[S].北京:中国标准出版社,2015.

[28] 中华人民共和国国家市场监督管理总局,中国国家标准化管理委员会.预应力热镀锌钢绞线:GB/T 33363—2016[S].北京:中国标准出版社,2017.

[29] 中华人民共和国国家市场监督管理总局,中国国家标准化管理委员会.环氧涂层七丝预应力钢绞线:GB/T 21073—2007[S].北京:中国标准出版社,2008.

[30] 中华人民共和国住房和城乡建设部.无粘结预应力钢绞线:JG/T 161—2016[S].北京:中国标准出版社,2017.

[31] 严国敏.现代悬索桥[M].北京:人民交通出版社,2002.

[32] 周念先.桥梁方案比选[M].上海:同济大学出版社,1997.

[33] 唐寰澄,唐浩.中国桥梁技术史 第一卷 古代篇(上)[M].北京:北京交通大学出版社,2017.

[34] 王应良,高宗余.欧美桥梁设计思想[M].北京:中国铁道出版社,2008.

[35] 项海帆,潘洪萱,张圣城,等.中国桥梁史纲[M].上海:同济大学出版社,2009.

[36] 孟凡超.悬索桥[M].北京:人民交通出版社,2011.

[37] 梁鹏,肖汝诚,夏旻,等.超大跨度缆索承重桥梁结构体系[J].公路交通科技,2004,21(5):53-56.

[38] 杨进.悬吊斜拉组合桥结构应用于武汉市杨泗长江大桥的技术经济优势分析[J].桥梁建设,2010(5):1-2,11.

[39] 张劲泉,曲兆乐,宋建永,等.多塔连跨悬索桥综述[J].公路交通科技,2011,28(8):30-45,52.

[40] 交通运输部.公路悬索桥设计规范:JTG/T D65-05—2015[S].北京:人民交通出版社股份有限公司,2015.

[41] 徐恭义.在悬索桥中再度研究设计应用板式加劲梁[D].成都:西南交通大学,2005.

[42] 姜友生.桥梁总体设计[M].北京:人民交通出版社,2012.

[43] 住房和城乡建设部.大体积混凝土施工规范:GB 50496—2018[S].北京:中国建筑工业出版社,2018.

[44] 交通运输部.水运工程大体积混凝土温度裂缝控制技术规程:JTS 202-1—2010[M].北京:人民交通出版社,2010.

[45] 住房和城乡建设部.混凝土坝安全监测技术标准:GB/T 51416—2020[M].北京:中国计划出版社,2020.

[46] 交通部.公路沥青路面施工技术规范:JTG F40—2004[S].北京:人民交通出版社,2004.
[47] 中华人民共和国国家市场监督管理总局,中国国家标准化管理委员会.国家一、二等水准测量规范:GB/T 12897—2006[M].北京:中国标准出版社,2006.
[48] 魏洋,董峰辉,郑开启,等.桥梁施工技术[M].北京:人民交通出版社股份有限公司,2021.
[49] 沈锐利.缆索承重桥梁[M].北京:人民交通出版社股份有限公司,2021.